U0857641

东亚命运共同体

——首届山东论坛会议论文集

陈尚胜　杨鲁慧　余东华　主编

山东大学出版社

《东亚命运共同体：首届山东论坛会议论文集》编委会

前　言

由山东大学和韩国高等教育财团联合主办的“山东论坛”(2016),于2016年10月21～22日在美丽泉城山东济南市成功举行。来自世界各地的500多名著名学者、行业精英和社会贤达共襄盛会,以“东亚命运共同体——历史、现在与未来”为主题,进行了学术探讨和观点交流。

“山东论坛”是经中国教育部批准、由韩国高等教育财团资助的高端国际性论坛。论坛依托齐鲁大地深厚的文化底蕴与独特的区位优势,立足百年名校山东大学的学术积淀,以“聚焦东亚、交流互信、合作共赢”为宗旨,围绕“东亚命运共同体”主题,搭建全球政商学界交流互动的高端学术平台,致力于推动本区域乃至世界范围内的学术发展和社会进步。论坛定位高端,立足东亚,放眼全球,将通过年会形式搭建开放多元的国际性高端学术平台,交流思想,增进共识,发展合作。

山东大学举办“山东论坛”具有得天独厚的综合优势,能够切实推动东亚地区的区域认同、文化交流、经济合作和社会互信。

一是可以充分发挥“百年名校,文史见长”的优势。山东大学是中国近代高等教育的起源性大学,有着117年的办学历史,是继京师大学堂之后在京外兴办的第一所国立综合性大学,也是国内第一所按章程办学的现代大学。117年来,山东大学秉承“为天下储人才,为国家图富强”的办学宗旨,践行“学无止境,气有浩然”的校训,踔厉奋发,薪火相传,形成了“崇实求新”的校风,凝练了自己的学科优势和办学特色。特别是经过20世纪30年代和50年代在青岛办学时期的辉煌与发展,奠定了“文史见长”的学术特色,出现了一批在国内外享誉甚高的人文学者,以及像《文史哲》这样备受关注的学术阵地。进入21世纪以后,山东大学制定了建设世界一流大学的战略规划,启动了人文社会科学“学术振兴计划”和“学科高峰计划”,强化人文社科建设,促进文化融合,提升传承与创新能力,进一步巩固了文史优势,并在人文社科领域涌现了一批新的优势学科。这为办好“山东论坛”提供良好的学术支撑。

二是可以充分发挥“齐鲁文化,源远流长”的优势。齐鲁大地是儒家文化、道家文化和墨家文化的发源地。战国时期，各地诸侯相争，使原本周文化独尊天下的局面逐渐瓦解，各诸侯国的区域性文化开始了“本地化”的嬗变趋势。战国以后，这种趋势更明显，但东临滨海的齐国还是保留了较多的周文化因子，产生了以姜太公为代表的道家思想学说，又吸收了当地土著文化——东夷文化并加以发展，形成了齐文化；春秋时期的鲁国，产生了以孔子为代表的儒家思想学说，逐渐发展成为鲁文化。形成伊始，两种文化就存在差异，齐文化尚功利，鲁文化重伦理；齐文化讲求革新，鲁文化尊重传统。几千年来，齐文化与鲁文化相互交融，取长补短，形成了博大精深的齐鲁文化，成为中华文明的重要组成部分，并且对日韩和东亚地区的传统文化产生了深远影响。这为“山东论坛”“植根齐鲁、聚焦东亚、面向全球”提供了有力的文化支撑。

三是可以充分发挥“比邻韩日，往来频繁”的优势。山东是经济大省，经济外向度较高，尤其是与韩国、日本等东亚国家联系紧密，经贸合作、人文交流和民间交往较为频繁，在文化、艺术、社会等领域的交流合作也日益增多。增进东亚地区国家间的了解和互信，保持良好的合作关系，对山东省经济社会发展尤显重要。经贸往来频繁，人员交流众多，企业合作良好，为办好“山东论坛”提供了现实需要。同时，随着国际化战略的实施，山东大学与世界一流名校、尤其是韩日知名大学建立了长期稳定的合作关系，形成学生、学者、学校三个层面的交流机制。每年有来自130多个国家和地区的近千名留学生来山东大学学习，其中来自韩、日的留学生已达500多人。

众所周知，2008年全球金融危机以后，世界经济陷入低迷：美国经济长期低位徘徊、复兴乏力，欧洲经济受债务危机和难民危机的困扰而难以自拔，巴西、南非等新兴经济体也出现了较多困难。世界经济走出低谷的希望在亚洲，而东亚是亚洲经济发展的火车头，是充满活力的地区，东亚的发展日益为全球瞩目。同时也应看到，东亚国家之间的交流和合作与东亚命运共同体建设也面临一些新情况、新问题和新挑战，需要加强沟通、增进互信、共同治理。在此背景下，我们将“山东论坛”(2016)的主题确定为“东亚命运共同体——历史、现在与未来”，设东亚体系与区域认同、深化东亚经济合作、东亚社会变迁与合作三个分论坛，以深入探讨东亚命运共同体演进中的历史与现实问题，从历史中寻求解决现实问题的智慧，从现实中寻求未来合作的空间，从未来谋求东亚区域合作与发展的共识。

“山东论坛”(2016)的与会嘉宾和学者对东亚命运共同体的探讨大体上可以分为三个层面：第一个层面是探讨满足共同需求的问题，包括如何应对全球经济金融风险，如何推动东亚经济合作，如何促进东亚地区的文化交流，如何协调东亚地区大学生的学分互认，等等。第二个层面是探讨可能面临的挑战与问

题，包括如何化解东亚一体化进程中的困难与分歧，如何构建增进东亚地区互信的机制和渠道，等等。第三个层面是探讨促进共同发展的问题，包括如何通过实施“一带一路”战略深化东亚经济合作、带动东亚经济复兴，如何增强东亚国家之间的区域认同和社会互信，如何改善东亚地区的社会治理，等等。与会嘉宾和学者围绕以上议题深入交流、畅所欲言、献言献策，通过“山东论坛”这个平台，向全世界发出充满正能量的声音，为世界的和平和发展贡献了聪明才智。为了纪念“山东论坛”(2016)的成功举办，我们从参会学者提交的100多篇论文中精选了20余篇，结集出版，以飨读者。

编 者

2018年5月1日

目　录

东亚体系与区域认同

深化东亚经济合作

东亚的社会变迁与合作

东亚体系与区域认同

历史上的东亚体系与中国机制

陈尚胜[*]

摘要 本文在考察中国古代海外交通的基础上，揭示出朝贡与互市这两种制度的功能以及演进原理。文章认为，汉唐王朝所推行的朝贡制度，不仅促成了东亚汉字文化圈的形成，而且在一定程度上也促成了佛教交流网络的出现。唐朝“安史之乱”后产生了藩镇割据，由中国淄青镇节度使、新罗清海镇大使张保皋等权贵势力先后进行海上贸易开始，带动了中国普通商人参与海上贸易。进入10世纪以后，吴越、闽、南汉、宋、元等政权从扩大自身税收利益出发，采用互市制度，准许中国普通商人进行出海贸易，使得中国与东亚以及东南亚区域形成了一定的经济联系，宋朝铜钱在这些地区也广为流通。这表明，东亚体系由于中国发挥主导因素已初步形成。这个东亚体系既是商人的贸易网络，也是一个文化交流网络。

关键词 朝贡体系；互市；中国机制；东亚体系

历史上的“丝绸之路”，是东西方各国人民的交流之路。苏联解体后，联合国教科文组织曾经组织各国学者开展“沙漠丝绸之路”“海上丝绸之路”“草原丝绸之路”的考察和研究，对于倡导不同国家的文明对话与交流起了十分积极的作用。近年来，中国政府所倡行的“一带一路”，旨在推进中国与一带一路国家的经济对接和深度合作，从而一方面拓展中国全方位的对外开放，更好地使中国融入全球经济体系；另一方面则是以中国的经济能力，共同推动“一带一路”国家的经济发展，体现一个大国的全球担当。不过，也有国外媒体将“一带一路”倡议视为中国是为了复活历史上的“朝贡制度”而构建由中国来主导的国际

* 陈尚胜，山东大学历史文化学院教授。

秩序。[①] 而我国国内研究丝绸之路历史的学者，多是结合中国古代王朝对外关系进程而展开研究的。人们在研究过程中发现，发生于唐代中期的“安史之乱”(755～763 年)不仅是唐朝由盛而衰的关键点，也是古代中西交通主要路线变化的转折点。具体来说，“安史之乱”以前的中西交通以陆上丝绸之路为主，其后的中西交通则转变为海上丝绸之路为主。[②] 不过，现有研究主要是在阐述历史上中国与外国通过丝绸之路进行经济与文化交流的过程，而对于中国与丝绸之路沿线国家相互作用的方式/机制，仍缺乏必要的关注。

“山东论坛”的主旨是讨论东亚共同体问题，不可避免地要讨论历史上的东亚体系的形成问题。历史上东亚体系的形成，主要是通过海上丝绸之路途径所形成的以中国为中心的区域经济圈(兼有政治和文化的网络)。[③] 因此，本文拟围绕着海上丝绸之路，结合“安史之乱”前后中国涉外制度的变化问题，就明代以前历史上的东亚贸易体系与中国机制问题进行初步考察。

一、汉唐时期海外交通与朝贡制度

作为古代东西方海上交通中路线的海上丝绸之路，虽然难以断定它开始于何时，但却可以断定它是在区间海上交通路线出现后并逐一连接起来的。也就是说，要考察海上丝绸之路的形成，必须先做海上区间路线的考察和研究。从中国方面与东南亚地区的海上往来看，可能早在殷商时期就有偶尔的交流。譬如在殷墟小屯村所发现的龟腹甲中，经过鉴定就有个别来自于马来半岛。[④]《诗经·大雅·商颂》中也说，“相土烈烈，海外有截”，“肇于彼四海，四海来假，来假祁祁”。它也证明，商人与海外已经有了某种往来。

历史记录表明，至少在汉武帝时代中国王朝已经开始使用南海航路前往印度洋地区进行贸易。《汉书·地理志》记载：“自日南障塞、徐闻、合浦，船行可五月，有都元国；又船行可四月，有邑卢没国；又船行可二十余日，有谌离国；步行可十余日，有夫甘都卢国。自夫甘都卢国船行可二月余，有黄支国，民俗略与珠

---

① 参见王义桅：《如何破解“一带一路”威胁论》，载 2016 年 7 月 25 日人民日报社“人民论坛网”。

② 参见陈尚胜：《五千年中外文化交流史》第 1 卷，世界知识出版社 2001 年版，第 216～217 页。

③ 参见[日]滨下武志：《中国、东亚与全球经济——区域和历史的视角》，王玉茹等译，社会科学文献出版社 2009 年版，第 16～34 页。

④ 参见陈尚胜：《五千年中外文化交流史》第 1 卷，世界知识出版社 2001 年版，第 33 页。按：1936 年在殷墟小屯村北 YH127 坑出土的 17088 片属于武丁时期的卜甲中，有一版特大的龟腹甲，即《南殷墟文字乙编》四三三〇、《殷墟文字丙编》一八四，其鳞板结构形态与常见的不同。经专家研究鉴定，认为它产于马来半岛的 Testudoemys。无独有偶，中国学者在英国剑桥大学收藏的《金璋所藏甲骨卜辞》中，也发现其中的五五四版龟腹甲残片与众不同。经鉴定，这是棕褐大龟(Geochelone emys)的腹甲。这种大龟分布于缅甸至印度尼西亚一带。

崖相类,其州广大,户口多,多异物,自武帝以来皆献见。有译长,属黄门,与应募者俱入海市明珠、璧琉璃、奇石异物,赍黄金杂缯而往。所至国皆禀食为耦,蛮夷贾船,转送致之。亦利交易,剽杀人。又苦逢风波溺死,不者数年来还。大珠至围二寸以下。平帝元始终,王莽辅政,欲耀威德,厚遗黄支王,令遣使献生犀牛。自黄支船行可八月,到皮宗;船行可二月,到日南、象郡界云。黄支之南,有已不程国,汉之译使自此还矣。"①文中的"日南障塞",即汉朝日南郡(汉武帝平定南越后设立的九郡之一)"障塞",即日南郡南端边境之城塞(约位于今越南中部地区的广治);而"徐闻"为今广东雷州半岛的徐闻县,合浦是今广西北部湾边的合浦县。由此可见,汉朝这支远航船队先是从徐闻、合浦起航,再在日南障塞做短期停泊,以便船员补充食品。而这条海上航线的终点站"黄支国",一般认为是印度东南沿海的建志补罗(Kanchipura),它曾是达罗毗人的国都,即现在的康契普腊姆(Conjeveram);至于"已不程国",应是今斯里兰卡。② 而文中的"黄门",则是汉朝的宫中机构,其职掌则是"侍从左右","关通中外"。③ 就是说,黄门机构中的"译长"是受皇帝之命支采购海外产品的,所带交换品就有中国的丝绸("杂缯")。于此可见,汉朝官方已开始介入南海的丝绸贸易。

从上面史料来看,西汉时期介入南海交通还只是汉武帝对印度"璧琉璃"等物品的一时兴致,尚缺乏持续性的跟进。不过,汉武帝在朝鲜半岛设立汉四郡以后④,与朝鲜半岛南部的三韩部落以及隔海相望的日本却有持续性的交往。据《三国志》记载,朝鲜半岛南部的韩人部落,"汉时属乐浪郡,四时朝谒"⑤。文中的"属",指归属或归服;而"四时朝谒",则应指三韩诸部落首领定期到乐浪郡并通过乐浪郡太守安排前往长安朝见汉朝皇帝。其实早在汉初,汉朝即与朝鲜半岛北部的卫氏朝鲜就建立起政治关系。据《史记》记载:"会孝惠高后天下初定,辽东太守即约满为外臣,保塞外蛮夷无使盗边,诸蛮夷君长欲入见天子,勿得禁止。以闻,上许之。以故满得兵威财物侵降其旁小邑。"⑥文中的"约",据高明士解释,当为"券书"言语之约。⑦ 通过这种约定,使朝鲜国王成为汉朝的"外

① (东汉)班固:《汉书》卷二八下《地理志》,中华书局 2000 年版,第 1330 页。

② 参见余英时:《汉代贸易与扩张——汉胡经济关系的研究》,邬文玲等译,联经出版公司 2008 年版,第 164 页。

③ (唐)杜佑:《通典》卷二一《职官三》"门下侍郎"条,中华书局 1988 年版,第 549 页。并参见陈维昭:《汉代"黄门"考》,《南京师范大学学报(社会科学版)》2010 年第 3 期。

④ (东汉)班固:《汉书》卷九五《朝鲜传》,中华书局 2000 年版,第 2851～2852 页。

⑤ (西晋)陈寿:《三国志》卷三十《东夷传》,中华书局 2000 年版,第 630 页。

⑥ (西汉)司马迁:《史记》卷一一五《朝鲜列传》,中华书局 2000 年版,第 2278 页。

⑦ 参见高明士:《天下秩序与文化圈的探索——以东亚古代的政治与教育为中心》,上海古籍出版社 2008 年版,第 76 页。

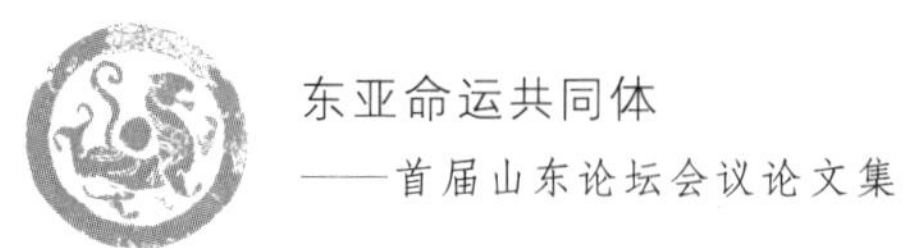

臣”。而作为“外臣”的义务，不仅自身要派遣使者向汉朝皇帝朝贡，而且也不能阻拦周邻“蛮夷君长”朝见汉朝“天子”。因此，汉朝乐浪郡与三韩部落的政治往来，应延续了汉初的“朝贡”制度传统。另外，通过三韩部落，汉朝与日本在朝贡制度下也有交往。据《后汉书》记载：“倭在韩东南大海中，依山岛为居，凡百余国。自汉武帝灭朝鲜，使驿通于汉者三十许国。”[①]1784 年在日本北九州地区也确实发现，汉朝册封日本国王的金印——“汉委(倭)奴国王”。考古材料印证了文献所载，汉朝在“东夷”区域的交往过程中已推行朝贡制度。

现存历史文献还表明，东汉与三国之交，中国政权也试图将朝贡制度运用于南海交通。如顺帝永建六年(公元 131 年)十二，“日南徼外叶调国、掸国遣使贡献”[②]。文中的“日南徼外”，即指日南郡的边界之外；而“叶调国”，人们一般认为是梵文 Yava-dvipa 的译音，故地在今印度尼西亚的爪哇岛和苏门答腊岛；“掸国”的故地一般认为在缅甸东北部，包括今掸邦一带。[③] 掸国通常取永昌郡的西南丝绸之路来到汉朝，而此次与叶调国使节同来，显示出与叶调国使者一起航海而至。而《梁书》记载：“海南诸国，大抵在交州南及西南大海洲上，相去近者三五千里，远者二三万里，其西南与西域诸国接……其檄外诸国，自武帝以来皆朝贡。后汉桓帝世，大秦、天竺皆由此道遣使贡献。及吴孙权时，遣宣化从事朱应、中郎康泰通焉。其所经及传闻，则有百数十国，因立传记。”[④]据该书记载，朱应所写为《扶南异物志》，而康泰所著为《吴时外国传》。他们受命出使南海诸国，显然是为了扩大孙吴政权的政治影响力。

大约在这个时期，汉朝通过南海交通已经间接与罗马帝国有了交往。《后汉书》记载：“桓帝延熹九年(公元 166 年)，大秦王安敦遣使自日南徼外献象牙、犀角、毒瑁。”[⑤]文中的“大秦”国，一般认为是罗马帝国。而“大秦王安敦”，则是罗马帝国皇帝安东尼(Marcus Aurelius Antonius)[⑥]这是因为，公元前 30 年罗马军队开进埃及，占据了这个通向东方的要地。公元 1 世纪初，一位名叫阿尼尤斯·普洛卡姆斯(Annius Plocamus)的商人，曾扑买了罗马帝国红海领土的税收。他派出一名获得自由的奴隶布勃里乌斯(Publius)作为他的监税官前往红海地区，不料这位监税官在红海航行中遇风，在海上漂流 15 日后，偶然抵达斯里兰卡(即前面提到的“已不程国”)。他在那里停留半年后，然后与斯里兰卡

---

① (南朝)范晔：《后汉书》卷八五《东夷列传》“倭”条，中华书局 2000 年版，第 1906 页。

② (南朝)范晔：《后汉书》卷六《顺帝纪》，中华书局 2000 年版，第 173 页。

③ 参见陈佳荣、谢方、陆峻岭：《古代南海地名汇释》，中华书局 1986 年版，第 268 页、第 690 页。

④ (南朝)姚察、姚思廉：《梁书》卷五四《诸夷列传》，中华书局 2000 年版，第 543 页。

⑤ (南朝)范晔：《后汉书》卷八八《西域传》“大秦国”条，中华书局 2000 年版，第 1974 页。

⑥ 参见方豪：《中西交通史》上册，岳麓书社 1987 年版，第 157 页。

的使节拉西亚斯(Rachias)一同回到罗马。而据老普林尼(Pline L'Ancien,23-79 年)《自然史》记载,这位斯里兰卡使臣的父亲还曾到过"赛里斯国"。[①] 至此,海上丝绸之路已通过斯里兰卡或印度把汉朝与罗马帝国连接起来。

南朝各政虽然国祚偏短,但在宋、梁两代海外交通却有发展。《宋书》作者沈约描述为"舟舶继路,商使交属"[②]。所谓"商使",包括商人与使者。从现存历史文献看,这时海上往来商人主要是东南亚和印度商人;而使者也主要是外国使者。据王赓武先生统计,在刘宋政权统治的头 40 年间,就有从东南亚各国、锡兰和南印度共派来的 38 个使团;而在萧梁政权统治的后 30 年间,也有 33 个南海诸国使团。东南亚以及印度诸国遣使朝贡多是希冀宋刘政权来保护他们的商业利益;而佛教在中国的传播则使南海贸易品从原来的皇室需求,扩大到佛教徒的"圣物"需求(各种香药与佛牙画塔等,多与佛教有关)。[③] 此外,南朝与日本的海上交通,也在朝贡制度下往来频繁,南朝刘宋诸政权借册封日本国王来扩大自身的政治影响,而日本接受南朝封号并通交则是为了对付高句丽和吸收中国文化。[④]

隋朝在炀帝时代曾积极经略四夷,派裴矩坐镇张掖吸引西域诸国前来朝贡,又遣韦节、杜行满前往西域招徕,另遣李昱出使波斯,并在京城设四方馆以接待四方使者;对于海外国家,他派常骏出使赤土(位于马来半岛)等国,遣裴世清出使倭国。[⑤] 然而其国祚甚短,并给唐初史家留下了"务安诸夏,不事要荒"的历史总结。[⑥]

唐朝前期政治强盛,经济繁荣,文化辉煌,对于海外交通也采取了积极招徕政策。唐朝政府每年都要从国库中拨出"一万三千斛"粮食,作为招待外国使节之用,直到大历四年(769 年)才停止。[⑦]《新唐书》也记载:"唐兴,(外国)以次修贡,盖百余,皆冒万里而至,亦已勤矣!然中国有报赠、册吊、程粮、传驿之费。"[⑧] 武则天统治的证圣元年(695 年),还具体根据外国与中国的距离远近,对外国使团提供不同数量的粮食。"证圣元年九月敕,对蕃国人入朝,其粮料各分等第给。南天竺、北天竺、波斯、大食等国,给六个月粮;尸利佛誓、真腊、诃陵等国

① [法]戈岱司:《希腊、拉丁作家远东古文献辑录》,耿升译,中华书局 1987 年版,第 12 页。

② (南朝)沈约:《宋书》卷九七《蛮夷列传》,中华书局 2000 年版,第 1597 页。

③ 参见王赓武:《南海贸易与南洋华人》,中华书局(香港)1988 年版,第 69～82 页。

④ 参见[日]木宫泰彦:《日中文化交流史》,胡锡年译,商务印书馆 1980 年版,第 28～39 页。

⑤ 参见(唐)魏征:《隋书》卷八一《东夷传》,中华书局 2000 年版,第 1226 页;卷八二《赤土传》,第 1231 页;卷八三《西域传》,第 1235 页、第 1245 页。

⑥ (唐)魏征:《隋书》卷八三《西域传》,中华书局 2000 年版,第 1247 页。

⑦ (北宋)王浦:《唐会要》卷六六《鸿胪寺》,中华书局 1955 年版,第 1151 页。

⑧ (北宋)欧阳修、宋祁、范镇、吕夏卿:《新唐书》卷二二一下《西域传》,中华书局 2000 年版,第 4751 页。

使，给五个月粮；林邑国使，给三个月粮。”[①]由此可见，在唐朝的积极招徕政策下，近处的中南半岛国家，如林邑（古代占人国家，位于今越南中南部）、真腊（即孙吴派遣朱应所访问的扶南国，今柬埔寨）；远处的诃陵（有两说：一种意见认为是在今印度尼西亚的爪哇岛中部；一种意见认为是在今马来西亚的吉打州一带）、尸利佛誓（其政治中心位于今印度尼西亚苏门答腊岛的巨港一带，北至马来半岛，南至爪哇岛，曾控制马六甲海峡的交通要道）、南天竺诸国，已与唐朝展开频繁的海上交往。唐代贞元年间（785～805 年）宰相贾耽曾绘有《海内华夷图》，又撰《古今郡国县道四夷述》《皇华四达记》。而《皇华四达记》记载唐朝通四夷的道路主要有七条[②]，其中五条道路涉及陆路对外交通（营州入安东道、夏州塞外通云中道、中受降城入回鹘道、安西入西域道、安南入天竺道），另外两条道路则为海路对外交通，一条道路是登州海行入新罗道，另一条则为广州通海夷道。由这条道路前往东南亚再往南印度，由此可抵达阿拉伯地区。实际上，还有海道并未记载，如日本遣唐使所行路线。日本自 630 年第一次派遣唐使起，到 894 年决定停派止，共派出 19 次遣唐使。其中，有 4 次未能成行，实际到达唐朝的遣唐使共 15 次。其航行路线，在 7 世纪间一直使用北路（即经朝鲜半岛航线），而在 8 世纪初改用横渡东海的航线。日本遣唐使之所以舍弃比较熟悉的北路，而改取在当时还不甚安全的南路，其原因在于日本曾援助百济而与新罗处于敌对关系，“新罗梗海道，更由明、越州朝贡”[③]。不过，日本在 894 年任命菅原道真为正使组成第十一次遣唐使时，菅原道真却给天皇上表请求停派遣唐使。其理由，一是“大唐凋敝”，二是唐商来日增多。[④]

二、五代宋元时期海外交通与互市制度

9 世纪末，虽然有唐商进入日本贸易，但在《唐律》有关边关法律条文中，并没有给予中国普通商民出国贸易的合法空间（连玄奘、鉴真等高僧出境也属非法）。[⑤] 那么，中国普通商民又是如何真正进入海外贸易的呢？笔者认为，这是安史之乱以后唐朝朝廷与沿海边州地方权力博弈的结果。安史之乱后，山东沿海地区出现了淄青镇割据势力（淄青镇节度使初领淄州、青州、莱州、登州、密

---

① （北宋）王溥：《唐会要》卷一〇〇《杂录》，中华书局 1955 年版，第 1798 页。

② （北宋）欧阳修、宋祁、范镇、吕夏卿：《新唐书》卷四三下《地理志》，中华书局 2000 年版，第 751～757 页。

③ （北宋）欧阳修、宋祁、范镇、吕夏卿：《新唐书》卷二二〇《日本传》，中华书局 2000 年版，第 4715 页。

④ 参据张声振、郭洪茂：《中日关系史》第 1 卷，社会科学文献出版社 2006 年版，第 143 页。

⑤ 参见（唐）长孙无忌等：《唐律疏议》卷八《卫禁》有关私渡边关条，中华书局 1983 年版，第 172～179 页。

州、沂州、海州、齐州、德州、棣州等地，后又得兖州、郓州、濮州、曹州、徐州五州之域），李正己祖孙三代（李正己；子李纳；孙李师古、李师道；765～819 年）相继承袭淄青镇节度使。他们利用唐朝朝廷授予他兼任“海运押新罗、渤海两蕃使”的机会（协助朝廷掌管新罗、渤海两国朝贡事务，尤其是登州港一带海道安全），大肆经营唐朝法令禁止的新罗和渤海“熟铜”、渤海马匹和新罗奴婢的贸易，从而打破了东亚海域朝贡贸易的一统天下。[①] 不过，这里所显示的仍不是普通商民贸易，而是中国沿海权贵势力的走私贸易。

在淄青镇割据势力被唐朝消灭后，于徐州充任唐朝低级军官的新罗人张保皋，以打击黄海海域海盗掠卖新罗人口的名义，回到新罗国内得到国王的支持而建立清海军镇（位于今韩国全罗南道南部的莞岛）。他在清海镇建立自己的军事据点后，却是利用这种权力资源积极经营国际贸易，分别派遣“清海镇兵马使”崔晕到唐朝楚州出任“大唐卖物使”、部将李忠和杨圆到日本博多出任“回易使”，从而形成了从扬州经登州横跨黄海至新罗莞岛再至日本博多的国际贸易网络。[②] 只是在张保皋于 841 年被杀后，新罗权贵势力所主导的东亚海域贸易，才演变为唐朝商人为主的从中国明州到日本博多的海域贸易网络（见表 1）。

表 1　　9 世纪后期普通商人从明州至日本贸易情况[③]

时间	商人姓名	出发港口与目的地	文献资料来源
842 年	李邻德等	从明州出发到达大宰府	《入唐求法巡礼行记》
847 年 6 月	张友信等 47 人	从明州出发到达值嘉岛	《续日本后纪》
852 年	徐公佑等	从明州出发到达大宰府	《高野杂笔集》
856 年 9 月以前	詹景全、刘仕献	从广州出发（在明州停留）前往大宰府	《平安遗文》《智证大师传》
858 年	李延孝等	从明州出发到达值嘉岛	《智证大师传》

① 参见陈尚胜：《唐朝后期登州港与东亚贸易圈的形成》，载陈尚胜：《中国传统对外关系研究》，中华书局 2015 年版，第 38～68 页。

② 参见 Chen Shangsheng（陈尚胜），Jang Bogo and the Yewllow Sea Silk Road（《张保皋与黄海丝绸之路》），in Jeong Moon-soo et al, *The Maritime Silk Road and Seaport Cities*（《海上丝绸之路与港口城市》，Seoul：Sunin Publishing，2015，pp. 83-101.

③ 此表材料参据［日］木宫泰彦：《日中文化交流史》，胡锡年译，商务印书馆 1980 年版，第 109～116 页；郭声振、郭洪茂：《中日关系史》第 1 卷，社会科学文献出版社 2006 年版，第 155～156 页；车垠和：《明州出海唐商的兴起与东亚贸易格局》，《社会科学辑刊》2008 年第 5 期。

续表

时间	商人姓名	出发港口与目的地	文献资料来源
862 年	张友信等	从明州出发到达值嘉岛	《续日本后纪》
863 年 4 月	詹景全等	从明州出发到达大宰府	《入唐五家传》《平安遗文》
863 年 4 月	徐公直等	从明州出发到达大宰府	
863 年 4 月	李达等	从明州出发到达大宰府	
865 年	李延孝等	从明州出发到达值嘉岛	《日本三代实录》
866 年 9 月	张言等 41 人	从明州出发到达大宰府	《日本三代实录》
874 年	崔及等 36 人	从明州出发到达松浦郡	《日本三代实录》
876 年	杨清等 31 人	从明州出发到达筑前国	《日本三代实录》
877 年 7 月	崔铎等 63 人	从台州出发(在明州停留)到达日本筑前国	《日本三代实录》
885 年	唐商	从明州抵达大宰府	《日本三代实录》
893 年	周汾等 60 人	从明州出发到达日本博多津	《入唐五家传》

由此而观,自 8 世纪后半期至 9 世纪后半期的百年间,黄海海域跨国贸易的演进趋势则是,唐朝淄青镇割据势力的走私贸易首先打破了朝贡贸易的一统天下,新罗清海镇权贵势力继而公开进行唐、罗、日三国间的跨国贸易,带动并催生了中国普通商人进入海外贸易。而到 10 世纪后,钱镠所建的吴越政权(907～978 年)和王审知所建的闽政权(904～978 年),分别以其所据的江浙和福建在海外交通方面的地区优势,开放海商经营对高丽和日本的海上贸易,并设"榷货务"以获取关税利益。[①] 普通商人的出海贸易,首先在吴越政权和闽政权割据时期获得了合法贸易的空间。另外,割据广东的南汉政权(907～971 年),更以期南海交通的优势,积极发展海外贸易。[②]

宋朝在 971 年灭亡南汉政权时,即在广州设立市舶司,维护广州港海外贸易的正常进行。宋朝在消灭吴越政权后,又在杭州设立市舶司,以主管当地的海外贸易。此后,宋朝又在明州、泉州、密州设市舶司机构,并在秀州华亭县设

① 参见李东华:《五代吴越的对外关系》,张彬村、刘石吉主编:《中国海洋发展史论文集》第 5 辑,中央研究院中山人文社会科学研究所 1993 年版,第 17～59 页;张振玉:《王审知与福州海上丝绸之路》,《福建文博》2013 年第 4 期;刘文波:《五代时期泉州有海外贸易》,《江苏商论》2006 年第 8 期。

② 参见李东华:《五代南汉的对外关系》,张宪炎主编:《中国海洋发展史论文集》第 6 辑,台湾"中央"研究院中山人文社会科学研究所,1997 年,第 45～69 页。

立市舶务。宋代市舶司“掌蕃货海舶征榷贸易之事，以来远人，通远物”[①]。这里的“海舶”，包括本国商人的出海商船。宋朝统治者为何如此重视海外贸易？宋神宗曾经说：“东南利国之大，舶商亦居其一焉。若钱、刘窃据浙、广，内足自富，外足抗中国（按：此处“中国”指中原地区的五代政权）者，亦由笼海商得术也。”[②]于此可见，他们充分吸收了吴越、南汉等割据政权准许海商出海贸易的经验，期望从中获得更多的税收利益。为此，宋朝还专门推出“公凭”。凡打算出海贸易的商人，只要得到“物力户”（即有财产户）三人担保，向所在州申请，即可得到市舶司发放的“公凭”，从而持凭证出海贸易。公凭开列有纲首以及船员姓名、前往国家与回国纳税港口、所载货物以及航行器具，并载有船员必须遵守的市舶法令。公凭制度表明，商人出海的互市贸易已完全合法化。

宋朝与唐朝不同，特别重视本国商人的出海互市贸易，清朝人曾认为是中国分裂形势的结果。如乾隆时期官修《续通典》的作者认为：“宋辽金疆宇分错，敌国所产，各居其有，物滞而不流，人艰于所匮。于是特重互市之法，和则许之，战则绝之。既以通货，兼用善邻，所立榷场，皆设场官，严厉禁，广屋宇，以易二国之所无。而权其税入，亦有资于国用焉。”[③]就是说，在他们看来是由于宋辽以及宋金的分立，但客观上必须开展互市以促进物流，从而弥补因政治分裂所所带来的物质匮乏局面。实际上，宋朝统治者为应对辽朝（后来的金朝）等强邻南攻与解决内部的军将夺政，采取庞大的军政机构来互相牵制，也不得不寻找更多的财政来源来应对“三冗”（冗官、冗兵、冗费）问题。然而，宋朝在周邻国家所面对的尴尬也同样不容忽视。朝鲜半岛的高丽因顾忌辽朝以及后来金朝的军事威胁，因而在政治归属上放弃宋朝而朝贡辽朝及金朝；日本天皇和控制朝政的藤原氏也对宋朝皇帝的“回赐”，更以不合“名分”而断然拒绝。[④] 面对着“朝贡”制度在东亚世界难以开展的尴尬局面，宋朝不得不以“互市”制度开展海外交通，通过商人借出海贸易之便，来了解周边的政治以及军事信息。[⑤] 另外，海外国家“朝贡”使节进京后，中国王朝通常以“回赐”的方式嘉馈外使。不过，南宋对于海外国家朝贡使节从节省迎来送往的财政开支目的出发，多将他们留在

---

① （元）脱脱、阿鲁图等：《宋史》卷一六七《职官志七》，中华书局 2000 年版，第 2661 页。

② （清）黄以周等：《续资治通鉴长编拾补》卷五“熙宁二年壬午条例司言”条，中华书局 2004 年版，第 239 页。

③ （清）高宗敕：《钦定续通典》卷一六《食货典 · 互市》，“万有文库”本第二集，“十通第二种”，商务印书馆 1935 年版，第 1202 页。

④ 参见蒋非非、王小甫：《中韩关系史》，社会科学文献出版社 1998 年版，第 155～206 页；张声振、郭洪茂：《中日关系史》第 1 卷，社会科学出版社 2006 年版，第 225～231 页。

⑤ 如（宋）赵汝适所写的《诸蕃志》，就是他在福建市舶提举任上“询诸贾胡”而著。

市舶司口岸，就地“作价回赐”，不再护送入京，“朝贡”也就有了“互市”的性质。[①]

元世祖忽必烈曾用战争手段强力推行“朝贡”制度[②]，包括对安南(1257年、1285年、1286年、1287年)、日本(1274年、1281年)、缅国(1277年、1286年、1297年)、占城(1283年)、爪哇(1297年)等国先后发动战争，无一例外皆以失败而告终。因此，元朝的海外交通，仍以互市制度为主。早在至元十三年(1276年)初兵征南宋时，元军统帅伯颜就专门遣人“招泉州蒲寿庚、寿宬兄弟”[③]，因为蒲“寿庚提举泉州舶司，擅蕃舶之利”[④]。蒲寿庚降元后，被元朝任命为福建行中书省中书左丞，元世祖下诏书于蒲寿庚：“诸蕃国列居东南岛屿者，皆有慕义之心，可因蕃舶诸人宣布朕意。诚能来朝，朕将宠礼之。其往来互市，各从所欲。”[⑤]诏书中的“慕义”“来朝”，即指海外诸国对元朝的“朝贡”活动；而“往来互市”，则是指单纯的贸易活动。据一位对元代海外贸易史研究有素的学者分析，元代基本不存在外国使节来华的“朝贡贸易”，而主要是由市舶司管理的中外商人之间互市贸易。元朝曾先后于泉州、庆元、上海、澉浦、福州、杭州、广州等地设立市舶司机构，通过实施进出口条令和颁发进出口公文、并对贸易品进行抽解和征税以管理海外贸易。[⑥] 实际上，元朝统治者的游牧民族出身，比农耕民族统治者更加重视商业贸易。

宋元时期的海外交通在互市制度的支撑下，得到了空前发展。从东海与黄海交通来看，仅在北宋时期的160余年间，宋朝商船赴日本福冈的贸易次数就有70次。正是通过海商的贸易活动，大量宋朝铜钱也流入日本。据考古发现以及不完全的统计，在日本28处出土的中国铜钱共约153000枚，其中北宋铜钱就占82.4%，这主要是在南宋时期输入的。[⑦] 而据《高丽史》记载，在1012～1229年间，前往高丽贸易的宋朝商人和水手，就有4899人。[⑧] 如果考虑到1012年以前和1229年以后未予记载的因素，前往高丽的宋朝海商数量当在5000人以上。

---

① 参见高荣盛：《元代海外贸易研究》，四川人民出版社1998年版，第115页。

② 元朝的朝贡制度，开始奉行成吉思汗的“六事”，要求相关国家君王来朝、子弟入质、编民数、出军役、输纳赋税、置达鲁花赤(镇守官)。

③ (明)宋濂、赵埙、王祎：《元史》卷九《世祖本纪》，中华书局2000年版，第122页。按：蒲寿庚为阿拉伯人后裔，其先辈因经商先移居到占城(今越南中部)，后迁至广州，南宋嘉定年间又从广州迁居到泉州。关于蒲寿庚事迹，可参考[日]桑原骘藏：《蒲寿庚考》，陈裕菁译，中华书局1929年版，或中华书局2009年版。该书另一译本为冯攸翻译，书名为《唐宋元时期中西通商史》，商务印书馆1930年版。

④ (元)脱脱、阿鲁图等：《宋史》卷四七《瀛国公本纪二王附》，中华书局2000年版，第633页。

⑤ (明)宋濂、赵埙、王祎：《元史》卷一〇《世祖本纪》，中华书局2000年版，第138页。

⑥ 参据高荣盛：《元代海外贸易研究》，四川人民出版社1998年版，第106～126页、第156～168页。

⑦ 参据汶江：《古代中国与亚非地区的海上交通》，四川省社会科学院出版社1989年版，第166页。

⑧ 杨渭生：《〈高丽史〉中的中韩关系研究》，《韩国学论文集》第4辑，社会科学文献出版社1995年版，第174～197页。

在南海交通方面，宋代开通了泉州至渤泥（今加里曼丹岛）的航线[①]，这就使得摩逸（今菲律宾的民都洛岛）、三屿（今菲律宾的卡拉棉、巴拉望、布桑加等三岛）成为中国海商的一个重要目的地。[②] 泉州如同广州一样，在宋元时期已成为中国南海交通的重要港口。而东南亚的三佛齐（今印度尼西亚苏门答腊岛的巨港至占卑一带）、兰无里（今苏门答腊岛西北角的亚齐）、故临（宋代称“故临”，元代称“俱兰”，今印度西南沿海的奎隆），则是中国海商前往大食（阿拉伯）地区的中转港。[③] 而随着南海交通的发展，宋元时代中国人已开始将传统的“南海诸国”区分为“东洋”与“西洋”。所谓“东洋”，是指爪哇岛及其以东包括加里曼丹岛和菲律宾群岛以西太平洋海域；而当时的“西洋”，则是指包括马来半岛和苏门答腊岛及由彼向西的印度洋海域。[④]

三、中国海外交通与东亚体系形成

上述考察表明，从汉代至元代的中国海外交通，从制度因素看，汉唐时代主要是通过朝贡制度因素实现的，五代宋元时代主要是通过互市制度因素实现的。

朝贡制度是基于“率土之滨莫非王臣”的理念，对“天下”秩序所做的制度安排。作为“天子”的中国皇帝要对四夷君长实行册封，才具有政治统治的合法性；四夷君长应对中国皇帝履行“朝见”和“贡纳”义务，以体现他们作为“外臣”之礼。同时，中国王朝还要从“德”的理念出发来“怀柔远人”，具体则是“厚往薄来，所以怀诸侯也”。[⑤] 也就是说，四夷君长遣使朝贡，中国皇帝则要给予丰厚赏赐。而实际上，汉唐时期的海外国家君长并未履行“朝见”义务，这种封与贡的关系也只是表象，并不符合当时双方的实际关系。不过，中国王朝却通过朝贡制度推动了各国间的海上往来，使东亚区域初步形成了以中国为中心的政治和文化体系。

这种体系的主要特征为：在朝鲜半岛与日本列岛，通过中国王朝的政治册封与相邻国家的朝贡活动，高句丽、百济、新罗和日本等政权被纳入到唐朝的国际秩序之中。他们通过相互往来，实实在在地感受到中国汉唐王朝在政治、经济和文化上丰厚实力与全面优势，因此他们积极吸纳汉字（甚至不顾汉字与其民族语言差异而采用汉字）、全面推广儒学的政治伦理（忠君）和社会伦理（孝、

---

① 参据（元）脱脱、阿鲁图等：《宋史》卷四八九《外国传五》，中华书局 2000 年版，第 10876 页。

② （宋）赵汝适著，杨博文校：《诸蕃志校释》，中华书局 1996 年版，第 141～143 页。

③ （宋）周去非撰：《岭外代答》卷二《三佛齐国》，清文渊阁四库全书本。

④ 参据刘迎胜：《丝路文化·海上卷》，浙江人民出版社 1995 年版，第 117～120 页。

⑤ 参见陈尚胜：《论中国传统对外关系的基本理念》，《孔子研究》2010 年第 4 期。

礼)积极推行中央集权式的政治改革,从而在6～8世纪形成了东亚汉字文化圈。[①] 而在东南亚以及印度诸国,这些佛教化的国家也积极借用中国的朝贡制度,派遣使节积极开展佛教外交,他们把佛教物品(如佛像、佛牙、佛塔、佛经)作为贡品,以达到共同隆兴佛教的目的[②],从而使南海交通具有佛教文化交流网络的特征。

互市制度基于王朝财政税收的目的,也有惠顾民生的意图。在五代宋元时期的互市制度推动下,东亚区域形成为明显的以中国为中心的贸易体系。具体来说,它也有两个区域贸易体系:一是以中国明州(今宁波)与日本博多(今日本福冈)之间为主的东亚贸易网络。例如,1976年韩国木浦附近所发现的一艘沉船内,就打捞起中国铜钱多达28吨、瓷器2万余件,此外还有香木、胡椒等物。据研究,这是一艘从元朝庆元港起航前往日本的中国商船,途中因海难沉船。[③] 从木浦近海中国沉船的铜钱数量,我们可以得悉当时中国铜钱在东亚邻国的流通情况。

二是分别从广州港与泉州港至东南亚以及印度洋区域的南海贸易网络。如安南的云屯(今越南广宁省的锦普)港,“其俗以商贩为生业,饮食衣服,皆仰北客(按:北客,指中国客商),故服用习北俗”[④]。文老古(今马鲁古群岛)盛产丁香,元朝商人趋之如骛。由于形成固定的供销关系,当地居民“每岁望唐舶贩其地”[⑤]。在古里佛(今印度半岛西南端的科泽科德)港,阿拉伯旅行家一次就看到该港同时停泊着13艘中国商船。[⑥] 而与古里佛为邻的小邦沙里八丹,出产八丹布,“求售于唐人,其利岂浅鲜哉”[⑦]。在罗斛国(其都城位于湄南河下游的华富里)的市场上,也流行元朝的中统纸钞。[⑧]

其实,近一个世纪来,宋朝铜钱在国外的发现不止于日本、韩国两个东亚邻国。在加里曼丹岛、爪哇岛、马来半岛、印度半岛以至东非沿海的不少地方,都曾出土有中国钱币,其中也以宋朝铜钱为多。据宋人记载,当时“蕃夷得中国钱

---

① 参见[日]西岛定生:《东亚世界的形成》,刘俊文主编:《日本学者研究中国史论著选译》第2卷(专论),中华书局1993年版,第88～103页。

② 参见[日]河上麻由子:《佛教与朝贡的关系——以南北朝时期为中心》,上海社会科学院:《传统中国研究集刊》第1辑,上海人民出版社2006年版,第31～56页。

③ [韩]崔光南:《东方最大的古代贸易船舶的发掘——新安海底沉船》,《海交史研究》1989年第1期。

④ 陈荆和编校:《大越史记全书》卷五《陈纪一》,东京大学东洋文化研究所1984年版,第363页。

⑤ (元)汪大渊撰,苏继顷校释:《岛夷志略校释》,中华书局1981年版,第205页。

⑥ [摩洛哥]伊本·白图泰撰,马金鹏译:《伊本·白图泰游记》,宁夏人民出版社2000年版,第486页。

⑦ (元)汪大渊撰,苏继顷校释:《岛夷志略校释》,中华书局1981年版,第273页。

⑧ (元)汪大渊撰,苏继顷校释:《岛夷志略校释》,“罗斛”条记载,该国“法以子代钱,流通行使,每一万准中统钞二十四两,甚便民”,中华书局1981年版,第114页。

分库藏贮，以为镇国之宝。故入蕃者非铜钱不往，而蕃货亦非铜钱不售”[①]。郝延平认为，宋代发生货币和信贷扩张，大量铸造并发行铜钱，并推出预付货款、预付定金、包买等制度，它与海外贸易有着密切的关系。[②] 而日本学者藤家礼之助曾根据元日商船贸易盛况而认为：“在整个镰仓时代（按：是指 1185～1333 年间以镰仓为政治中心的日本武家政权统治时期），我国与中国王朝没有一次官方的邦交往来，但是在经济上却可以说几乎完全纳入了中国的经济体制之中。”[③]

事实上，这个经济体系对于已经普遍采用中国汉字文化的高丽和日本来说，既是经济交流之路，也是文化交流的重要途径。譬如，现存成书于元代高丽的汉语教科书《老乞大》和《朴通事》，皆以高丽商人来中国经商为线索，介绍中国沿途见闻以及社会生活各方面日常用语，也反映了当时高丽商人进入元朝贸易的盛况。[④] 而中国佛教禅宗文化在日本的传播，除了日本僧人搭载商船直接来华求法并体验江南禅林生活的渠道外，还有高丽和日本的禅院则直接委托中国海商订制佛教经籍雕版和书籍。[⑤] 因此，这个局部的贸易网络，也是文化交流网络，它促进了东亚体系在经济和文化内容上的进一步深化和巩固。

---

① （清）徐松辑：《宋会要辑稿・刑法二》，上海古籍出版社 2014 年版，第 8372 页。

② 郝延平：《中国三大商业革命与海洋》，戴张宪炎主编《中国海洋发展史论文集》第 6 辑，第 9～44 页。

③ ［日］藤家礼之助著，张俊彦、卞立强译：《日中交流二千年》，北京大学出版社 1982 年版，第 138 页。

④ 陈高华：《从〈老乞大〉〈朴通事〉看元与高丽的经济文化交流》，原载于《历史研究》1995 年第 1 期，收载于《陈高华文集》，上海辞书出版社 2005 年版，第 384～406 页。

⑤ 陈尚胜：《宋朝和丽日两国的民间交往与汉文化传播——高丽和日本接受宋朝文化的初步比较》，《中国文化研究》2004 年第 4 卷。

韩国古典文学中的明太祖形象考

韩　梅*

摘要　韩国古典文学中的明太祖朱元璋大致正面：其英主形象源自丽末鲜初亲明派文人性理学的正统华夷思想，个人体验及“壬辰倭乱”等危机中明与朝鲜并肩作战同仇敌忾发挥了重要作用；仁孝谦和的道德君子形象出自于16世纪忠实的性理学者之手，是他们为树立理想的君主典范促进改革刻意而为的；17世纪中期这一形象越发完美并广泛传播，是因为它契合当时朝鲜尊明排清思想；咄咄逼人的宗主国皇帝形象是朱元璋恩威并施的对朝政策为其留下的记忆传承；大国天子形象源自朝鲜后期的民间文学，是民众在已有的明太祖正面形象基础上进行的再创造，借助朱元璋的形象发泄对本国统治阶层的不满。

关键词　明太祖；形象；亲明派；士林派；民间传说

文学作品往往是作者对世界及自身理性认识、感性体验及内心诉求的结合。因此，文学中的异国形象不仅表现出创作主体对对象国家、民族的认识，也表达着创作主体的自我认识及诉求，既受到对象国家、民族自我形象塑造的影响，也包含主体所属社会、集团的集体想象成分，此外，也与作者在自身经历中积淀的认识及感情息息相关。因此，异国人物形象虽然可能在某种程度上反映对象国家的客观情况，但更重要的是，它能够比较充分地反映出创作主体及其所属集团的心理状态和认知特点。因此，在跨国交流急剧增加、国家形象日益重要的当下，异国形象研究成为比较文学研究的热点。

由于地缘特点，中国与朝鲜半岛之间的相互认识和理解尤为重要。而且，中国与朝鲜半岛自古以来关系密切，在政治、文化、经济等领域进行过密切的交

* 韩梅，山东大学外国语学院教授。

流，在韩国文学特别是古典文学中，出现了众多中国人的形象。在古代，帝王掌握着一个国家至高无上的权力，常常被看作国家的象征。因此，文学作品中的君主形象有着更为重要的意义。

在历代中国帝王之中，明太祖朱元璋是在韩国古典文学中出现频繁的一个。洪武二年(1369 年)朱元璋遣使高丽诰谕新王朝，高丽自 1370 年开始使用洪武的年号，并遣使朝贡，两国开始外交往来。14 世纪末至 19 世纪末期，明太祖在韩国古典文学中断续出现，比较集中的是两个时期：一是他在位的洪武年间，与之有过接触的高丽、朝鲜使臣所作朝天诗中多有对其的描绘。一是明朝灭亡、清军入关后的 17 世纪中后期，他作为明王朝的代表又多次出现。涉及大部分作品出自文人士大夫之手，但民间也流传着关于朱元璋的一些传说。在众多的作品中，朱元璋的形象呈现出不同的侧重，但迄今学术界对此尚未进行较为具体、系统的整理。[①] 本文拟对朝鲜时期文学作品中朱元璋的形象进行梳理，分析不同时期、不同集团作者塑造的朱元璋形象及其形成原因，并归纳总结其特点形成机制。

一、朝天使笔下功盖千秋的一代雄主

明太祖在位时期，访明的高丽、朝鲜使臣所作的朝天诗中大多歌颂了他平定天下、发扬汉文化正统的丰功伟绩。“钦惟圣天子乘运而起，受天明命，芟群雄……以绍中国皇王之统。其功比之神禹治洪水、周公攘夷狄，不足侔也。”[②]这是 1384 年高丽文人郑道传写给辽东官员的一封书信中对朱元璋功业的评价，称颂其功高盖世，确立了韩国文学中朱元璋的雄主形象。

高丽文臣郑梦周在《皇都四首》等一系列朝天诗中也多次强调朱元璋的高大形象。“尺剑龙飞定四维，一时豪杰为扶持”[③]，写的是他创业时的英武；“方今

① 关于韩国文学中朱元璋形象的研究只发现 1 篇，论文通过考察李成桂、朱元璋同时出现的几个传说，认为两人之所以产生联系，是因为两人的经历相仿，建国传说的核心在于宣扬天命思想，对新王朝进行合理化。请参照李庆善：《建国传说与天命思想——以李成桂、朱元璋传说为中心》，载檀国大学东洋学研究所：《东洋学》1975 年，第 266～267 页。

② (高丽王朝)郑道传：《三峰集》卷三《上辽东诸位大人书奉使杂题·甲子》，载民族文化推进会：《韩国文集丛刊》第 5 卷，景仁文化社 1996 年版，第 330 页。

③ (高丽王朝)郑梦周：《圃隐先生文集》卷一《皇都四首》其四，载民族文化推进会：《韩国文集丛刊》第 5 卷，景仁文化社 1996 年版，第 573 页。

圣天子，六合为一家”①，“盛代政逢收混一，江南海北路非遥”②，强调他终结战乱、平定天下的业绩；“皇明受命，帝有天下。修德偃武，文轨毕同。其制礼作乐，化成人文以经纬天地”③，歌颂其在文武兼备、振兴文化的功勋。此外，“盛代致时清”④“诸公逢盛世”⑤中的“盛世”“盛代”作为套话多次出现在朝天诗歌中。“惟天子圣，况得丞相贤。乾坤无纤翳，风日涵清妍。遥知老与稚，醉舞唐虞天”⑥，赞颂明太祖治下政治清明，将其比作理想中的尧舜盛世；“列爵分茅土，仁亲庇本支。复行封建日，斯有会同时。麟趾周宗盛，龙颜汉业熙”⑦，描绘了明初皇室繁盛和睦的景象。

17世纪中期，明清交替，朱元璋的功绩再次得到朝鲜文人的高度颂扬。1644年明朝灭亡后，金堉当作《哀江南赋，甲申三月》，其中，“呈灵符以效瑞，有朱衣之投药”，引用了朱元璋之母陈氏梦神授药的传说，强调朱元璋受命于天；“爰用夏以变夷，复中华之旧俗。明日月以并行，一天地而新涤”⑧，歌颂明太祖恢复华夏文化的功绩。同一时期，《金华灵会》等系列虚构性叙事文学作品——梦游录也借汉高祖之口，称赞明太祖“受天明命……明皇之功业，犹胜于吾三人”⑨，推崇其为历代中国帝王之首。直到19世纪，仍有朝鲜文人追思明太祖的“扫清夷狄之功”⑩。

朱元璋雄主的形象在韩国文学上出现得最早，堪称其在朝鲜半岛形象的源头，影响了整个韩民族对明太祖乃至明朝、中国的认识。这一形象主要出自郑

---

① (高丽王朝)郑梦周:《圃隐先生文集》卷一《王坊驿赠辽东程镇抚载》，载民族文化推进会:《韩国文集丛刊》第5卷，景仁文化社1996年版，第570页。

② (高丽王朝)郑梦周:《圃隐先生文集》卷一《次韩揔郎鸭绿江诗韵》，载民族文化推进会:《韩国文集丛刊》第5卷，景仁文化社1996年版，第569页。

③ (高丽王朝)郑道传:《三峰集》卷三《陶隐文集序　戊辰十月》，载民族文化推进会:《韩国文集丛刊》第5卷，1996年版，第342页。

④ (高丽王朝)郑道传:《三峰集》卷二《旅顺口》，载民族文化推进会:《韩国文集丛刊》第5卷，景仁文化社1996年版，第317页。

⑤ (高丽王朝)郑梦周:《圃隐先生文集》卷一《行次复州呈王指挥，兼简列位指挥相公二首》，载民族文化推进会:《韩国文集丛刊》第5卷，1996年版，第576页。

⑥ (高丽王朝)李穑:《牧隐诗藁》卷二《过盐场》，载民族文化推进会:《韩国文集丛刊》第3卷，景仁文化社1988年版，第527页。

⑦ (高丽王朝)权近:《阳村先生文集》卷六《奉使录闻十国亲王皆朝京师》，载民族文化推进会:《韩国文集丛刊》第7卷，景仁文化社1996年版，第69页。

⑧ (朝鲜王朝)金堉:《潜谷先生遗稿》卷一《哀江南赋　甲申三月》，载民族文化推进会:《韩国文集丛刊》第86卷，景仁文化社1990年版，第6页

⑨ 文中指汉高祖、唐太宗、宋太祖三人。

⑩ (朝鲜王朝)金平默:《重庵先生文集》卷一《有宋四章章十六句　追思我太祖高皇帝扫清夷狄之功》，载民族文化推进会:《韩国文集丛刊》第319卷，景仁文化社2003年版，第29页。

梦周、郑道传、权近等丽末鲜初从事对明外交的大臣之手。他们在学术上都师从理学大儒李穑，积极接受程朱理学。被推为“东方理学之祖”的郑梦周也精通理学，建议高丽革胡服袭华制。高丽末年，十多位亲明派文人上书反对接纳北元使臣，遭受了杖刑或流放。① 在理学思想背景下，他们对汉文化、汉族政权——明王朝及汉族皇帝——朱元璋具有强烈的文化认同感。

就具体体验而言，这些作品大多为创作于作者在丽末鲜初出访明朝之际。当时，明朝建国不久，生机勃勃，而朝鲜半岛正逢高丽末年，朝廷内部亲元派和亲明派殊死搏斗，官员朝不保夕，中南部地区多处遭受倭寇的蹂躏，民不聊生。与本国岌岌可危的末世图景相比，新兴王朝欣欣向荣的场景使他们自然而然把明朝看作太平盛世。此外，郑梦周、权近、郑道传等人都受过朱元璋特殊的优待。洪武十六年，郑梦周出使明朝，“帝嘉之。特赐慰优礼以送，乃放还金庾，且许通朝聘”。洪武十九年，郑梦周再次出使，请求减免岁贡，明太祖立即降旨，“削去岁贡”。② 朝鲜初期，权近为解决表笺问题冒险赴明，不仅未受责罚，反而受到明太祖的赞赏，“敕留在文渊阁，命游观三日以赐宴。命题赋诗二十四篇，仍赐御制诗三篇”③，“诚罕世难逢之异宠也”④，让表笺问题消弭于无形，为国家立下大功，获得极高的声誉和地位。与朱元璋的这些接触自然使他们心中对明朝留下好印象，促使他们从各个角度塑造其英主形象。

16～17 世纪，朱元璋甚至因此被推崇为中国历代帝王之首。这是因为 16 世纪，女真势力崛起，17 世纪上半期两次入侵朝鲜，强迫朝鲜称臣，后取代明朝入主中原。“崇明排胡”成为朝鲜社会的主流思想⑤，这一时期的朝鲜文人就通过推崇明太祖——夹在两个少数民族政权之间的明朝创立者“扫清腥秽，应天顺人，得国之正，远过汉唐”⑥，强调“华夷之辨”。明太祖的形象中承载着朝鲜社会对明、清政权的认识和情绪。就具体经历而言，该形象的强调者金堉(1580～

① (高丽王朝)权近:《阳村集》卷一《大明太祖高皇帝御制诗三首赐朝鲜国秀才权近》，载民族文化推进会:《韩国文集丛刊》第 7 卷，景仁文化社 1996 年版，第 14 页。

② (高丽王朝)郑梦周:《圃隐先生文集》卷一《皇都》四首其二，载民族文化推进会:《韩国文集丛刊》第 5 卷，景仁文化社 1996 年版，第 573 页。

③ (高丽王朝)权近:《阳村集》,《阳村先生年谱》，载民族文化推进会:《韩国文集丛刊》第 7 卷，景仁文化社 1996 年版，第 9 页。

④ (高丽王朝)权近:《阳村集》卷一《应制诗　朝鲜国陪臣权近制进命题六首　十月二十七日》，载民族文化推进会:《韩国文集丛刊》第 7 卷，景仁文化社 1996 年版，第 16 页。

⑤ [韩]朴熙秉:《17 世纪初的崇明排胡论与负面小说主人公的出现》,《韩国古典小说与叙事文学》上，集文堂 1998 年版。

⑥ (朝鲜王朝)崔锡鼎:《明谷集》卷一一《正统论》，载民族文化推进会:《韩国文集丛刊》第 154 卷，景仁文化社 1995 年版，第 61 页。

1658年)于1636年出使明朝，在明期间听到朝鲜投降清军的消息，但崇祯皇帝不仅没有为难使臣，还下旨加派军队护送归国，让他们备受感动。[①] 因此，听到明朝灭亡、崇祯皇帝自尽殉国，金堉当即赋诗表达哀思，诗歌中朱元璋的形象自然包含着作者对明朝的感恩和同情。因此，朝鲜文人对明太祖的歌颂，既反映出他们根深蒂固的正统华夷思想，更是为了表达他们对明清两个王朝不同的认识和感情。

二、外交官梦中咄咄逼人的宗主国皇帝

不过，在韩国古典文学中也有少部分作品通过描绘梦境，刻画了明太祖严苛多怒、令人生畏的形象。

朝鲜前期馆阁文人的代表徐居正(1420～1488年)在一首诗的序文中写道："梦见大明高皇帝来幸我家。语臣曰，我大战大捷，汝何不驰书以贺？臣对曰，方大捷之时，不驰书表贺，礼部之罪也。高皇曰，礼部虽不贺，汝亦不贺。何耶？臣对曰，人臣无私贺，是以不贺。高皇曰，然。忽不见所之。俄而惊觉，罔知所措。"[②]在梦中，为了责问为什么不致贺，朱元璋亲自驾临徐居正家中，经过追问，得到满意的答复后悄然离去，令惊醒后的徐居正茫然不知所措。梦境中的朱元璋作为宗主国皇帝对礼仪要求十分严苛，令人生畏。

类似的形象还出现在18世纪作品中，诗序中记录了作者做梦的经过和内容："八月八日为乾隆万寿圣节，在十三日应行望阙礼。故先期赴议政府习仪，归宿西泮。忽梦谒皇明高皇帝高皇后于一处，草屋萧条，阶庭鞠茂。帝手一镰有怒容。岂九庙已墟，威灵靡凭，还本分贱微邪？抑我国虽筑坛大报，而一边为清人望阙，致皇灵赫怒邪？"[③]作者黄胤锡(1729～1791年)是朝鲜后期文人，早年潜心研究周易，1766年出仕，1771年作为奉俎官参加了数次宗庙祭享，梦见明太祖大约就是那段时间。在梦中，明太祖生活困窘，怒容满面。作者小心翼翼地猜想，困窘是因为明朝已亡，宗庙已废，灵魄无依；怒气冲冲，则或是因为"朝鲜锡号已隆恩，万历东征实造藩"[④]，明朝有恩于朝鲜，朝鲜却背明事清。作

---

① (朝鲜王朝)金堉:《潜谷先生遗稿》卷一四《朝京日录》4月20日记录，载民族文化推进会:《韩国文集丛刊》第86卷，景仁文化社1990年版，第281页。

② (朝鲜王朝)徐居正:《四佳诗集》卷四六第二十二诗类，《韩国文集丛刊》第11卷，载民族文化推进会，景仁文化社1988年版，第63页。

③ (朝鲜王朝)黄胤锡:《颐斋遗藁》卷四，诗，载民族文化推进会:《韩国文集丛刊》第246卷，景仁文化社1999年版，第85页。

④ (朝鲜王朝)黄胤锡:《颐斋遗藁》卷四，诗，载民族文化推进会:《韩国文集丛刊》第246卷，景仁文化社1999年版，第85页。

品中的朱元璋同样是因为没有得到宗主国待遇而发怒的威严帝王。作者随即作诗:“书生昔梦嗟犹在,安得辽河洗甲还。”①表达朝鲜依然抱有反清复明的愿望,希望以此化解太祖的怒气。

不可否认,以上作品以记录梦境的形式暴露了严肃甚至严苛的宗主国皇帝形象,追根溯源,形成这一形象的种子可以上诉到朱元璋在位期间。当时,由于高丽在北元和明之间的摇摆,明太祖不得不调整政策,从德化改为恩威并施。洪武十七年,“帝怒,将兵于我,增定岁贡,乃以五岁贡不如约,杖流使臣”②。金九容等高丽文臣死于流放途中。朱元璋的这种动辄发怒的行为让高丽大臣人人自危,对出使明朝避之唯恐不及。到了朝鲜王朝之初,两国依然摩擦不断,明太祖以表笺文用词不逊等原因数次扣留出使的朝鲜使臣,致使数名使臣客死中原。当时因为时忌文人无法将这种体验诉诸于文学创作,但作为一种记忆流传下来,朱元璋个性强硬、严苛易怒的印象也留在了高丽、朝鲜文人集团的记忆之中。徐居正朝鲜前期长期掌管文翰的文人代表,是朝鲜初期对明外交的奠基人权近(1352～1409)的外孙,其外祖父权近虽然曾因冒险入明、成功解决表笺问题而声名鹊起,但当时与明太祖打交道时想必也是战战兢兢、如履薄冰。这种感受无论作为家族记忆还是同为对明外交集团的记忆都会传承给后人,最终以梦的形式出现在徐居正笔下。

18 世纪后半期,明太祖发怒的形象再次出现,作者恰恰前一天参与了对清朝皇帝行望阙礼。当时,朝鲜王朝在本国内部高调宣扬尊明义理,对清却小心翼翼地奉行事大外交。作者黄胤锡是信奉义理思想的儒学者,又是参与对清礼仪的官员,能够深刻体会到两者间难以调和的矛盾。而且他还是深信天人感应说的易学学者,以他对明太祖个性的了解,不免担忧自己的行为会触怒“皇灵”。因此,作者接连作诗四首,对亡灵表示安慰。

梦是可以尽情发挥想象力的空间,可以反映出做梦者的潜意识。徐居正、黄胤锡描写的朱元璋严苛的形象说明朝鲜文人在对明交涉时常常体会到的压力和不安。

三、性理学者文中仁孝谦和的有德之君

16 世纪起,朱元璋在韩国文学中开始以爱民亲民、孝诚谦和的仁君形象出

---

① (朝鲜王朝)黄胤锡:《颐斋遗藁》卷四,诗,载民族文化推进会:《韩国文集丛刊》第 246 卷,景仁文化社 1999 年版,第 85 页。

② (高丽王朝)郑梦周:《圃隐先生文集》卷一《皇都》四首其二,载民族文化推进会:《韩国文集丛刊》第 5 卷,景仁文化社 1996 年版,第 573 页。

现。赵宪的对明使行报告——《东还封事》中就通过若干则轶事刻画了他有德君主的形象,其中一则为:“昔者,太祖高皇帝一月不雨则日减膳素食。谓近臣曰,予以天旱故,率诸宫中皆素食,使知民力艰难,既而,大雨,群臣请复膳。明太祖回答:‘今虽得雨,然苗稼焦损必多,纵食奚能甘味?’乃下令免民当年田租。”①天气干旱,皇帝就减膳食素,与百姓一同吃苦。旱情解除,他仍不忘干旱已经造成的损失,下旨免除田租,这说明他是一个时刻心系百姓的好皇帝。《东还封事》还讲述初建皇陵时,明太祖阻止迁走四周百姓的坟墓,称“此坟墓皆吾家旧邻里,不必外徙”②,突出了明太祖亲民的形象。赵宪还特别强调明太祖的孝,讲述了他在仁祖忌日“泣下不止”,感动得“左右皆泣下,不能仰视”③,赞扬其对父母的一片孝心,认为正是由于自身至孝,他才成功地教化了百姓,创造了良好的民风。就这样,赵宪通过选择性地记录明太祖的部分事迹,塑造了其宽仁爱民、至孝至诚的贤君形象。

创作于17世纪的《金华灵会》《金山寺创业宴录》和此后的《金华寺梦游录》《王会录》等近20部梦游录系列作品中,明太祖道德典范的形象进一步得到完善。在这些作品中,当汉高祖谈及献寿于太公的人子之乐时,明太祖悲伤落泪,感叹自己父母早亡,无法享受到这种人伦之乐,被汉高祖评价为“孝诚之至”④。不仅如此,在品评历代帝王政绩得失时,明太祖指责秦始皇耗费民力、焚书坑儒,指责汉武帝穷兵黩武、虐民事神,赞扬宋太祖“举德行孝悌之人,隆礼义廉耻之风”⑤,显示出极高的道德水平。

仁君形象,说到底是对英主形象的一种补充,是儒学者理想君王的展示。对朱元璋仁之君形象的塑造出现在16世纪中后期,这时朝鲜性理学发展到全盛期,士林派兴起。士林派是程朱理学的忠实信奉者,强调心性、修养和义理,渴望辅佐君主施行仁政,试图依照性理学政治理想和《朱子家礼》进行社会和政治改革,建立儒家理想社会。他们认为,治世的根本就在于正君心⑥,因此他们

---

① (朝鲜王朝)赵宪:《重峰先生文集》卷四《拟上十六条疏,甲戌十一月》,载民族文化推进会:《韩国文集丛刊》第54卷,景仁文化社1990年版,第201页。

② (朝鲜王朝)赵宪:《重峰先生文集》卷四《拟上十六条疏,甲戌十一月》,载民族文化推进会:《韩国文集丛刊》第54卷,景仁文化社1990年版,第201页。

③ (朝鲜王朝)赵宪:《重峰先生文集》卷四《拟上十六条疏,甲戌十一月》,载民族文化推进会:《韩国文集丛刊》第54卷,景仁文化社1990年版,第201页。

④ [韩]崔雄权等校注:《金华灵会》,《17世纪汉文小说集——花梦集校注》,昭明出版2009年版,第126页。

⑤ [韩]崔雄权等校注:《金华灵会》,《17世纪汉文小说集——花梦集校注》,昭明出版2009年版,第126页。

⑥ 蒲笑微:《朝鲜王朝的朋党政治》,2016年延边大学世界史博士论文,第27页。

把教导君主正心当作第一要务。明太祖仁德之君的形象塑造者赵宪(1544～1592年)就是士林派中的重要一员。他曾长期担任地方教授,负责纠正士风,1574年作为圣节使质正官出访明朝。"一入中国,数月途店之次。求访咨询,殆无遗漏。精勤忠说,前所未有也。"[①]他将使行见闻记录为《朝天日记》,回国后撰写了《东还封事》,将其中的一部分呈给了国王。在后来的壬辰战争中,他召集义兵抵抗日军,战死于锦山,亲身实践了儒家的忠义思想。对照他关于使行的两部作品,《朝天日记》较为客观地描绘出明朝中后期官场腐败、边疆不稳等负面的社会现实,《东还封事》则多以赞美的口吻描绘了明朝积极的方面。其原因就是他胸怀经世济民的理想[②],意图通过塑造正面的中国、中国皇帝形象,为本国和国王树立学习的榜样,督促其奋起直追。

朱元璋仁君形象在《金华灵会》《金华寺梦游录》《王会录》《金山寺创业宴录》等近二十部梦游录作品中进一步得到完善,它们都将明太祖刻画为仁爱、孝诚的有德之君,主题就是表达事汉排胡思想。最早的《金华灵会》创作年代不详,因为它被收录在17世纪中期的小说集《花梦集》中,所以其创作时期大约在17世纪上半期。作者虽然也不详,但是从其娴熟的汉文表达和对中国历史的精通、对儒学的推崇来看,作者肯定是一位汉文化素养极高的儒学者。16～17世纪,陆续发生了壬辰战争、后金两次入侵、明清交替等大事件,触发了朝鲜全社会对明朝的感恩、同情和追念以及对清朝同仇敌忾等情绪。《金华灵会》极力拔高明太祖的道德和功业,契合了当时排清尊明的主流思想,也表达了文人对有德之君的渴望,引起了不小的反响。此后,该书衍生出十余部异本,甚至包括韩文本。韩文本的出现意味着接受者不再仅仅是具有汉文解读能力的文人士大夫阶层,而是扩大到了具有韩文解读能力的中人阶层,还可以通过口头的方式传播到社会底层民众。至此,对一系列大事件的体验和记忆促使最早产生于朝天使笔下的朱元璋正面形象超越了集团和阶层,成为整个社会的集体想象物。

四、民众口中当之无愧的大国天子

有趣的是,明太祖朱元璋的形象还出现在韩国民间文学之中,虽然无法确定其确切的形成时期,但是从故事中对朝鲜开国之君李成桂的态度来看,这些传说很可能出现在朝鲜王朝晚期,其主要内容如下:

(1)高丽后期一位风水师发现海中的一处风水宝地,一个少年主动帮忙下水探看,发现两处洞穴,左侧出天子,右侧出王侯。风水师吩咐少年将

① 《宣祖修订实录》7年11月1日条。

② 《宣祖修订实录》7年11月1日条。

二人亡父的骸骨分置两穴，少年偷偷调换了位置。后来，风水师得子，即李成桂，少年进入中原，成为明太祖。①

(2)高丽末年，李成桂率军攻打辽东，因口渴难耐，前往一户人家买酒。主人让他在千两一杯和万两一杯的两种酒中选择，李成桂惊诧之下，选择了千两一杯的酒。待他饮尽后，主人说，万两一杯的酒已被路过的朱元璋喝光，并预言李成桂做不了中原之主，朱元璋才是未来的大国天子。李成桂遂回军，发动政变，建立朝鲜王朝。②

(3)朱元璋本是朝鲜半岛的一个屠夫，称自己是先王的私生子，将亡父的骸骨埋葬在了先王墓地。后来，他被人称能够御风飞行的异人推荐到中国，偶遇仙童争斗，便盗取仙童的一件飞行衣献给皇帝。皇帝穿上后飞上天无法下落，朱元璋便坐上龙床，成为皇帝。③

在第一个故事中，少年朱元璋热心又机灵，为风水师帮了大忙，但在放置骸骨时，他聪明地调换位置，实现了人生的成功。在第二个故事中，李成桂和朱元璋对酒的不同选择，决定了两个人登上了不同高度的人生，强调李成桂选择时的百般纠结和朱元璋的毫不犹豫，表明朱元璋具有不凡的器量，隐然中褒朱贬李。在第三个故事中，朱元璋的出身并不平凡，具有一半高贵的血统，而且运气奇佳，最终登基，是上天选定的不二皇帝人选。

在这些民间故事中，朱元璋出生于朝鲜半岛，凭天意或自身资质成为“大国”(中原)的皇帝，其中固然不无民族虚荣心的影响，但也是对其认同的产物。这种形象可以说是民间文学接受并改造了朝鲜初期亲明派文人为其树立的英主形象和朝鲜中期士林派文人刻画的仁君形象。民众从中抽取朱元璋受命于天、能力出众、亲民爱民的印象，通过自己的方式重新加以演绎。大国天子朱元璋的平民出身最受底层民众关注，因为他们迫切渴望实现身份的上升。因此，民间传说几乎都围绕着朱元璋怎么能当上明朝皇帝而展开，故事中朱元璋的形象仍不外乎能力出众、应天顺命。另外，更值得注意的是，不少故事把李成桂和朱元璋放在一起，最终证实朱元璋更胜一筹，理所当然地成为大国天子。通过对朱元璋的肯定，民众实际上表达的是对李成桂及朝鲜王朝的不满。因此，传说中的朱元璋形象是朝鲜民众在相关集体想象的基础上为表达自身诉求而创造出来的。

---

① [韩]崔常寿：《韩国民间传说集》，通文馆 1958 年版，第 199～200 页。

② [韩]李庆善：《建国传说与天命思想——以李成桂、朱元璋传说为中心》，载《东洋学》，檀国大学东洋学研究所 1975 年版，第 266～267 页。

③ [韩]崔来玉：《韩国口碑文学大系》5～3，全北篇，大野面传说 23，韩国精神文化研究院 1983 年版，第 707～709 页。

五、结　语

朱元璋是一个复杂的历史人物，作为一介平民，他平定乱世，开创新王朝，雄才大略不必赘言，但登上皇位之后，他表现出多疑、暴虐的性格弱点，大肆屠戮官员、文人，为世人所诟病。著名史学家赵翼曾评价说，“盖明祖一人，圣贤、豪杰、盗贼之性，实兼而有之者也”[①]。

在中国文学中，朱元璋的形象也呈现出多样性。明朝初期，官方积极塑造太祖朱元璋的正面形象。永乐十六年完成的《明太祖实录》定本通过有选择地直书和增饰朱元璋的事迹，对其进行神化、雅化的处理，使其形象神秘威严，又有一定人情味。[②] 作为官方话语的积极响应者，明朝早期的《天潢玉牒》《皇明纪略》《国初事迹》等笔记野史将朱元璋刻画成了神武明达、睿智大度、器识宏远的英雄帝王。[③] 这是因为作者谢缙等人具有官方或半官方的身份，无论在情感还是理性上，都容易认同官方的话语，表现出比较明显的颂圣倾向。在口头文学中，朱元璋是杀牛、扮皇帝的少年英雄，金口玉言的真命天子，凸显出异于常人的灵异和机智。[④] 这可能是因为民间话语同样受到了官方话语的影响，也可能是出于民众对于出身平民、平定天下的皇帝的由衷喜爱乃至崇拜。但是，到了明朝中后期，随着官方控制能力的减弱，民间话语向官方的霸权表述提出挑战，在《翦胜野闻》《野记》等著名的笔记之中，朱元璋威严的帝王形象被拉下神坛，其残忍暴虐的暴君形象得以凸显。[⑤] 而其家乡凤阳流传的《凤阳歌》更是直指他是家乡的苦难之源。到了清代，朱元璋在诗歌、小说中呈现出二元性。一方面，他应天顺人，驱除蒙元，实现天下太平，是功业盛大的帝王。另一方面，他不修礼乐，大兴文字狱，是诛戮文士、残暴嗜杀的暴君。[⑥] 其暴虐的一面是前一时代文人塑造的形象作为集体记忆的延续，而对其功业的赞颂则与当时异族统治下的汉族文人对汉族王朝的思念与渴望密切相关。由此看来，朱元璋在中国文学中的形象主要表现出英主和暴君两种类型。明朝初期，在官方的主导之下，他

---

① 赵翼：《廿二史札记校证》第36卷，中华书局1984年版。

② 谢贵安：《试述明太祖实录对朱元璋形象的塑造》，《学术研究》2010年第5期。

③ 李坚怀：《集体记忆的多元书写——明季野史笔记中的朱元璋形象建构》，《重庆交通大学学报(社会科学版)》2016年4月第2期。

④ 李坚怀：《真命天子的潜质记忆——论民间故事中少年朱元璋形象构建》，《滁州学缘学报》2015年第1期。

⑤ 李坚怀：《集体记忆的多元书写——明季野史笔记中的朱元璋形象建构》，《重庆交通大学学报(社会科学版)》2016年第2期。

⑥ 裴宏江、孙逊：《论儒林外史中多重视角下的明太祖印象》，《上海师范大学学报(哲学社会科学版)》2011年第2期。

被塑造为正面形象。随着时间的推移，对其负面的集体记忆日益显现，其暴君的形象越发突出。但是，切换到清朝统治的特殊历史背景下之后，一部分人对汉族王朝的思念又使朱元璋的正面现象有所抬头，从而形成了其在中国文学中英主和暴君两种形象并存的现象。

但是，我们发现，韩国文学中朱元璋形象几乎完全是正面的。在韩国古代文人笔下，除极个别作品比较委婉地表现出他严苛易怒的性格特点外，14～15世纪的大多数作品把他塑造受命于天、统一中原、驱除夷狄、重建华夏文明的一代雄主，15～16世纪以后的作品多把他塑造为亲民爱民、仁孝谦和的道德仁义之君。在民间文学中，朱元璋也是才华与天命兼备的、当之无愧的“大国”天子。

本文主要从作者及其所属集团的体验和记忆、想象及诉求等方面分析了朱元璋形象的形成过程。首先，这种集体想象形成的基础是该集团关于被言说者——明太祖的集体记忆。明太祖朱元璋灭元建明，实现了国家的和平与安定。在对朝关系上，他放弃了元世祖那种以武力胁迫外国归附的外交手段，采用以“德”作为理论基础的和平外交方式。① 尽管两国之间关系有小的波折，但总体来说，在其在位期间及此后明朝存续近三百年间，中国未曾对朝鲜动用过武力，壬辰战争中还派出大军支援，因此未给朝鲜半岛造成非常负面的记忆。这应该说是韩国文学中朱元璋基本保有正面形象的一个重要原因。

但是，同一个人物朱元璋在不同的作品中分别表现出各有侧重的特点，意味着文学作品中的人物形象更多的是由作者及其所属社会集团所左右。结合各个作者所属集团特点和时代背景、作者的个人体验，笔者认为，朱元璋的英主形象源自丽末鲜初亲明派，被朝鲜朝文人所继承，至17世纪明清交替之际达到顶峰，突出表现为对明事大思想和正统华夷思想；严苛的宗主国君主形象始现于15世纪，是朱元璋恩威并施的对高丽、朝鲜政策留下的记忆传承所致；仁德之君的形象最早出自于16世纪士林派文人之手，目的在于树立儒学者理想中的君主典范，17世纪随着明朝的灭亡，出于表达尊明排清的目的，这一形象达到顶峰；大国天子形象源自朝鲜后期的民间传说，是朝鲜民众在集体想象的基础上为表达自己的诉求而创造出来的产物，民众通过对朱元璋的肯定，表达了对李成桂及朝鲜王朝的不满，也体现了对身份上升的热切渴望。

总之，相比在中国国内获得高度评价的秦始皇、汉武帝、唐太宗、宋太祖，在中国国内毁誉参半的明太祖在韩国文学中形象更佳，这一方面是因为他本人以及明王朝自始至终执行和平外交政策，未在半岛留下严重的负面记忆；另一方面，在整个社会具有影响力的精英阶层具有重要的影响力，丽末鲜初亲明派文

① 参见陈尚胜：《论明太祖对外政策的变化及失败》，《社会科学战线》1991年第2期。

人不遗余力地塑造其圣主、仁君的形象，为明太祖在朝鲜半岛树立良好形象发挥了关键的作用；归根到底，作者及其所属集团、社会的诉求对异国人物形象的形成和演变产生重大影响，韩国古典文学中明太祖的形象被极度美化并得以广泛传播是在17世纪中后期，这是因为美化、拔高明太祖形象成为朝鲜各阶层表达对明之感恩、同情和追念以及对清之仇恨和蔑视的重要手段。

参考文献

1.《宣祖修订实录》。

2.(高丽王朝)郑道传:《三峰集》,载民族文化推进会:《韩国文集丛刊》第5卷,景仁文化社1996年版。

3.(高丽王朝)郑梦周:《圃隐先生文集》,载民族文化推进会:《韩国文集丛刊》第5卷,景仁文化社1996年版。

4.(高丽王朝)李穑:《牧隐诗藁》,载民族文化推进会:《韩国文集丛刊》第3卷,景仁文化社1988年版。

5.(高丽王朝)权近:《阳村先生文集》,载民族文化推进会:《韩国文集丛刊》第7卷,景仁文化社1996年版。

6.(朝鲜王朝)金堉:《潜谷先生遗稿》,载民族文化推进会:《韩国文集丛刊》第86卷,景仁文化社1990年版。

7.(朝鲜王朝)金平默:《重庵先生文集》,载民族文化推进会:《韩国文集丛刊》第319卷,景仁文化社2003年版。

8.(朝鲜王朝)崔锡鼎:《明谷集》,载民族文化推进会:《韩国文集丛刊》第154卷,景仁文化社1995年版。

9.(朝鲜王朝)徐居正:《四佳诗集》,载民族文化推进会:《韩国文集丛刊》第11卷,景仁文化社1988年版。

10.(朝鲜王朝)黄胤锡:《颐斋遗藁》,载民族文化推进会:《韩国文集丛刊》第246卷,景仁文化社1999年版。

11.(朝鲜王朝)赵宪:《重峰先生文集》,载民族文化推进会:《韩国文集丛刊》第54卷,景仁文化社1990年版。

12.[韩]崔雄权等校注:《金华灵会》,载《17世纪汉文小说集——花梦集校注》,昭明出版2009年版。

13.[韩]崔来玉:《韩国口碑文学大系》,5～3,全北篇,大野面传说23,韩国精神文化研究院1983年版。

14.[韩]朴熙秉:《17世纪初的崇明排胡论与负面小说主人公的出现》,载《韩国古典小说与叙事文学》(上),集文堂1998年版。

15. 蒲笑微:《朝鲜王朝的朋党政治》,2016 年延边大学世界史博士论文。

16. [韩]崔常寿:《韩国民间传说集》,通文馆 1958 年版。

17. [韩]李庆善:《建国传说与天命思想——以李成桂、朱元璋传说为中心》,载《东洋学》,檀国大学东洋学研究所 1975 年版。

18. 李坚怀:《集体记忆的多元书写——明季野史笔记中的朱元璋形象建构》,《重庆交通大学学报(社会科学版)》2016 年第 2 期。

19. 陈尚胜:《论明太祖对外政策的变化及失败》,《社会科学战线》1991 年第 2 期。

20. 谢贵安:《试述明太祖实录对朱元璋形象的塑造》,《学术研究》2010 年第 5 期。

21. 李坚怀:《真命天子的潜质记忆——论民间故事中少年朱元璋形象构建》,《滁州学院学报》2015 年第 1 期。

22. 裴宏江、孙逊:《论儒林外史中多重视角下的明太祖印象》,《上海师范大学学报(哲学社会科学版)》2011 年第 2 期。

[附记:本文 2016 年 12 月发表于韩国期刊《洌上古典研究》第 54 期。]

朝鲜前期对《论语》的认识

李康齐*

摘要 朝鲜时代前期虽出现不少有关儒学与儒家典籍的著作，却没有一篇有关《论语》的专著，那么朝鲜前期是如何看待《论语》、并且如何学习与研究《论语》的呢？本文以此为出发点，通过各方面的资料调查，试图解决疑问，并探寻朝鲜前期没有《论语》方面专著的原因。通过对朝鲜前期由于《四书集注》的流入与出版、朝鲜前期学者们的学术倾向、帝王与大臣们的经筵即学术讨论的主题、科举考试学习对象与试题等多方面的考究，我们可以确定《论语》在当时学者之间是非常受重视的。《论语》是《四书》之一，而《四书》在理学上占主导地位，但由于当时人们对理学的理解还不够深入，所以需要一段时间对理学进行研究。以经学典籍为中心的学风在理学流入后，开始越来越注重对注释内容的研究，在研究成果达到一定的高度后才在朝鲜中期正式出现著作。在朝鲜中期退溪与栗谷借释义与谚解的形式正式推出有关《论语》的著作后，便有越来越多的个人著作相继推出，这意味着朝鲜学者对理学的理解进一步加深，同时也可以说是当时知识分子构筑新的朝鲜文明的过程。

关键词 朝鲜前期；《论语》；理学；谚解；科举；退溪；栗谷

一、问题的提出

本文的出发点源于朝鲜时代前期虽然出现了不少有关儒学与儒家经籍的著作，却没有一篇有关《论语》的专著。那么朝鲜前期是如何看待《论语》、如何学习与研究《论语》的呢？为什么没有与《论语》有关的专著呢？这是本文的研

* ［韩］李康齐，韩国国立首尔大学中文系教授。

究目的。

朝鲜前期是指从朝鲜建国(1392年)至16世纪李滉(号“退溪”,1501～1570年)与李珥(号“栗谷”,1536～1584年)及其弟子们对于朝鲜的儒学进行全方面研究之前的时期。[①] 按照经学史的观点,这个时期可以说是朝鲜经学的起步时期。但这个时期有关经学的著作却不多见。成均馆大学大东文化研究院发行的《韩国经学资料集成》中所收录当时有关经学的资料如下:

(1)大学 权近(1352～1409年) 大学指掌之图
李石亨(1425～1477年) 大学衍义辑略
柳崇祖(1452～1512年) 大学三纲八目箴
朴英(1471～1540年) 读大学法
李彦迪(1491～1553年) 大学章句补遗,续大学或问

(2)中庸权近 中庸章句分释之图
李彦迪 中庸九经衍义,中庸九经衍义别集
金彦玑(1520～1588年) 中庸标题

(3)书经权近 书浅见录

(4)诗经权近 诗浅见录

(5)易经权近 周易浅见录
崔恒(1409～1474年),韩继禧(1423～1482年) 易学启蒙要解
李世应(1473～1528年) 安斋易说
徐敬德(1489～1546年) 六十四卦方圆之图解,卦变解
黄孝恭(1496～1553年) 易范图

(6)礼记权近 礼记浅见录

(7)春秋权近 春秋浅见录
成俔(1439～1504年) 拟东坡十论-春秋正天下邪正
宋钦(1459～1547年) 春秋义
权拨(1478～1548年) 春秋胡传箚义
朴士熹(1508～1588年) 读春秋秋大水无麦苗

---

① 对于朝鲜前期的时期区分借鉴了李昤昊(2004年)的意见,他将16～17世纪设为朝鲜中期,所以本文将那之前的时期设为前期。根据李昤昊所说,朝鲜中期指的是16世纪中叶退溪与栗谷对朱子学进行的思辨性研究,并延至17世纪在其弟子们的努力下通过理论深化而确立朝鲜朱子学的时期,因此将之前的时期设为朝鲜前期。(参照李昤昊:《朝鲜中期经学思想研究——对16～17世纪大学注释书的分析》,景仁文化社2004年版)

如上所述，这个时期以权近所著有关《五经》及《大学》《中庸》为首，再加上崔恒、韩继禧、李石亨、成俔、柳崇祖、宋钦、朴英、李世应、权拨、徐敬德、李彦迪、黄孝恭、金彦玑、朴士熹等15名学者的著作，共有24种。其中却不见有关《论语》《孟子》这两种典籍的著作。《韩国经学资料集成》收录的有关《论语》资料共118篇，有关《孟子》的资料共110篇，这些全部都是朝鲜中期退溪以后的著作，而朝鲜前期则一篇也没有。

与我们同属东亚地区的日本，有关《论语》的著作出现得比朝鲜还晚。在高田真治（1893～1975年）的《论语の文献・注释书》中，先将中国有关《论语》的著作分为清学和宋学，而后收录了日本有关《论语》93篇著作的题解，这里是从林罗山（1583～1657年）的《论语八佾谚解》开始介绍的。在日本，有关《论语》的著作是在17世纪以后出现的，由此可见，与朝鲜前期相当的日本国内也没有有关《论语》的著作。而这一时期的中国则不同，在理学出现以后，也陆续出现了有关《论语》的著作。以元代为例，有对于朱注中的错误进行修正的金履祥（1232～1303年）《论语集注考证》、有反驳朱注并提出自己独到见解的陈天祥（1236～1316年）的《论语辨疑》以及崇尚朱注的许谦（1270～1337年）《读论语丛说》等。[①]

也许是因为朝鲜前期没有出现与《论语》有关的著作，所以现在在韩国也几乎找不到有关这个时期《论语》的研究。根据韩国学术成果搜索调查显示[②]，将“朝鲜前期”加上“论语”作为关键词进行搜索后，共出现了7篇期刊论文。而在这7篇论文中，没有一篇是全面探讨朝鲜前期《论语》的论文，其中5篇更是与《论语》没有直接关系，而仅有的两篇也只是在讨论有关朝鲜论语学时提及了朝鲜前期[③]，而与这个时期有关的学位论文更是得未曾有。这与检索“朝鲜”加“论语”时出现135篇期刊论文与60篇学位论文形成了鲜明对比。检索“朝鲜前期”加“经学”时，虽然出现了78篇期刊论文，但其中没有一篇是专门写《论语》的。由此可见，朝鲜前期没有有关《论语》的著作，因此至今韩国学界对朝鲜前期《论语》的研究也是寥寥无几。

虽然朝鲜前期没有有关《论语》和《孟子》的著作，但二者的性质却不同，不能相提并论。《论语》是孔子身边的弟子及其弟子的弟子将孔子生前的言行直接记录下来的著述，自古以来受到重视，这与唐朝之后才正式受到重视的《孟

① 此部分参照了唐明贵：《论语学史》，中国社会科学出版社2009年版，第334～363页。

② 以2016年3月10日于学术研究信息服务网站（www.riss.kr）搜索为基准。

③ ［韩］宋甲准：《韩国论语研究史试论——以16～17世纪为中心》，《大东哲学》2008年第43辑；［韩］李昤昊：《朝鲜论语学的形成与展开模式》，《大东哲学研究》2009年第59辑，为此例。

子》在性质上有很大的不同。由此，我们可以提出一个疑问，为什么朝鲜前期没有有关《论语》的著作，如果没有《论语》相关著作，朝鲜前期又是如何认识《论语》的？本文着眼于这些疑问，对朝鲜前期学者眼中的《论语》进行试论。之所以称为“试论”，是因为在此讨论的诸多内容很多部分是根据推论得出的结论，为了证明此推论，日后需要补充更多的具体资料。

二、朝鲜前期对《论语》的重视

（一）朝鲜时期以前对《论语》的看法

根据李昤昊所说，进入 16 世纪后，朝鲜论语学才开始进入启蒙期，17～19 世纪中叶为朝鲜论语学的全盛期，19 世纪后则为退潮期。在朝鲜与《论语》有关的注释书是以退溪的《论语释义》为起点进行发展的，在 17～19 世纪中叶出版的《论语》注释书占了全部《论语》注释书籍的 90%。[①]

韩国学界对于朝鲜时代以前的《论语》有如下共识：《论语》在三国时期（公元前 57？～668 年）流入朝鲜半岛，当时的儒学受到汉朝的影响重视《五经》，在统一新罗（676～935 年）之后，《论语》才逐渐被视为重要的典籍，在国立大学（当时的名称是“国学”）中列为必修科目。高丽时代（918～1392 年）后期，理学传入后，权溥（1262～1346 年）首次出版了《四书集注》，在崇尚理学的学者中，李穑（1328～1396 年）十分推崇《论语集注》。此后，从以经文为中心的《论语》学习，逐渐转变为连同注释一同学习。不仅如此，学习像元代胡炳文（1250～1333 年）《论语通》一类的注解的学者也多了起来。在此过程中，对《论语》的理解也逐渐加深。睿宗（1105～1122 年在位）时期，金仁存（？～1127 年）首次推出有关《论语》的著作《论语新义》，此书是朝鲜半岛首部有关《论语》的著作，现在已经失传。在朝鲜属理学派的《论语》注释书《论语大全》颁布到朝鲜各地，奠定了《论语》的学术基础，而后退溪与栗谷编著了《论语释义》，此后出现了越来越多的研究书籍。[②]

在这些方面的研究中，《论语》是重要文献，可对于当时没有出现专著的讨论至今无人提出，如果没有有关《论语》的专著，那么朝鲜前期学者是如何看待《论语》、又是如何学习和研究《论语》的呢？本文就是要着重探究这一点。

---

① 李昤昊：《对朝鲜论语学特征的图解式整理》，2011 年 6 月，韩国经学学会月例发表会发表文第 1 页。

② 此段是对［韩］宋静淑《韩国对〈论语〉的受容与展开》（《书志学研究》2000 年第 20 辑）与［韩］李昤昊《朝鲜论语学的形成与展开模式》（《东洋哲学研究》2009 年第 59 辑）中共同发现的内容进行参考并整理的。

(二)《论语》为重要的书籍

朝鲜前期虽未出现有关《论语》的专著,但我们可以从诸多方面来确认:《论语》在朝鲜前期已很受重视。

首先是《论语》的频繁出版。高丽后期传入的理学在朝鲜时代占据统治性的思想地位,理学经书的重要性进一步加强,高度频繁出版的《论语》主要是以四书的形式出版,特别是明朝永乐帝编纂的《四书大全》出版次数最多。

以明朝永乐年间的《四书大全》为初始,光是朝鲜世宗年间(1418～1450年在位)《四书大全》就分别于世宗一年、世宗八年、世宗十五年传入朝鲜,并以此为底本,在世宗二年(1420年)发行了庚子字本《论语集注大全》,又于1429年在汉阳的铸字所发行了《四书大全》,在世宗五年至十七年期间,共发行《四书》或《论语》五次。[①]

这些书籍的出版还要归功于高丽时期以来发达的印刷术与朝鲜几位帝王对书籍普及的奖励政策。《论语》作为朝鲜时代建国初期的国家政策、儒学的基本经书以及科举考试的核心科目,各类版本相继出版,并广为流通。根据文献记载,《论语》自中央机构与地方官署始,乃至全国书院、乡校、刻坊,都以活字本、木刻本、手抄本等多种形式发行多次。[②] 由此可见,《论语》在朝鲜前期已广泛出版并流通,也可证明当时《论语》已经非常受重视了。

在朝鲜前期,在君主与大臣共同参与的读书讨论会——“经筵”上,《论语》作为讨论主题曾被多次使用。根据考察从太祖(1392～1398年在位)到世宗年间的“经筵”讨论内容,我们认为,朝鲜太祖的大臣们共进行了六次读书讨论会,其中三次是有关《论语》的,而定宗(1398～1400年在位)时期也以《论语》为主题进行了两次读书讨论会,同时,相传世宗也读了《论语》。[③] 由此可见,《论语》在有关朝鲜国家大事上作为重要论题经常被提及。

再者,我们可以得知,在朝鲜前期奠定了儒学基础,并做出伟大贡献的几位学者,也都非常重视《论语》。朝鲜初期成立儒教道学的重要人物郑道传(1342～1398年)通过《论语》和《孟子》,提出了理学仁论和经世论。他接受了朱熹在《论语》和《孟子》中的解释,认为仁乃天地万物之心,肯定了万物生长及其价值,以及《孟子》中乍见孺子将入于井,而提出的“人皆有恻隐之心”和《论语》中的“杀身以成仁”。[④] 堪称“朝鲜道学鼻祖”的金宏弼(1454～1504年)提出用

---

① 参见[韩]宋日基:《永乐内府刻本〈四书大全〉在朝鲜的流入与传播》,《韩国文献信息学会志》2014年第48辑;[韩]安贤珠:《朝鲜时代发行的汉文本论语的版本研究》,《书志学研究》2012年第24辑。

② [韩]安贤珠:《朝鲜时代发行的汉文本论语的版本研究》,《书志学研究》2012年第24辑。

③ 参见[韩]金重权:《考察朝鲜太祖、世宗年间经筵读书讨论》,《书志学研究》2004年第27辑。

④ [韩]都贤喆:《郑道传的经学观与理学秩序的指向》,《泰东古典研究》2008年第24辑,第40～42页。

“小学”来做学问的方法，追求通过高强度的实践性为基础，建设道德性人才和道德性理想社会。[①] 他这种重视实践的思想，虽未直接强调《论语》，但跟《论语》中强调的君子之道和社会改革的出发点却是一脉相通。金宏弼对“小学”的强调，为以后《近思录》、《心经》、《四书》、《朱子家礼》受到重视奠定了基础。[②] 但从他只强调“修己”而忽略“治人”，只以“小学”为中心强调学问这一点来看，可以说这给扩大《论语》中强调治人和对君子的认识带来了一定的限制。

《四书》从朝鲜前期就已经是非常重要的考试科目了，其中《论语》居首位。根据对《朝鲜王朝实录》收录的 89 篇策问资料分析可知，策问中引用经书共 33 次，其中《四书》7 次，《六经》26 次，而《四书》中《论语》引用了两次。[③] 朝鲜前期开始实施科举制度时，有些人考虑到考生们学习《四书》《三经》压力太大，因而主张只考《四书》，或将四书设为必修，三经中选取一经来考。[④] 可见此时四书作为重要经书被人重视，而《四书》中最重要的书籍肯定也包括《论语》。

对《四书》与《论语》的重视，在七品以下的下级官吏——译官的选拔与教育过程中也能体现。在培养译官的司译院里，会对学生进行随机抽考，其中有一种形式叫“临讲”，就是学生们看着《四书》和《春秋》等经书进行诵读并解释。[⑤] 再来看看选拔译官的科举考试，其中规定如果主修汉语的考生中可以熟练掌握《四书》、《小学》、吏文以及汉语者，则作为第一科，给予正七品官职；只掌握一半的四书，并熟练掌握《小学》与汉语者，则作为第二科，给予正八品官职；而只掌握《小学》与汉语者，作为第三科，给予正九品官职。[⑥] 可见就连在选拔译官的科举考试中，如果不学习《四书》的话，也无法得到七品官职。这足以证明《四书》（尤其是《论语》）对于当时的知识阶层，是不可不读的经书，广受大家的重视。

三、理学与四书以及有关《论语》的著作

综上所述，朝鲜前期的《论语》对于儒学家来说是非常重要的典籍。那么如此重要的典籍，为何没有出现相关著作呢？当然在朝鲜前期有关儒家典籍的著

---

① ［韩］崔英成：《韩国儒学史上金宏弼的地位》，《韩国哲学论集》2014 年第 41 辑，第 10 页。

② ［韩］崔英成：《韩国儒学史上金宏弼的地位》，《韩国哲学论集》2014 年第 41 辑，第 19～20 页。

③ ［韩］沈载权：《朝鲜科举考试科目策问内容及主题分析》，《韩国行政史学志》2015 年第 37 号，第 194 页。

④ ［韩］李元宰：《朝鲜前期科举制中对“一经赋课”讨论的相关研究》，《韩国教育史学》2009 年第 2 号，第 100～118 页。

⑤ ［韩］蔡荣姬：《蒙语学习书蒙语老乞大故事结构》，《东北亚文化研究》2011 年第 29 辑，第 5～7 页。

⑥ 《太祖实录》卷六，3 年 11 月乙卯，“习汉语者，以四书小学吏文汉语皆通者，为一科，与正七品出身。通四书之半及小学汉语者，为第二科，与正八品出身。止通小学汉语者，为第三科，与正九品出身”。参见［韩］崔桂花：《朝鲜初期汉语文政策研究》，2012 年国立 SEOUL 大学博士学位论文，第 69 页。

作普遍较少也是原因之一。这也要考虑到当时的出版印刷术还没有发达到可以向广大群众普及书籍的程度,而且受阅群众也仅限于当时准备科举考试的书生们。不仅如此,由于当时朝鲜处于建国初期,跟当时仍未稳定的朝鲜前期社会现状也有关系。所以到朝鲜中期国家取得安定后,才开始出现全方位的学术著作。因此我们可以推测,即使当时印刷术以庚子字为起点得到了发展,却也很难普及到每一位读者或学者,所以并无多少有关典籍的专著。

没有出现有关《论语》的著作也可能是为了学习理学,需要一定的时间去学习和研究以四书为中心的典籍。根据宋甲准的主张,在朱子学进入朝鲜半岛以前,《论语》虽是君主或学者在立身、为人过程中必不可少的典籍,人们却很少站在学术立场上进行更深层次的研究。所以到高丽中期为止,科举制度与教育制度主要还是以《五经》(或《九经》)为中心,《论语》也就相对地没有受到重视。而朱子学的进入使得《论语》在高丽时期末开始被正式研究。[①] 根据这个主张,理学是高丽末期进入朝鲜半岛的,而朝鲜前期正处于学习理学的初级阶段,学术成就并不高,所以,没有个人著作也就可以理解了。此后通过谚解(用韩文来翻译汉文)的方式开始出现有关《论语》的著作,而初期的谚解可以被看成是共同研究的成果。所以,我们可以知道,在朝鲜前期,学者们从理学思维出发来研究《论语》的程度,尚未达到出版专著的深度。

从《四书》中有关《大学》《中庸》著作的存在上可以看出,随着理学的成立,《大学》与《中庸》被编入《四书》并开始被重视起来,所以朝鲜学者们开始重视并学习这两部典籍,也就优先开始了对这两部典籍的理解与研究。只是当时对《大学》与《中庸》的著作,比起形而上学,学者们更多的是站在经世论的角度,因此可以得知,当时对作为理学本质的心性论还没有得到广泛的认识与研究。这也从另一个层面很好地说明了进入16世纪后,以退溪、栗谷为中心的用谚解与释义的方式出现的个人著作具有较高的历史价值,这也是朝鲜前期经学的特征所在。[②]

在理学于朝鲜站住脚之前,朝鲜前期的学术更多的倾向于经文,而非注

---

① [韩]宋甲准:《韩国论语研究史试论——以16～17世纪为中心》,《大东哲学》2008年第43辑,第169页。

② 虽然对于在朝鲜经学诞生过程中退溪与栗谷谁扮演了更重要的角色这一问题,还存在一定的争议,但在学术体系中,考虑到退溪对朝鲜后期的深远影响,所以更倾向退溪。对此请参照[韩]李昤昊:《从经学史角度看朝鲜经学的出现与分类》,第253～265页。

释。[①] 再加上延续"述而不作"的传统，所以学者们没有对《论语》进行新的注释与相关著作。直到朝鲜中期，才出现正式的谚解。而首次对《论语》进行全方面注释的，当属丁若镛(1762～1836年)的《论语古今注》。从这点来看，谚解在朝鲜有关《论语》的著作里举足轻重。在朝鲜中期谚解出现之前，已完成了对于儒家经典的解读与学术积累。谚解可谓努力将《四书》大众化的过程。谚解如同其他翻译，其目的在于以原始语言为标准，并以此来教化目标语言使用者，通过此举为学习中世知识界而建设全新的朝鲜文明提供了契机。[②] 可以说，谚解的出版意味着在此之前对于儒家经典解读的一种浓缩，或树立了解读经典中的正典(canon)，同时也激发了更多著作的出现。[③] 再者，经书类的谚解意味着将中国的经书翻译成韩国语，这虽与现代意义上将外国语翻译成韩国语相同，但不同的是这并非个人翻译的产物，而是当时学术文化的产物，在这一点上是非常具有特征性意义的。[④] 由此足见，在朝鲜前期一部有关《论语》的著作都没有的情况下，朝鲜中期以后出现的有关《论语》的共同产物谚解以及退溪、栗谷推出的释义，在朝鲜的《论语》理解与传播方面具有相当大的历史意义。[⑤]

四、结　语

朝鲜前期并无有关《论语》的著作，但通过对《四书集注》的流入及其出版、朝鲜前期学者们的学术倾向、帝王与大臣们的经筵即学术讨论的主题、科举考试学习对象与试题等方面的考究，我们可以确定《论语》在当时朝鲜学者间是极受重视的。《论语》是《四书》之一，且《四书》在理学上受到重视，而当时人们对理学的理解还不够深入，所以没有出现与《论语》有关的个人著作，而是以谚解

---

① 2017年2月，在韩国经学学会月例发表会上，李昤昊提出，在考察朝鲜中后期朱子学的经学形式时，上述理论虽然有合理的一面，但朝鲜中后期的实学派经学依旧以经文为中心，所以可以推测朝鲜前期对注释的探索还是存在的。根据上述主张，无论哪个时期，都有侧重不一的学者，本文主要是根据时代考察主流倾向，所以可能会与李昤昊的主张有些分歧。

② 金丰起：《朝鲜前期谚解事业的文化意义——以进入与脱离中华文明圈为中心》，《韩国语文学研究》2012年第58辑，第166页。

③ 2017年2月，在韩国经学学会月例发表会上，西方古典学研究员安在原博士提到，在西方古典文献学的研究中也有很多正典的出现促进新的注释书出版的情况，朝鲜时代谚解的出现和这种情况相似。

④ 李基大：《朝鲜后期士大夫对谚解的记录状况——以对解析错误的认识为中心》，*Journal of Korean Culture*，2011年5月韩国语文学国际学术论坛，第178页。

⑤ 对朝鲜时代《孟子》颇有研究的咸泳大提出，没有必要为了思想的统一，而对经典的内容进行统一，因此在社会层面上也没有那么需要注释书。同时他还主张在宋浚吉(1606～1672年)的《语解录》出版之前，朝鲜学者对朱熹的语录或《性理大全》的理解的障碍，也成为了朝鲜前期没有有关《孟子》著作的原因。这两点是本文没有提及到的部分，虽有和本文相悖的地方，但对朝鲜前期没有有关《论语》著作出现的原因有参考价值。对此可参考咸泳大《朝鲜前期的孟子认识》，第11～29页。

的方式最先出现。再者，朝鲜中期退溪与栗谷借释义与谚解的形式正式推出有关《论语》的著作，此后便有越来越多的个人著作相继出现，这意味着朝鲜学者对理学的理解进一步加深，同时也可以说是当时知识分子构筑新朝鲜文明的过程。

本文对上述的一些论点还有若干不足之处。例如对朝鲜前期经筵资料有欠进一步分析，对当时文人的文集或书刊也尚欠仔细研究，对朝鲜王朝实录中《论语》部分的细致分析也不足。[①] 如果进一步推进以上研究，相信能更加明确地说明当时朝鲜知识分子对《论语》的认识。这将作为笔者的后续研究课题。

参考文献

1.成均馆大学大东文化研究院:《韩国经学资料集成总目录》1998年版。

2.[日]高田真治:《论语の文献·注释书》,春阳堂书店1937年版。

3.[韩]金映镐:《朝鲜时代的〈论语〉研究》,《韩中哲学会》1995年第1辑。

4.[韩]金重权:《考察朝鲜太祖,世宗年间经筵读书讨论》,《书志学研究》2004年第27辑。

5.[韩]金丰起:《朝鲜前期谚解事业的文化意义——以进入与脱离中华文明圈为中心》,《韩国语文学研究》2012年第58辑。

6.[韩]唐润熙:《奎章阁所藏〈论语〉与四书相关文献考察》,首尔大学奎章阁韩国学研究院,《韩国文化》2016年第74辑。

7.唐明贵:《论语学史》,中国社会科学出版社2009年版。

8.[韩]都贤喆:《郑道传的经学观与理学秩序的指向》,《泰东古典研究》2008年第24辑。

9.[韩]宋甲准:《朝鲜朝后期论语研究史》,庆南大学,《人文论丛》2012年第29辑。

10.[韩]宋甲准:《论语研究史试论——以16～17世纪为中心》,《大东哲学》2008年第43辑。

11.[韩]宋日基:《永乐内府刻本〈四书大全〉在朝鲜的流入与传播》,《韩国文献信息学会志》2014年第48辑。

12.[韩]宋静淑:《韩国对〈论语〉的收容与展开》,《书志学研究》2000年第20辑。

---

① 本文是基于宏观角度出发，因此在理论上会有些局限。如果对上述论据进行完善，会在完成度上有所提高。再加上不仅要从学术性的角度对经学进行研究，还要从政治性原理，以及心性论、实践论等多方面来理解。这是本文没有提及到的部分。

13.[韩]沈载权:《朝鲜科举考试科目策问内容及主题分析》,韩国行政史学会,《韩国行政史学志》2015年第37号。

14.[韩]安贤珠:《朝鲜时代发行的汉文本论语的版本研究》,韩国书志学会,《书志学研究》2012年第24辑。

15.[韩]李基大:《朝鲜后期士大夫对谚解的记录状况——以对解析错误的认识为中心》,*Journal of Korean Culture*,2011年5月韩国语文学国际学术论坛。

16.[韩]李相星:《寒暄堂金宏弼的道学思想》,《东洋古典研究》2007年第26辑。

17.[韩]李昤昊:《对朝鲜论语学特征的图解式整理》,韩国经学学会月例发表会发表文,2011年6月11日。

18.[韩]李昤昊:《朝鲜论语学的形成与展开模式》,《大东哲学研究》2009年第59辑。

19.[韩]李昤昊:《朝鲜中期经学思想研究——对16～17世纪大学注释书的分析》,景仁文化社2004年版。

20.[韩]李昤昊:《从经学史角度看朝鲜经学的出现与分歧》,成均馆大学大东文化研究院:《17～19世纪知识信息的系谱与大数据》,学术大会资料集,2017年1月12～13日。

21.[韩]李元宰:《朝鲜前期科举制中对"一经赋课"讨论的相关研究》,《韩国教育史学》2009年第31辑。

22.[韩]崔桂花:《朝鲜初期汉语文政策研究》,2012年国立首尔大学博士学位论文。

23.[韩]崔锡起:《朝鲜时代经书解析的观点与演变》,《汉文学报》2012年第27辑。

24.[韩]崔英成:《韩国儒学史上金宏弼的地位》,《韩国哲学论集》2014年第41辑。

25.[韩]咸泳大:《朝鲜前期的〈孟子〉认识——从朝鲜初期到朝鲜成宗时期》,韩国经学学会月例发表会发表论文,2017年2月23日。

[附记:此篇文章在2017年2月韩国经学学会学术发表会上进行过论文发表,并且在韩国中国语文学会《中国文学》2017年第92号上公开发表。]

汉诗在东亚传统文化中的意义和价值

——以“可以观，可以群”的竹枝词为中心

申夏闰*

摘要 传统时期在东亚文化圈中人与人互相交流和沟通的主要方式是汉诗。孔子说：“诗可以兴，可以观，可以群，可以怨。”3000年以来汉诗是抒发自己的情志而互相交流切磋、讽刺，并观察社会风俗的主要工具。明清时代“记风土”的竹枝词创作热，可以说是以诗观风俗的突出代表，而清尤侗开创的海外竹枝词是诗歌所记的风土民俗不限于中国而扩大到世界各地的一种跨文化的交流形式。清初尤侗参与编纂《明史》《外国传》之后写了记66个国家风土文化的《外国竹枝词》100首，康熙年间徐振参加朝鲜使行之后写了《朝鲜竹枝词》40首，描述了17、18世纪朝鲜的各种社会文化情况。徐振认为朝鲜是一个礼仪之邦，与清朝是从各个方面亲近友好的国家，并且他对朝鲜的学术文化具有相当深切的了解和认识，对朝鲜文人加以比较，给予了高度评价。“记风土”的竹枝词也在朝鲜出现了，朝鲜文人赵树三根据明末地理书《方舆胜略·外夷》篇的记载，写了《外夷竹枝词》122首，海外各国各地的风俗、信仰、文物等多种文化，具有鲜明的风土诗色彩。以竹枝词这一诗体来也可看出，传统时期在东亚文化圈里汉诗是互相认识、了解、交流的主要方式。

关键词 兴观群怨；竹枝词；风土诗；海外竹枝词；朝鲜竹枝词

一、可以“兴观群怨”的竹枝词

传统时期在东亚文化圈里人与人之间互相交流互相沟通的一个最为重要的方式就是汉诗。知人知面不知心，第一次见面很难了解对方的想法，也难以

---

* ［韩］申夏闰，韩国梨花女子大学教授。

表现出自己内心的感觉。但传统时期的东亚文人，在这种情况下也可以写一首诗，较好地表达自己的微妙心理和感情。在21世纪，我们比较拘束于国家、民族的观念，但古代，至少在东亚汉字文明圈里，最高修养的知识分子之间有一个共同的交流沟通的工具，那就是汉诗。朝鲜人也好，西域人也好，越南人也好，虽然也有不会说汉语的，但都可以写汉诗表达自己的想法，状写万物，从而了解对方，加强友谊。

汉诗的这种功能首先为孔子所论及。在《论语》中看出，孔子常用问答的方式教导弟子。弟子的回答很满意的时候，孔子常说“始可与言诗已矣”，意思是你的学问修养能够达到这个地步，可以说你能了解诗，别人也可以和你谈论诗了。孔子认为能够了解诗，别人所说的话的深层含义才能真正了解，所以说“不学诗，无以言”，“人而不为周南、召南，其犹正墙面而立也与”。孔子为什么这样重视诗呢？因为“诗三百，一言以蔽之，曰：思无邪”，并且“诵诗三百，授之以政，不达；使于四方，不能专对，虽多，亦奚以为？”孔子认为诗是一个人内心的吐露，一个灵魂的精华，是绝无邪气的，并且具有非常实用性的功能，那就是治天下、使四方等政治外交活动上必不可少的工具。孔子的功利主义诗论可以“兴观群怨”说来说明。孔子提出“诗可以兴，可以观，可以群，可以怨”之后，3000年以来在东亚社会中，汉诗是人们表现自己、观察社会、互相交流、怨刺政治的主要方式。《诗经》以来有无数的东亚文人汉诗，今天笔者选“竹枝词”这一诗体来说明传统时期在东亚社会中汉诗的功能和价值。

竹枝词是来源于巴蜀民间的歌谣。唐代刘禹锡、白居易等文人模仿民歌创作了七言四句的民歌风的文人竹枝词。到了宋元时期，竹枝词的题材更加广泛，逐渐与音乐分离而形成一种“风土诗”的特点。可以说，竹枝词显示出“民歌→文人诗→风土诗”的发展历程。而从文人诗发展到风土诗的转机是元代的杨维桢(1296～1370年)。杨维桢寓居于杭州西湖边，写《西湖竹枝词》9首，描写了西湖的美丽风光：

> 余闲居西湖者七八年，与茅山外史张贞居、苕溪郑九成辈为唱和交，水光山色，浸沉胸次，洗一时尊俎粉黛之习，于是乎有竹枝之声。好事者流布南北，名人韵士属和者无虑百家。

杨维桢在其《西湖竹枝词》中写了苏公墓、断桥、苏公堤、水仙祠、岳王坟等西湖边上的名胜古迹，“一时从而和者数百家”，后来杨维桢搜集115名诗人的《西湖竹枝词》177首，编纂《西湖竹枝集》。其序中写道：“虽妇人女子之作，亦为收录，其山水之胜，人物之庶，风俗之富，时代之殊，一寓于词，各见其意。集成，维祯既加评点，仍于诸家姓氏之下，注其平昔出处之详，版行海内。而竹枝之音，过于瞿塘、东吴远矣。”之后，明代雨后春笋般地出现了许多竹枝词的专集，

并且其所涉及的风土也从巴蜀扩展到全国各个地方。明清两代是竹枝词创作的高峰时期，竹枝词也越来越大型化了，也加上了注释，所包含的内容更加丰富多样化了，如清代张芝田写了《梅州竹枝词》400首，历秀芳有《真州竹枝词》420首，秦荣光有《上海县竹枝词》532首，金长福有《海陵竹枝词》800首等。

现存的25000多首竹枝词中，清代作品占90%以上。一般来讲，中国古典诗歌在唐宋时代达到顶点，而到了清代则出现竹枝词这一诗体的创作热，可以说是一个让人注目的现象。清代竹枝词创作中最值得注意的是“海外竹枝词”的出现。所谓“海外竹枝词”始见于尤侗（1618～1704年）的《外国竹枝词》100首。其序中云“予与修明史，既纂外国传十卷，以其余暇，复谱为竹枝词百首”，明白地道出其《外国竹枝词》的创作意图是为了补充自己所纂的《明史》《外国传》10卷。就是说，文人为了记录自己的故乡或者自己寓居地方的风物习俗而写竹枝词，至于海外竹枝词，其范围扩大到海外。尤侗以后，海外竹枝词的创作也非常盛行，有黄遵宪的《日本杂事诗》、丐香的《越南竹枝词》、局中门外汉的《伦敦竹枝词》、潘飞声的《柏林竹枝词》等1370首。这些海外竹枝词一方面成为介绍海外各国情况的报告，另一方面也成为人们了解世界地理历史的教科书。竹枝词作为风土诗，本来就是孔子“诗可以兴，可以观，可以群，可以怨”的最佳佐证，而清代出现的这些海外竹枝词，则更体现了其“兴观群怨”的功能。

二、“海外竹枝词”与《朝鲜竹枝词》

清代海外竹枝词由尤侗的《外国竹枝词》开始，它收录66个国家的100首竹枝词，包括朝鲜4首、日本2首、安南2首、缅甸1首、暹罗2首、爪哇2首、浡泥1首、溜山1首、锡兰山1首、佐法尔1首以及佛郎机、欧罗巴等若干首。尤侗《外国竹枝词》100首的第一到第四首是朝鲜竹枝词，朝鲜文人朴趾源说过“长洲尤侗悔庵，著外国竹枝词，首以我国”，而“著其大概而观其述朝鲜事，尚多舛谬”（《热河日记》《避暑录》）。因为尤侗《外国竹枝词》是根据史料而写的，不是按照亲自访问或生活的经验来写的。那么访问朝鲜按自己经验和见闻而写朝鲜竹枝词的，就是康熙年间的举人徐振。徐振《朝鲜竹枝词》40首集中描写他访问朝鲜时的所见所闻，从中可以看出清初文人对朝鲜的认识和观念。

作为海外竹枝词，徐振《朝鲜竹枝词》具有其典型的海外竹枝词的样式特点。首先介绍朝鲜地理历史，这可以说是时间、空间上的坐标。如“鸭绿江春水似油，画船旗仗洋中流。开船打鼓横江去，隔岸炊烟是义州”（第一）。其注云“鸭绿江即朝鲜境，义州其西部首郡也”，“八道中分俗异宜，东连日本北鱼皮”（第二十九），说明朝鲜的行政区域和地理位置。也有地域风土风物，如“白岳山头草似袍，杨花渡口絮如毛。郎来踏青珠勒马，妾来戏水木兰桡”（第十八）。其

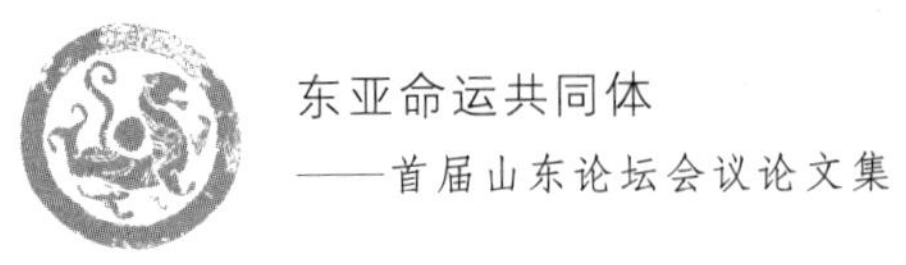

注云:“白岳,杨花渡,国人游览之所。”

还有有关该地区的物产,介绍特产品或贡物。如“大同江上水连天,江畔人耕水稻田。啰贡声长官舫过,进鲜齐集打鱼船”(第四)。其注云:“土产穀米最良,为中国所珍,大同江在平壤城南,多佳鱼。”从而看出朝鲜的米自古以来是深受欢迎的。“轻衫细马穿花去,也向山村上冢来。”(第二十七)其注云:“濊地马高三尺,能于果树下行,谓果下马,今属朝鲜境内。”这“果下马”是今日所谓济州马,三尺马,现在还指定为天然纪念物。“辽东黄鹞奇无敌”(第二十六)中的黄鹞从元代开始进献:

烹来雀舌绿沉沉,铜碗瓷瓯任意斟。
别有玉杯供上客,淡香染齿是人参。
(第二十四)

木棉红绿染衣裳,弱女雏儿一样妆。
间有绫罗夸贵族,也知出处是苏杭。
(第二十五)

第二十四注云“土产人参绝佳,用以代茶饷贵客”,可以说朝鲜人参的声誉是具有悠久历史的。第二十五注云“缙绅始衣绫罗,购之于中国”,就是说,朝鲜时代士大夫贵族才能穿绫罗衣裳,而最受欢迎的是从中国进口的苏州、杭州产丝绸。此外,对朝鲜的各种社会文化制度也有所记录。

合门清夜烂星球,聊臂行歌杂沓游。
四月上弦传旧俗,却疑灯火是扬州。
(第三十)

玉峰诗逊石洲工,异国词人此两翁。
不道柳枝能贾祸,九原遗恨咏东风。
(第三十二)

第三十是对四月初八燃灯节的描写,其注云“四月八日,国中张灯击鼓,行歌为乐”。关于朝鲜的科举制度,第二十二注云“国以诗取士,三府六曹,非由科目出身者不得与”,说明所有士大夫都是通过科举而被选拔的。而第三十二对朝鲜中期两个代表诗人加以评价,其注云“白玉峰、权石州工诗,有集行世”。此二位文人仕途坎坷,而徐振说“权作稍胜,尝赋新柳,语涉讥讽,竟论死,国人哀之”。可以看出他对朝鲜文人社会已有相当深刻的了解。徐振《朝鲜竹枝词》描写了朝鲜中期各种社会文化情况,认为朝鲜是一个礼义之邦,是个在各方面与中国非常友好亲近的国家。因此他对朝鲜朝廷接待中国使臣的各种仪礼加以集中详细的描写,如“沿途诸官迎送之礼”“迎慰宴”“奉迎诏敕之礼”“往返迎送之仪”“宴飨酬斟之节”等,这是徐振《朝鲜竹枝词》最突出的特点。还有值得注意的一点是，他不仅关注朝鲜的汉字文化，在其《朝鲜竹枝词》中还屡次表现出其对朝鲜固有语的关心和不辍学习。

官厨肴馔亦寻常，只数鲜羹海味强。
满注玻璃香色异，酥儿斟出似红浆。
（第二十三）
城外春山翠黛长，谁家年少紫罗囊。
小鬟低唤鬘奴卫，波峭无如伊萨郎。
（第十七）
垂发妖童压俊娃，善才舞罢脸凝霞。
傍人拍手齐声和，夸杀那来百尔啰。
（第三十一）

第二十三中说所有菜都是寻常的而没有特别的味道，不过海鲜还是朝鲜的好。三、四句描写玻璃杯中满着色香奇异的朝鲜酒，他把意谓“酒”的朝鲜固有语音译成“酥儿”，其注云“译酥儿，酒也，色红”。第十七注云“春日男女游山竞逐为戏，相悦即婚，称姐曰‘鬘奴卫’，伊，此也，萨朗，人也，犹言此人也”。第三十一是诗人参观一些儿童的舞蹈表演以后写的，其注云最后句中的“那来百尔啰”是“叶唱歌”的意思，也可以说是朝鲜固有语的音译。这些说明徐振对朝鲜语言的深切关心，也是徐振《朝鲜竹枝词》的独特性。

三、《方舆胜略》与《外夷竹枝词》

17世纪末清代文人徐振写了《朝鲜竹枝词》，那么18世纪末朝鲜文人赵树三写了《外夷竹枝词》。按其序，赵树三读了《方舆胜略》《外夷》，然后把自己的感受写成122章《外夷竹枝词》：

> 余近得新安程百二氏所撰方舆胜略看，枚列函夏，包括寰区，历历如在目前，就其外异列传，冥搜远求，核举无遗，则喜自语曰安得身具羽翼，遍翔其地，审与此书同也否。既又自思曰吾国中为几里，而未能尽吾观焉，岂可寄想广漠，徒为唐丧之归哉。毋宁著之篇章，以作慰遣资。（《外夷竹枝词》序）

《方舆胜略》[①]是明万历年间新安人程百二所编纂的地理书。以《正编》18卷与《外夷》6卷为构成的。其《外夷》篇，因为收录中国的最早世界地图《山海舆地全图》及其图解、图说乃至世界各国的国度分，故比《正编》还受重视。《方舆胜略》序中云，“地如此其大也，而在天中一粒耳，吾州吾乡，又一粒中之毫末，吾更藐焉中处，而争名竞利于蛮触之角也欤哉”。也云“孰知耳目思想之外，有如

① 《四库禁毁书辑刊》收录，明万历三十八年(1610年)刻本。

此殊方异俗，地灵物产，真实不虚者，此见人识有限而造物者之无尽藏也”。可以说，《方舆胜略》代表明末时期中国文人的比较开放的世界观念。而赵树三在《外夷竹枝词》序中说“星家言星之大，百十倍地，而今仰观特晢晢一点已，使人在星处俯视之，亦应一棋子弹丸而止耳”；又说“伏羲之万国，禹贡之九州，沧沧然皆在方万里之内，况乎穷发卉服之乡，遐荒溟渤之外，水天渺望，滢屿错综，国于地食其土者，又不可一一数也，则所谓棋子弹丸者，其大固不可以仿佛形容也”。在地球上的我们看天上的星星，就像“天中一粒”而已，不过若从那个星星上看我们，也只有一点点的棋子或弹丸小而已，所以这宇宙多么广袤。明末李之藻和朝鲜赵树三的这种宇宙观念，显示出当时西方地理学给了东亚知识分子巨大冲击，令他们对世界各国各地更增关心和好奇。

使节翩翩桂岭过，新王剃发沐恩波。
玲珑一对黄金鹤，万寿八旬来热河。
（安南）

三寸木皮六寸冰，阴山哭罢纳蓝升。
青囊花下开浑脱，名祖家家祭李陵。
（鞑靼）

何时玉节问金身，紫气西来德化新。
夫不再婚妻不嫁，一村轮养四穷人。
（天竺）

安南条是描写安南国王阮广平逐王自称帝，于乾隆皇帝的八旬万寿节进献黄金鹤一双的历史。其中蕴含着对安南国王不义之举的讽刺之意。鞑靼是北方民族，“三寸木皮”“六寸冰”“阴山”都是北方的意象。按《方舆胜略》《外夷》的记载，鞑靼“其地木皮三寸，冰厚六尺。其俗食肉饮酪，随畜迁居，轻生好杀。其语天为腾吉里，地为蛤扎儿，日为纳蓝，月为撒刺。山川则阴山……”赵树三按此记录写了诗。天竺条说，天竺本来人性犷悍，而受到老聃教化之后风俗淳美，若有孤寡无依，则一村之家轮流养之。

谈谈儒学学科建设的必要性和可能性

舒大刚　舒　星*

摘要　儒学是中华文化的主干，具有丰富的学术内涵、治世功能和学派特征，具备了系统的信仰系统、价值尺度、学术体系、知识结构、道德规范和行为守则。但是自20世纪初（民国初年）废除"经学"学科以后，儒学被丑化，经学被肢解，儒学学科的系统性不复存在。我们无论是要研究中国的过去，还是要建设中国的未来，都必须正视儒学、系统研究儒学，全面地培养合格的儒学人才。为达此目的，我们必须将儒家所具有的系统的经典体系、丰富的学术思想、庞大的文献积累、经久不衰的信仰体系和切实可行的伦理学说，以及完善的教育体制和成功的教学经验，一一整合起来，形成中国特有的儒学学科体系、学术体系和话语体系，实现儒学学科的当代重建。

关键词　儒学；学科建设；论证

儒学是中国传统学术中最有体系、也最具影响力的学术。自诞生以来，特别是经汉武帝的表彰后，儒学逐渐成为中华传统文化的灵魂和主干，成为中国人进行身份认同、文化认同，维系祖国统一、推动文明繁盛的精神力量。在历史演进的长河中，儒学或西出流沙，或远渡重洋，影响了古代东方乃至西方世界的社会变革和学术创新。儒学作为具有系统理论、丰富内涵的经典之学、治平之学，是指导历史中国发展演进的正统思想和实践伦理，也是具有世界价值和当代意义的古典学说和东方智慧。无论是要研究既往的历史，还是要建设当代文化，儒学无疑都是极其重要的文化资源和学术成果。可是，自从20世纪初（民国初年）儒家"经学"被废止以来，儒学学科被肢解、被分散，不仅体系不存、神圣不再，而且时时被歪曲、被丑化，直至被彻底遗忘、无情抛弃，儒学的主体精神和

* 舒大刚，四川大学教授；舒星，四川大学出版社编辑。

核心价值被清除出主流意识，亟待被重新唤醒。改革开放以来，虽然对于儒学的学术研究逐渐展开，儒学人才的培养也得到恢复，成果也日积月累，蔚然可观。但是由于儒学长期没有自己完整的学科，也没有自己系统的教材，在目下的各类图书编目和项目分类中也看不到“儒学”的名称和类目，致使儒学研究一直处于自发、偶然、单一、粗放的阶段，儒学人才的培养也处于随意、随缘、随便的状态，培养的人才虽然不乏行迈学高之士，但也不少见识偏颇之人。这极不利于儒学的创造性转化和创新性发展，也不利于中国特色的哲学社会科学体系建设和中国气派的人才培养。如何加强“儒学学科建设”和“儒学教材编撰”，成为当今提升儒学研究水平和儒学人才质量所不得不考虑的问题了。

自春秋时期孔子行教以来，儒学便逐渐积累了丰富的学术内涵、治世功能和学派特征，具备了系统的信仰系统、价值尺度、学术体系、知识结构、道德规范和行为守则。《汉书·艺文志》谓：“儒家者流，盖出于司徒之官，助人君顺阴阳、明教化者也。游文于《六经》之中，留意于‘仁义’之际，祖述尧、舜，宪章文、武，宗师仲尼，以重其言，于道为最高。”明确揭示：儒家继承了中华民族自古以来重视伦理教化（“司徒之官”）的传统，具有系统的经典构成（“六经”）、理论体系（“仁义”）、实践价值（“顺阴阳，明教化”）、道统传承（“祖述尧舜、宪章文武”）和学术传授（“宗师仲尼”），在历史、文化、文献、学术、功能、教育等方面，都自成体系、内涵丰富。

从文化传承和学术渊源上看，儒家来源于古代的“司徒之官”。司徒金文又作“司土”，《尚书》《周礼》作“司徒”，是古代社会掌管土地、人民和教化的官职。《尚书·舜典》载舜帝曰：“契，百姓不亲，五品不逊。汝作司徒，敬敷五教，在宽。”此处的“五品”即父、母、兄、弟、子，“五教”即义、慈、友、恭、孝；后来扩大为“五伦”关系（君臣、父子、夫妇、长幼、朋友）和“五常”教化（父子有亲、君臣有义、夫妇有别、长幼有序、朋友有信）。重视五伦之教是儒家一贯提倡的道德伦理，已经成为中华文化的基本特征。儒家创始人的孔子即使不曾作过司徒之官（据《史记》他只做过鲁国的司空、大司寇），但他作为二帝三王文化的“集大成者”，也一定是继承和弘扬了这一传统精神和核心价值。《庄子·渔父》就借子贡之口说：“孔氏者，性服忠信，身行仁义，饰礼乐，选（整齐）人伦，上以忠于世主，下以化于齐民，将以利天下。”称赞孔子有修养、有道德（“性服忠信”）、有行为风范（“身行仁义”）、有文化追求（“饰礼乐”）、有人文关怀（“选人伦”）、有特定社会功能（“上忠世主”“下化齐民”），还指出最后的学术归趋为“将以利天下”。与《汉志》“助人君顺阴阳、明教化”正好前后响应。孔子也以自己的人格奠定了后世儒者的基本风范和道德趋向。后世儒者大多能以天下为己任，救民于水火，致君于尧舜，治国平天下，成就了诸多“立德、立功、立言”的可歌可泣、可圈可点的

不朽功勋，促进了国家的治理与天下的和平。浓浓的现实关怀，勇于担当的人文精神，正是儒学有别于宗教神学的根本所在，也是其影响中国历史文化，并可望重塑当代伦理的魅力所在。

儒家具有自己取之不尽、用之不竭的理论源泉和智慧活水——“六经”。孔子继承、整理和传播了“二帝三王”的文化成果《诗》《书》《礼》《乐》《易》《春秋》（后世儒者又有“五经”“七经”“九经”“十三经”和“四书”等组合）。“六经”是上古历史的记录，也是儒家思想的集中体现。老子云：“‘六经’者，先王之陈迹也。”庄子也称之曰“旧法世传之史”（《庄子·天运篇》及《天下篇》）。“六经”上述二帝，下纪三王，是考述尧、舜、禹、汤、文、武、周公等圣道王功，传承上古文明的主要依据，从这个意义上说，它是“史”。“六经”经过孔子整理、阐释和传授后，又成为启迪智慧的历史教科书，从这个意义上说它是“经”。“经”与“史”的统一注定了“六经”内涵的丰富和博大。《庄子》说：“《诗》以道志，《书》以道事，《礼》以道行，《乐》以道和，《易》以道阴阳，《春秋》以道名分。”（《天下篇》）“六经”集中了文学、历史、伦理、美学、哲学、政治学诸领域的学术和智慧，形成了自足完善的经典体系和知识系统。汉代儒者传《易》《书》《诗》《礼》《春秋》等“五经”，东汉传“七经”（五经加《论语》《孝经》），唐代传“九经”（《易》《书》《诗》加《春秋左传》《公羊传》《谷梁传》和《周易》《仪礼》《礼记》）；五代后蜀始刻“蜀石经”，完成古代儒家经典的最后定型——“十三经”（“九经”加《论语》《孝经》《尔雅》《孟子》）；宋儒又析《礼记》之《大学》《中庸》与《论语》《孟子》组合为“四书”。这一系列组合形成了儒家经典的多个传承模式与流通文本。中华五千年文明史，恰以“六经”为标志形成了承上启下的轴心关系，前此2500年的历史因之得以记载和传承，后此2500年的智慧据此得以启迪和照明。如果我们不能完整地、系统地研究儒家经典，就不能全面地、真实地认识中华文明的传承序列和承载模式。

在思想学术方面，儒学更是具有丰富多彩的学术内涵，在今天分属于多个学科的诸多学术问题和成就（如哲学、宗教学、政治学、经济学、军事学、伦理学、社会学、教育学等），都在儒家经典以及儒学论著中有较为丰富的特别反映和精辟阐述。如：“太极生两仪，两仪生四象”“天人合一”的宇宙观和世界观；“天命（天道）”“鬼神（阴阳）”“礼乐（仁义）”的信仰体系；“过犹不及”“中正”“中庸”“中和”的辩证观；“仁智勇”“孝悌忠信、礼义廉耻”的伦理观；“民为邦本”“民贵君轻”的“民本”思想；“仁政德治”“博施济众”的治理模式；“尚和合”“求大同”“天下和平”“天下一家”的天下观；“士人、君子、圣人”和“内圣外王”的修身模式；“立己立人，达己达人”“己所不欲，勿施于人”的“忠恕”之道……这一切的一切，都经儒家的提倡、推广，融入中华民族精神之中，形成了积极向上、百折不挠的民族精神。尤其是儒家所提倡的“孝悌忠恕勤”“温良恭俭让”“恭宽信敏惠”“仁义礼智信”等观念，对涵养当今社会的“个人品德”“家庭美德”“职业道德”和“社会公德”仍然具有重要的参考价值。

历经2500年的发展，儒家积淀了丰厚的文化成果，具有庞大的文献积累。儒家以经典教育为本位、以著书立说为特色，在历史上产生的学术文献数以万计。孔子修订、阐释“六经”从而形成了首批儒学文献，再“以《诗》《书》《礼》《乐》教”而后形成儒家知识群体“弟子三千”。在《左传》“立德、立功、立言”三不朽和孔子“君子疾没世而名不称焉”的人生观激励之下，后世儒者纷纷借“著书立说”“代圣人立言”来实现自我的人生价值，于是催生出许许多多解释儒家经典的文献（著录“六艺略”或“经部”），阐发儒学理论的儒家诸子文献（著录在“诸子略”或“子部”），记载儒学发展演变的传记、碑志、学案、礼典、家乘等文献（著录在“史部”），展示儒者个人的文学、艺术以及思辨才情的诗文辞赋（著录在“诗赋略”或“集部”），真可谓琳琅满目，汗牛充栋。放眼世界，传世的古典文献以中国为盛；而考诸中华，传世古文献中又以儒家居多。这些数量庞大、内涵丰富的儒学文献，遍布经、史、子、集四部，内容则包括经解、义理、考据、辞章。它们是历史文化的载体，是儒家智慧的记录，也是中华古典文明的精华，自然是我们研究中华古典文明不可忽略的。加强对它们的整理和研究，既是当代及未来学人责无旁贷的神圣职责，也将是一个十分漫长、艰辛的过程。

儒学在长期的传承授受过程中，创新体制，积累经验，具有举世无匹的教育成就和教学经验。孔子首开私人办学的历史先河，首创通过教育来传播文明、撒播理想、启迪智慧、点燃希望的康庄大道，他是中国乃至世界史上第一位职业教师。在长期的教育实践中，他形成了“建国君民，教学为先”“性近习远”“有教无类”“因材施教”“启发”“激励”等教学思想和教学方法，他有弟子三千，达徒七十二，形成了庞大的儒家学派。后经子夏、子思、孟子、荀子等人继承和发展，更加积累和丰富了儒家的教育经验。西汉文翁在成都设石室精舍传授儒家“七经”，首开郡国立学传播儒学的先例；汉武帝开太学，立“五经”博士，置弟子员，并在全国推广文翁经验，大兴郡国之学；还下令全国举明经秀才，开启了汉家文治之端。后之继起者，无论是后汉、三国，或是两晋、南北朝，或是唐、宋、元、明、清，都毫无例外，“教学为先”成为中国理想社会“建国君民”的优良传统。历代王朝继承和发展西汉以太学（或国学）、郡国府学传播儒学的教育设施，还创造和更新了以明经或科举选拔人才的选人制度，为中国古代社会培养和造就了众多的优秀人才，也启迪和影响了西方现代的文官制度。

综上所述，儒学的内涵是十分丰富的，其在历史上影响也是巨大的和积极的。即使核以当下的学科设置标准，儒学独特的学科体系、学术体系和话语体系也是十分显著的和成功的。如果从其学说成果、历史影响和文化积淀而言，

儒学的丰富性、学科性较之目前所设一百余个“一级学科”中的个别学科，更是有过之而无不及！儒家经典是中华士人考古知新的源泉，儒家思想是中华民族安身立命的精神财富，儒家文献是中华文明丰富多彩的重要载体，儒家伦理是中华民族修齐治平的康庄大道，至于儒家的教育理论和实践，更是当代中国构建具有中国特色的学科体系、学术体系、话语体系的成功典范和学习榜样。在儒学的陶冶下，历史上曾经涌现出大批哲学家、政治家、军事家、文学家、历史学家和科学家，为人类历史文化创造了辉煌灿烂的精神财富。如此丰功伟绩自然是从事中华学术研究不能忽视的，而如此丰富的内涵当然也不是目前效仿西方分类体系而形成的文、史、哲、经、法等等学科所能涵括的。

可是，由于儒学长期缺乏制度保障，缺乏学科建设和教材建设的自觉实践，各地区、各学校所进行的儒学研究、儒学普及和儒学人才培养，目前尚处于各自为政、各行其是的自发阶段，还未形成有组织、有计划、有阵地的儒学研究和儒学传播，也未形成有系统、有规模、有标准的儒学人才培养。就目前儒学人才培养的模式而论，大陆多在“中国哲学”“中国历史”或“法学”等专业下进行，台湾地区多在“中国文学”专业下进行。由于专业背景不同，各校对儒学人才培养的理念和侧重也有所差别，教学内容和培养标准也随之有异。其中最根本的问题就是没有系统、全面的“儒学教材”和明确可行的培养目标。人才培养的散漫性，导致了知识传授的片面性、人才衡量的不规范性。这必然影响儒学传统的真正继承和儒学人才培养的质量问题，甚而会影响儒学的当代复兴和未来发展！

近年来，建设独立的“儒学学科”的呼声越来越强烈，“儒学教材”编撰的要求也越来越紧迫。在“国学”的大门类之下，全面恢复儒学的完整学科体系，建设独立完整的儒家学术体系，围绕“儒学原理”“儒家经典”“儒学历史”“儒学思想”“儒学文献”“儒学文化”等方面编撰出系统的儒学教材，构建起足以展示儒学在“经学”“德行”“政事”“义理”“考据”“辞章”等领域真实面貌的话语体系，为培养儒学专业之基础扎实、知识全面的优秀人才，无疑是当代学人的学术使命和神圣追求。

朝鲜使臣朴珪寿的两次燕行及其思想的嬗变

孙卫国*

摘要 朴珪寿是朝鲜王朝思想史上重要的代表人物之一，两次燕行对他思想的改变起了至关重要的作用。第一次在北京参与清人的顾祠祭拜，不仅使他融入了清人的团体之中，更重要的是顾炎武的学术为他倡导开化提供了思想源泉。而作为开化思想的倡导者，一旦面对逝去的明朝，总有着一份难以割舍的感恩情怀，这是朝鲜士人的一种基本底色，也是他出资托清朝友人重新装裱"九莲菩萨像"的思想根源。他与清朝友人以"知己"相称，彼此相互了解，往来密切，这种交往既有着个人积极主动的一面，同时某种意义上亦其行使任务的一环。因此，进入咸同年间的中朝士人间的往来，有着王朝与官方的意志。第二次燕行，使他加深了对清朝洋务运动的了解并由之加深了其对西洋的了解，从而为他提倡开化思想提供了直接的依据。

关键词 朴珪寿；开化思想；中朝学人往来

十九世纪六七十年代以后，在西方冲击下，朝鲜王朝思想界渐渐发生了变化，原本在朝鲜士人中流行了近百年的"北学"思想，逐渐转化为以"开化"意识为主导的思潮。作为朝鲜"北学派"代表朴趾源的孙子朴珪寿(1807～1877年)，被视为朝鲜由"北学"转向"开化"思想的关键性人物。他的两次燕行，对他思想的演变有着至关重要的影响。无论是朴珪寿的使行，还是他的思想，皆已引起东亚学术界的极大关注，发表了许多论著。韩国学术界的研究深入细致，出版

* 孙卫国，南开大学历史学院教授。

了数部专著，发表论文更是难以计数①，中国学术界亦有专题论述②。有这么多研究成果，再提出新说，并不容易。笔者在仔细爬梳中韩原始资料并研读二手研究成果后，感觉有些问题值得进一步讨论，比如：顾炎武的学术对朴珪寿的思想到底有着怎样的影响？作为由"北学"思想向"开化"思想转变的关键人物，朴珪寿为何对明朝依然有怀念之情？朴珪寿既有尊周思明思想的残存，又是长期信奉"北学"思想的大家，还是开化思想的先驱，是否意味着各种思想并非非此即彼的关系，而是可以共存？朴珪寿积极主动与清人交往，完全是出于个人喜好还是有其他目的？他在处理洋扰事件之时，清朝的经验给了他怎样的启示？对他倡导开化思想有过怎样的影响？这些问题前人皆有或多或少的论述，笔者以为还有值得深入研究的必要，故草此小文，以就教于海内外方家。

一、朴珪寿之两次燕行与晚年境遇

朴珪寿(박규수)，字"桓卿"，号"桓斋"。1830年后改字"瓛卿"，号"瓛斋"。1848年(宪宗十四年)，科举及第，历任兵曹佐郎、弘文馆修撰、同副承旨、谷山府使等官职，仕途相当顺利。曾于咸丰十一年(哲宗十二年，1861年)为陈奏副使、同治十一年(高宗九年，1872年)为谢恩正使，两度出使中国，如同其祖父朴趾源

---

① 韩国学术界研究朴珪寿的论著甚丰，暂举数例。主要有：李完宰《朴珪寿研究》(集文堂，1999年)，全书六章，第一章朴珪寿的家系与生涯；第二章朴珪寿的学缘与学脉；第三章朴珪寿的学问与实学思想；第四章朴珪寿开国论的特点；第五章朴珪寿与大院君政权；第六章韩国近代开化思想实验。全书从韩国历史内部加以论述，全面系统论述朴珪寿的一生的学术、思想的成就与特点。李完宰还有一系列论文，主要观点集中体现在本书之中。有关朴珪寿与清朝文人之交游，也有不少的研究，尤其是有一批学位论文，如千金梅的《18～19世纪朝清文人交流尺牍研究》(2011年延世大学博士学位论文)中，有专门讨论朴珪寿与清人交流的部分，特别注重与清人交往的历程及相关交往的人士。洪硕杓《初期开化派中的政治意识研究》(1987年朝鲜大学硕士学位论文)；另有孙炯富《朴珪寿의开化思想研究》(一潮阁，1997年)。尹素英《転換期の朝鮮対外の認識と対外政策》(1995年お茶の水女子大学博士论文)分三部分讨论，第一部分为朝鲜对外认识与对外政策之摸索；第二部分为癸酉政变与对外政策的转换。重点讨论了朴珪寿在其中的重要性。周明淑《朴珪寿의开国论研究》(1995年全南大学硕士学位论文)分别从海防论、开国论、对美开国论、对日开国论等方面加以论述。金明昊的《瓛斋朴珪寿研究》(경기도파주시:창비，2008年)，是韩国研究朴珪寿最新也最为全面的著作。韩国学术界对朴珪寿的研究全面而细致，不过，对朴珪寿中国之行对他思想上到底有何影响，多语焉不详，对中国方面的资料也多关注不够。

② 中国学术界论及朴珪寿的文章不多，主要有王元周的两篇文章：《朝鲜开港前中朝宗藩体制的变化：以〈燕行录〉为中心的考察》(《中山大学学报》2011年第1期)，论及了朴珪寿等人与清朝学人之交往；《朴珪寿的燕行经历与开化思想的起源》(《韩国研究》2010年第10辑)，对于朴珪寿的燕行对朴珪寿思想上的触动进行了深入的论述。在王元周《小中华意识的嬗变：近代中韩关系的思想史研究》(民族出版社2013年版)，第五章"从人臣无外交到人臣做外交：以朴珪寿为中心"，内容与前面所提及文章基本相同，集中讨论了朴珪寿与清人之交游及燕行对于朴珪寿思想的影响。笔者基本赞同王元周的论断，但试图在有关方面加以深化，并进一步拓展本问题的研究。

的中国之行一样，这两次使行对他也产生了巨大的影响，甚至在某种意义上改写了韩国近代的思想史。因为他所看到的中国正处于急剧的变动之中，在西方的冲击下艰难地前行，而当时的朝鲜也正面临着西方列强的侵扰，因而也对他的思想产生了巨大的冲击。

1860 年 9 月，英法联军攻入北京，焚毁圆明园，咸丰帝逃往承德避暑山庄。"咸丰十年冬，义州府尹状启言洋人犯燕京，清师败绩，皇帝出避热河。于是朝廷简遣行人，奉慰皇帝于热河，承宣朴公膺是选焉。"[①]英法联军攻入北京的消息，引起朝鲜朝野极大的震动，为了向皇帝问安，并进一步探听消息，哲宗任命赵徽林为问安正使、朴珪寿为问安副使、申辙求为书状官，前往中国。因为中国处于危机之中，当时太平天国起义尚未平息，英法联军又攻入北京，朝鲜人咸以为此次燕京之行，即是危途，大多规避，不愿前往。"清皇帝避乱热河，朝廷将派使慰问，而人皆图免。"[②]但朴珪寿并不畏惧，他早就期待踏着其祖父的足迹，前往中国，"半世方册里，梦想帝王州"[③]，中国之行，乃是他多年的梦想，在被任命为副使后，遂慨然前往。饯别之时，赠人诗曰："诸公端合为我贺，胡为离愁眉头现?"表达他对前往中国期待之心，希望友朋不要担心。后来朴珪寿在给清朝友人董文涣信中提及这次使行，曰："记咸丰辛酉，弟之赴热河，人皆以为涉险冒危甚畏之。弟之被选，以是故也。大笑勇往，何思何虑!"[④]人皆以为畏途，而他欣然前往，终于得以结识一大批清朝文人，成就中朝交流史上一段佳话。

次年正月，他们踏上了前往中国之征程。在前往北京途中，遇到了回国的朝鲜冬至使申锡愚、徐衡淳、赵云周一行，申锡愚等与清人董文涣等交往密切，赵云周将信及诗文让赵徽林等转交给董文涣。赵徽林、朴珪寿等三月下旬即抵达北京，将赵云周的信转交给董文涣等，因此也打开了他们交往的大门。自洪大容与严诚等交往以来，就开创了书信往来的交往模式，每当燕行使前往北京之际，以前的朝鲜使臣皆会托现任使行人员，给中国朋友带去书信、书籍及礼物，而现任使行人员借机与中国学人相识、相交。中朝学人间书信往来密切，因为这样的书信传递，从而也将中朝学人间的交往一代代传递下来，成为当时交往的重要方式。

董文涣(1833～1877 年)，初名文焕，字砚樵，又字"尧章"，号"研秋"，洪洞

---

① (朝鲜王朝)金允植:《云养续集》，载韩国民族文化推进会编刊:《标点影印韩国文集丛刊》第 328 册卷 2《奉送瓛斋朴先生(珪寿)赴热河序》，1999 年版，第 559 页。

② (朝鲜王朝)朴瑄寿:《节录瓛斋先生行状草》，朴珪寿《瓛斋先生集》，载韩国民族文化推进会编刊:《标点影印韩国文集丛刊》第 312 册，1999 年版，第 314 页。

③ (朝鲜王朝)朴珪寿:《瓛斋先生集》卷三，第 355 页。

④ (朝鲜王朝)朴珪寿:《瓛斋先生集》卷一〇《与董研秋文焕》，第 495 页。

人。咸丰二年(1852 年)举人、丙辰(1856 年)进士,改庶吉士,授检讨。朴珪寿来京之时,董文涣正在翰林院为官,当时清朝官员与朝鲜使行人员交往已成风气,他也非常乐意与朝鲜使行人员往来。自咸丰辛酉(1861 年)至同治末,董文涣与朝鲜申锡愚、徐衡淳、赵云周、宋源奎、申彻求、赵徽林、朴珪寿等数十人有过交往,而他身边的朋友们也一样,热切地与朝鲜使行人员结交。朴珪寿等这一趟使行前后五个多月,最终并未去承德,咸丰帝谕使臣不要前往热河,礼部照例接待,赐予礼物。朴珪寿等人遂滞留北京,打探各种消息,积极主动与董文涣等清朝官员交往,参与清朝人组织的各种雅会,遂成他们获取消息最为重要的来源。

同治二年(1863 年),哲宗病逝,无嗣,由年方 12 岁的王族支系李昰应次子李熙继任,是为高宗。高宗年幼,由其父大院君当政。针对国内外形势,大院君采取一系列改革措施,对外采取闭关锁国政策,对内则打击权贵,镇压天主教势力,并且下令将朝鲜儒林供奉明朝皇帝的万东庙撤享,引起轩然大波,引发了全国儒林的激烈对抗。朴珪寿作为朝中重臣,也上疏反对停享万东庙,亦受到排挤。本来他已升为正二品的艺文馆提学,1866 年 2 月,降为从二品职位,被任命为平安道观察使,不但品级降低,且由京官贬为地方官,明显受到排挤。但这次排挤之任命,给了他直接参与处理洋船事件的机会。

高宗三年(1866 年)注定是个不平静之年。四五月间,朝鲜处死法国主教 2 人、传教士 9 人以及一批国内基督教信徒,引起法国向清朝抗议,但清朝不管,法国于是酝酿讨伐。与此同时,8 月初,由中国芝罘(烟台)出发,前往朝鲜的美国商船沙曼号,在船长及传教士崔兰轩(Robert Thomas)的指挥下,沿大同江溯江而上,到达平壤府。平安道中军李玄益警告不得前行,想上船查看,却被绑架为人质,强行前进。于是双方发生炮战,身为平安道观察使的朴珪寿亲往江边督战。因水道浅,沙曼号在大同江搁浅,朝鲜用火炮将其击沉,酿成严重的“沙曼(General Sherman)号事件”(又称“舍门将军号事件”)。与此同时,法国海军舰队 10 月则从中国芝罘(烟台)出发,远征朝鲜,占领江华岛,是为“丙寅洋扰”。“沙曼号事件”不但并未彻底解决,而且埋下了美国侵略的祸根。1867 年和 1868 年,美国两次派兵舰前往朝鲜沿海,试图解决这个事件。[①] 美国等西洋人的威胁始终存在,构成了朝鲜王朝挥之不去的现实危机。如何解决这个问题,乃是朝鲜君臣不得不面对的难题,作为亲自参与处理过此事件的朴珪寿,更是时刻关注着事态的发展,尽可能地寻求解决之道。他对这种潜在的危机深有体

① 参见[日]伊原泽周:《近代朝鲜的开港:以中美日三国关系为中心》,社会科学文献出版社 2008 年版,第 11~26 页。

会。1866 年冬，“洋扰”事件暂息之后，朴珪寿给清朝友人王轩函中提及此事曰：

弟现任为域内重藩，才薄力弇，已恐偾事。而忧虞溢目，不知如何勾当也。秋间浿江有洋舶之扰，弟于此事，素审之熟矣。万万无自我启衅理，奈彼自取死法，何哉！秋冬之交，别有一种又抢掠江华府，竟又被城将殪其渠魁而走之。然沿海戒严，不可少弛。此时方面，岂书生逍遥地耶！缃芸行走枢要，想有闻知此等事，故于其书略之，且不欲屡烦笔墨。兄于逢际，为道及此一段如何如何于研秋仲复，亦望同照此状，想皆为我忧之耳。[①]

函中所提“洋舶”事件，就是美国商船与法国军舰来犯之事，朝鲜王廷将朴珪寿起草的咨文给清廷，陈述事情原委，朴珪寿私下给清朝友人亦提及此事。这是当时震动朝鲜朝野的大事件，因为有第一次前往北京之见闻，了解清朝早已遭受到了西洋的冲击，故而他给清朝友人书函中论及，并让王轩将此事转告给董文涣。

同治十一年(1872 年)，清帝大婚，朝鲜高宗以朴珪寿为进贺正使，前往北京，这是朴珪寿的第二次燕行。“壬申五月，清皇帝行大婚，公充进贺正使，公再使燕京。”[②]第一次来华时，咸丰帝在热河，他们并未前往，只是在北京遥拜而已。第二次来华，一行人遂被同治帝召见。《清同治实录》载：“同治十一年壬申九月丁酉……御乾清宫。后率慧妃以下行礼。奉安皇太后、禧皇太后，幸漱芳斋，侍午膳。朝鲜国使臣朴珪寿三人于神武门外观觐。”[③]只提了他们使行三人“观觐”，朴珪寿回国后，向国王高宗汇报时，提及此事曰：

大婚翌日，皇上皇后同诣寿皇殿展拜，因礼部知会，臣与副使诣神武门外祗迎。天未明，皇后先诣时，回避不敢出，皇上御步辇出宫时，就路傍跪迎。皇上问国王平安，臣等叩头而退矣。[④]

此次乃作为进贺使前往北京，获同治帝召见，且同治帝亲自问朝鲜国王平安，这是很高的礼遇。此次在北京的时间，“九月初六日到馆，十一月初八日离馆，其间为六十一日矣”[⑤]。这期间，朴珪寿积极主动地交往了很多清朝官员，打探各种消息，回国后一一向国王汇报。

在大院君当政十年期间(1864～1873 年)，尽管朴珪寿是朝中重臣，但一直得不到重用。闵妃掌政后，实行开放政策，高宗遂倚重朴珪寿。高宗十年(1873年)十二月，以朴珪寿为右议政，高宗特谕朴珪寿曰：“予之欲以卿大用久矣。今

---

① (朝鲜王朝)朴珪寿：《瓛斋先生集》卷一〇《与王霞举轩》，第 488～489 页。

② (朝鲜王朝)朴瑄寿：《节录瓛斋先生行状草》，载《瓛斋先生集》，第 314 页。

③ 《清同治实录》卷三四一，中华书局 1985 年版，第 487～488 页。

④ 韩国国史编纂委员会编刊：《承政院日记》，高宗九年十二月丙子，1961～1977 年版。

⑤ 韩国国史编纂委员会编刊：《承政院日记》，高宗九年十二月丙子，1961～1977 年版。

乃断自予衷，拜卿以三事之职者，岂徒然哉？顾今国事之艰危，唯在老成人共济，而卿之国耳公耳之一段苦心，予所深知也。治法政谟，必须文学，而卿乃有之；颓风淆俗，必须德望，而卿乃有之；民生困瘁，必须经济，而卿乃有之。此皆卿中外已试之绩，而涂人耳目者矣。予岂阿好而言哉？自元辅出膺，予果充然有恃。垂拱仰成，而独贤之劳，亦所可念。卿须毋循备例，即为簉朝，暨我元辅，同寅共贞，以弼予一人。"[①]情真意切，表达了他的倚重之情。三年后，朴珪寿卒，教曰："此大臣器识之明剀、文学之赡博，寡人之所倚毗，而朝野之所想望也。"[②]依然表达他寄予厚望之心。在朴珪寿的最后几年，因为有高宗的倚重，他得以施展才干，无奈天不假年，壮志未酬。不过，在他身边也聚集了一批学人，深受他思想的影响，积极谋求开化政策，以便应对西方与日本的威胁。

朴珪寿两次燕行，相隔十一年，其间朝鲜多次遭受"洋扰"事件，朴珪寿都亲自参与处理，通过与清人的交流，使他懂得清朝的应对之策，从而对他思想的改变起了相当重要的推动作用。在闵妃掌政期间，朴珪寿被重用，从而在一定程度上为他培养弟子、宣扬开化思想提供了方便。

二、祭拜顾祠与朴珪寿对顾炎武之认识

朴珪寿两次在北京期间，经常参加清朝友人的雅会，吟诗作赋，不亦乐乎。在诸多雅会之中，最值得关注的就是在宣武门城南顾祠，共同祭拜顾炎武。这既说明清朝友人将他视作同道，也反映出朴珪寿服膺顾炎武学术思想的事实。在一定意义上说，顾炎武的学术思想对朴珪寿倡导开化之思想形成影响甚大。[③]

宣武门城南是清朝士人活动的重要场所，城南的慈仁寺有当时北京最大的庙市和花市，是游人喜爱游览之场所。慈仁寺，俗称"报国寺"，乃明宪宗时所建。[④] 后来又得到万历慈圣皇太后的修缮，建永安寿塔，太后亲书匾额。[⑤] 因而明代中期以后，该寺是北京重要的景区与游览场所。康熙以后，宣武门城南十分繁荣，会馆云集，文人荟萃，书摊甚多，"京师书摊，今设琉璃厂火神庙，谓之庙市。考康熙朝诸公，皆称慈仁寺买书，且长年有书摊，不似今之庙市仅新春半月

① 韩国国史编纂委员会编刊：《朝鲜高宗实录》卷一〇，高宗十年十二月丁丑，韩国国史编纂委员会1955～1963年版，第1册第431页。

② 韩国国史编纂委员会编刊：《朝鲜高宗实录》卷一三，高宗十三年十二月癸丑，韩国国史编纂委员会1955～1963年版，第1册第544页。

③ 王元周在《小中华意识的嬗变：近代中韩关系的思想史研究》一书中强调朴珪寿对顾炎武修身论的认同，未论其他。第162页。

④ （清）张廷玉：《明史》卷三〇〇《外戚传·周能》，中华书局1974年版，第7673页。

⑤ （清）谈迁：《北游录·纪邮上》（顺治十一年），中华书局1960年版，第73页。

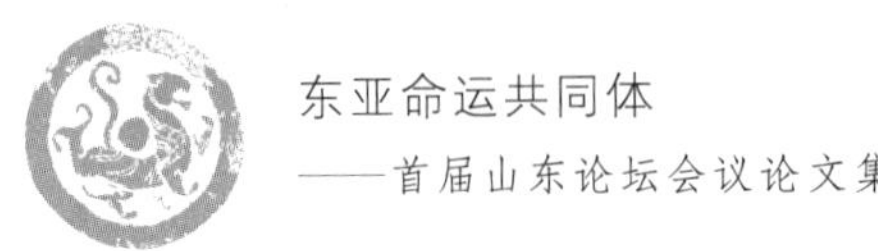

也”[①]。康熙初年，顾炎武曾在慈仁寺居住过，他在书函中提及：“康熙七年二月十五日，在京师慈仁寺寓中，忽闻山东有案株连……”[②]可见，当时外地学人也多好在此居住。嘉道年间，清朝学人在此地成立了一些诗社团体。即如嘉庆九年(1804年)，原籍南方诸省小京官和文人，在此处创立宣南诗社。[③] 后来又有“江亭文人”，“是指道光九年至二十年以北京宣南“江亭”为中心，由修禊、雅集活动而形成的士人群体”。[④] 朴珪寿所结交的清朝学人亦不例外，董文涣、冯志沂、沈秉成、王轩、王拯、许宗衡、黄云鹄等亦参与各种诗社，皆是亲密好友，他们皆寓居宣武城南，时常聚会饮酒赋诗，议论国事。[⑤] 这里自然也是朝鲜燕行使经常游览之处。当时来华的朝鲜使行人员多与他们往来，如李尚迪、姜玮等先后与宣南诗社、阮元学派、“江亭雅集”、常州地域文人和“顾祠雅禊”文人建立了广泛联系。[⑥]

在朝鲜燕行使中，多有记述慈仁寺的诗文。朴趾源《热河日记》中就提及过慈仁寺[⑦]，李尚迪常与清朝友人聚会于此并写过《过慈仁寺》诗[⑧]。同光年间，慈仁寺的书市衰落了。《梦经堂日史编》载：“每月朔望及下浣五日，百货集慈仁寺，书摊止五六间，有秘本，二十年来绝无之。”但是集市依然很盛，“盖尝以月之朔望，观于京师慈仁寺。比日中，天下之货咸集。贵人入市，见陈瓷盌，争视之”[⑨]。依然是朝鲜使行人员经常游览之处，故而是朝鲜使行人员与清人交往的重要场所。而顾祠在此地的创立，又开辟了另一个场所。

嘉庆年间，阮元任国史馆总纂，创设《儒林传》，尊顾炎武为清学第一人，从而开启了正式尊崇顾炎武之风气。道光年间之学术风气崇尚考据，“京朝士大

---

① (清)陈康祺：《郎潜纪闻·初笔》卷八《京师书摊》，晋石点校，中华书局1984年版，第162页。

② (清)顾炎武：《顾亭林诗文集·亭林佚文辑补·与人书一》，华忱之点校，中华书局1983年版，第231页。

③ 参见陈玉兰：《清代嘉道时期江南寒士诗群与闺阁诗侣研究》，人民文学出版社2004年版，第280页。

④ 温兆海：《朝鲜诗人李尚迪与清代“江亭文人”的雅集》，《延边教育学院学报》2012年第5期。

⑤ 参见《董砚樵先生年谱长编》，参见董寿平、李豫主编：《清季洪洞董氏日记六种》第6册《洪洞董氏文化论文集》，北京图书馆出版社1997年版，第20～23页。

⑥ 参见温兆海：《朝鲜诗人李尚迪与晚清文人交流的历史价值》，《延边大学学报》2012年第5期。

⑦ (朝鲜王朝)朴趾源：《燕岩集》，韩国民族文化推进会编刊：《标点影印韩国文集丛刊》第252册，卷14《热河日记·口外异闻》，1998年版，第292页。

⑧ (朝鲜王朝)李尚迪：《恩诵堂集诗》，韩国民族文化推进会编刊：《标点影印韩国文集丛刊》第312册，卷7《过慈仁寺》，1999年版，第195页。

⑨ (朝鲜王朝)丁若镛：《与犹堂全书》，“人事篇·器用类·陶瓷器”《古今瓷窑辨证说》景仁文化社1970年版。此言引自《曝书亭集》云：“盖尝以月之朔望，观于京师慈仁寺，比日中，天下之货咸集。贵人入市，见陈瓷碗，争视之。万历窑，一器索白金数两，而宣德成化款识者，倍蓰焉。”(朱彝尊：《曝书亭集》卷三六序)

夫好谈考据训诂，其后梅曾亮、曾国藩倡为古文，邵懿辰、龙启瑞、陈用光、王拯、朱琦皆从之游。一时为文者虽才力各有不同，皆接踵方、姚，尊尚义法，各以品谊相高。"[①]顾炎武被推为清考据学的第一人，故极受推崇。道光二十三年(1843年)，在张穆与何绍基等人倡导下，京城士大夫在慈仁寺附近，创建顾炎武祠；咸丰六年(1856年)，重修了顾祠。自顾祠修建后，每逢春秋佳节及顾炎武生日，京城学人都会在寺中举行祭祀活动，使得学界有了礼仪化的尊崇方式，成为当时京中士大夫们的重要活动，延续数十年，顾祠也成为当时学人聚会的重要场所。[②] 朝鲜使臣来华，尽管多来此地游览，但真正参与顾祠祭祀活动的并不多，而朴珪寿两次来华期间皆参与了顾祠的祭祀活动，则是值得关注的特例。

朴珪寿第一次来华时，咸丰十一年(1861年)三月二十八日，董文涣与沈秉成在慈仁寺置酒邀王拯、黄云鹄、王轩并朴珪寿，同祭顾炎武。[③] 同治十一年(1872年)九月，朴珪寿再次来京，尽管第一次结识的朋友多不在北京，但他结识了董文涣弟弟董文灿等，月末再次参与秋季祭祀顾炎武的活动。朴珪寿两次来燕京，两次都参与顾祠祭拜活动，一次在春季，一次在秋季，这在朝鲜使臣中鲜见。为何朴珪寿这么热衷参与祭拜顾炎武的活动？从中能否窥探他的思想？

第一次顾祠祭拜以后，朴珪寿写了首长诗，记录他的所思所想，题曰："辛酉暮春二十有八日，与沈仲复(秉成)、董研秋(文焕)两翰林，王定甫(拯)农部，黄翔云(云鹄)、王霞举(轩)两库部，同谒亭林先生祠，会饮慈仁寺。时冯鲁川(志沂)将赴庐州知府之行，自热河未还，后数日追至，又饮仲复书楼。聊以一诗呈诸君求和，篇中有数三字迭韵，敢据亭林先生语，不以为拘云。"[④]这首长诗表达了他对顾炎武之崇拜，也记录了他与清朝友人之交往，乃朴珪寿结识清朝学人最重要的一次聚会，朴珪寿以后与这些人皆保持了密切友好的关系。诗很长，表达的意思也很丰富，结合其他史料，有几点值得注意：

首先，诗中表达了他前来中国的愿望。作为陈奏副使，尽管是首次来华，实际上他早有此心，所谓"半世方册里，梦想帝王州"，如同洪大容一样，很想来中国看看，到底清国是何种状况。到了中国之后，所见所闻，颇多感慨，"俯仰增感

---

① (清)胡思敬:《国闻备乘》卷二，中华书局2007年版，第25页。

② 参见魏泉:《"顾祠修禊"与"道咸以降之学新"：十九世纪宣南士风与经世致用学风的兴起》，《清史研究》2003年第1期。据此文考订，从道光二十四年二月二十四日首次祭祀开始，到同治十二年(1873年)，每年的春季(上巳日前后)、秋季(重九前后)和顾炎武生日(五月廿八日)都有祭祀活动，一共举行85次。一共参加过的京师士人达286人，其中朝鲜使臣3人。

③ 参见《董砚樵先生年谱长编》，参见董寿平、李豫主编:《清季洪洞董氏日记六种》第六册《洪洞董氏文化论文集》，第38页。

④ (朝鲜王朝)朴珪寿:《瓛斋先生集》卷三，下文凡征引此诗者，不再作注。第355页。

慨，随处暂夷犹”，清国还是有“夷犹”之气。

其次，在清朝所结交之上人，皆令他相当钦佩。“怀哉先哲人，日下多朋俦。契托苔同岑，声应皷响桴。”“嗟哉二三子，为我拭青眸。广师篇中人，不如吾堪羞。名行相砥砺，德业共绸缪。”诸位清朝友人向他介绍情况，他们探寻学术，交流思想，交往融洽，故而他最后说“两地看明月，肝胆可相求”。可见，他们彼此间有真情谊，诚如夫马进先生所谓东亚存在着一个“情”的世界[①]，朴珪寿与清朝友人既是生活于这样一个世界之中，也继续弘扬着这样“情”的世界。他们这种交往，既是个人间亲密关系的体现，又是两国友好的象征。而且这种交往已不止于情感的交流，而是上升到外交的层面。朴珪寿以后在给沈秉成的信中，特批驳所谓“人臣无外交”之言，说：

> 仍念吾东之士有日下交游，归时两相援据者，辄曰人臣无外交，以不敢频频往复为义理。此最可笑！所谓外交者，岂人臣相交之谓耶！礼经本文，无有是说。若如彼说，则是仲尼不当与遽瑗通使也，叔向、子产、晏平仲皆不当与季札交也。岂有是哉！设或列国大夫有是说也，岂可比援于天下一家、四海会同之世哉！[②]

他批驳所谓“人臣无外交”之论，一是指出经传之中，皆无此论，其说无出处；二是，即便其说正确，经传所指也只是列国之间，在当今“天下一家、四海会同”之时，与古不同，不可比附。可见，朴珪寿认为他与清人交往天经地义，不应遭到丝毫非议。

再次，此次交游，他们共同拜谒顾亭林祠，探讨顾氏所开创的考据学，加深对顾炎武学术的了解。“尚论顾子学，轨道示我由。坐言起便行，实事是唯求。经学即理学，一言足千秋。”对顾炎武的学术思想予以总括，更进一步论道：“训诂与义理，交须如匹述。一扫门户见，致远深可钩。”尽管清代学术汉宋分明，但在他们的讨论中，顾炎武并无汉宋门户之见，所以能够成就学术大业。以后在给沈秉成信中，进一步论述顾炎武学术道：

> 霞举兄问君之尊慕顾师，为其合汉宋学而一之耶？于斯时也，酒次忽忽，未及整怀，弟应之曰然耳。然弟之仰止高山，非直为是故耳。读《音学五书》《金石文字记》等，而谓先生之道于汉儒；读《下学指南》，而谓先生之宗仰宋贤。此政是王不庵所云后起少年推以博学多闻者也。先生所以为百世师，却不在此。而如弟眇末后学，蚤夜拳拳，最宜服膺勿失。惟是《论学》书中“士而不先言耻则为无本之人”一语耳，子臣、弟友，出入往来辞受

---

① 参见[日]夫马进：《朝鲜燕行使与通信使》，伍跃译，复旦大学出版社 2010 年版，第 183 页。

② (朝鲜王朝)朴珪寿：《瓛斋先生集》卷一〇《与沈仲复秉成·辛酉》，第 480 页。

取与之间，皆有耻之事也。而终焉允蹈斯言，竟无亏阙，惟先生是耳。此所云经师易得，人师难遇者也。[①]

这里所言顾亭林之学术，非汉宋之学，亦汉亦宋之学，博大精深。其实，朴珪寿更看重的是顾亭林学术对学人之指导，所谓非“经师”乃“人师”耳，实乃人生之楷模！朴珪寿将顾亭林视作人师，虽不是从汉宋出发，实际上表达了极其尊重之意。给沈秉成另函中，再次讨论顾炎武著作：

亭林先生《下学指南》，不在于十种书等刊行之中耶……《日知录集释》，向亦携归细阅，黄汝成氏，诚顾门功臣。然其注释处，往往有蔓及太多之意，未知论者以为何如……有人示一函书，签题《传经堂丛书》，匣中四册，乃凌鸣喈《论语解义》也……阅其书，盖非阐明经术而作也。立心专为诟骂程朱而曲解圣训，以就己说，猖狂恣肆，无忌惮甚矣……而其所推重，乃以亭林、西河并举而称之，此又大可骇异。亭林之于宋贤，补阙拾遗，匡其不逮则有之；探原竟委，实事求是，以救讲学家末流之弊则有之；何尝诋背攻斥如彼所称西河先生，而乃为彼所推重乎！此在私淑顾师者所不可不辨，未审诸君子以为如何。[②]

由此可见，他对顾炎武的著作相当熟悉，对顾炎武的学术思想颇有研究。对于清人凌鸣喈（嘉庆七年，1802 年进士）《论语解义》误解顾亭林学说，把他的学说与毛西河（即毛奇龄，1623～1716 年）的混为一谈，深表痛恨，严加驳斥。且提及“私淑顾师”不可不辨，要为顾炎武正名。自然，他乃自诩“私淑顾师”者也，其维护顾炎武之学术思想溢于言表。

他对顾炎武“私淑”之志，也为清朝友人所激赏，冯志沂诗中言：“亭林绝学世谁继，海外乃肯珍遗编；嗟我童幼好奇服，一落红尘三十年。”[③]乃是他们与朴珪寿相聚之时所作，明确点出顾亭林之学，将为海外儒士朴珪寿所继承和弘扬。董文涣亦写诗记此事，其中有曰：“朴君沧海客，眉宇尘壒外；新交既邂逅，旧学获商兑。苔井识开成，炷檀展宿戒；言瞻顾老祠，更下张侯拜。儒林素仰止，年谱久心佩……复此城南游，欢娱亦无奈。”王轩作诗有言曰：“因寻古寺考遗迹，更拓新祠俯郊甸……酒半登高怆先德，中朝旧事征文献。”[④]朴珪寿诗中称：“总是顾氏徒，端绪细寻抽。总是瓛卿友，判非熏与莸。”将他一帮清朝友人都看成与他一样是“顾氏徒”。可见，无论是朴珪寿本人还是清朝友人，皆称“顾徒”。

---

① （朝鲜王朝）朴珪寿：《瓛斋先生集》卷一〇《与沈仲复秉成·辛酉》，第 480 页。

② （朝鲜王朝）朴珪寿：《瓛斋先生集》卷一〇《与沈仲复秉成》，第 484 页。

③ （清）冯志沂：《西隃山房全集》卷六《沈仲复编修招陪朝鲜朴桓卿小饮寓楼即席赋赠》，第 35 页。

④ （清）董文涣等编，李豫、崔永禧辑校：《韩客诗存》，书目文献出版社 1996 年版，第 177～178 页。

归国三年后，朴珪寿请人作《顾祠饮福图》，开篇即言："珪寿夙尚先生之学，岁咸丰辛酉，奉使入都，幸从诸君子祇谒先生，特设一祭。退而饮福于禅房，相与论古音之正讹、经学之兴衰，盖俯仰感慨，而乐亦不可胜也。"①依然表达他对顾炎武学术的敬仰以及与清友人论学之愉悦。

《顾祠饮福图》既是他们友谊的象征，也是他们共同尊奉顾炎武的见证。"《顾祠饮福图》，经营已久，此便是图貌互寄也。默想诸君清仪，口授画者，此乃万无得其一分肖似……仍念诸君子文燕雅集，倘虚一座，认以瓛卿在座。出谈草阅之，相与援笔答之问之，淋漓烂漫。弟于次便，又复奉答。此与对画怀人，却精神流动，岂不有胜于短札平安字而已耶！"②此图，由朴珪寿请画工作画，分别画出诸友人之画像。这既是中朝文人交流的见证，也是他们友谊的象征。事实上，这是嘉道以后中朝文人交往的一种模式，文人聚会，皆有诗会、酒会，之后就作画吟诗以明志，成为他们交往的见证，也可体现彼此间的深厚情谊。

第二次来京之时，尽管董文涣等旧识皆不在北京，但朴珪寿结识了董文涣弟弟董文灿，一同再赴顾祠。朴在给董文涣信中提及，"弟再到都门，旧契无一人相对，其踽踽可知。令弟云龛虽初面，便是宿交。追随往还，赖不寂寞。共拜顾祠，又展慈寿佛像。兄及顾斋题墨，如接颜仪也"③。因为第一次来京之时，与董文涣等人拜谒过顾祠，且有诗文留存，第二次再往，追寻第一次足迹，由董文灿陪同，试图寻回一些记忆。董文灿亦作诗道："十载知名久，重来驻使车；论文从感激，报国在迂疏。坐对今人古，谈深俗事除；酣红劳饷饮，琼报定何如。高士来韩国，前尘接咏楼；同临金粟境，况值菊花秋（九月晦日同人集慈仁寺，祀顾亭林先生，君亦与焉）。坛坫瞻先哲，琴尊纪胜游；他时相忆处，还作画图留（君昔年曾绘怀人图寄砚樵家兄）。"④可见，尽管是第一次见面，因为有董文涣的介绍，朴珪寿对董文灿早已耳熟能详，董文灿对朴也早已了如指掌，一见如故，依然同祭顾炎武。

顾炎武被尊为清学第一人，固然主要因其在考据学上成就卓著，但他治学讲求经世致用，实事求是，不求空疏之学，一定要解决现实问题，这一点更深刻地影响了朴珪寿的思想，也为他倡导开化思想提供了学术根基和理论依据，这也是朴珪寿如此尊奉顾炎武的原因。朴珪寿弟子金允植评价说：

> 本朝人文之盛，莫如明、宣之际，垂三百年而得朴瓛斋先生。先生膺名

---

① (朝鲜王朝)朴珪寿：《瓛斋先生集》卷一一《题顾祠饮福图》，第512页。

② (朝鲜王朝)朴珪寿：《瓛斋先生集》卷一〇《与沈仲复秉成》，第484页。

③ (朝鲜王朝)朴珪寿：《瓛斋先生集》卷一〇《与董研秋文焕》，第496页。

④ (清)董文灿：《芸香书屋诗草》卷下《赠朴桓卿珪寿判枢》，转引自《董砚樵先生年谱长编》，第167页。

世之期，挺有为之才，其学自子臣弟友所当行之义分，达之于天德王道，经经纬史，元元本本。其蓄积素养之具，既厚且深，然未尝以文人自命，如有所作则必有为而发，非汗漫无实之言也……大而体国经野之制，小而金石、考古、仪器、杂服等事，无不研究精确。实事求是，规模宏大，综理微密，皆可以羽翼经传，阐明先王之道者也。[①]

朴珪寿与清人共同参拜顾亭林祠，传播顾亭林之学术，成为其与清人交游的重要内容。就其治学范畴与治学精神来看，与顾炎武是一脉相承的。其所言“实事求是”，乃清考据学之精核，也是顾炎武奉为圭臬的法宝，亦是朴珪寿学术之基准，这可以说是朴珪寿倡导开化思想最重要的理论依据和学术源泉。尽管每年前往北京的燕行使人员甚多，观览慈仁寺的朝鲜使行人员亦不少，但唯独朴珪寿更热衷参与顾祠的参拜活动，他是唯一参加过两次参拜的朝鲜使行人员，他自诩为“顾徒”、“私淑”弟子，因为顾炎武所提倡的“实事求是”治学原则是他学术思想的主导，也是他倡导开化思想最重要的理论依据。

三、重装“九莲菩萨像”与朴珪寿的对明情感

在朝鲜近代思想史上，“尊周派”乃强烈的反清思明派人士，固守传统的华夷观，不愿与清人交往。“北学派”人士试图打破“尊周派”不切实际的做法，倡导向清朝学习，积极与清人交往。“开化派”则更进一步，认为在朝鲜面临西洋与日本威胁时固然需要与清人交往，但更重要的是设法与西洋和日本交往，学习先进的科技文明，以解决现实危机。朴珪寿被视为朝鲜思想界由“北学”转向“开化”的关键性人物，笔者对此并无异议。朴珪寿燕行之时，有一件事虽被提及，却往往只稍带一说，并无详细解说，即他寄 50 两白银，委托董文涣为慈寿寺重装明孝定李太后像，看似普通的一件事，却折射出他内心对明朝丰富的情感，也为解读他思想的多元性提供了一个重要视角。

朴珪寿第一次来京时，有次去慈寿寺游览，看到了残破的“九莲菩萨像”，引发他内心不断的感慨。慈寿寺，乃神宗生母慈圣李太后于万历四年(1576 年)所建。慈圣李太后出身贫寒，笃信佛教。传说万历十四年(1586 年)，其寝宫慈宁宫中盛开了九朵莲花，太后也多次梦见一位骑着凤凰、具足九头的菩萨给她传授九莲经文，她醒来后，竟能一字不落地背诵。遂命铸造一尊九莲菩萨铜像，供奉于慈寿寺九莲阁中。宫内外皆称她为“九莲菩萨”，僧人也传她为九莲菩萨下

---

① (朝鲜王朝)金允植:《瓛斋集序》，载朴珪寿:《瓛斋先生集》，第 313 页。

凡,从而确立她神圣的地位。[①] 自此,佛教中就有了所谓"九莲菩萨"。有次李太后生日时,"神宗出吴道子画观音菩萨,以佛像绘太后真容,奉安慈寿寺"[②]。此画像乃丝绢上画的,后来宫中予以装裱,悬于慈寿寺的慈光阁中,这就是孝定李太后像,亦即"九莲菩萨像"。

咸丰十一年(1861 年),朴珪寿游览慈寿寺时,该寺早已没有了往日的辉煌,原来"壮丽宏侈"之貌虽仍依稀可见,但寺中"荆榛瓦砾,满目愁绝",而太后像"殿中画帧,尘积煤侵……审帧尾所记,盖中世曾经有心人改装亦屡矣,而今又弊弊已久"。看到这种状况,朴珪寿内心极其难过,"周瞻叹息,窃恨客里乏赀,不能效区区之衷"。[③] 当时朴已有重装之心思,只恨羁旅之际,行囊空乏,无资可捐,有心无力。他内心相当沉重,后来给沈秉成书函中,详述其心境曰:

> 向游慈寿寺,瞻九莲菩萨像,叹息低回者久之。像旧弊脱,嘉庆间重装而藏之,别揭墨拓本供奉,法梧门记其事于帧傍。今不见墨本,而仍设画本于壁间。尘没煤黣,不几何而将弊尽矣。如逢有心人,庶复得重装而藏之,如梧门记中语,亦一段好事也。偶因境兴想,牵连而及此耳。前书所云忧悸太息、钦羡艳叹等语,弟不堪此幽郁之病,聊以奉叩矣。不唯不赐以医方,反谓同病增剧,不觉绝倒。吾侪皆书生也,平生耳目心口,不过几卷经史残帙,痴情妄想,每在许大学问、许大事业,一一于吾身亲见之。及到头童齿豁,薄有阅历,自应知其不可,而消磨退沮。独怪结习胶固,迷不知返,发言处事,到底不合时宜,又不自悼,而聊以自喜。窃幸心性之交,同此病根,可谓吾道不孤。好笑好笑![④]

可见,自从见到残破之"九莲菩萨像"后,朴珪寿当时就想重装,以还其原貌,但是无能为力,他的想法难以实现,故而一直记挂于心,以致于"忧悸太息",成"幽郁之病"。回国数年之后,依然记挂此事。五年之后,他被任命为平安道观察使时,方筹集到 50 两白银,于是当即将钱寄给远在北京的友人,托他们重装"九莲菩萨像"。其自言:"逮丙寅之岁,按节浿藩,白金五十,远寄所交游者沈秉成、王轩、黄云鹄、董文涣,托以重缮装池。又托拓揭碑像,而匣藏画帧,为久

① 参见阎崇年:《慈圣太后与永安寿塔》,《故宫博物院院刊》1995 年第 1 期;阎崇年:《慈寿寺塔之人文价值》,《北京社会科学》1997 年第 4 期。两篇文章互有异同,对于慈寿寺及寿塔,有比较详细的介绍。周绍良《明万历年间为九莲菩萨像编造的两部经》(《故宫博物院院刊》1985 年第 2 期),对于九莲菩萨的来历以及两部经书的编造经过缘由进行了细致的考述。另见汪艺朋、汪建民:《北京慈寿寺及永安万寿塔》,《首都师范大学学报(自然科学版)》2012 年第 3 期。

② (朝鲜王朝)朴珪寿:《瓛斋先生集》卷四《孝定皇太后画像重缮恭记》,第 367 页。

③ (朝鲜王朝)朴珪寿:《瓛斋先生集》卷四《孝定皇太后画像重缮恭记》,第 367 页。

④ (朝鲜王朝)朴珪寿:《瓛斋先生集》卷一〇《与沈仲复秉成》,第 483 页。

远之图。”[1]同治六年(1867),正月初三日,朝鲜使臣李丰翼给董文涣送来朴珪寿的信函,珪寿嘱董文涣及其他友人代其重修慈寿寺孝定李太后像。《董文涣日记》载:“朴瓛斋致研秋函,嘱重装修慈寿寺藏明孝定李太后像。”[2]不久,又收到他寄来的五十两白银,北京诸友咸推董文涣具体负责此事。

同治六年(1867)四月底,董文涣与王轩来到慈寿寺,寻找九莲菩萨像,因主僧不在,未果。五月初三日,僧秀章携此画到董文涣家中,请求帮助装裱,董文涣遂将画留下了,并找装裱工重装。为了满足朴珪寿的要求,董文涣又找到拓工将碑亭中的“九莲菩萨像”及“鱼篮观音像”拓印下来,刚好花费五十两白银。五月二十四日,董文涣作《重装九莲菩萨像画像歌》并与两拓片,一并寄给朴珪寿。歌曰:“海东故人昔谒拜,抚迹感事心涕零。兼金附书来千里,精诚历告语叮咛。替袭筐笥戒僧守,岿然屹共双碑亭。墨本重拓代张壁,朝夕顶礼虔香声。作歌纪事报我友,时夏五月岁在丁卯。”[3]记录此事的经过,并对朴珪寿表示尊敬之情。为什么朴珪寿对于这幅残破的“九莲菩萨像”如此用心,自见到以后,就成为心病,非要将其重装不可?其中到底有何原因?其实朴珪寿自己有所表述。

在《孝定皇太后画像重缮恭记》文中,朴珪寿在叙述画像重装经过之后,引述顾炎武的一段议论说,明神宗在泰山碧霞元君宫旁筑一殿,以奉九莲菩萨;崇祯帝再建一殿以奉生母孝纯刘太后,但明朝灭亡之后,“宗庙山陵之所在,樵夫牧竖且或过而慢焉”,但这二殿,“独以托于泰山之麓元君之宫,焚香上谒者,无敢不合掌跪拜”,如果只是称明皇太后,则“固未必其能使天下之人虔恭敬畏之若此”。言辞之间,显示出深深的落寞与失望,作为遗民内心的悲戚之感油然而生。最后论之曰:

> 呜呼,亭林之言,正大如彼,至其末段,岂曲为之说哉!盖亦遗民沉痛悲苦之情,则唯幸母后之像,俨然依旧尔。珪寿自顾亦左海后民,而得瞻遗容于黍离藏书沧桑之墟,彷徨踯躅而不能去,奚暇以儒生之见,敢为规规之论哉。[4]

朴珪寿道出他重装李太后像之心境,与顾炎武之心境如出一辙。尽管他生活在19世纪中叶,但依然有遗民心态,“自顾亦左海后民”,作为朝鲜思想史上

---

① (朝鲜王朝)朴珪寿:《瓛斋先生集》卷四《孝定皇太后画像重缮恭记》,第367页。

② 《董砚樵先生年谱长编》,第113页。

③ 关于朴珪寿出资帮助重拓“九莲菩萨像”之事,可参见汪艺朋、汪建民:《北京慈寿寺及永安万寿塔》(四),《首都师范大学学报(自然科学版)》2012年第5期。文中对于朴珪寿出资以及董文涣等装裱经过有比较详细的介绍。

④ (朝鲜王朝)朴珪寿:《瓛斋先生集》卷四《孝定皇太后画像重缮恭记》,第367页。

具有标志性的人物，朴珪寿依然自认为明朝之“左海遗民”。明朝灭亡以后，朝鲜王朝长期坚持尊周思明的理念，以为明朝对于朝鲜有永世不能忘的大恩大德，在相当长的时间内，成为朝鲜君臣尊奉的基本理念。[①] 这种明遗民心态如血液一般，是朝鲜儒士的一种基本的特质，不管他们思想上有过怎样的变动，倡导如何改变现状，一旦触及到明朝，基本上都一致表现为怀恋、感激与悲戚，朴珪寿的这番自我表述，就是最好的见证。对于朴珪寿的这种心态，尹定铉有更深入的解说：

> 噫，中州士大夫之情，斯可以见矣。其必谓东国之义，高出于桧曹之上，何也？匪风作于西周之末，而封畿之近也；下泉作于东迁之后，而同姓之亲也；先王之遗泽未沫，而为诸侯所侵暴，其发于讴吟固宜也。圣人犹亟录之，以为变风之终。东国则海外屡千里之远，而域内靖谧，无所困苦。乃感慕东援之德，若身亲当之，殆三百年而如一日。若圣人复作，华衮之褒，必进于桧曹。东国之广于天下，自瓛斋始。唯我邦人世世子孙，勿替斯义，一以瓛斋之心为心也。万历壬辰后二百八十一年壬申六月之望，东海遗民尹定铉恭记。[②]

尹定铉的这种评论，深刻地说明朝鲜儒士对明朝的情感，他也自称“东海遗民”，遗民心态是朝鲜儒士们对明朝的基本心态，不管他们信奉何种思想、遵循何种政治主张，遗民心态是他们对明朝的基本底色。

在收到董文涣寄来的拓片之后，朴珪寿并未将那些物品据为己有，而是将其全部放在焕章庵和佛寺之中。其曰：“临池像一帧、鱼蓝行像一帧、瑞莲赋一帧，奉藏于华阳洞焕章庵，丙子(1876)八月谨记。又三帧、乙亥(1875)秋。奉藏于金刚山神溪寺。”[③]华阳洞乃朝鲜儒学大师宋时烈晚年隐居之所，他将华阳洞变成朝鲜儒林尊周思明之场所。他卒后不久的1704年，其弟子权尚夏等人在华阳洞建成万东庙，供奉明朝皇帝牌位，并奉宋时烈等人神位。万东庙附近有一小屋，名为“焕章庵”，乃当时专藏明朝皇帝御书及朝鲜宣祖、肃宗、英祖有关明帝的手书之所。其贮藏这些手书，使“数楹之屋，虽巍然寄置于山中，其所奉宝墨之光荣，常烂然辉映日月，发而视者无不怵惕徊惶，流涕稽首，相与勉戒，以

---

① 参见孙卫国：《大明旗号与小中华意识：朝鲜王朝尊周思明问题研究(1637～1800)》，商务印书馆2007年版，第82～85页。

② (朝鲜王朝)尹定铉：《梣溪先生遗稿》，韩国民族文化推进会编刊：《标点影印韩国文集丛刊》，第306册卷5《孝定李太后像帧改装记》1999年版，第119页。

③ (朝鲜王朝)朴珪寿：《瓛斋先生集》卷四《孝定皇太后画像重缮恭记》，第367页。

明天理、正人心，则列圣之泽，又可以悠久如天地矣”。[①] 以收藏明朝皇帝之字画、日历，或原件、或拓本、或模本、或印本，保留明朝遗风，以寄托其幽思感恩之情，明天理、正人心。正如郑澔所言：“皇明屋社甲子已一周矣，典章文物邈然无征，矧其太平盛际，如若天授时协月正日之制，欲寻其仿佛于影响之末，何可得也？此后人所以寓感于匪风下泉之思，愈远而愈切矣。”[②]正因为如此，所以他们珍视明朝遗物，以寄托其幽思之情。朴珪寿得到了拓片之后，主动将这些供奉于此，深深地说明他内心依然尊奉明朝，敬奉明朝，是他的一种自发自觉的行为。

当董文涣等人为他完成之后重装“九莲菩萨像”，朴珪寿方才宽心，同时将董文涣寄来的拓片一并藏于华阳洞之焕章庵。这件事本可大书特书，但奇怪的是，在朝鲜国内他却从不与人提及，因为他有所担心。在给朝鲜友人函中，朴珪寿道出了苦衷：“此事从不与知友说道，盖恐翻转不已，弄出唇舌，吾甚惧之也。今于兄书，有语及长春寺拜像事，故聊此及之。”[③]即便是好友，他亦不提及。朴珪寿的这种担心，深刻地反映了当时朝鲜国内之复杂境况。一方面，因为大院君撤废万东庙，而他将从中国寄来的拓片藏于万东庙附近的焕章庵，表明他有违反大院君政令之嫌；另一方面，无论是尊周派、北学派还是开化派人士，对于明朝的情感其实基本上没有区别，有着基本的认同，但是因为对于清朝与西方认识的不同，才导致彼此间的纷扰与争论，作为开化派的关键性人物，尽管朴珪寿做了这样一件可能令尊周派人士刮目相看的事情，但又担心因此带来其他人的误解，故而他丝毫不敢跟人提及，只是默默地完成，以求得内心的安宁，从中不正体现了彼此间思想上的联系吗？此事对于朴珪寿而言非常重要，既表达他对明朝的情怀，又体现他与清朝学人之情感。只是清朝友人帮他料理此事之时，未必知道朴珪寿内心的真实想法，如果真知悉的话，或许董文涣等人也会有所迟疑的吧。

四、东亚“情”的世界与“知己”情怀

朴珪寿两次前往北京，结交了很多清朝官员与士人，这些官员又都是学者，“所与交皆一时名士”，如沈秉成、冯志沂、黄云鹄、王轩、董文涣、王拯、薛春黎、程恭寿、万青藜、孔宪彀、吴大澂等百余人，“尽东南之美，倾盖如旧。文酒雅会，

---

① （朝鲜王朝）成海应：《研经斋本集》，韩国民族文化推进会编刊：《标点影印韩国文集丛刊》，第二册《华阳洞记》1999 年版，第 276 页。

② （朝鲜王朝）成海应：《研经斋外集》，韩国民族文化推进会编刊：《标点影印韩国文集丛刊》第四册《华阳洞记》1999 年版，第 28 页。

③ （朝鲜王朝）朴珪寿：《瓛斋先生集》卷九《与洪一能》，第 469 页。

殆无虚日。气味相投,道谊相勖”。[1] 在朝鲜人看来,他与清人之交游,颇值得称道。此乃他一生中颇为重要的事情,而他生前,亦颇以此为怀。诚如前面提到的,夫马进先生以为自从洪大容与严诚等人交往之后,中朝两国学人交往越来越密切,构成了东亚“情”的世界。[2] 而这种“情”的世界,在以后一代代的中朝学人中得以传承和发展,并且不断增添新的内涵。在朴珪寿与清人交往中,不仅继续着真情的交游、书信往来,而且从一开始,彼此皆有着非常迫切的愿望。这种朋友间的情谊,不只是个人、家族、群体的交游,甚至还有着王朝的意志,因为在面临西方和日本的威胁之时,中朝两国彼此合作,显得十分重要,学人间的交游,正是这种合作的重要体现。

自从洪大容与严诚交往而被称为“天涯知己”之后,朝鲜使臣常以“知己”称所结交之清人,如纪昀与洪良浩、李尚迪与张曜孙,凡是感情交好之朋友,皆称“知己”。当时清人与朝鲜文士间,以“知己”相称,有一定的普遍性。在朴珪寿与清人交往之中,“知己”也是个关键词。朴珪寿与董文涣等人皆以知己相称,而清人也称朴珪寿为知己。朴珪寿给冯志沂信中,称其为“鲁川尊兄知己阁下”[3],给程恭寿信函称“容伯老兄知己合下”[4]、称王轩“霞举尊兄知己合下”[5]和“顾斋仁兄知己”[6]、称黄云鹄为“黄兄缃芸知己合下”[7]、称彭祖贤为“芍亭仁兄知己阁下”[8]、称董文涣亦为“研樵尊兄知己合下”[9],且在给董文涣信中言“使天涯知己,得彼我安信”,此处借用洪大容“天涯知己”之说,可见,朴珪寿与清人称“知己”,似乎很平常了,但是否对每个他结识的清人都以“知己”相称呢?其实不然。

朴珪寿给张丙炎信中称:“珪寿与霞举(王轩)、研秋(董文涣)、仲复(沈秉成)、翔云(黄云鹄),为海内知己,先生之所知也。独未得托契于先生。东国之士从都门还,辄诵先生文采风流,益不禁懊恨于中也。”[10]这里所谓的“托契”,似乎他们之间有过一个结交仪式?事实上,还真有这么一个仪式,就是他们共同参加祭祀顾炎武的活动。朴珪寿在《顾祠饮福图》作成后,撰文记之曰:

---

① (朝鲜王朝)朴瑄寿:《节录瓛斋先生行状草》,朴珪寿《瓛斋先生集》,第 314 页。
② [日]夫马进著:《朝鲜燕行使与通信使》,伍跃译,复旦大学出版社 2008 年版,第 183 页。
③ (朝鲜王朝)朴珪寿:《瓛斋先生集》卷一〇《与冯鲁川志沂》,第 480 页。
④ (朝鲜王朝)朴珪寿:《瓛斋先生集》卷一〇《与程容伯恭寿》,第 487 页。
⑤ (朝鲜王朝)朴珪寿:《瓛斋先生集》卷一〇《与王霞举轩》,第 488 页。
⑥ (朝鲜王朝)朴珪寿:《瓛斋先生集》卷一〇《与王霞举轩》,第 489 页。
⑦ (朝鲜王朝)朴珪寿:《瓛斋先生集》卷一〇《与黄缃芸云鹄》,第 491 页。
⑧ (朝鲜王朝)朴珪寿:《瓛斋先生集》卷一〇《与彭芍亭祖贤》,第 497 页
⑨ (朝鲜王朝)朴珪寿:《瓛斋先生集》卷一〇《与董研秋文焕》,第 493 页。
⑩ (朝鲜王朝)朴珪寿:《瓛斋先生集》卷一〇《与张午桥丙炎》,第 312～497 页。

卷中之人，展纸据案，援笔欲书者，户部郎中王拯少鹤也；把蝇拂沉吟有思者，兵部郎中黄云鹄缃云也；立而凝眸者，翰林检讨董文涣研樵也；持扇倚坐者，庐州知府冯志沂鲁川也；坐鲁川之右者，翰林编修沈秉成仲复也；对鲁川而坐者，兵部主事王轩霞举也；据案俯躬而微笑者，朝鲜副使朴珪寿瓛卿也；鲁川时赴热河未还，为之补写焉。①

顾祠祭拜，原本是缅怀顾炎武，因为其神圣性以及仪式性，某种意义上也成为他们交友的一个极为正式的仪式，或许这就是朴珪寿之所谓“托契”也，因为画中所提之人，朴珪寿皆称他们为“知己”。

朴珪寿以“知己”称清友人，清人也以“知己”称朴珪寿。他们对这种“知己”的含义，也进行了比较深入的分析。同治七年二月，黄云鹄致函朴珪寿，称“瓛斋知己足下”②。甚至于他们举行酒会，诗文唱和雅集之时，亦用“知己”为韵。如董文涣文集中有“鲁川、翔云、顾斋招同琴泉、汉山、兰西并海秋前辈、定甫丈小集余兄弟斋中，会者十人，以顾斋雅集为题，海内存知己、天涯若比邻分韵，得己字。”③其诗有“梦寐应怀思，悠悠谢知己”之句。冯志沂亦有《同霞举、翔云招少鹤、海秋云、研秋及朝鲜申琴泉、中枢徐汉山、尚书赵兰西学士小集，以海内存知己、天涯若比邻分韵，得邻字》④，其中有言：“四海衣冠瞻北极，百年文献在东邻；关河此别应相忆，好折梅花寄远人。”⑤中朝学人间的“知己”情怀，为每一位学人所敬仰，他们之间亦有深入的理解和论述。在给沈秉成函中，朴珪寿深深地表达了结交清诸友之感慨曰：

前在日下，得与诸君子游，为日不为不富。而一出都门，回首追想，何其多未了语也。万绪交萦，久难自定。譬如梦读奇书，醒来依依，不知何日更续此缘。吾东之士，生老病死，不离邦域，局局然守一先生之言。虽然一乡善士未必无之，相与盍簪讲习，固亦有文会友而友辅仁者，叔季以来此道亦鲜，竟不过声誉相推诩，势利相慕悦，窃恐中原士夫亦不能无此弊耳。名利论交，君子所耻。去此数者，友道乃见，此所以弟之平生感慨孤立无群者也。今乃与吾兄辈，会合于梦寐之所未及，睽阻于山海之所限隔，而为之倾倒披露，缱绻依黯，惟是应求者，声气之与同也；期望者，言行之相顾也。于彼数事，毫无可涉。然则弟之真正朋友在于中州；而诸君之真正朋友在于

① （朝鲜王朝）朴珪寿：《瓛斋先生集》卷一—《题顾祠饮福图》，第512页。

② （清）黄云鹄：《实其文斋文钞》卷三，转引自《董砚樵先生年谱长编》，第125页。

③ （清）董文涣：《砚樵山房诗集初编》卷三，第2页b。

④ （清）冯志沂：《西隃山房全集》卷六，冯曦重印，1919年刊本，第38页a。

⑤ （清）冯志沂：《西隃山房全集》卷六，冯曦重印，1919年刊本，第38页a。

海左也。不审尊兄以为如何？[①]

朴珪寿对所结交的清朝诸友，非常看重，他向往的朋友是“有文会友而友辅仁”，但世间却多“声誉相推诩，势利相慕悦”，而与清人结交，乃声气相求、言行相顾之友，与利益毫不相干，故而他感慨“弟之真正朋友在于中州；而诸君之真正朋友在于海左也”。因为他们之间，无名利之心，无利用之意，故能真心相交，成为知己之交。实际上，他们所谓“知己”，并非客套，而是真心相认，更因为乃“心性之交”也。所谓：“万里传书，不知几时得达。然贵在吾辈心性之交，可质神明，必有物相之，不至洪乔。后生辈见之，当知朋友之道如此矣。”[②]“天涯地角，心性相照。”[③]“窃幸心性之交，同此病根，可谓吾道不孤。”[④]乃“心性之交”，心相通，性相近也，故而能够成为知己朋友。

朴珪寿与清人“知己”之交，并非只是他们之间惺惺相惜的说法，亦得到了当时朝鲜儒士的认同。有曰：

> 尚记瓛斋辛酉春，奉使入燕，所交游多通经宏览之士。沈仲复秉成谓桓卿有大臣之节，黄缃云云鹄书韩忠献春蘘朝圃一联而识之曰：魏公德业器量，尽在于此。书寄桓卿，其故桓卿当自知之，是于古大臣特以忠献比拟而期望之也。我邦之人自谓知瓛斋者，不为不多，而真知瓛斋如沈、黄二君则鲜矣。中外殊域相接，而言语不通，乃于容仪笔翰之间，得其为人，大方家鉴识有非謏闻薄见之所可及。然瓛斋之别二君，有曰愿诸公无愧圣贤，无负朝廷，吾亦以此自夭。瓛斋之平生本领在此，此其见重于通经宏览之士也欤。[⑤]

此论认为沈秉成与黄云鹄对于朴珪寿的评价非常到位，尽管朝鲜有不少人对朴珪寿非常熟悉，但都未必能像他们评价朴珪寿这般贴切。可见，朴珪寿与清人之交往，为朝鲜士人所知、所钦慕，其与沈秉成、黄云鹄等“知己”之交亦被广泛认同。这种“知己”之论，并非虚言。

自洪大容以后，朝鲜使行人员就积极主动与清人交往，此后成为中朝关系史上一个大交往的时代。朴珪寿乐于结交清人，与此大背景密切相关。具体而言，是否还有更深层次的原因呢？中国学者王元周认为，朴珪寿与清人交往有三个原因：“一是这些人本来就是一个松散的团体；二是这些中国人本来已经与

---

① （朝鲜王朝）朴珪寿：《瓛斋先生集》卷一〇《与沈仲复秉成·辛酉》，第480页。

② （朝鲜王朝）朴珪寿：《瓛斋先生集》卷一〇《与董研秋文焕》，第493页。

③ （朝鲜王朝）朴珪寿：《瓛斋先生集》卷一〇《与董研秋文焕》，第495页。

④ （朝鲜王朝）朴珪寿：《瓛斋先生集》卷一〇《与沈仲复秉成》，第483页。

⑤ （朝鲜王朝）尹定铉：《梣溪先生遗稿》卷四《送朴瓛斋尚书观察关西序》，第110页。

朝鲜使行人员有所交往;三是他们在学术和思想上有相似性。”[①]这些当然十分正确,但笔者仍以为值得进一步探究。结交清朝士人,多方打听清朝情况,乃是他使行的一个重要任务,而且是他向国王保证的一件事,他回国之后需要向国王汇报。同时,因为朝鲜也面临着洋扰的问题,清朝正当其中,积极与清人交往,也正是为了更详细了解洋人的情况,这是最为直接的动因。

更具体地说,朴珪寿与清人交往,一方面与其祖父不无关系。他深知其祖父朴趾源《热河日记》,故而他前往北京,踏着祖父足迹,寻觅友好之清人。他甚至在给沈秉成函中,提及要寻找其祖父所交游过友人的后裔,曰:“又启先王父日下交游,如曹地山、尹亨山、初颐园诸公,皆闻望着于海内者。而其中有王举人名民皞号鹄汀者,最为至交,而未知后来宦业如何,亦未闻有著述传世,幸可访问而指教之否?”[②]朴趾源为他树立了榜样,故而他的燕行当不负于其祖父,更不能负于他本人。朴珪寿给人写入燕序中言:“君子居室出言,应在千里之外。况子游历帝王之都,天下士大夫之渊薮,吾未知子之寓目聘怀者何如也,邂逅结识者何如也,将俟其归而细叩之,姑未可以虚辞相赠。”[③]在朴珪寿看来,入燕不与清人交游,似乎不可想象,因为北京乃“天下士大夫之渊薮”,这充分说明,进入咸同时期,朝鲜使臣与清人交往,成为大家习以为常的必定要行之事,而并非某个人的热衷而已。

对于朝鲜人士,凡其同道,皆会向沈秉成等旧友推荐,朴珪寿函中说:“丁石翠进士,弟所未曾相识,归国后亦尚未逢见。想于他人乎?闻弟之从游诸君而蹑其迹耳。凡东士赴京,苟弟同志,则必当先容于诸兄。弟素性狷滞,不敢妄有论荐。兄庶谅悉也。”[④]同道才会向沈秉成等推荐,非同道,则不会推荐。这也反映了中朝士人交往的一条规律,即交往并非完全个人,而是群体与群体之交往,甚至是家族与家族之交往,成为一种非常普遍的现象。有人初到北京,甚至打着并不熟悉的前人的名号去拜谒相关清人,此函中所提“丁石翠”,即是打着朴珪寿的名义去拜谒沈秉成,但事实上朴珪寿并不认识此人,故而朴珪寿才在信中提及此人,并予以解释。

另一方面积极与清人交往,也是朴等人使行必不可少的任务。临行前,高宗召见他们,特别嘱咐:“上使还来时,中国物情,与可闻者,详探以来也。”朴珪寿答曰:“中国仕宦人中,自多相从矣。当详探以来矣。”[⑤]可见,朴珪寿与清朝人

① 王元周:《小中华意识的嬗变:近代中韩关系的思想史研究》,民族出版社2013年版,第154页。

② (朝鲜王朝)朴珪寿:《瓛斋先生集》卷一〇《与沈仲复秉成》,第483页

③ (朝鲜王朝)朴珪寿:《瓛斋先生集》卷一一《赠人入燕序·壬辰》,第510页。

④ (朝鲜王朝)朴珪寿:《瓛斋先生集》卷一〇《与沈仲复秉成》,第483页。

⑤ 韩国国史编纂委员会编刊:《承政院日记》,高宗九年七月初二日(甲辛)。

交往，是有计划有目的的，也是国王吩咐的。当他们回国复命之时，高宗国王问道："正使既是再次往还，则中原朝士应多新旧交游，诸般事情，亦应有探问之道也。"[①]朴珪寿遂将一路上所打听到的有关西洋事务、回部新疆战事、吉林垦荒事件、皇帝大婚礼仪事项、同治年号的来历、宫中驯象的表演等等所见所闻，一一向高宗禀报。这与洪大容等人与中国学人严诚等交往就有本质的不同了，洪大容等人完全是自发而主动的交往，没有任何官方色彩，而到朴珪寿的时代，这种个人交往的背后，却有着朝鲜官方深刻的印记。至于这是从何时改变的，似乎很难说得清楚，但是这种改变深刻地反映了朝鲜君臣思想的变化，说明他们由被动地接受改变，变成主动地寻求变化；由士人被动地推动前行，到主动寻找解决国内问题的方案。

五、使行期间对西洋的关注与朴珪寿思想的转变

朴珪寿使行期间积极主动与清人交往，其中一个中心议题就是西洋问题，尤其是第二次前往燕京，因为有过两次与美国船只的接触，使他深刻认识到加深对西洋了解的重要性。当时朝鲜与清朝一样，面临西洋的冲击，这种冲击带来的危机时刻威胁着朝鲜，随着对西洋认识的加深，朴珪寿渐渐萌发了开化思想，从而最终成为开化思想的重要倡导者。

第二次燕行，他结识了彭玉麟、崇实、万青藜、吴大澂等清朝官员，而与万青藜关系最为密切。万青藜是个位高权重的清朝官员，当时朝鲜使臣多乐于与他交往。同治五年(1866)十月庚子，"军机大臣恭亲王等奏，本日礼部咨送朝鲜国李兴敏致尚书万青藜原函一件"[②]。同治甲戌(1874)六月，朴珪寿给万青藜一函，提及有关西学之书曰："窃观天下大势，终古未有岌嶪如今日。此何故也？有所谓《中西闻见录》者，流出东方。未知此为华人之翻译洋文者耶？抑洋人今皆能通汉文而为此欤？恐未必然，必华人之翻译也。夸精巧矜新奇，种种津津，无非使人艳羡。吾非谓尽是虚诞，而所叹息者如非华人之日走彼中，为其依导为其役使，则何以有此等文字耶！华人之所以至此，岂非由乎道术坏裂！昔贤之苦心矻矻明天理正人心者，都归于陈腐，而别开门户，争骛新奇。此其流弊，乃至于此者耶！"[③]这是对《中西闻见录》的描述与评价。事实上，《中西闻见录》由美国传教士丁韪良主编，"系仿造西国新闻纸而作。书中杂录各国新闻近事，

---

① 韩国国史编纂委员会编刊：《承政院日记》，高宗九年十二月丙子。

② (清)文庆等编：《筹办夷务始末·同治朝》卷四五，同治五年十月庚子，清内府抄本，上海古籍出版社 2008 年版，第 21 页。

③ (朝鲜王朝)朴珪寿：《瓛斋先生集》卷一〇《与万庸叟青藜》，第 498 页。

并讲天文地理格物之学”，设有天文、地理、物理、化学、医学及各国近事等栏目。除刊载文章外，还附有插图，图文并茂，使得文中讲解的知识更为生动直观。这份杂志由广学会散发，在当时颇有影响。到1875年停刊时，共印刷36期。[①] 在当时影响很大。显然，朴珪寿读过此杂志，故有体会。

朴珪寿回国一年之后，致函吴大澂，提及吴大澂赠送之书《曾文正公文钞》，深表敬佩，祈求全集，并提及其弟之《说文翼征》，说是刊印很难，末言："惟兄年力富强，遭逢明时，有志迈往，云程万里。勉追前哲，无孤远望，如何如何。同好诸君子香涛、麟伯、廉生皞民、莼客子实皆平安，盍簪丽泽，日有乐事否，不能各修候问，心甚缺然也。回忆旧游，梦想依依，临褫握管，百不及一。"[②]既表达了对吴大澂之赏识，又寄托着朋友的情谊。吴大澂对《说文翼征》一书评价甚高，曰："朴君……其弟瑄寿字温斋著《说文解字翼征》十四卷，取钟鼎文字以证《说文》，多驳许君旧解。其所据者，《薛氏钟鼎款识》之外，惟阮文达《积古斋钟鼎款识》；间一引冯云鹏《金索》、苗夔《说文声订》诸书耳。彼国见闻既少，书籍不多，而能究悉形声，参稽经义，往往独抒所见，亦难能也。"[③]事实上，朴珪寿的学生金允植与吴大澂交往甚密，他撰文《题彝器款识帖》中言："朴温斋先生著有《说文翼征》一书……举世无知者，独清人吴大澂深好之。壬申夏，长公瓛斋先生奉使入燕时，清人与先生往复书中，有赏赞《翼征》之语，并有彝器款识拓本一帖寄赠于温斋者，盖不惜家珍而公诸同好者也。"[④]吴大澂对《说文翼征》的评价甚高，也主动与朴珪寿弟弟交往，将他们的友谊予以扩展。可见，第二次出使之时，更关注西洋事务。而从朴珪寿向高宗国王的汇报中，更能明白地看到这一点。

第二次回国之时，高宗国王接见，朴珪寿向高宗详细禀报了有关西洋事务：

> 臣到燕京，闻有中国送使法国之事云，故详细探问。则法国之人屡求中国之送使通好，则以天津钦差大臣崇厚派定。以庚午十月发行，乘火轮船，不数月至其国。则法国王已被布国掳去，而其国更立新君，则中国之使致命于新君而还。遍历英国、美国等各国，今年四月，回还复命云。盖其各国，互相攻击，争战不息，即其俗习。而今亦有布法相战之事，故其留在中国者，亦似不暇于交易卖买之务，而稍敛其横行纵恣之气矣。大抵洋夷之来居都中，今既多年，而当初则洋货卖买甚盛矣。近日则中国人皆觉洋物之徒眩人眼，不中实用，故不甚与之交易，洋人以此失利。向于江南用兵

---

① 参见李娟：《丁韪良与〈中西闻见录〉》，2009年12月22日《中华读书报》。

② （朝鲜王朝）朴珪寿：《瓛斋先生集》卷一〇《与吴清卿大澄》，第497页。

③ 顾廷龙：《吴愙斋先生年谱》，燕京大学哈佛燕京学社北京分社1935年版，第40～41页。

④ （朝鲜王朝）金允植：《云养续集》，载韩国民族文化推进会编刊：《标点影印韩国文集丛刊》第328册卷3《题彝器款识帖》，1999年版，第602页。

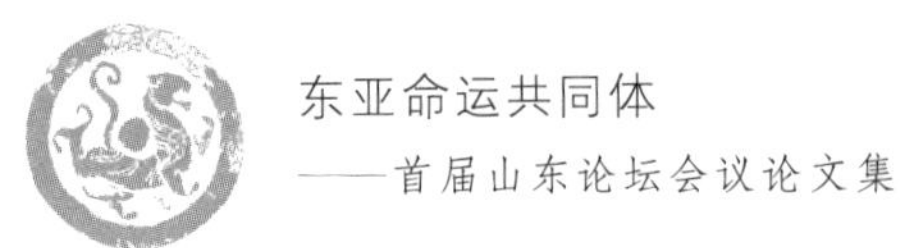

时，中国多买洋炮，用于战阵，而洋人以造炮得利矣。近日则中国仿造洋炮，极为便利，不买彼炮，洋人又为失利；向来则中国商贾贯用火轮船，故洋夷以此得利矣，今则中国亦仿造火轮船，而不复贯用，彼又失利；向来则彼以鸦片烟得利矣，今则中国亦种花制烟，故彼又失利。彼夷以通商交易之计，到处多建房屋，所费甚多，今既事事无利，则房屋所费，亦无充偿之道。见今事情，渐有卷归退去之势云。燕中物论，或有如此等说，而亦难的知其必然矣。①

从这段重要的汇报中，结合相关材料，可见几个问题：第一，他这次主动跟崇厚的弟弟崇实交往，崇厚、崇实皆是满人高官，以往朝鲜人几乎不与满人交往，而朴珪寿知道崇厚前往法国后，于是主动跟崇实交往，目的在于打听崇厚出使情形，所以也就不顾及是汉人还是满人了。朴珪寿与崇实交往相当密切。尽管其《瓛斋先生集》只收录了两通致崇实之函，但言辞显得相当亲密。第二封信乃是其离别后四年所写，其曰："都门一别，居然四换星霜矣。半亩清燕，上溯金源，契托同岑，义证兄弟，尽是稀世奇缘也。每一追忆，梦想依依。向岁鸿便，虽有书函往复，竟是谁人代笔。不见合下心画，甚以为怅。吾侪心心相照，何必倩人修饰文字为哉！愿勿畦畛。"②当年崇实年已七十，乃古稀之年。或许不能亲执毛笔，故请人代笔写信，朴珪寿即指出不必，因为关系亲密，不必代笔，出自本人，方显真挚。第二，他深切了解到当时清朝洋务运动的情况，原本西洋想跟中国贸易，出售洋枪洋炮、火轮船，但中国渐渐都学会如何制作了，自己可以制造，就无需向洋人购买，所以西洋人在与中国的贸易中，逐渐失去优势。而洋人引为法宝的鸦片，清朝人也学会自种。其他西洋物品，又非中国人所需，故而在与中国人贸易中，西洋人的优势一点点地失去。诸如此类，恰好给朴珪寿提倡开化提供了极好的事例。第三，正因为在中国贸易几无利可图，洋人皆有去志。此外，他还从与清人的交流中，获知"布法"战争(即普法战争)之概况。

通过观察与清人交流，朴珪寿改变了对西洋的认识，他认识到："洋夷其志不在土地，专主通其商、行其教而已"，为他主张开放通商等思想提供了基础。对于洋教信徒，他持宽容态度，"其在平壤时，朝廷方大斥西教，所在教人，令搜杀无遗。平壤素多奉教之民，公曰民不蒙教化之泽，背正趋邪，苟能导之以善，皆吾良民，多杀何为？遂不戮一人。"③高宗初年，对于洋教大肆惩处，捕杀教徒，成为惯例，而他对此加以反对。1875 年(乙亥)正月，日本国使至东莱，请纳书

① 韩国国史编纂委员会编刊：《承政院日记》，高宗九年十二月丙子。

② (朝鲜王朝)朴珪寿：《瓛斋先生集》卷一〇《与崇朴山实》，第 500 页。

③ (朝鲜王朝)朴瑄寿：《节录瓛斋先生行状草》，载《瓛斋先生集》，第 314 页。

契。事实上，早在戊辰(1868)年，日本皇室“复权对马守，以其国书通于朝鲜礼曹，朝鲜王廷以书非旧式却之”，竟持续七年之久，始终不受。“日人大为挟憾，使船络绎深入内港，事将不测。公虽在散位，不忍见国家之危，抗论邻好不可不修，书契不可不受，屡警主务，时议犹漠然不以为意。又拖至一年之久，竟乃迫而后受之。”[①]可见，在国事上，朴珪寿早有先见之明，主张积极与日本接触，开展外交谈判，以缓解其军事威胁，实际上是他开化思想的具体实施。

综上所述，朴珪寿的燕行，对于他个人的影响深远。第一次的顾祠祭拜与慈寿寺的游玩，给他追求实事求是的学风提供了学术的渊源，也成为他表达对明朝的感恩心态的某种借口。而第二次，则更集中关注西洋问题，通过与诸多清朝友人的交往，多方打听到了西洋的情况以及清朝实施洋务运动的效果，他深表赞同，因而也为他在朝鲜提倡开化思想提供了事实参证。

费正清(John King Fairbank)关于中国近代史的“冲击—反应”模式，在某种意义上，也适用于东亚地区的日本与朝鲜，即如朴珪寿思想的转变，从“北学”到“开化”思想的转变，一定意义上也可以说是这种模式的体现。他去北京之前，已经处理了洋船侵扰之事，然后有北京之行。使行途中，他见到清朝为了应对外国人的入侵，在逐步地调整对策，逐步实行洋务政策，因为他两次来华期间，正是清朝上下热衷于洋务的时期，他所接触的清朝士人也或多或少对于洋务有所了解，私下里朴也跟他们谈及朝鲜所面临的问题，因而在一定意义上导致了想法的改变。朴认为，若只是一味强调“北学”，已不足以应对洋扰问题，于是提倡开化，某种意义上，“开化”也就是“北学”的进一步反应，因为那时候的清朝正是在大举推行洋务运动的时候，大举推行“洋化”。朴珪寿倡导效仿清朝，也实行开化政策，从而扭转了朝鲜思想的风气，成为朝鲜近代倡导开化的第一人，而他的弟子们不少成为实施他主张的急先锋。

---

① (朝鲜王朝)朴瑄寿:《节录瓛斋先生行状草》,载《瓛斋先生集》,第314页。

唐代宾礼的“去政治化”与亚洲国际体系的变迁

[新加坡]王贞平*

摘要 唐廷曾与一些国家、部族建立过实质性的“君臣”关系，外国使节来访时又多遵循唐廷宾礼，宾礼因此而呈现“政治化”的表象，其“公共产品”的性质则不易被觉察。此外，传统史家通常以“中国中心论”为出发点，记述唐代对外关系，使唐廷常常以霸主的姿态出现在国际关系中。但唐廷一家独大只是一种虚像。当代学者不应把它当作国际关系的“实相”全盘接受，而应该视唐代宾礼为复杂的集合体，从多元视角对其重新考察。

关键词 唐代宾礼；唐代对外关系；传统亚洲国际体系

本文从微观、宏观，狭义、广义，中外比较等不同角度考察唐代宾礼。微观考察旨在详细论述唐代宾礼的渊源、意识形态基础，描述其主要礼节，探讨礼仪动作背后的政治寓意，并特别论析宾礼中的口头信息沟通这一尚未引起足够重视的环节。微观考察中论及的礼节，有狭义与广义之分。狭义上的宾礼，指外国使节（或君主）在抵达唐都近郊时和下榻首都之后，唐廷根据一定的差别规格为他们安排的一系列礼仪活动。这包括郊劳，接受唐帝派遣使节的问候，觐见皇帝、会见唐廷官员、参加宴会、新年及皇帝生辰庆祝集会等；还包括对外国使节逗留首都期间的食宿安排。广义上的宾礼，则指外国使节在前往长安途中以及在首都参加了各种活动之后在归国途中所受到的唐地方官员的礼遇。外国使节在参加狭义宾礼活动时，唐廷依据对四邻国家国际地位的评估，指定它们的使者在一定的位置站立或就座，从而在皇帝、朝廷官员及外国使节之间形成一定的空间距离（或空间秩序）。而在广义宾礼活动中，朝廷则依据上述评估，

---

* 王贞平，南洋理工大学国立教育学院副教授。

指令地方官吏为外国使节提供一定规格的食宿安排及交通运输工具。

在历史上，北亚及东北亚国家、部落的礼仪习俗曾经相互影响、渗透，它们接待外国来使的礼仪有共同或相似之处，因此有必要对唐代宾礼作比较考察。本文特别强调，中、外宾礼的形式细节虽有类同之处，但相关各方对礼节的政治解读却绝不雷同，并由此而引起了宾礼的"去政治化"，出现了礼仪的外在形式与其固有的政治含义脱节、分离的现象。为妥善解释这一重要现象，本文对唐代宾礼作了宏观考察，将视线首先投向境外国家、部落君主自身"权力中心论"的发展，从政治意识形态的内因阐明他们对唐代宾礼所采取的实用主义态度。然后，本文将唐代宾礼的"去政治化"置于亚洲地缘政治格局"多元化"这一广阔的历史背景中加以解读，进一步说明，唐代宾礼嬗变的根本原因，在于不断变化的国际关系中相关各方权力关系的演变。

对唐代礼仪的先行研究主要集中在狭义宾礼上。"礼仪空间"是主要的分析概念；但各位学者的研究切入点以及对"礼仪空间"的定义不尽相同。有的视不同的礼仪场所为点，在点与点之间形成线和面，这些点、线、面共同构成了礼仪空间。[①] 有的将着眼点放在仪式场所的政治意义上，认为朝见、宴会地点的演变，反映出唐廷与来使国之间政治关系的变化[②]，或皇权自身力量的消长[③]。笔者所使用的"礼仪空间"概念专指外交活动中主、客双方站立位置之间的水平及垂直距离。中国朝廷以这两种距离为手段，在接待外国使节时制造出特定的礼仪空间秩序，将以中国为中心的世界秩序直观化、视觉化，并以调整这两种空间距离为手段，传递一定的国际政治信息。

依据唐廷宾礼，外国使节在参加礼仪活动时必须以作揖、跪拜、舞蹈、叩头、匍匐伏地等方式行礼，以表达对唐廷盛情接待的感激之情和对唐帝权威的敬畏之心。这些动作是特定的肢体语言，实际上也是主、宾双方传递外交信息的手段，是一种"行为沟通"方式。在唐廷看来，外国使节接受了特定的礼仪安排，按照相应的规定行事，就等于默认了中国对双边关系性质的评估。但是，外国使节有时对某些礼仪安排表示异议，要求修改，乃至拒绝接受。这些举动实质上是他们对唐廷有关双边关系性质的评估提出异议。因此，唐代宾礼中主、客双

---

① 参见［日］妹尾达彦：《唐长安城の礼仪空间——皇帝礼仪の舞台を中心に》，《东洋文化》1992 年第 72 号，第 1～35 页。又同氏《円仁の长安——九世纪の中国都城と王権仪礼》，《中央大学文学部纪要(史学科)》2008 年第 53 期，第 17～76 页。

② 参见王海燕：《古代日本的都城空间与礼仪》，浙江大学出版社 2006 年版，第 128 页。此文指出：与唐朝有对等政治关系的国家，唐帝在中朝或外朝接见其使者。来自有君臣关系国家或"绝域"地区的使者，通常在内朝觐见唐帝。

③ 参见朱溢：《唐至北宋时期宾礼的礼仪空间》，2014 年第 47 号《成大历史学报》，第 195～242 页。

方的行为，在本质上是“国家行为”，是双方评估各自的国际地位，表达各自的国际意识、世界秩序观，传递外交信息的手段。

唐代宾礼中有“受蕃国使表及币”。这是礼仪活动中传递外交信息的又一重要手段。当代学者对外国致中国历代朝廷国书的研究已取得了一些重要成果。但受原始材料数量所限，这些研究只涉及南海诸国[①]、日本、渤海等少数几个国家[②]，以及高句丽、百济、新罗、渤海与日本之间的外交文书往来[③]。外国君主既然有来书，则唐廷必有报书。外国君主、使节在中国逗留期间，唐廷还会向他们发布诏书、敕旨、制书。当代学者对这些外交文书已有深入的研究，取得了丰硕的成果。[④] 但是，这些研究成果不免给读者留下一种片面印象：在古代外交中，书面信息是主要的沟通手段。其实，外交活动中的问询、奏对、口具、宣敕等口头沟通方式才是传递、搜集信息的主要手段。即便是在以国书传递书面信息的场合，使者也经常先以口头向对方通报相关的内容。这就形成了在传递、搜集外交信息时，口头与书面并重，在某些情况下更偏重口头沟通的做法。当代学者对这一重要现象往往着墨不多，或完全没有涉及。

口头沟通对外交信息的传递有着重大的影响。口头信息传递是外交的必要环节，舍此则无外交可言。外国使节以口头传递信息，为他们在东道国提供

---

① 参见[日]铃木中正：《南海诸国から南朝の诸帝に送られた国书について》，载铃木俊教授还历纪念会编《铃木俊教授还历纪念东洋史论丛》，大安社 1964 年版，第 333～348 页。

② 参见[日]栗原朋信：《日本から隋へ赠った国书》，载氏所编《上代日本対外关系の研究》，吉川弘文馆 1978 年版，第 175～205 页。同氏《日・隋交涉の一侧面》，载其所编《上代日本対外关系の研究》，第 206～236 页。[日]石井正敏：《大宰府および缘海国司の外交文书调查権》，《古代文化》1991 年第 10 期，第 15～23 页。同氏《大宰府と外交文书に关する最近の所说をめぐって》，《日本历史》1998 年第 603 期，第 96～103 页。[日]堀敏一：《日本と隋・唐两国との间に交わされた国书》，载氏著《律令制と东アジア世界——私の中国史学(2)》，汲古书院 1994 年版，第 175～201 页。又同氏“The Exchange of Written Communications between Japan, Sui and Tang Dynasties,” *The Memoirs of the Research Department of the Toyo Bunko*, 52, 1994, pp. 1-19. 韩升：《空海申请过所文书与日本图书》，载氏著《海东集——古代东亚史实考论》，上海人民出版社 2009 年版，第 190～214 页。

③ 参见[日]石井正敏：《古代东アジアの外交と文书——日本と新罗・渤海の例を中心に》，载[日]荒川正健等编《アジアの中の日本史》第 2 卷，东京大学出版会 1992 年版，第 317～338 页。

④ 参见[日]金子修一：《唐代の国际文书形式について》，《史学杂志》1974 年第 83 期。同氏《南朝期の上奏文の一形态について》，《东洋文化》1979 年第 59 期。又同氏“T'ang International Relations and Diplomatic Correspondence,” *Acta Asiatica*, 55, 1988, pp. 75-101. [日]石井正敏：《张九龄作「敕渤海王大武艺书」について》，《朝鲜学报》1984 年第 112 期。中村裕一：《唐代官文书研究》，中文出版社 1991 年版。[日]石见清裕：《唐の国书授予仪礼について》，《东洋史研究》1998 年第 2 期。笔者对国书问题也有论述，见 Wang Zhenping, *Ambassadors from the Islands of Immortals: China-Japan Relations in the Han-Tang Period*, Hawai'i: University of Hawai'i Press, 2005, pp. 139-179. 王贞平：《汉唐时期中日关系中的外交文书》，《唐研究》2010 年第 16 卷。

了折冲樽俎的回旋空间，古代外交的运作形式因此而多样化。但是，外交中频繁以口头传递信息这一引人注目的现象也向当代学者提出了一系列值得认真思考的问题：外国使节和东道国涉外官员所传达的口头信息是否扭曲了本国君主的原意？是否与书面信息的内容有出入？外国使节向东道国以及回国之后向本国朝廷提供的口头信息是否真实可靠？是否有夸大、失真之处？笔者曾对唐代中日之间口头外交信息沟通问题作了初步探讨[①]，本文以隋唐时期中国与高句丽、新罗、百济、突厥、吐蕃及南诏等国的关系为例，将对上述问题作进一步研究，以揭示外交活动中口头传递、搜集信息的主要环节及其特点，并从这些特点出发重新认识唐代宾礼。

本文既然以唐代宾礼为题，首先必须对"礼""礼制"这两个重要概念有所厘清、阐述、界定，才能比较确切地说明宾礼中具体礼仪安排的含义。西方社会学者一般认为，"礼仪"(ritual)中人们的一举一动，是表达思想、感情的手段。[②] 也有人认为，礼仪是文化及权力的表现，具有矫正行为等社会功能。[③] 西方历史学者在研究中国上古、中古历史时，也指出礼仪总是与权力密切相连，它有强烈的"演示"和"表现"功效，用于在社会各个层面表现、强化权威。[④] "礼"的重要功用之一是培养道德观念，加强对社会的控制，促使民众默认现存的政权。[⑤] 有学者的则用"文化技术"(cultural technology)的概念解释礼仪，强调它作为社会控制手段的"工具性"和"有效性"。[⑥] 中、日及中国台湾地区学者对礼仪也有类似的解释。他们中有的认为"礼"的第一要义是"皇帝制度下的等级构建"[⑦]，有的认

---

① 参见王贞平：《汉唐中日关系论》，(台北)文津出版社1997年版，第196～214页。

② David L. Sills eds., *International Encyclopedia of the Social Science*, vol. 13, New York: Macmillan, 1968, p. 524.

③ Roy A. Rappaport, *Ritual and Religion in the Making of Humanity*, New York: Cambridge University Press, 1999, pp. 169-170.

④ Michael Nylan, "Toward an Archeology of Writing: Text, Ritual, and the Culture of Public Display in the Classical Period (475 B. C. E. -220 C. E.)," Martin Kern(ed.), *Text and Ritual in Early China*, Seattle: University of Washington Press, 2005, p. 5, p. 8.

⑤ Howard J. Wechsler, *Offerings of Jade and Silk: Ritual and Symbol in the Legitimation of the Tang Dynasty*, New Haven: Yale University Pres, 1985, p. 225.

⑥ Jesse Palmer, *Searching for the Law: Ennin's Journal as a Key to the Heian Appropriation of Tang Culture*, diss., University of California, Irvine, 2009, pp. 34-35.

⑦ 参见吴丽娱：《终极之典——中古丧葬制度研究》下册，中华书局2013年版，第892页。关于礼制的概要性研究，见胡戟：《中华文化通志·礼仪志》，上海人民出版社1998年版；任爽：《唐代礼制研究》，东北师范大学出版社1999年版；陈戍国：《中国礼制史(隋唐五代卷)》，湖南教育出版社2002年版。

为“礼”指行为规范[①]，有的认为“仪礼”与皇权的建立息息相关[②]。“礼”在《论语》中一共出现了74次，这一高频率无疑表明“礼”在中国古代政治、社会生活中具有重要意义。[③]

但是，唐代宾礼与吉礼、嘉礼、军礼、凶礼互有异同。整体而言，这“五礼”的主旨都是为了强化唐帝在国内外的政治权威，维护以唐廷为中心的国内、国际政治体制（制度）。但是，后“四礼”实施的范围主要在中国；而宾礼则不仅对在唐外国人适用，按照唐廷的理想，宾礼所体现的政治理念，还应该通过其“教化”作用，影响到周边国家的君主、臣民。唐廷的这种愿景使得一些当代学者认为：“礼仪的实施本身就会产生权力关系”，并进一步主张，外交礼仪是中国皇帝用以“形成及完善天下秩序这一程序的一部分”[④]。有的以唐代元日朝贺礼仪为例，认为它体现了“唐王朝的帝国秩序”[⑤]。有学者更用“天朝礼制体系”概括、分析明、清之际中国与朝鲜、琉球、日本的关系。[⑥] 更多学者则认为宾礼是古代中国对外关系体制（即“朝贡体制”）基石。上述论断的不足之处在于，未能充分将国内礼仪及外交礼仪区分开来；未能将外交礼仪的表象与国际关系的本质、地缘政治的实态区分开来。

典籍中的“制度”不能简单等同于国际关系体制。“制”本作动词，意为“裁剪”；“度”指程度、限度。[⑦] 文献中的“制度”主要指“与数有关的度量衡等事物，包括仪式、器物中各种数的规范”[⑧]。在“宾礼”的具体语境中，“制度”指皇帝依据外国君主、来使的国际地位，制定与其地位相符合的礼仪安排。这些礼仪安排当然具有现代政治学中“制度”的属性。但在用“制度”这一概念分析宾礼时

---

① 参见甘怀真：《皇权·礼仪与经典诠释：中国古代政治史研究》，华东师范大学出版社2008年版，第25页。还可以参考张文昌：《制礼以教天下——唐宋礼书与国家社会》，台湾大学出版中心2012年版。

② 参见［日］尾形勇：《中国の即位仪礼》，载井上光贞等编：《东アジアにおける仪礼と国家》，学生社1982年版，第21～48页。

③ 参见杨伯峻：《论语译注》，中华书局1980年版，第311页。中国社会科学院文学研究所计算机室编：《论语数据库》，人民日报出版社1987年版，第198～199页。给出的数字是75次。

④ James L. Hevia, *Cherishing Men from Afar: Qing Guest Ritual and the Macartney Embassy of 1793*, Durham: Duke University Press, 1995, pp. 19-21.

⑤ ［日］渡辺信一郎：《天空の玉座——中国古代帝国の朝政と仪礼》，柏书房1996年版，第237页。

⑥ 参见黄枝连：《亚洲的华夏秩序——中国与亚洲国家关系形态论》，中国人民大学出版社1992年版。同氏《朝鲜的儒化情境构造——朝鲜王朝与满清王朝的关系形态论》，中国人民大学出版社1995年版。

⑦ （东汉）许慎撰、（清）段玉裁注：《说文解字注》卷三下，上海古籍出版社1988年版，第20页上：“度，法制也（注：《论语》曰：谨权量，审法度。《中庸》曰：非天子不制度。）”同书卷四下，第49页上：“制，裁也（注：制，裁衣也。）”

⑧ 甘怀真：《皇权·礼仪与经典诠释：中国古代政治史研究》，华东师范大学出版社2008年版，第8～9页。但他认为典籍中的制度“不是今人所言典章、规范之制度”，二者全不相关，似可商榷。

应特别注意,任何实质意义上的制度,都必须具备制裁违反制度者的手段和能力。没有这种强制力的制度,只能称之为"顶层设计",不是名符其实的制度。从这一角度考察唐代宾礼,不难看到它具有"制度"及"顶层设计"的双重属性。在唐廷接待外国来使的特定环境之中,宾礼确实是一种制度。它具有惩戒拒不接受、违背礼仪安排的来访者的手段和能力。史料中时有唐帝拒绝接待来使,唐廷降低接待规格,乃至关押、囚禁外国使节的记载。但是宾礼一旦越出在国内接待外国使节的特定环境,进入国际地缘政治的广阔空间,就在很大程度上失去了"制度"的属性,而仅仅为一种"顶层设计"。其重要功能是以礼仪安排表现"以中国为中心"的世界秩序观,表达唐廷对双边、多边关系性质的主观看法,与这些关系的实质并不存在必然联系。有论者已经注意到,将古代亚洲国家之间"礼的关系"的建构与它们之间权力关系的形成相提并论,并不妥当。如果"礼的关系"反映各国间的权力关系,"则其中诸礼的意义为何,则有深究的必要"[①]。本文对这一重要问题的回答是:唐代宾礼并不总是如实反映国际关系的实质。其中的种种礼仪安排更多的是抽去了实质政治内容,用于向东道国君主致敬,以确保外交活动顺畅进行的手段。当然,在唐廷的外交文书、官方文件中,出于宣传"中国中心论"的政治需要,总是"在文字上有许多想象性的上下等级区别和包容,但(中国历代君主)实际上十分清楚哪些是实际的教化及政治管辖所及的区域;对其实际的统治有清晰、务实的认识。对'徼外之国'只求理论上的'统'不求实际上的'治'"。[②] 笔者愿进一步指出:由于隋唐时期中国一些周边国家自身"权力中心论"的发展,参与唐廷外交礼仪相关各方甚至时常达不到在理论上承认"中国中心论"这一所谓的"统"。他们只是对礼仪安排的细节表示"认同"。外交礼仪所表现的"君臣、上下"关系只具有象征性意义,只限于外国使节来访这一特殊礼仪环境,与双边关系的实质往往有差距。当然这一论断并不是要完全否认唐廷在特定时期确实曾与一些国家的君主、部落首领建立过实质性的"君臣关系"。值得注意的是,这种关系实际上是以武力为后盾,宾礼只是其表象。《新唐书·北狄传》有"一不为宾,随辄夷缚,故蛮琛夷宝,踵相逮于廷"的记载[③],可谓得其真髓。但是,唐王朝在近三百年的历史中,不可能总是以武力为后盾处理对外关系,建立、维护一个所谓的"以中国为中心"世界秩序(制度)。当唐廷无力以武力惩戒、"夷缚"那些脱轨、脱序的外国君主时,宾礼所

---

① 甘怀真:《皇权·礼仪与经典诠释:中国古代政治史研究》,华东师范大学出版社 2008 年版,第 365 页。

② 参见罗志田:《后现代主义与中国研究:"怀柔远人"的史学启示》,《历史研究》1999 年第 1 期,第 108 页。

③ 参见(北宋)欧阳修、宋祁等:《新唐书》卷二一九《北狄传》,中华书局 1975 年版,第 6138 页。

表现的“中国世界秩序”就随之而成为一纸空文，宾礼的外在礼仪形式与其政治内涵就产生了脱节现象。因此，在探讨唐代对外关系时，要对具体国家、具体历史情景作个案分析，而不能被“礼制”“册封”“朝贡”的表象所迷惑。一方面，在特定历史条件下，宾礼曾真实地反映出一些双边关系的实质；另一方面，更要看到宾礼是一种象征性的礼仪语言，用于表达相关各方对交往性质的主观看法。[①]虽然各方对这一语言的语汇（具体的礼节）有相似或共同的理解，但对这些语汇所表示的双边关系的性质往往有不同的解读。而这种解读的差异则源于古代亚洲各国家、部落以自身为主轴的“权力中心论”。

在亚洲各国独立产生的“权力中心论”曾深刻地影响着各国君主的政治理念，主导着他们的国际行为。它是左右地缘政治发展的重要因素，也是外国君主对中国宾礼采取实用主义态度的内在动因。早期的中、外交往主要在“宗主—臣属”的政治框架之下进行。各国君主努力争取中国政治承认、寻求军事支持，因而成为“册封体制”的一员。但他们的最终目的是完善以自身为主轴的“权力中心论”，在国内建立中央集权政治体制。这些交往以官方往来为主要形式，以“册封”或“朝贡”为媒介，以中国宾礼为礼仪范式。外国君主在国内逐步建立中央集权体制之后，他们与中国皇帝之间的交往仍维持着“册封”“朝贡”的形式，但却不再具有“宗主—臣属”政治实质，其主要目的也变为通过遣使，为本国获取最大限度的经济、文化利益。因此，“权力中心论”在亚洲各国君主间的独立产生，是中国廷宾礼从“名实相符”演变为“名实乖离”的外因之一。

唐代宾礼出现形式与内容脱节的另一外因，是当时亚洲国际权力格局的多元性。所谓“多元”是指在亚洲的历史舞台上曾出现过多个国家和部族；它们为求生存和发展，有时相互竞争，有时相互冲突，有时与第三方结盟，有时又各行其是，互不往来。在这个国际社会里，各成员均有能对其他国家产生一定影响的政治、经济、文化、军事力量。权力分布因而呈分散状态，各成员之间的关系中充满了变量，任何一员（包括唐王朝）都难于长久地占据主导地位。[②] 唐代亚洲地缘政治因而呈现出“多元”及“相互依赖”的特征。

当代学者大多以“册封（朝贡）体制论”为理论框架，解读古代亚洲错综复杂的国际关系。但其成果不能令人完全满意。“册封（朝贡）体制论”的立论基础

---

① Ronald P. Toby, *State and Diplomacy in Early Modern Japan: Asia in the Development of Tokugawa Bakufu*. California: Stanford University Press, 1991, p. 183.

② 狄宇宙（Nicola Di Cosmo）在研究古代中国与游牧部落的经济关系时，使用了“非两极化”的方法。见氏著“Ancient Inner Asian Nomads: Their Economic Basis and its Significance in Chinese History,” *The Journal of Asian Studies*, 53, no. 4, 1994, p. 1095. 笔者对亚洲多元化的国际关系体系也有论述。见 Wang Zhenping, *Ambassadors from the Islands of Immortals*, pp. 226-228.

是“以中国为中心的世界秩序”，这一秩序主要依赖宾礼维持运作。笔者的研究指出，宾礼所体现的“中国世界秩序”大都只限于礼仪场合，与国际关系的现实并不总是有对偶关系。不仅如此，被一些学者视为“册封(朝贡)体制”意识形态核心的“德”“义”等观念，也不是唐廷处理外交关系的指导原则。外交语境中的“德”“义”是“合宜”和“功效”的代名词。唐廷并不以任何特定的抽象道德理念为制定对外政策的依据。它的外交政策是以道德理想主义为表，实用功利主义为里，是二者有机结合的产物。唐廷常常根据具体情势，以渐进、实用的方式改变、调整其对外政策，使唐王朝能够更好地应对不断变化的国际环境，处理与邻国的双边及多边关系。因此，本文不以相对固化的“册封体制论”观察古代亚洲这个多元世界，而是从“多节点(多元)”的视角出发，充分注意中、小国家之间以及与大国的互动。把它们之间时而相互依赖，时而相互排斥的动态关系视为一张开放式、多元的、形态不断演变的“国际网络”，以期从“多元开放网络”的理论视角，对古代亚洲国际关系的发展提出更为妥当的解释，进而重新认识唐代宾礼。

一、中国外交礼仪的意识形态基础及其流变

外交中的宾礼源于家庭成员、君臣之间的交往礼仪，二者是源与流的关系。以“礼仪之邦”闻名于世的中国，有着丰富悠久的礼文化。这一文化的核心，是以礼规范人们的行动，建立、巩固以等级制度为中心的社会、政治秩序，而这种秩序即根植于家族成员之中。礼首先要对家族成员的身份、地位加以区分，即所谓的“礼辨异”①，“礼者为异”，具体做法是“定亲疏”，“明长幼”，定尊卑、贵贱、名分②。人们的身份、地位具有固定性，不可轻易改动。因此“礼也者，理之不可易者也(理犹事也)”③。“礼制”强调人们身份、地位的不同，难免产生“贵贱有隔，尊卑不亲”的弊病。因此，“礼之以和为贵”④。也就是说，“礼制”的最高境界是“贵贱有礼而无间隔”，在家庭成员之间形成“相敬”“不争”的和谐局面⑤。“礼”有着明显的工具性，是“道德之具”⑥，是推行教化的利器，是以外在的行为

---

① 参见(汉)郑玄注，(唐)孔颖达等正义：《礼记正义》卷三八，《十三经注疏》本，大化书局1982年版，第1537页：“(正义曰)辨异，异尊卑也。”

② 参见管仲：《管子》(《四部丛刊》本)卷一三，第1页下：“登降揖让，贵贱有等，亲疏之体，谓之礼。”

③ 《礼记正义》卷三八，第1537页。同书卷五〇，第1614页：“礼者，理也。”

④ 《礼记正义》卷五九，第1670页。《论语注疏》卷一，第2458页：“礼之用，和为贵。先王之道，斯为美。”《礼记》有英文节译本。见Lao An (trans.), *The Book of Rites* (selections), Jinan, 2000.

⑤ 参见《礼记正义》卷一，第1231页；卷二二，第1422页；卷三七，第1529页：“礼至则不争。”《春秋左传正义》卷五二，第2115页：“父慈，子孝，兄爱，弟敬，夫和，妻柔，姑慈，妇听，礼也。”

⑥ 《礼记正义》卷一，第1231页。又同卷同页：“道德仁义，非礼不成。”《论语注疏》卷二，第2461页：“道之以德，齐之以礼，有耻且格。”

培养内在的道德情操[①]。“以礼制心”,“治人情”[②],使人们制约自己的情绪,避免“直情而径行”,远离“戎狄之道”[③],做到“非礼勿言,非礼勿动”[④]。否则必然无法妥善处理与他人的关系,引祸上身。因此,人有礼则安,无礼则危。

以“礼”为手段,创造差别有序、和谐相处的局面,也是中国历代朝廷在构建社会、政治秩序时努力达成的目标。综观古代的政治结构,其核心是“君臣上下”的权力关系;而这种关系总是以等级制为基础,以“礼”的形式表现出来的。“五等爵制”“五服制”都是耳熟能详的例证。天子在行使统治权时,建立、完善“礼制”是最为关键的环节:“礼者,君之大柄也。所以……考制度。所以……治政安君也。”[⑤]天子制定礼制是其独断权、最高权威的表现,不容他人觊觎。故而“天下有道,则礼……自天子出”[⑥]。“非天子不议礼,不制度。”[⑦]更为重要的是,推广、普及“礼”的观念,有利于君主驾驭民众,是行之有效的社会控制手段:“上好礼,则民易使也。”[⑧]因此“国有礼……礼有序”是天子行使统治权的最高境界;如此则可以称为“圣王”[⑨],或“有德”之君[⑩]。孔子曾极力主张“以礼让为国”“为国以礼”[⑪]。当有人向他请教“礼”的真义时,他答道:“大哉问!”[⑫]充分肯定了对

---

① 《礼记正义》卷二〇,第1406页:“凡三王教世子,必以礼乐。乐所以修内也,礼所以修外也。礼乐交错于中,发形于外,是故其成也怿。”同书卷三七,第1529页:“礼自外作。”同书卷三九,第1544页;卷四八,第1598页:“礼也者,动于外者也。”

② (汉)孔安国传,(唐)孔颖达等正义:《尚书正义》卷八,第161～162页。《礼记正义》卷二二,第1426页;同书卷四九,第1602页:“凡治人之道,莫急于礼。”荀况《荀子》卷一七(《四部丛刊》本),第7页上:“故古者圣人以人之性恶……故……明礼义以化之。”

③ 《礼记正义》卷九,第1304页。

④ (魏)何晏等注,(宋)邢昺疏:《论语注疏》卷一二,第2520页。又同书同卷,第2540页:“约之以礼,亦可以弗畔矣夫。”同书卷九,第2490页:“夫子……约我以礼。”

⑤ 《礼记正义》卷二一,第14178页。《春秋左传正义》卷一三,第1802页:“礼,国之干也。……礼不行则上下昏,何以长世。”

⑥ 《论语注疏》卷一六,第2521页。同书卷二,第2463页认为西周礼制是在殷礼的基础上制定的:“周因于殷礼,所损益,可知也。”

⑦ 《礼记正义》卷五三,第1634页。

⑧ 《论语注疏》卷一四,第2613页。类似的论述又见同书卷一三,第2506页:“上好礼,则民莫敢不敬。”

⑨ 参见《礼记正义》卷二二,第1425～1426页。

⑩ 参见《礼记正义》卷三七,第1528页。关于礼仪与政治之间关系的研究,见Emily M. Ahern, *Chinese Ritual and Politics*, Cambridge: Cambridge University Press, 1981. 还可参考Joseph P. McDermott, “Introduction,” Joseph P. McDermott (ed.), *State and Court Ritual in China*, Cambridge: Cambridge University Press, 1999, pp. 1-19.

⑪ 《论语注疏》卷四,第2471页;卷一一,第2500页。《春秋左传正义》卷五二,第2115页:“礼之可以为国也久矣,与天地并。”

⑫ 《论语注疏》卷三,第2466页。

“礼”的正确认识具有重大政治意义。

中国自春秋以来陷入了群雄蜂起的乱局。诸侯或与周廷虚与尾蛇，或藐视乃至公开挑战周天子的权威。史书中屡屡出现诸侯僭越、违背周廷礼制的记载[①]，但他们大多只受到舆论谴责，很少受到真正的制裁。这从反面说明，西周天子追求的“以礼治国”的统治方式在实行时有很大的地域局限性，大体只限于被西周武力征服了的黄河流域中下游一带。换言之，西周礼制带有双重属性：它一方面具有浓重的道德规范、理想化的色彩，但在实施中是以法律制约、武力制裁为后盾。《礼记正义》记西周天子的统治手段之一是“五年一巡守”，如果发现“山川神只有不举者为不敬，不敬者君削以地。宗庙有不顺者为不孝，不孝者君绌以爵。变礼易乐者为不从，不从者君流。革制度衣服者为衅，衅者君讨”[②]。“削地”“罢黜”“流放”是强制的惩戒手段；而“征讨”则是赤裸裸的武力制裁。《春秋左传正义》记载，除了“征伐”之外，周廷还以制礼、会见、朝见为手段，处理与诸侯的关系：“夫礼所以整民也。故会以训上下之则，制财用之节，朝以正班爵之义，帅长幼之序，征伐以讨其不然。”但时至春秋战国时代，周天子与诸侯之间的力量对比已发生了重大变化，在处理与他们的关系时，早已丧失了武力强制手段。“礼崩乐坏”十分贴切地形容了以周廷为中心的政治体系已不复存在的新局面。但“礼崩乐坏”并不意味着周廷礼制中的各种仪式也同样灰飞烟灭，荡然无存。一些诸侯、部族君长出于自身利益，有时仍亲自出马或派出使节造访周天子[③]；周廷的“礼制”因而在礼宾接待的层面上得以维持，尽管这只是礼仪虚像，并不反映周廷与诸侯、外族君长之间权力关系的实质。另一方面，春秋时代的诸侯在相互交往时承袭了西周礼仪的一些做法。当时诸侯中的霸主更以简化了的天子之礼处理与其他诸侯的关系；春秋战国时代的礼仪因而表现出延续性。耐人寻味的是，由于当时政出多头的政治乱象，“礼制”出现了外在表现形式与内在权力关系实质相分离的趋势，往往名不符实。

中国历代政治家无不以“治国、齐家、平天下”为抱负，在创建了自己的王朝之后，一方面以礼制为手段，建立、巩固国内政治秩序，同时也试图以此为楷模，处理与周边国家、部落的关系。但这一对外政策的成效，却因时因地而异。唐廷在与一些国家、部族的关系中曾处于强势地位，以国内“礼制”为基础，与之建

---

① 参见（晋）范宁注，（唐）杨士勋疏：《春秋穀梁传注疏》卷三，第 2372 页：“［鲁桓公］元年，礼，天子在上，诸侯不得以地相与也（诸侯受地于天子，不得自专。）”《礼记正义》卷一一，《十三经注疏》本，大化书局 1982 年版，第 1327～1328 页。

② （晋）杜预注，（唐）孔颖达等正义：《春秋左传正义》卷一〇，第 1778 页～1779 页。

③ 参见《春秋穀梁传注疏》卷二，第 2371 页：“［鲁隐公］十有一年春，滕侯、薛侯来朝。天子无事，诸侯相朝，正也。”

立“君臣”关系，将双边关系纳入“册封”体制，是顺理成章之事。这些部族、国家的君长也主动接触唐廷，接受唐封号，争取政治承认，以求自保自强。“至荒区君长，待唐玺纛乃能国”就是这一情势的真实写照。[①] 以朝鲜半岛的高句丽、百济、新罗三国君主为例，他们全都以接受唐廷册封为手段，拉近与唐帝的政治距离。新罗国王更竭力说服唐廷在三国间的军事纷争中站在自己一边，成功地促使唐廷以武力灭高句丽、百济，为新罗最终称霸朝鲜半岛铺平了道路。南诏蛮最初只是位于西南一隅的六诏之一。历代南诏王面对唐与吐蕃竞相在云南扩展自身势力范围的复杂国际环境，采取了与其他五诏截然不同的立场，坚定地站在唐王朝一边，凭借缜密的战略思考、娴熟的政治手腕争取到唐廷的政治承认、军事支持，最终一统六诏，建立了南诏国。

唐王朝建立伊始，就面临着吐谷浑的骚扰，东突厥的进犯，而无力将其君主纳入“君臣”关系中去。唐帝对这些“邻敌”之国的访客不得不以“加礼”“礼数优渥”等特殊礼仪安排加以笼络；对他们无视唐廷礼仪规定，恣意妄为的举动一再忍让。更有一些国家的君主，曾一度向中国称臣纳贡，但在完成国内统一大业之后，随即改变了对唐廷的态度。有的仍保持着与中国的官方交往，以获取经济、文化利益[②]，但对以“中国为中心”的国际秩序，采取了貌合神离或敬而远之的立场。中唐之后，虽有中兴，但盛唐时政治稳定，经济繁荣，军力充足的局面已难以为继。亚洲国家之间的实力对比出现了深刻的变化。吐蕃、南诏先后成为中国的劲敌；新罗、渤海也让唐廷鞭长莫及。不难看到，有唐一代中国虽然曾在亚洲国际社会中处于霸主地位，但这只是特定历史时期的个别现象。各国、各部族之间纵横捭阖，在竞争中求生存、图发展才是亚洲地缘政治的常态。“多元”因而是亚洲国际关系格局的主要特点。

但无论国际局势如何风云变幻，历代中国皇帝都高度重视外交礼仪。一方面，他们当然明了外交礼仪并不能如实反映建立在相关国家实力地位之上的国际关系；但他们同样深信，无论中国的实力强弱与否，“礼”依然有教化之功，用“德”“义”等观念影响外国来使及其君主，培养对中国的亲善感情，减少摩擦冲

---

① 参见《新唐书》卷二一九《北狄传》，第6183页。

② 关于唐代各国遣使来华次数的统计，见宁欣：《唐代朝贡使析论》，载氏著《唐史识见录》，商务印书馆2009年版，第246～249页。大致情况是：南亚、中亚、西亚来唐使团共346次，回纥(鹘)57次，日本15次，新罗95次，契丹40次。仅据王钦若《册府元龟》的不完全统计，有唐290年间，每年有4.6个使团来唐。

突，建立睦邻关系，是较之穷兵黩武成本更低、效果更佳的对外政策。[①] 他们对中国文化怀有强烈的自信：中国文化有普世性，能够被"蛮夷"接受[②]，能够在他们中间产生积极的变化[③]。自西汉以降，中原王朝在处理对外关系时，就以"教化"来访的外国君主及其使节为重要课题，大力提倡以"礼""德""义"为国际行为准则，以"朝聘""册封""报丧"等机制规范国家间的交往，试图建立一种"国际秩序"。唐人杜佑在《通典·礼序》中就开宗明义地指出："九牧倡教，可为宾礼。"[④]

但自从汉代起，也有一些朝廷官员、文人对礼仪在外交关系中的效用表示怀疑。司马迁认为"蛮夷"价值观的核心是"利"[⑤]，与华夏的价值取向迥异。班固断言："夷狄者，与中国绝域异俗，非中和气所生，非礼义所能化。"[⑥]范晔的结论是：蛮夷"简贱礼义，无有上下，强者为雄，弱即屈服"[⑦]。汉廷一些官员甚至提出了"汉家不通无礼之国"的主张[⑧]。这种对"蛮夷"的偏见根深蒂固，历久不衰。直至唐代令狐德棻仍然认为：突厥"寡廉耻，无礼仪"[⑨]。但所谓蛮夷"无礼仪"，只反映出令狐德棻对"蛮夷"文化一知半解，知之甚少。中原与域外习俗固然有所差异，但双方常有接触，魏晋、南北朝时期外族更入主中原，时至隋、唐，亚洲

---

① 参见《春秋左传正义》卷三一，第1951页："[鲁襄公十一年]襄公曰：子教寡人和诸戎狄，以正诸华。……辞曰：夫和戎狄，国之福也。……礼以行之(行教令)。"同书卷二八，第1917页更指出："德""义""礼""信"这些中国文化中的价值观都是"战之器"，其重要性并不亚于战争中的兵器。

② 相关讨论可参考 Yuri Pines, "Beasts or Humans: Pre-imperial Origins of the Sino-Barbarian Dichotomy," Reuven Amitai and Michal Biran (eds.), *Mongols, Turks, and Others: Eurasian Nomads and the Sedentary World*, Leiden: Brill, 2005, pp. 59-62, pp. 73-74. 他指出，所谓"中国特性"的主要标志是开放、包容的"文化主义"，认为中国文化可以改变四夷。

③ 西方社会学认为：文化作为一个研究领域是附属于有关权力的研究之中的。可参考 Pierre Bourdieu, Language and Symbolic Power, John B. Thompdon (ed.), Gino Raymond and Mathew Adamson (trans.), Cambridge: Harvard University Press, 1991. 换言之，中国朝廷弘扬中华文化，就是试图运用自身的"软实力"影响外国君主，其本质是一种国家行为。

④ (唐)杜佑：《通典》卷四一，中华书局1988年版，第1119页。

⑤ (西汉)司马迁：《史记》卷一一〇《匈奴列传》，中华书局1959年版，第2879页："利则进，不利则退，不羞遁走。苟利所在，不知礼义。"(北齐)魏收：《魏书》卷一《序纪》，中华书局1974年版，第3页："我历观前世匈奴、蹋硕之徒，苟贪利财，抄掠边民。"

⑥ (东汉)班固：《白虎通德论》卷六，《四部丛刊》本，第1页上。

⑦ (南朝)范晔：《后汉书》卷四一《宋意传》，中华书局1973年版，第1415～1416页。Yuri Pines 对华夷之间的文化差异有所论述。(见氏著"Beasts or Humans: Pre-imperial Origins of the Sino-Barbarian Dichotomy," pp. 67-68)

⑧ (北宋)王钦若等：《册府元龟》卷九九七，中华书局1960年版，第11703页。

⑨ (唐)令狐德棻：《周书》卷五〇《突厥传》，中华书局1974年版，第909页。李延寿有类似的看法。见《北史》卷九九《突厥传》，中华书局1974年版，第3287页。还可以参考 Michael Loewe, "China's Sense of Unity as Seen in the Early Empires," *T'oung Pao*, 80, nos. 1-3, 1994, p. 8.

各国的礼仪已有许多相似之处。[①] 这包括行跪拜礼向地位尊贵的人表示敬意；据身份地位的差异安排会见时的站立位置或宴会时的座位；相互交换礼品，以盛大的仪式表现统治者至高无上的权力、无可比拟的财富等。[②] 玄奘曾目睹西突厥统叶护可汗王庭的礼仪安排，发出了"观之，虽穹庐之君亦为尊美矣"的感叹。[③] 中外礼仪中的共同要素提高了中国朝廷接待礼仪的可操作性。外国使节来到中国，对朝见皇帝时的进退、应对之仪不会感到完全陌生；汉使出使外国，也有可能坚持按汉仪行事，凸显天子的权威。[④] 中国外交礼仪的可操作性使汉廷有可能对四邻国家采用"羁縻之义，礼无不答"的政策。[⑤] "礼无不答"一语已经点明，外国使节遵从中国礼仪，受到正式接待者大有人在。

春秋战国以来，礼制的内容与形式逐渐分离，出现了内涵"空洞化"的趋势。参与仪式的双方能够按照自己的认识、需要，对仪式作出有利于己的解读[⑥]，外交礼仪的可操作性由此而得以提高。周礼的本意是以肢体语言表达对天子的敬畏，对等级制度的认可，对个人在这一制度中地位的认知，即孔子所说："君子义以为质，礼以行之。"[⑦]但是，在周天子权威渐失，中原群雄逐鹿，"礼崩乐坏"的背景下，"礼"的古典政治内涵被逐渐抽空，出现了"去政治化"的现象。孔子对

---

① Yuri Pines 认为，所谓"蛮夷华化"和"华人蛮夷化"是双向、同步发生的。（见氏著"Beasts or Humans," p. 84, p. 87）

② 参见[美]斯加夫：《作为欧亚礼仪的隋唐外交礼节》，《唐研究》2010 年第 16 卷，第 75～89 页。此文是作者 2009 年在一次国际会议上发表的英文论文中译。见 Jonathan Karam Skaff, "Sui-Tang Diplomatic Protocol as Eurasian Ritual." Paper presented to Tang Studies: The Next Twenty-five Years: An International Conference to Celebrate the 25 th Anniversary of the T'ang Studies Society. University at Albany, May 8-9, 2009. 又见同氏：Sui-Tang China and Its Turko-Mongol Neighbors: Culture, Power, and Connections 580-800, Oxford: Oxford University Press, 2012, p. 152. 还可参考朱振宏《西突厥与隋朝关系史研究(581～617)》，稻乡出版社 2015 年版，第 268 页。

③ 参见（唐）慧立、彦悰：《大唐大慈恩寺三藏法师传》卷二，孙毓棠、谢方点校，中华书局 1983 年版，第 28 页。此书有英译，见 Li Rongxi, *A Biography of the Tripitaka Master of the Great Ci'en Monasterary of the Great Tang Dynasty*, Berkeley, 1995.

④ 参见《史记》卷九七《陆贾传》，第 2698 页记：陆贾奉命出使南越向其王授封。但南越王最初拒绝接受汉封号，并"箕倨见陆生。"后来他被陆贾说服，"于是卫他乃蹶然起坐，谢陆生曰：居蛮夷中久，殊失礼仪"。

⑤ 参见《后汉书》卷八九《南匈奴传》，第 2946 页。"礼无不答"一语初见于《礼记正义》卷六二，第 1690 页。值得注意的是，"礼无不答"的目的是"明君上之礼也。"

⑥ 甘怀真认为：不同时代中的不同行动者，总是为了自身的利益与目的而对礼的内涵作出不同的解释。（见氏著《皇权·礼仪与经典诠释：中国古代政治史研究》，第 3～4 页）

⑦ 《论语注疏》卷一五，第 2518 页。

此曾感叹道："人而不仁，如礼何？"[①]史书记，公元前537年鲁昭公访问晋国，"自郊劳至于赠贿无失礼。晋侯谓女淑齐曰：鲁侯不亦善于礼乎！对曰：鲁侯焉知礼？……是仪也，不可谓礼。礼所以守其国，行其政令，无失其民者。今……奸大国之盟，凌虐小国……礼之所本，将于此乎在？而屑屑焉习仪以亟，言善于礼，不亦远乎"[②]。女淑齐这番话明确指出：春秋诸国间交往时，"礼"固有的内在政治含义已经与其肢体语言的外在表现（仪）分离；礼制的"去政治化"已成为不可逆转的现象。唐代外交中的礼仪与此如出一辙，也出现了"去政治化"的趋势。

在外交活动中，宾、主双方对礼仪的"去政治化"常有完全不同的理解和做法。外国使节是对唐廷礼仪安排做"去政治化"解读的主要一方。对他们而言，参加各种礼仪活动向唐帝表达敬意，是打开与中国官方交往的大门，从中获取政治、经济、军事、文化利益的必要手段。但以"礼"示敬，不等于承认与唐帝有实质的"君臣"关系。他们对唐廷"宾礼"采取了口是心非、貌合神离的态度。前述唐初新罗处理与唐廷关系的手法即是一例。[③] 中宗时吐蕃遣使欲改善双边关系，郭元振上书一针见血地指出：吐蕃"比者息兵请和，非能慕悦中国之礼仪也。直以国内多难，人畜疫疠，恐中国乘其弊，故且屈志求自昵，使其国小安"[④]。德宗时南诏遣使，元稹特赋诗点明南诏"鸟道绳桥来款附，非因慕化因危悚"[⑤]。

相比之下，唐廷对外交礼仪惯于做过度"政治化"的诠释，主张来访的外国君主、使节既然按"宾礼"行事，就是承认了唐天子的权威，和他们自身的"外臣"身份，并接受了中国的世界秩序观。当然，唐廷对外国访客来华的真正动机并

---

① 《论语注疏》卷三，第2466页。史书对此类现象多有记载，如《论语注疏》卷一，第2458页："恭不合礼，非礼也"；卷三，第2469页："为礼不敬……吾何以观之哉"；卷八，第2486页："恭而无礼则劳。"在西周的朝聘礼中，当事双方都应当以"敬""德"为价值取向。但实际上，往往只有形式上的"敬"，而无实质上的"德"。相关研究见李无未《周代朝聘制度研究》，第52页。

② 《春秋左传正义》卷四三，第2041页。

③ 新罗曾大规模借鉴唐文化、制度，主动接受唐廷册封，以自强自立。但在唐军消灭百济、高句丽之后，新罗在朝鲜半岛坐大，便毫不犹豫地迫使唐军撤军。金富轼《三国史记》卷一二《新罗本纪第十二》，学习院大学东洋文化研究所1984年版，第13页下对新罗为最终完成朝鲜半岛统一大业而采取的策略有生动描述："以至诚事中国，梯航朝聘之使，相续不绝。常遣弟子，造朝而宿卫，入学而讲习，于以袭圣贤之风化，革鸿荒之俗，为礼仪之邦。又凭王师之威灵，平百济、高句丽，取其地郡县之，可谓盛矣。"

④ 《资治通鉴》卷二〇九，第6626页。

⑤ （唐）元稹：《元稹集》卷二四，中华书局1982年版，第288页。元代学者对外国遣使来华的动机更为明了。马端临曾一针见血地指出："岛夷朝贡，不过利于互市赐予，岂真慕义而来。"（见氏著《文献通考》卷三三一《四裔八》，中华书局1986年版，第2602页）明人任良弼的分析更为鞭辟入里："大都海外诸蕃，无事则废朝贡而自立；有事则假朝贡而请封。"（见张廷玉等《明史》卷三二四《外国五》，中华书局1974年版，第8391页）

非一无所知，但是只要他们在朝见时循规蹈矩，满足向唐帝致敬的礼仪要求，唐廷就乐于以政治、经济乃至军事支持为报偿。这有利于塑造中国富庶慷慨，天子德化远播四海的形象，在对内、对外宣传中有不可低估的重要性。唐廷身为东道主，有时也不得不对一些外国来使违背"宾礼"的举措做"去政治化"解读。这些使者或是来自欲与唐廷平起平坐的"敌国"，或是唐廷对其有所求的国家。唐廷往往以域外风俗不同为由，容忍、默许这些非礼之举，淡化其政治含义。可见，外交往来中的宾、主双方，都有可能对"宾礼"和对方的礼仪肢体语言作出互不相同，但又有利于己的解释，以便实现自身的外交目标。唐代外交礼仪"去政治化"的要旨即在于此；唐廷"宾礼"成为国际交往中"公器"的原因亦在于此。

二、作为亚洲外交"公共产品"的唐代宾礼

"宾礼"是唐廷外交战略的重要环节。它一方面以朝见的礼仪安排为手段，表现中国的世界秩序观，在礼仪层面上塑造唐帝亚洲霸主的形象。一方面，唐廷也以礼仪活动为渠道，使外国使节接触中国文物典章制度，以意识形态、文化、经济手段"教化四夷"，力图使他们仰慕中国文化，向往中国生活方式，期望他们"感恩怀德"[①]，在回国之后，以在华见闻影响其君主，促使他们对唐采取睦邻政策[②]，乃至在国内推动以中国政治制度为蓝本的改革[③]。715 年，玄宗颁布《令蕃客国子监观礼教敕》："今远方纳款，相率归朝，慕我华风，孰先儒礼。……自今以后，蕃客入朝，并引向国子监，令观礼教。"[④]其用意即在于此。当代学者也多认为唐廷有效地利用了"宾礼"来实现其外交目标，在亚洲缔造了一个以中国为中心的"东亚世界"。

笔者认为，所谓"东亚世界"主要是经济、文化层面的历史现象。如果从国

---

① 《大师御行状集记》，第 499 页记，804 年日本使团参加了在长安郊外举行的盛大仪式欢迎，其成员均"喜极流泪"。唐廷接待日本使团的方式对其成员情绪影响之大可见一斑。

② 859 年宣宗去世后，唐、南诏之间发生一些摩擦。当时就有官员建议："今者，虽起衅端，未深为敌，宜化以礼谊。"见《唐语林》卷二，第 39 页。

③ 井上光贞认为，日本在 6 世纪改革了官位制度，改行"官位十二阶"，目的就是为提高在中国世界秩序中的地位。（见氏著《日本古代国家の研究》，岩波书店 1965 年版，第 300 页）前辈欧美学者如 Sr. George Sansom 和 Arnold Toynbee 对日本史的看法也有过分强调中国文化影响的倾向。最近的研究显示，日本改革的动因不完全来自国外，但中国的影响仍是不可忽视的因素。

④ （宋）宋敏求编：《唐大诏令集》卷一二八，第 632 页。《全唐诗》卷二一八，第 3192 页有代宗时进士张惟俭《赋得西戎献白玉环》诗，其中有"绝域知文教，争趋上国风"句。隋代也有类似做法。597 年突厥突利可汗遣使求婚，隋廷派人"教习六礼。"见《隋书》卷八四《突厥传》，第 1872 页。

际政治的角度考察，则以虚像为多。[①] 它更多的是唐廷对地缘政治格局的愿景，与复杂的国际政治现实出入颇大。唐廷“教化四夷”的外交策略，还带来了一个始料不及的后果：亚洲，特别是东北一些国家在接触到“中国中心论”之后，利用其政治理念、语汇，使本身固有的“权力中心论”在表述上更为系统、准确。不仅如此，为竞逐以自身为中心的区域霸权，一些国家还产生了以自身为中心的“东亚世界秩序”论[②]，其中以“日本中心论”（日本小帝国论）最有代表性[③]。这些国家在与唐廷交往时，尚不至于公开否认、挑战中国的宗主国地位，但对唐廷的权威却常常置若罔闻，口是心非。因此唐代史料中反映出的国际关系往往虚实二像兼具，需要根据不同情况具体分析。

有唐一代国际关系的实质、国家之间的相对实力地位不断演变，但是“宾礼”的框架、内容却大体维持不变。这一相互矛盾的现象表明：对“宾礼”的性质必须重新加以思考。当代学者通常从“广义礼仪”的概念出发研究“宾礼”，认为礼仪在本质上是权力关系的表现，通过相关人物在官式场合中的站立位置、动作先后、肢体语言，将他们之间抽象的政治、宗法关系，转化为具体的、可视的空间秩序和时间次序。外交中的“宾礼”也不例外。“广义礼仪”合理地解释了皇帝与内臣、子民之间的权力关系和皇权运作的方式，但却不能准确解读“宾礼”，揭示唐代外交关系的实质。其原因在于：权力关系的建立、运作以暴力为后盾，以强制、镇压为必要手段。内政中“礼制”的正常运作，有赖对破坏“礼制”者进行道义、舆论的谴责，必要时给予应有的惩罚。但“宾礼”的运作方式与国内的“礼制”大不相同。虽然传统儒家津津乐道于“普天之下莫非王土，率土之滨莫非王臣”，但维护国内“礼制”的种种强制手段不可能完全运用于四邻国家。外交中的“宾礼”也就不可能是国内“礼制”的自然延伸。其实即便是在内政中，弱势朝廷主导下的“礼制”也发生了形式与内容逐渐脱节，二者丧失了统一性的现象。春秋战国以降周廷的“礼制”就是形式依然如故，但政治内涵已经蜕化变质。当时诸侯国、部落君长与周廷的政治关系具有多样化的显著特征。有的仍

---

① “虚像”是2014年复旦大学朱溢教授点评笔者发表的讲演时，对史料与史实脱节所作的简洁、贴切的描述。而这种“虚像”主要是中国皇帝可以通过册封体制“支配外邦君主”。册封体制与“文化圈”是西岛定生“东亚世界”论的两大支柱。（见氏著：《邪马台国と倭国——古代日本と东アジア》，吉川弘文馆1994年版，第157～200页）甘怀真对此提出商榷（见《所谓“东亚世界”的再省思：以政治关系为中心》，载氏著《皇权・礼仪与经典诠释：中国古代政治史研究》，华东师范大学出版社2008年版，第362～378页）。

② 例如新罗在734年决定将国名改为“王城国”。而日本认为新罗是其朝贡国，擅自更改国名意味着对以日本为中心的世界秩序提出挑战。日本朝廷遂在759年制定了攻打新罗的计划。（见平野卓治《律令位阶制と诸蕃》，载林陆朗先生还历纪念会编《日本古代の政治と制度》1985年版，第108页）

③ 笔者对此有详细论考。（见王贞平：《“权力中心论”与“多元开放网络”——古代亚洲格局新论》，《南国学术》2014年第3期，第140～161页。）

对周廷心悦诚服，但更多的是阳奉阴违，游离于周廷的“册封体制”之外，有的更公开与周廷为敌。西周“礼制”所体现的“君臣、上下”政治关系在很大程度上已名存实亡。孔子曾痛心疾首地称这一现象为“礼崩乐坏”。宋人欧阳修、宋祁提出了进一步的观察、分析：“自周衰，礼乐坏于战国而废绝于秦。”[①]因此“由三代而上，治出于一，而礼乐达于天下。由三代而下，治出于二，而礼乐为虚名”[②]欧阳、宋二人认为，“虚名化”的礼乐只是繁文缛节，与礼乐的本意相去甚远：“史官所记事物名数，降登揖让，拜俛伏兴之节，皆有司之事尔，所谓礼之末节”。至于唐代礼仪，则是“见其文而意不在焉。此所谓‘礼乐为虚名’也哉”[③]。

欧阳修、宋祁对前代礼仪制度的批评带有宋代理学、道学的强烈色彩。朱熹的评论更为尖锐：“唐有天下，虽号治平，然亦非尽善之道。三纲不正，无君臣、父子、夫妇。”[④]他们对唐代礼制的抨击过于尖刻，以自身的伦理、道德观衡量唐人的做为，不足取之处甚多。明人李贽讥讽他们是“俗儒”，言辞虽失于尖酸刻薄，却也不无道理。[⑤] 但笔者认为，欧阳、宋二人有关唐代礼仪“虚名化”的观察，相当敏锐、深刻，足以引起我们的注意。按白居易的解释，“虚名化”指礼仪流于形式，丧失了“正人伦，宁家国”的“制礼之本意”，乖离了“和人心，厚风俗”的“作乐之本情”[⑥]。外交中的“宾礼”同样发生了“虚名化”。据《说文解字》，“宾”的古典含义是“宾，所敬也”[⑦]。此处的“敬”指西周继承了殷代“天命神授”思想，主张造访的宾客应敬顺天命，以特定的礼节表示遵从周廷制定的政治秩序。孟子在论述“礼”时也曾指出“礼之于宾主也”[⑧]，就是说宾主之礼的外延是表示敬意的礼仪动作，而其内涵则是君臣政治关系。清人段玉裁进一步解释道“君为主，臣为宾”[⑨]。但是，唐代外交礼仪中的肢体语言，已不再是一些外国使节确认与东道国特定政治关系的外在表达方式，只保留了向东道国君主“示敬”这一基本功能。换言之，一些外国使节遵循“宾礼”，并不意味着他们必然承认

---

① 《新唐书》卷一三《礼乐志三》，第 333 页。

② 《新唐书》卷一一《礼乐志一》，第 307 页。此处的“一”，指“礼乐”的来源为“天子一人”，故而有“礼乐”内容与形式的统一。“治出于二”正是“礼崩乐坏”的根源，也促成了礼乐的“虚名化”、空洞化。欧阳修之子欧阳发记：其父“于唐书礼乐志发明礼乐之本，言前世治出于一，而后世礼乐为空名。”见《欧阳文忠全集》(《四部备要》本)，《附录卷第五·事迹》，第 2 页下。陈寅恪先生对此早有论述。(见氏著《隋唐制度渊源略论稿》，上海古籍出版社 1982 年版，第 4 页)

③ 《新唐书》卷一一《礼乐志一》，第 308～309 页。

④ (南宋)朱熹：《近思录》卷八，《四库全书》本，第 11 页下。

⑤ (明)李贽：《史纲评要》卷一七，中华书局 1974 年版，第 478 页。

⑥ 《白居易集》卷六五，中华书局 1979 年版，第 1363 页。

⑦ 《说文解字》卷六下，第 8 页下。

⑧ (汉)赵岐注、(宋)孙奭疏：《孟子注疏》卷一四上，《十三经注疏》本，大化书局 1982 年版，第 2775 页。

⑨ 《说文解字注》卷六下，第 18 页下。同书卷九上，第 39 页下：“敬，肃也(肃者，持事振敬也)。”

中国为亚洲霸主，本国为中国附庸，只是向唐帝表达“敬意”而已。笔者称这一变化为“宾礼”的“去政治化”，它发生在唐廷处于相对弱势，无力以武力为后盾建立、维持外交关系，亚洲地缘政治逐渐多极化的大背景之下。传统史家对这一现象或避而不谈，或语多批评。实际上，“宾礼”的“去政治化”逐渐成为国际交往中的大势之所趋，对国际关系的发展居功厥伟。“宾礼”在“去政治化”之后，减少、避免了不必要的礼仪摩擦，成为外交往来的媒介、润滑剂，为主、宾双方提供了可接受的行为框架，为外交的顺利进行提供了一定的礼仪保障。有论者认为：“礼仪的意义没有必然性，行礼双方有一定的空间可以自行定义。”[①]笔者认为，具体到外交礼仪，这种现象正是外交礼仪“去政治化”的结果。从这个意义上说，唐廷“宾礼”已成为外交关系中相关各方都能利用的“公共产品”（公器），其弥久不衰的生命力也正在于此。[②]

“宾礼”成为外交中的“公共产品”，与中原、域外礼仪相互影响、渗透、融合，逐步形成了一些相似或共同的要素有直接关系。这些要素使外国君主、使节对唐廷“宾礼”不感到陌生，易于接受。但传统史家一方面对域外“蛮夷”大加贬低，称他们“不知礼义”[③]，“简贱礼义，无有上下”[④]；另一方面，又往往曲解了这些共同礼仪要素的形成过程，将其归结为中原礼仪向周边国家单向传播的结果。他们抱有强烈的文化优越感，公开鄙视周边国家、部族的风俗文化。例如，前633年杞国桓公会见鲁僖公时曾“用夷礼”，《春秋左氏传》作者对此大不以为然，对他大加讥讽，用“春秋笔法”记为桓公为“子”，而不用“公”字。[⑤] 其实，杞国桓公“用夷礼”恰恰说明早在春秋时期，国家、部落间礼仪的交流、融合就已开始。魏晋、南北朝更是中国历史上民族、文化大融合的时代。时至唐代，唐人之中“胡风”甚盛；唐廷礼仪无论在空间安排、时间秩序、肢体语言，还是在音乐、宴饮等方面都吸收了域外民族的礼仪要素。

622年唐、突厥关系中的一个插曲就表明，双方对外交礼仪有不少共识：“时突厥屡为侵寇，高祖使[李]瓌赍布帛数万段与结和亲。颉利可汗初见瓌，箕踞。瓌饵以厚利，颉利大悦，改容加敬，遣使随瓌献名马。后复将命，颉利谓左右曰：

① 甘怀真：《皇权·礼仪与经典诠释：中国古代政治史研究》，华东师范大学出版社2008年版，第366页。

② 无独有偶，现代国际关系中的外交礼仪也具有“去政治化”的特征。外国使节虽然代表领土大小、国力强弱各异的国家，都能在东道国享有同等的尊严、地位。当然，所谓“同等的尊严、地位”仅指接待礼仪而言，与东道国、遣使国双边关系的实质无关。

③ 《史记》卷一一〇《匈奴传》，第2879页。

④ 《后汉书》卷四一《宋意传》，第1415～1416页。

⑤ 参见《春秋左传正义》卷一六，第1822页。

李瓌前来，恨不屈之，今者必令下拜。瓌微知之，及见颉利，长揖不屈节。颉利大怒，乃留瓌不遣，瓌神意自若，竟不为之屈。颉利知不可以威胁，终礼遣之。”①这一外交“风波”告诉我们，依据当时通行的外交礼仪，突厥颉利接见唐使时，当起身、跪拜，接受唐廷诏书。唐使会见突厥颉利时亦当“下拜”致敬。但颉利初见李瓌时“箕踞”，拒不起身；经后者极力说服、刻意收买，才“改容加敬”，破格接待唐使。但李瓌再次来访时，却拒绝使用“拜”这一通行的肢体语言，只对东道主“长揖”②，致使“颉利大怒”，将他扣留。《旧唐书》作者刘昫赞扬李瓌不“下拜”的举动为“不屈节”，实为褊狭之见。李瓌漠视外交礼仪基本规范，对东道国主失礼、失敬，无异自贬身价。而颉利虽然“大怒”，但最终仍能知礼，守礼，以“礼”将李瓌送还；这与李瓌的粗鲁举止形成鲜明对照。

无论在中国还是在亚洲其他国家，“下拜”都是向君主、长上表示敬意的基本肢体语言。行礼者以不同程度将手、头、躯干放低，及至躯干完全放平触地。如高句丽风俗为“拜则曳一脚”③。587年隋文帝遣使赐沙钵略酒食，他“率部落再拜受赐”④。据玄奘的观察，南亚大陆种姓制度下的印度有九种致敬方式，称之为“敬仪”：“一发言慰问，二俯首示敬，三举手高揖，四合掌平拱，五屈膝，六长跪，七手膝踞地，八五轮俱屈，九五体投地。凡斯九等，极唯一拜。跪而赞德，谓之尽敬。远则稽颡拜手，近则舐足摩踵。”⑤这其中的第五至第九种“敬仪”都与“拜”有关。《通典》亦记，在天竺国“丈夫致敬，极者舐足摩踵而致其辞”⑥。可以想见，随着佛教传入中国，印度的致敬方式对中国人想必也有深远影响。类似的“拜”礼在北亚、西北亚称为“稽(顿)颡”“屈膝”。贞观年间“诸蕃君长诣阙稽颡，请太宗为天可汗”⑦。《通典》记于阗国(今新疆和田)风俗：“其人恭敬，相见

---

① 《旧唐书》卷六〇《李瓌传》，第2350页。

② 《史记》卷九七《郦生食其传》，第2692页：郦生食其初见刘邦时“长揖不拜”。《晋书》卷三三《王祥传》，第988页记：晋人习俗，官阶低者见高者“便当拜也。……而祥独长揖。”《隋书》卷四六《赵煚传》，第1249页，同书卷六六《房彦谦传》，第1566页都有“长揖不拜”的记载。后者更明确指出“长揖”属“亢礼”之举。

③ 《隋书》卷八一《高丽传》，第1814页。

④ 《隋书》卷八四《突厥传》，第1970页。

⑤ 季羡林等：《大唐西域记校注》，中华书局1985年版，第205页。此书有英译，见 li Rongxi, The Great Tang Dynasty Record of the Western Regions, Berkeley, 1996.

⑥ 《通典》卷一九三，第5261页。

⑦ 《通典》卷二〇〇，第5494页。《新唐书》卷二一五下《突厥下》，第6068页记玄宗时，突骑施、拔汗那等国上书称：“愿得稽首圣颜，以部落附安西，永为外臣。”《隋书》卷八四《突厥传》，第1869页也有突厥人“屈膝稽颡”的记载。

则跪，其跪一膝至地。”[①]突厥《阙特勤碑》东面铭文第二行有“垂首屈膝”的记载。[②] 突厥人的“屈膝”与唐人的“拜”相似，又细分为单膝跪拜、双膝跪拜、跪拜并手捧君主足三种方式。其中“跪拜捧足”是以头触地后捧对方靴尖，以示最虔诚的敬意[③]，与唐人的“拜稽首”十分相近。回纥人也有与“跪拜捧足”类似的礼仪。757 年叶护可汗助唐收复长安后，欲劫掠城中财物、女子以为报偿。“广平王俶拜于叶护马前”，加以劝阻。“叶护惊跃下马答拜，跪捧王足（胡三省注：夷礼以拜跪捧足为敬）。”[④]广平王的“拜”当为低头触地的“拜稽首”之礼；叶护以“拜跪捧足”回礼，礼数相当，合宜得体。这一记载颇耐人回味。回纥助唐收复西京后，气焰万丈；而唐仍有求于回纥以夺回东都，地位尴尬。但叶护见广平王行“拜礼”之后，立即跃身下马，以表示最高敬意的“拜跪捧足”答礼，这至少说明：（一）叶护颇识礼仪；（二）广平王的“拜”和叶护的“拜跪捧足”都是向对方致敬的方式，是“去政治化”的肢体语言，与当时唐、回纥之间实力的对比，双边关系的性质无关。

胡三省将“拜跪捧足”解释为“夷礼”，这并不确切。无论是唐廷使节、官员、乃至肃宗在处理内、外事务时都曾行此礼。阎知微出使突厥，“至牙帐下……宛转抱默啜靴而鼻臭之”[⑤]。张说在则天时文冠朝野，也曾向宦官王毛仲行此礼。721 年张说在并州刺史任上宴请以朔方道防御讨击大使身份到访的王毛仲。席间张说接到圣旨，被任命为兵部尚书、中书门下三品。张说“谢讫，便把毛仲手起舞，嗅其靴鼻”[⑥]。756 年肃宗往望贤宫南楼，拜见避安禄山之乱后从四川回到长安的玄宗。他“下马趋进楼前，再拜、蹈舞称庆。上皇[玄宗]下楼，上[肃宗]匍匐捧上皇足，涕泗呜咽，不能自胜”[⑦]。

在东北亚、日本流行的“伏礼”也与北亚、西北亚的“跪拜”礼有相似之处。

---

① 《通典》卷一九二，第 5225 页。

② 韩儒林：《蒙古古突厥碑文》，载林干编：《突厥与回鹘历史论文选集（上）》，中华书局 1987 年版，第 480 页。同书第 482 页又记：该碑东面第十八行还有“吾等出征凡二十五次……有可汗者虏其可汗，令其膝曲垂首”字样。耿世民的译文为：“使有头的顿首屈服，有膝的屈膝投降。”（见氏著《古代突厥文碑铭研究》，中央民族大学出版社 2005 年版，第 121 页、第 125 页）

③ 斯加夫：《作为欧亚礼仪的隋唐外交礼节》，《唐研究》2010 年第 16 卷，第 82 页。Emel Esin, “Ay-biti? i-The Court Attendants in Turkish Iconography,” *Central Asiatic Journal*, 14:1-3, 1970, pp. 82-83. 朱振宏引用宋代史料，对游牧民族的跪拜习俗有进一步的讨论。[见氏著《西突厥与隋朝关系史研究（581～617）》，第 268～270 页]

④ 《资治通鉴》卷二二〇，第 7034 页。

⑤ 《朝野佥载》卷三，第 43 页。

⑥ 《朝野佥载》卷五，第 72 页。

⑦ 《旧唐书》卷一〇《肃宗本纪》，第 249 页。

百济人行“拜谒之礼,以两手据地为礼”[①]。倭人“传辞说事,或蹲或跪,两手据地,为之恭敬”[②]。倭廷直到七世纪初,才将沿用已久的宫廷礼仪改为“伏礼”“立礼”并用。604年,“改朝礼,因以诏之曰:凡出入宫门,以两手押地,两脚跪之,越捆则立行”[③]。但610年新罗、任那使者觐见倭王时,仍须“进伏于庭”[④]。显然,自南亚大陆,至西北亚、北亚、东北亚,“拜礼”(伏礼)是通行的肢体语言。当然,各国行“拜礼”的方式有所差异。在印度,“一拜”是最诚挚的致敬方式,即所谓的“极唯一拜”;在唐廷是“再拜”。在五世纪中叶的日本也有“再拜”[⑤],但最尊敬的礼仪是“四拜”[⑥],或称谓“两段再拜”[⑦]。此为日本古风,源自正月初一“拜天地四方”的习俗。[⑧] 但在有外国使节参加朝会时,则“减四拜为再拜”[⑨]。上述史料都说明,在亚洲一些国家中,“拜”的具体方式虽各有不同,但它毫无疑问是表达敬意的共同肢体语言。

饶有兴味的是,713年来唐的大食使者声称该国没有“拜礼”。他在谒见玄宗时“唯平立不拜”,招致有司纠弹。[⑩] 但中书令张说极力淡化“平立不拜”的政治寓意,以“大食殊俗,慕义远来,不可置罪”为其辩解。玄宗听信了阿拉伯世界致敬方式与中原不同的说辞,特许大食使者不下拜。[⑪] 其实,大食国也有“拜”礼[⑫],只是致拜对象是天神而不是君主。大食使者显然以误导唐廷,换取了“平

---

① 《北史》卷九四《百济传》,第3119页。

② 《三国志》卷三〇《东夷传》,第856页。

③ 《日本书纪》卷二二,第146页。倭廷中“伏礼”一直流行到682年。当年倭廷下诏:“自今以后,跪礼、匍匐礼并止之,更用难波朝廷之立礼。”见《日本书纪》卷二九,第365~366页。但“伏礼”却禁而不止,以致倭廷在704年、707年两次发诏,重申“停跪伏之礼”。(见《续日本纪》卷三,第20页;同书卷四,第33页)

④ 《日本书纪》卷二二,第153页。

⑤ 《日本书纪》卷一五,第404页,第405页;卷一七,第13页。

⑥ 安万吕:《古事记》卷下,吉川弘文馆2002年版,第128页:“尔大日下王四拜白之。”

⑦ 《续日本纪》卷一三,第160页。《延喜式》卷二一,第547页:“客等两段再拜谢言。”《内里仪式》,载今泉定介编:《(新订增补)故实丛书》(第31卷),吉川弘文馆1954年版,第5页记:“皇太子再拜两段。大夫赞,皇太子两拜两段。……皇太子称唯,两段再拜。”此书大约在嵯峨天皇(809~823在位)时完成,保存了一些日本古礼。

⑧ 参见藤原公任:《北山抄》卷一,载今泉定介编:《(新订增补)故实丛书》(第33卷),吉川弘文馆1954年版,第243页:“本朝之风,四度拜神,谓之两段再拜。”此书约11世纪初成立,主要记一条天皇(986~1011年在位)以来宫中仪式。

⑨ 《日本后纪》卷八,第15页。

⑩ 在唐廷见皇帝而不拜谢是严重的过失。可参考《资治通鉴》卷一九七,第6213~6214页所记太宗时洺州刺史程名振的事例。

⑪ 《旧唐书》卷一九八《西戎传》,第5316页。《新唐书》卷二二一下《西域传下》,第6262页。《唐会要》卷一〇〇,第1790页。

⑫ 《唐会要》卷一〇〇,第1789页记:大食人“日五拜天神”。

立不拜”的特殊礼遇。不久后大食使者再次来访，仍欲不拜。这一次在唐廷官员“屡诘责”即一再追问下，大食使者吐露了实情：“在本国唯拜天神，虽见王亦无致拜之法。”原来，大食使者对“拜礼”并非闻所未闻，而且其致拜方式与中式“拜礼”相似之处颇多。其大要从当代穆斯林的礼拜中可略见一斑：(一)两手上举至头两侧，口念“真主至大”；(二)端立，左手置于右手之上，朗诵《古兰经》第一章；(三)双手抚膝鞠躬；(四)起身直立，抬高双手，口诵“赞颂主者，主必闻之”；(五)下跪，双手触地，叩首至鼻尖触地；(六)跪坐；(七)第二次叩首。所以当唐廷官员坚持他必须向玄宗行礼时，他随即“请依汉法致拜”①，并不感到困难。当然，大食使者并非将玄宗当作“天神”祭拜，只是以“拜”向东道国主致敬，以达成出使的目的而已。吐蕃人也有拜礼和自己独特的致拜对象。当地人“重壮贱老，母拜于子”②。而大秦国(东罗马帝国)的风俗是“不拜国王、父母之尊，不信鬼神，祀天而已”③。从大食使者的“致拜”，到广平王俶的“拜于叶护马前”，直至叶护、阎知微、张说、肃宗的“拜跪捧足”都说明，“拜”是当时礼仪中的共同肢体语言；而“虚名化”(去政治化)的“拜”更成为外交礼仪中的“公器”。

“宾礼”成为外交“公器”，也与亚洲国家君主、部落首领、官员对空间安排的共识有关：东道国主处于尊位，外国来使处于客位，使团成员按地位高低顺次站立。758年，王瑀受命册封回纥毗伽可汗并出嫁宁国公主，就提供了一个很好的脚注。王瑀“至其牙帐，毗伽可汗衣赭黄袍，胡帽，坐于帐中榻上，仪卫甚盛。引瑀立于帐外，谓瑀曰：王是天可汗何亲？瑀曰：是唐天子堂弟。又问：于王上立者为谁？瑀曰：中使雷卢俊。可汗又报曰：中使是奴，何得向郎君上位立？雷卢俊竦惧，跳身向下立定”④。毗伽在搞清雷卢俊身份后，即指出他不应站在王瑀之前。而雷卢俊马上改变了自己的站位。石国(今塔什干)国王参加祭奠仪式之后，“与夫人出就别帐，臣下以次列坐而飨宴”⑤。这两个事例说明，参加接待仪式(宴会)人员的身份、地位决定他们的站立(就座)位置，这是中原、域外朝廷的共同规则。

---

① 《旧唐书》卷一九八《西戎传》，第5316页。《新唐书》卷二二一下《西域传下》，第6262页。《唐会要》卷一〇〇，第1790页。

② (唐)杜佑《通典》卷一九〇，第5172页。又见《唐会要》卷一〇〇，第1730页。

③ (唐)杜佑《通典》卷一九三，第5266页。

④ 《旧唐书》卷一九五《回纥传》，第5200页。《新唐书》卷二一七上《回鹘传上》，第6116页。

⑤ (唐)杜佑《通典》卷一九三，第5275页。

音乐是"宾礼"的重要组成部分。外国使者对唐廷"雅乐"不感到陌生、隔膜[①],是"宾礼"成为外交"公器"的最后一个原因。"雅乐"中不少乐曲原是"蛮夷"之乐,例如:天竺乐,高丽乐[②],龟兹乐,安国乐,疏勒乐,高昌乐,康国乐[③]。有些"雅乐"曲目本为中原音乐,传入外国后吸收了当地音乐元素,然后再传回中国。[④] "清乐"即为一例:"其始即清商三调是也,并汉来旧曲。……属晋朝迁播,夷羯窃据,其音分散。……及平陈之后,高祖听之,善其节奏,曰:此华夏正声也。"[⑤]"西凉乐"则是在中原乐曲基础上"变龟兹声为之,号为秦汉伎"。[⑥] 626年祖孝孙受命考察、勘定"雅乐"时,就已指出"雅乐"是中、外音乐相互融合的产物。[⑦] 他写道:"陈、梁旧乐,杂用吴、楚之音;周、齐旧乐,多涉胡、戎之伎。于是

① 唐廷使者在日本也会有同感。《文献通考》卷一四八,第1293页记:日本"其乐有中国、高丽二部。"日本史书则记,该国有唐国、新罗、林邑多种乐曲。见《续日本纪》卷一二,第137页;卷二四,第292页。《日本后纪》卷一七,第83页记日本朝廷中有"唐乐师十二人"。相关研究见赵维平《中国古代音乐文化东流日本的研究》,上海音乐学院出版社2004年版,第28~50页。Laurence E. R. Picken and Noël J. Nickson(eds.), *Music from the Tang Court*, *vol. 7*: *Some Ancient Connections Explored*, New York: Cambridge University Press, 2006.

② "高丽乐"属"东夷乐",包括高丽、百济两国的音乐。《新唐书》卷二二《礼乐志一二》,第478页。高丽乐后传入日本成为宫廷音乐。《文献通考》卷一四八,第1293页记:"日本……其乐有中国、高丽二部。"

③ 《唐六典》卷一四,第404页记:"凡大燕会则设十部之伎于庭,以备华夷。"唐人称舞蹈为"伎",起舞必以"乐"相伴,因此"十部伎"即"十部乐"。《新唐书》卷二一《礼乐志一一》,第469~471页记:唐高祖曾沿用隋朝"九部乐",后加"文康乐",共为十部。《册府元龟》卷五六九,第6838页记,唐太宗平定高昌后"收其乐",并删"文康乐"加"高昌乐",十部乐始成。

④ 前述"东夷乐"即是一例。有些已在中原亡逸的乐曲,仍保留在"东夷乐"中。元结《元次山文集》卷三(《四部丛刊》本),第2页下《颂东夷》对此有所记述:"尝闻古天子,朝会张新乐,金石全无声,宫商乱清浊。来惊且悲叹,节变何烦数。始知中国人,耽此亡纯朴。尔为外方客,何为能独觉其音,若或在蹈海吾将学。"

⑤ 《隋书》卷一五《音乐志下》,第377页。

⑥ 参见《隋书》卷一五《音乐志下》,第378页。《旧唐书》卷二九《音乐志二》,第1068页进一步解释说,"西凉乐"乃"凉人所传中国旧乐,而杂以羌胡之声也。"

⑦ 《全唐诗》卷四〇五,第4516页载元稹《代曲江老人百韵》诗有"夷音九部陈"句,是对这一情形的准确写照。同书卷四一九,第4618页还有元稹《立部伎》诗,其注文云:"太常丞宋沇传汉中王旧说云:明皇虽雅好曲度,然而未尝使蕃汉杂奏。天宝十三载,始诏道调、法曲与胡部新声合作。"此注文表明,"雅乐"首先整体吸纳域外乐曲,单独演奏,然后才与中原音乐相互融合,有所创新。著名的"霓裳羽衣"就是一例。见《唐会要》卷三三,第617页。此曲本为婆罗门(天竺)古曲,后唐廷乐师以中原清商乐为基础,糅合了天竺音乐而成。不过依笔者的浅见,也有中原音乐首先传入外域,发生了第一次"融合"(胡化);而后这些带有中原因素的"域外"音乐被引入唐廷,并发生了第二次"融合"(汉化)的情形。相关研究见赵维平《中国古代音乐文化东流日本的研究》,上海音乐学院出版社2004年版,第317~318页。渡辺信一郎:《中国古代の乐制と国家——日本雅乐の源流》,文理阁2013年版,第345~349页也有相关讨论,可参考。

斟酌南北，考以古音，作为大唐雅乐。”[①]与亚洲其他国家音乐有着千丝万缕联系的唐廷“雅乐”，显然增强了“宾礼”作为外交“公器”的功用。

“宾礼”作为外交“公共产品”具有“去政治化”的显著特征。这是由于人们无不期望在礼仪活动中得到他人的尊重，保持自身的尊严。从这个意义上说，外交礼仪是基于人类共同天性的“普世文化”。在“去政治化”的“宾礼”中，肢体语言仅仅用于向对方表示必要的尊重。使用（或不使用）某些的肢体语言不再是外交往来的绝对前提，或政治禁忌。这就为外交活动排除了不必要的礼仪障碍，扩大了外交使节的回旋空间，提高了外交活动的成功概率。当然，仍有外交使节拒绝遵循东道国礼俗，东道国朝廷对此作“政治化”解读，导致外交失败的事例。但总体而言，外交礼仪“去政治化”逐渐成为通行做法，出现了东道国按来使国礼仪接待使者，外国使节入乡随俗，遵从东道国礼仪等灵活的应对方法。例如，314 年西晋使者会见后赵君长石勒，后者“匿其劲卒精甲，羸师虚府以示之，北面拜使者而受书”[②]。石勒的举动当然只是向西晋来使及其君主致敬，而非臣服西晋的真实政治姿态。相似的情形在东罗马与西突厥的往来中也可以看到。568 年东罗马使者蔡马库斯造访西突厥。他“依突厥礼仪”向突厥首领“致礼”。同年突厥遣使回访。他在拜见东罗马皇帝时，“一切依友好礼节行事”[③]。

中国使者在外，常遵循便宜从事的古训：“礼从宜（事不可常也）。使从俗（亦事不可常也）。疏：礼从宜者，谓人臣奉命出使，征伐之礼。……前事不可准定，贵从当时之宜也。”[④]其具体做法是“入境而问禁，入国而问俗，入门而问讳”[⑤]。608 年隋使裴世清访倭，在呈递国书时“亲持书，两度再拜，言上使旨而立之”[⑥]。所谓“两度再拜”即两次行“再拜”礼，共拜四次，是倭国的敬礼方式。可见，裴世清是入乡随俗，以当地礼节向倭王致敬。[⑦] 倭廷则允许他在陈述出使

---

① 《旧唐书》卷二八《音乐志一》，第 1041 页。《册府元龟》卷五六九，第 6835 页。地方官员在引进域外音乐中功不可没。德宗年间的剑南西川节度使韦皋是突出的一例。他先后把南诏及骠国（在缅甸中部）音乐介绍到中国。见《旧唐书》卷二九《音乐志二》，第 1069 页。《全唐诗》卷四一九，第 4618 页元稹《骠国乐》诗；同书卷四二六，第 4698 页白居易《骠国乐》诗。《新唐书》卷二二《礼乐志一二》，第 480 页特记：“韦皋复谱次其声。”可见他是精通音律之人。

② 《资治通鉴》卷八九，第 2810 页。

③ 朱振宏：《西突厥与隋朝关系史研究（581～617）》，第 266～267 页。

④ 《礼记正义》卷一，第 1230 页。《管子》卷一三（《四部丛刊》本），第 3 页上有进一步的解释：“故礼出乎义，义出乎理，理因乎宜者也。”

⑤ 《礼记正义》卷三，第 1251 页。

⑥ 《日本书纪》卷二二，第 150 页。

⑦ 参见高明士：《隋唐使臣赴倭及其礼仪问题》，《台大历史学报》1999 年第 23 期，第 199～237 页，其中对隋、唐使节在倭廷的行礼方式有详细研究。但作者认为是倭王向裴世清行“两度再拜”之礼，恐误。

要旨采用中式“立礼”[①]。一次外交往来中兼用隋、倭两种礼节，可谓煞费心思。这恰恰说明，双方都没有对所涉及的礼节作过度“政治解读”，因而保证了交往的顺利进行。日本遣唐使也有入乡随俗之举。藤原清河752年“至长安，拜朝不拂麈”。“拂麈”本是中原王公贵人所持之物，六朝时传入日本。时至隋唐，此仪已不在中国流行。藤原清河“拜朝不拂麈”，即是舍弃本国习俗，遵从唐土风尚。[②]

“宾礼”的“公共产品化”虽然是大势所趋，却不为多数唐廷官员、文人所乐见。他们坚持对“宾礼”作有利于中国的“政治解读”，只有在接待强邻、劲敌使节时，才出于不得已而容忍、默认他们“抗礼”“求敌国礼”“不为礼”等举动。相比之下，大多数外国使节（或唐使）总是有意识地对“宾礼”（或东道当作国礼仪）做“去政治化”处置，把它当作“公共产品”加以利用，以确保官方交往渠道畅通。外国使节遵守“宾礼”固然在礼仪层面上使自己处于“称臣纳贡”的地位，但这不是对唐廷作出的实质性政治承诺，也与双边关系的实质没有直接关系。

有唐一代，中国曾与一些国家、部族建立过实质性的“君臣”关系，外国使节在唐廷又多循规蹈矩，因而“宾礼”呈现“政治化”的表象，其“公共产品化”的趋向则不易被觉察；加之传统儒家、理学家、道学家以“中国中心论”为出发点，用自身的伦理、道德观评价、记录唐代对外关系，使得原始材料中的亚洲外交关系更呈现出唐廷一家独大的虚像。当代学者不应把这一“虚像”当作国际关系的“实相”全盘接受，而应该视唐代“宾礼”为复杂的集合体，从“多元”的视角对其重新观察。当然，这种观察仍难免是一家之见，但可以肯定的是，“多元”的研究取向，较之“一元”的认识方法有所进步，能够进一步推动对唐代外交礼仪的研究。

---

① 锅田一：《六・七世纪の宾礼に关する觉书》，载泷川政次郎博士米寿纪念会编《泷川政次郎博士米寿纪念论集：律令制の诸问题》，汲古书院1984年版，第410页。

② 参见（唐）思托：《延历僧录》卷一，第21页。关于“麈”，见《急就篇》，第55页上：“麈，似鹿，尾大，而一角。谈说者饰其尾而执之，以为仪。”《资治通鉴》卷八九，第2810页胡三省注：“麈，麋属，尾能生风，辟蝇蚋。晋王公贵人多执麈尾，以玉为柄。”《晋书》卷一〇四《石勒上》，第2722页记：“（王）浚遗（石）勒麈尾。”

東アジアの国家をめぐる協調と競争：跨国文化としての鑑賞錦鯉文化の協働的創造活动

[日]菅　丰*

1. はじめに

現在、世界の至る所で文化が資源化されている。文化は、ときに「商品」として、またときに政治的な「道具」＝ソフト・パワー（Nye 2004）として利用されているのである。このようなグローバル化時代を背景とした文化拡散、および文化輸出に関しては、すでに人文・社会科学の諸分野で、膨大な論究が蓄積されてきた。それは多岐にわたる研究分野と対象におよんでいるが、たとえば文化帝国主義に関する議論などはその典型といえよう。アメリカの社会学者・ジョージ・リッツァー（George Ritzer）は、徹底したマニュアル運用で合理性を追求し、アメリカの象徴的な食文化—ファストフード・マクドナルド—を世界に拡散させた現象を「マクドナルド化（McDonaldization）」と表現した。そして、彼は、その文化輸出の状況を、政治・経済の力学の上で優位な文化が画一的に世界を支配するという、文化帝国主義の文脈から否定的に扱った（Ritzer 1993）。一方で、そのような文化帝国主義的な視点ではなく脱国籍性（transnationalism）や現地化（localization）に着目し、地域の主体的な反応と、マクドナルド化という「標準」自体の変化によって生成される「第三の文化（third cultures）」という文化状況を把握する動きも見られる（Watson（ed.）1997）。

このようにグローバル化時代を背景とした文化の拡散の問題が、文化研究の種々の分野で検討されるなか、日本を対象としても、その問題は積極的

* 菅丰，日本东京大学东洋文化研究所教授。

に取り組まれるようになってきている。たとえば、カルチュラル・スタディーズの分野では、日本のポップ・カルチャーが、アジア地域に浸透し「アジア」という創造空間を喚起し、その地域を包摂しながら主導権を握ろうとする日本の意欲が考究されている(岩渕 2001)。また、文化人類学でも、日本のヒップ・ホップ(Condry 2006)や寿司(Bestor 2003)の文化グローバリゼーションと脱国籍化の状況が検討されている。

本論で取り扱う「錦鯉文化」も、現在、そのような文化のグローバリゼーションと脱国籍化という状況に置かれた文化である。日本原産の鑑賞魚・錦鯉は「泳ぐ宝石」とも称され、日本の庭の池には欠かすことのできないアイテムとなり、日本を喚起させる風合い、色合いを醸し出している。

この日本を象徴する錦鯉は、僻陬の山村で食料生産を目的とする生業—水田養鯉—から生まれた。それは、百数十年のうちに一地方から日本全国に広まり、日本の「国魚」と称されるまでになった。そして、それは現在では大半が海外向けに輸出される「輸出産品」となっている。本論は、日本の一地方の小さな「民俗文化」から、一国の「伝統文化」へと昇華した錦鯉文化が海外へ移転されて、世界各地の社会的文脈において脱国籍化・現地化する現象について、ヨーロッパとアジア(とくに中国)とを対比しながら考察する。

2.錦鯉の世界的拡散の起点—生業から産業への転換—

錦鯉は、新潟県中越地方の山間部で誕生した。そこはかつて二十村郷と称された。二十村郷は豪雪地帯であり、冬期には雪に埋もれ麓の平野部との連絡が途絶することも少なくなかった。二十村郷の人びとは、階段状に幾重にも棚田を作り上げ、そこで食料としての真鯉の水田養鯉を行っていた。このような人びとの生活を支える、自給的で小さな生業活動のなかから、世界に冠たる錦鯉産業は生まれたのである。

黒色の鯉のなかから、突然変異で色のついた美しい鯉が生まれた。その錦鯉の始まりに関して、錦鯉愛好家や生産者たちは、いまから200年ほどと考えているが、確たる文献的証拠はない。現時点で確認される錦鯉関係の実証的な一次史料は、明治初頭のものである(山古志村史編集委員会 1985:345)。錦鯉の全国的な拡散の一大画期となったのが、1914年(大正3)、上野公園で開催された東京大正博覧会への越後の「変鯉(錦鯉の別称)」の出品である。それは、経済的に窮乏しているこの地域の山村経済を助けるため、錦鯉を世間に広めようという目論見で出品された(片岡 1989:67-68)。この出品を契機に、越後の「変鯉」＝錦鯉は、新潟以外の人びとの耳目を集め、全国にその販路

を広げていくこととなる。昭和の初頭にもなると、京都などの新潟県外へ販出され、さらに販路拡張のためアメリカ輸出を試みるなど、国内外の販路拡大が模索されるようになる(新潟県農会 1931:118)。しかし、結局、第二次世界大戦へと突入することにより、錦鯉の海外輸出は停止され、国内生産も滞った(片岡 1989:52)。

しかし第二次世界大戦後に日本が復興するにつれて、錦鯉産業、そして錦鯉文化もともに発展し、広く世界へと羽ばたいていく。1947 年(昭和 22)、戦後の経済復興のため錦鯉の海外輸出を目的とする新潟県色鯉養殖組合が結成された。ただ、当初の海外進出は、それほど容易ではなかった。新潟県色鯉養殖組合はハワイに輸出したが長くは続かず、その後、カナダ、ブラジル、フィリピン、パキスタンなどへの輸出が試みられたが結局実績は上がらなかった。その不振は、輸送の困難さからくるものであった。ところが、現在主流となっているビニール袋に酸素を充填する輸送法が開発されると、遠方への輸送が可能となり、1960 年頃にはハワイやアメリカ本土への当歳魚の輸出実績をもつに至った(片岡 1989:53)。

その後、錦鯉の海外輸出は着実に進展し、現在では日本の錦鯉の80%は海外輸出を目的として生産されている。錦鯉を生産・販売する業者団体の全日本錦鯉振興会会員は、現在約 20カ国にまで広がり、錦鯉の輸出相手国は50カ国を越え、それは着実に世界へと販路を広げている。まさに、錦鯉文化のグローバリゼーションが進行している。

3. ヨーロッパにおける錦鯉文化の現地化

アジア、とくに中国への跨国文化としての鑑賞錦鯉文化の浸透の特質を、より際立たせるために、まずヨーロッパにおけるその文化の現地化を理解しておかなければならない。現在、錦鯉はヨーロッパに拡散するなかで、日本文化のエッセンスとして意識され、受容されているが、しかし、それは、原産地の日本に存在したときと同じ姿で、忠実に受け容れられているわけではない。その日本イメージは、ときに忠実に表現されようとするが、ときにデフォルメされ、キッチュな文化として無意識に改変され現地化している。また、錦鯉に付随して、それぞれの地域で現地の文化と融合しながら、新しい錦鯉文化が創造されている。そのありようはヨーロッパとアジアでは明らかに異なっている。

ヨーロッパでは、イギリスやオランダ、ドイツ、ベルギー、ノルウェー、デンマークなどで主として愛好されている。そのうちオランダで毎年 8 月に開催されている、オランダ錦鯉協会(NVN:Nishikigoi Vereniging Nederland)主催の品評会(1993より開始)は、2万人もの来場者を誇る世界最大の錦鯉イベントになっている。

欧米において、錦鯉はガーデニング文化と密接に関わっている。ガーデニングを趣味とし、錦鯉を飼育する人びとの庭の数多くは、日本風にアレンジされている。もちろん、日本的雰囲気をまったくもたない様式の庭にも錦鯉はいないわけではないが、一般的には錦鯉の池の周りを日本「風」にする何らかの工夫が施されていることが多い。日本イメージを醸し出す典型的な工夫として、庭や池の畔に配置される石灯籠をあげることができる。また、踏み石なども重要アイテムの一つで、それは、あくまでディスプレイのためだけに用いられている点で、日本で一般的に見られる踏み石とは明らかに異なっている。その他にも、紅色に塗られた欄干つきの太鼓橋、盆栽、鶴の置物、石仏なども、庭を日本「風」に仕立てる工夫である。

しかし、その庭は、全体的なプランとしては必ずしも日本庭園の様式を踏襲するものではない。あくまで錦鯉愛好家や、日本庭園愛好家、あるいは実際に庭造りを請け負ったガーデニング・ショップの施工者の、日本イメージによって表象された日本「風」庭園なのである。文化のオリジナルを見知る日本人にとっては、そこにはどこかで見たようなものが並んでいるが、しかし、実際はありえないものが並んだ意外な構成となっている。そこには、ヨーロッパ人の「日本」が表現されているのであって、必ずしも日本人が感じる真正性が必要とされていないし、このような真正性からの一定の隔たりがあるものからこそ、むしろ日本が喚起されるともいえる。錦鯉も、そのような日本を喚起させるシンボリックなアイテムとして、受容されているのである。

庭園の背後の家屋が、西洋風の建築物であることと相俟って、日本人にとっては違和感を抱かされるキッチュな日本「風」空間ではあるが、ヨーロッパの錦鯉オーナーたちにとって、そこは日本らしさを十分に満喫できる空間なのである。そのような新しい日本アイテムを提供する場、そして、体感する場として重要な役割を果たしているのが、錦鯉のディーラーの店舗や錦鯉品評会(Koi Show)である。錦鯉のディーラーは、ガーデニング・ショップを兼ねる、あるいはガーデニング・ショップが錦鯉販売に進出したものが多い。錦鯉が相当程度普及しているとはいえ、ヨーロッパにおいてそれはあくまで観賞魚趣味の一部でしかないため、錦鯉業者はかなり広い範囲に顧客を抱えることが必要である。オランダの業者は、ベルギーなどにも顧客をもっている。

錦鯉を販売するガーデニング・ショップは、先に述べたような、日本を喚起させるアイテムを販売する場所である。そこには一般的なガーデニング商品とともに、石灯籠などが所狭しと並べられている。店舗のディスプレイにも趣向が凝らしてあり、彼らが認識する日本「風」の空間が作られている。壁には日本語を真似して書いたのであろう、けっして巧いとはいえない意味不明の漢字の手製額がかけられたり、竹やカエデなど東洋的なエキゾティック・プランツが並べてあったりする。そのエキゾティック・プランツ自体も商品である。

そこでは飼育機材や餌などが錦鯉とともに販売されている。それら商品にもエキゾティックな、デザインが施されている。錦鯉の飼料や薬品は、現地メーカーもすでに生産しているが、多くが日本大手メーカーの輸出品である。輸出用のパッケージには「富士山(フジヤマFujiyama:Fujisanではない)」など、これまでも世界で日本イメージを喚起してきた、典型的な名称が付されているものもある。パッケージには、錦鯉とともに葛飾北斎の「富岳三十六景神奈川沖浪裏」や相撲取りの浮世絵、世界的に著名な日本の象徴である富士山や桜の写真がアレンジされ、「富士山」という漢字ロゴが付され、内容の説明も漢字と英語表記が併用されている。消費者は、その漢字の意味はわからなくとも漢字という媒体によって、よりエキゾティックな日本の雰囲気を感受することができるのである。現在の日本人にとっては、ステレオタイプ化した日本のシンボル表現と受け止められるが、現在でもその表現は効果的であり、そのような表現化の過程で、錦鯉も同様のステレオタイプ化したシンボルの仲間入りをしている。それは、ヨーロッパの錦鯉愛好家たちに、「日本の伝統」である錦鯉の飼料として、よりふさわしいイメージを喚起する戦略といえる。

このような日本を連想させる商品たちは、錦鯉の品評会でも同様に見受けられる。品評会は、国レベル、地方レベル、さらに団体レベルで種々行われるが、国レベルのショーともなると、鯉を出品する愛好家のみならず、錦鯉流通業者、そして、ガーデニング・ショップ、錦鯉の餌や機材の業者なども多数集まってくる。そのブースのなかには、先に述べたような日本「風」の商品が数多く並んでいる。またさらに、そこには日本文化の文脈から理解できないような商品たちも登場している。それらは、中国や韓国など、日本とともに十把一絡げにイメージされる東洋、あるいは、どことなく東洋「風」を醸し出すが、実際は「東洋」のどこにも存在しない無国籍商品であったりする。

たとえば、韓国のハングル文字と錦鯉の絵を彫り込んだ石板や、中国の兵馬俑のレプリカが、庭を飾る置物として販売されている。さらにブースのなかには、錦鯉飼育とはまったく関係のない中国の品々を並べる店などもあり、そこでは工芸品とともに、赤や青などの派手な生地に漢字を意味もなくちりばめたガウン状の着物「風」の衣類や、茅や竹で作られた東洋の伝統建築「風」のミニチュア、東洋の古銭をモチーフにし漢字「風」の偽の漢字を配列した壁掛けの額など、明らかに東洋をイメージした、しかし東洋にも実在しない無国籍商品が売られているのである。

そのような文化の客体化は、古くから欧米おいてなされてきた文化表象の手法であり、本来多様な「東洋」を、同類と見なして千篇一律にまとめ上げるコラージュの手法である。一種のオリエンタリズムであるが、そのような改変され混然と扱われステレオタイプ化された東洋像というものは、いまだに商品価値をもっているのであり、錦鯉もそのようなオリエンタリズムに巻き込まれている。

4.中国における錦鯉文化の現地化

近年、アジアの経済発展にともない、錦鯉はその地域への販路を拡大している。錦鯉の海外拡散期の初期には、日本文化の影響を強く受けていた台湾の人びとにそれはまず受容された。その後さらに拡大し、シンガポールやタイ、インドネシア、マレーシアなどの東南アジア諸国に加え、香港や中国などに広まっている。とくに経済的に裕福な華僑や華人などの中国系の人びとに積極的に受容されている。そのようなアジアの錦鯉文化発展のなかで、現在、急速に存在感を増している国が中国であり、近年、ヨーロッパと比べても販路としての重要度は増している。

中国では、経済発展が先行した広東省や上海市を中心に、愛好家が急増した。それらの地域では、愛好家のみならず、錦鯉の生産者も、地方政府の支援のもと着実にその数を増やしている。広東省の省都・広州周辺の順徳、中山、江門には大規模な錦鯉の生産池が作られており、とくに江門市は2009年に中国漁業協会から「中国錦鯉之郷」の称号を与えられ、官民あげて錦鯉生産基地として開発されている。

中国の錦鯉受容の形態は、明らかにヨーロッパの受容の形態とは異なっている。その現地化は、ヨーロッパのような他者表象にともなう異文化受容ではなく、異文化の受容にともなう自己表象の出現、簡単にいうならば「自文化・化」といっても良い。

もともと、中国においては鑑賞動植物の文化が発達してきた。そして、

鯉に関しては、中国文化において観念的に特別な地位が与えられており、錦鯉の受容の背景にはそのような伝統的な鯉文化の素地があったことが大きい。内水面魚類の利用が発達している中国において、鯉は食用魚として非常に馴染みが深いが、それ以上に、文化的に重要な役割を担ってきた。それは吉祥＝幸福の象徴として、伝統的な絵画や工芸、建築等の一般的なモチーフとして用いられてきた。重要なのは、中国にこのような錦鯉を受け容れる文化的素地がもともと存在してきた点である。

現在、中国の様々な場所で錦鯉の姿を見かける。しかし、その姿は日本文化という外来文化の姿ではなく、中国の土着的な文化のなかに混入して、自文化の一部になっている。たとえば、上海の行楽地として有名な豫園は、16 世紀半ばに造営された江南庭園であるが、その庭園の池には、もともと放たれていた緋鯉や緋鮒に混じって、明らかに錦鯉と判別できる模様の入った鯉が遊泳している。また、同じく上海・玉仏禅寺の覚群楼前の池にも、日本産の錦鯉が放たれ信仰の対象となっている。緋鯉や緋鮒を池に放つこと自体は、中国の伝統庭園では珍しいことではないが、いまその園林文化の構成要素である観賞魚のなかに、カラフルな錦鯉が静かに浸透しつつある。それを眺める中国のおおかたの人びとは何ら違和感を抱くこともなく、外来文化の受容という意識すらない。伝統庭園の一アイテムとして、それは当然のものとして配置されている。

錦鯉は、そのような伝統的園林のなかに浸透しているだけではない。多くの人びとが集う公園や博物館、景勝地の庭、さらにレストランやホテルの池、そして、駅や空港などの街中のディスプレイに、ひっそりと、だが確実に潜り込んでいる。また、さらにその浸透は中国の芸術や工芸の世界にまでおよんでいる。たとえば、上述したように、もともと鯉は吉祥の象徴として絵画などに図像化されてきたが、その際は吉祥の象徴である紅色の緋鯉、あるいはそれと黒の真鯉をセットで描くことが基本とされてきた。それが、明らかに錦鯉と判別できる特有の斑紋をもった鯉が描かれるようになってきている。中国の正統芸術である国画の一ジャンルの花鳥画も、その例に漏れず、すでに錦鯉が描かれはじめている。これも意識的な外来文化の受容というよりは、無意識に受容されているものと考えた方が良さそうである。錦鯉が様々な身近な空間に浸透し、それが違和感なく受け止められているが故に、そのような芸術モチーフが発生するのである。錦鯉の無意識の「自文化・化」現象ということができるであろう。

さらに中国では、このような無意識の自文化・化と共に、意識的な自文化・化の動きも見られる。それは、錦鯉の歴史の構築である。錦鯉は世界各国で、その飼育書が発行されている。錦鯉文化の拡散の初期には日本の飼育書・飼育指南書の翻訳が多かったが、その拡散がある程度広まり、各地で定着すると、それぞれの地において独自の飼育書・指南書が編纂されている。中国においても、近年、錦鯉が普及するにつれて独自の飼育書・指南書が刊行されている。たとえば、2004 年には『錦鯉—養殖実用技法』という錦鯉飼育書が刊行され、錦鯉文化の概論から錦鯉の種類、飼料、養殖・繁殖技術、疾病への対応と予防、鑑賞法とその購入方法などについて、詳細な解説がなされている。その書物のなかでは、冒頭に錦鯉の歴史が以下のように書かれているが、その内容は、錦鯉の「正史」とは若干異なる。

「……据文献记载,锦鲤的祖先是我们常见的食用鲤,日本的锦鲤是由中国传入的。世界上最早出现的锦鲤在公元 1804～1829 年。当时在日本新泻县的山间饲养的食用鲤中,表现有突变成具有颜色的锦鲤,而将它们改良成绯鲤…有 19 世纪初,日本贵族将这种有颜色的锦鲤移入庭院的水池中放养,供作观赏,平民百姓难得一见,因此锦鲤又称"贵族鲤""神鱼",为其蒙上种种色彩。后来锦鲤开始在民间流传开来,人们把它看成是吉祥、幸福的象征……」(占、姚、羊 2004:1)

日本での錦鯉の誕生を認めているものの、そのオリジンとなる鯉は中国から伝わったとする。確かにそのような「日本の鯉の大陸伝来説」自体は、日本においても一般に語られていることではある。しかし、その伝来の時代は、まさに有史以前であり、史料上は明確ではない。文章中には、「据文献记载…」とあるが、その文献がどういうものなのか具体的に記されていない。しかしここでは、その真偽や信憑性ではなく、そのような自文化に付会する事績をことさら書き加えることにこそ意義がある点に気がつかなければならない。錦鯉自体ではなく、それを種として内包する鯉の淵源を、自らの文化に位置づけることによって、錦鯉をも自らの文化に内包するのである。

さらに、19 世紀初頭に貴族が賞玩し、それが後に庶民に広がったとされるが、それは正確ではない。上述したように、錦鯉に類する観賞魚文化は、新潟の庶民から富裕層に広まり、さらに実質的な全国拡散は、1970 年代という民間愛好家の出現によって達成された。また、錦鯉を吉祥と幸福の象徴とすると書かれているが、このような意識は日本ではなされていない。この解釈自体が、中国文化に根ざしたものである。

中国における錦鯉の無意識の浸透は、日本と中国の鯉文化の近似性と類縁性に起因する。本来的な、鯉に対する文化的な感覚と対応の類似性が、自

然な錦鯉の浸透を容易なものとしたのである。しかし、日本原産の錦鯉を中国の鯉文化の一部として再定置する意識的な行為にかんしては、さらに別の要因を考えなければならない。それは、自文化とすることにより、錦鯉愛好家を増やす中国錦鯉業者による経済的な競争的戦略であるとともに、文化ナショナリズムに基づいた起源競争のささやかな現れでもある。経済的な発展にともない自文化への自信や愛着が高まっている中国において、日本の事物は一方で羡望されるものの、また一方で忌避され始めている。そのようななか悠久の歴史観によって、中国の伝統的な花鳥魚虫文化へと錦鯉の系譜を連続させることは、中国における錦鯉文化の正統性を獲得することに大きく寄与するだろう。錦鯉文化を自らの文化とする言説は、その浸透が急激に進展する現在、さらに増幅されつつある。

5.結語—「文化の原産地」への反作用

以上のように、日本の鄙びた山村で、食用鯉のなかから突然風変わりの鯉が生まれ、徐々に全国に拡散し、ついには山村の人びとの思惑を越えて国家を表象する「国魚」にまで昇華した。そして国外へと拡散し、それぞれの地域において受容されるとともに、新しい第三の文化を生み出し続けている。それは、日本文化の粋の一つとして喧伝され、また受容されるものの、一方でそのような日本文化の文脈とは異なる文脈への位置づけ＝脱国籍化や現地化が進展しているのである。このような錦鯉の世界拡散と脱国籍化・現地化は、その文化を生み出した文化の原産地・日本にも大きな反作用を引き起こしている。

現在では、錦鯉生産は技術からその取引まで大きく近代化し、地域の一大産業となってている。越冬期には屋根付きのハウス池で重油を燃やして温め、その成長が促進される。その温度設定や機械の管理など、近代技術に生産者は適応している。ただそのせいで、生産者は世界的な石油価格の変動に一喜一憂することになった。また、病気の予防や治療で最先端の薬品を取り扱ったり、人工授精の技術を駆使したりする必要があり、その方面の新しい知識の吸収が不可欠となった。2003年から蔓延したKHV(コイヘルペス)など、いままで生産地の日本になかった病気が、文化のグローバリゼーションとともに「輸入」されてしまい、多くの錦鯉生産者を廃業に追い込んでしまった。

さらに、消費者である外国人を引き寄せるために、インターネットを通した宣伝広告や販売・流通も欠かせない。「日本の原風景」と喧伝されるその山村には、多くの外国人が訪れるため、英語で書かれたコマーシャルの看板が林立している。村の年寄りたちも片言の英語で丁々発止と値段交渉している。外国人との売買をまとめる新しい錦鯉仲介業も生まれ、錦鯉を生産するだけではなく、他人が作った錦鯉を買い集めて海外に販売する生産者も生まれている。海外の消費者なくして、いまや日本の「国魚」の産業は立ちいかない。1990年代の日本におけるバブル経済崩壊による打撃は、海外輸出へと販路をシフトとすることにより何とか乗り切ったが、2000年代後半のサブプライム・ローン問題による世界経済の破綻では、国内外で身動きがとれない苦境に追い込まれた。それは、近代化という変化であるばかりでなく、グローバルな経済状況に陥穽された変化なのである。

グローバリゼーションによるこのような変化は、錦鯉生産者だけが被っているのではない。錦鯉を消費する日本の愛好家たちの地位にも、大きな影響を与えている。日本の錦鯉愛好家団体は世界に支部を広げたが、日本国内の錦鯉愛好家が高齢化し、その数を減少させるなか、品評会などで、かつて日本人に独占されていた高位の賞が、いまでは数を増加させつつある外国人愛好家に占められるようになってきた。

錦鯉のグローバリゼーションは、錦鯉生産者、錦鯉流通業者、錦鯉愛好家らが、自ら選び取った戦略であるとともに、受け容れることを余儀なくされた適応でもある。それは、小さな生業を大きく変化させて、近代的技術を取り込みながら進化させ、産業へと発展させてきた。しかし、グローバリゼーションに対応した産業に大きくシフトしたいま、不可逆的な大状況に絡め取られ、もはやそこから抜け出すことが不可能となった。錦鯉の販路を世界的に大きく拡大したグローバリゼーションは、経済面で大きく寄与したが、一方で生産にかかるコストを増大させ、その価格変動を不安定にするなどの副作用ももたらしている。さらに「文化の所有」という、ナショナリズムとも深く関わる問題を東アジアでは生み出している。

従来の文化帝国主義の観点による議論では、文化のグローバリゼーションは、支配的、暴力的、権力的な「主体」の文化が、従属的な「客体」の文化を一方的に変えると考えられてきた。しかし、錦鯉をめぐる文化のグローバリゼーションの状況を見ると、その文化を発明し、そのグローバルな拡散を推し進めたはずの「主体」に、世界各地から大きな反作用のうねりが押し寄せている。つまり、文化や経済を広げ、他者の文化や経済を変化させた「主体」としての人びとが、その変えたはずの「客体」によって、変化することを余儀なくされている。主体は客体でもあるという文化産業の主客の動的な逆転と、主客の双方向的なせめぎ合いが不断に執り行われるのが、文化のグローバリゼーションなのである。そして、文化のグローバリゼーションによって、世界各国の相互依存性は高まると共に、競争性も高まるのである。

このように見るならば、錦鯉文化を日本文化として表現することは、少々難しいであろう。それはもはやグローバル文化なのである。文化の生産と消費によって、国々は不可分な結びつく。そして、多様な脱国籍化、現地化、そして異種混淆性 Hybridity(Burke 2009)という現象を引き起こす。そこでは協調や適応だけではなく、競争も展開される。文化のグローバリゼーションは、協調と競争という一見正反対のふたつの関係で取り結ばれた、世界の多様なアクターが協働して「第三の文化」を創造する現象と考えるべきである。この文化の協働的創造性 collaborative creativity(Ian 2013)こそが、文化が世界に広がる大きな原動力になっているのである。

参考文献

1. Bestor, Theodore C. "Markets and Places: Tokyo and the Global Sushi Trade," in Setha, 2003.

2. Low and Denise Lawrence-Zuniga(eds.), *The Anthropology of Space and Place*, Oxford: Blackwell,2003.

3. Burke, Peter, *Cultural hybridity*, Cambridge, UK: Polity Press, 2009.

4. Condry, Ian, *Hip-Hop Japan: Rap and the Paths of Cultural Globalization*, Durham: Duke University Press,2006.

5. Condry, Ian, *The Soul of Anime: Collaborative Creativity and Japan's Media Success Story*, Durham: Duke University Press,2013.

6. 岩渕功一:『トランスナショナル・ジャパン』,岩波書店 2001 年版。

7. 片岡正脩:『錦鯉談義』,自費出版 1989 年版。

8. 新潟県農会:『農家の副業的養魚法・上』,新潟県水産試験場編 1931 年版。

9. Nye, Joseph S. Jr., *Soft Power: The Means to Success in World Politics*, New York: Public Affairs, 2004.

10. Ritzer, George, *The McDonaldization of Society: An Investigation into the Changing Character of Contemporary Social Life*, Newbury Park: Pine Forge Press, 1993.

11. Watson, James L. (ed.), *Golden Arches East: McDonald's in East*

Asia, Stanford: Stanford University Press,1997.

12. 山古志村史編集委員会編:『山古志村史・通史編』,山古志村 1985 年版。

13. 占家智、姚同炎、羊茜編著:『錦鯉—養殖実用技法』,安徽科学技術出版社 2004 年版。

深化东亚经济合作

Economic Cooperation in Northeast Asia from a Perspective of Inter-regional Competition

Takamoto Suzuki*

Northeast Asia, which includes Japan (coastal area of Japan Sea), China (northeast and Inner-Mongolia), South Korea, North Korea, Russia (Far East) and Mongolia, as a part of Asian Pacific and Eurasia or a participant in inter-regional competition, needs some initiators and triggers to refresh and promote its economic cooperation among countries. In terms of economic cooperation in Northeast Asia, it had started just after the dissolution of Soviet Union and the end of the Cold War in the 1990s through normalizing relations within the Northeast Asian countries. And it had been strengthened by economic recoveries and rises in China and Russia, by expectations for expansion in intra-regional trade and energy development, and by raising hope for North Korea to return to international society in the first decade in the 2000s. (see Figure 1)

---

* Takamoto Suzuki, Manager, Marubeni (China) Co. Ltd.

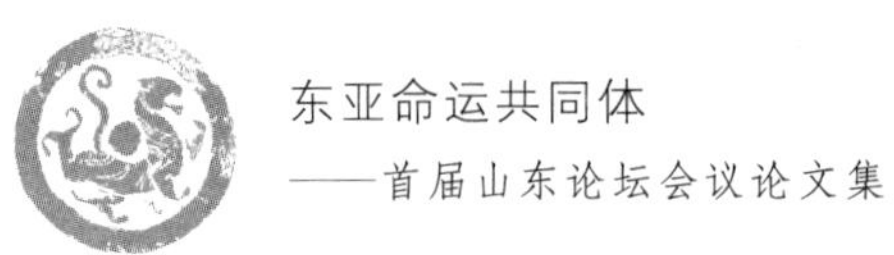

<table>
<tr><th></th><th>1990s</th><th>2000s</th><th>2010s</th></tr>
<tr><td><Environment></td><td>After the Cold War in Northeast Asia
· Normalization of diplomacy in Northeast Asia after the Cold War
· China started Socialism Market Economy
· North Korea founded Free Trade Zone and expectaion for new era
· Expectation for Japan's economic power</td><td>Rising expectation for Northeast Asia
(Development and Energy Security)
· China and Russia's economic recoveries and rises
Expectation for development of trade and energy in Northeast Asia
· China joined WTO
· Expectaion for North Korea returning to international community with some uncertainty
· Expectation for China's economic power</td><td>Stagnation for economic reform and searching for new economic engine
· China's slow down, Russia's stagnation, appeared problems; industrial structure, connectivity in the region, diplomacy and national security
· Delay of economic reform in Northeast China, Russia's problems
· North Korea's power shift and rising concern
· Expectation for Southeast Asia, and South Asia</td></tr>
<tr><td><Each country's situation></td><td colspan="2">· Japan: Strength in capital and technology, stagnation in local economy
· Northeast China: Strength in agriculture, labor and industry
· South Korea: Strength in capital and technology
· Russia: Strength in natural resources, declining of population
· North Korea: Strength in port and labor, political uncertainty</td><td>Japan: Stagnation of reform
Northeast China: Stagnation
South Korea: Decline in trade
Russia: Stagnation of energy development
North Korea: Political uncertainty</td></tr>
</table>

(Source) Marubeni Research Institute

Figure 1 Northeast economic situation after the 1990s

1 The Northeast Asia Cooperation from 1990 to 2010

Epoch making topics which had progressed economic cooperation in Northeast Asia from the 1990s to the 2000s were three things. The first one was the establishment of diplomatic relations between China and South Korea in 1992. The second one was the Tumen River Area Development Programme (TRADP) in 1995. The last one was the starts of the Japan, China and South Korea three countries discussion and dialogue under the framework of "ASEAN+3".

In terms of the establishment of diplomatic relations between China and South Korea, it became the start of the China-Korea trade that is now the biggest trade relation in Northeast Asia.

In terms of the TRADP, it had needed political stability not only in South Korea but also in North Korea, had become one of the symbol projects for Northeast Asia. TRADP was revised with its plan as the Great Tumen

Initiative in 2005. The South and North Korea Summit in 2000, Japan-North Korea Summit and Pyongyang Declaration signed in 2002, had swelled out the expectation for the Korean peninsula located in the center of Northeast Asia to be as a Northeast Asian Hub. The Northeast Asia future design had been widened with the "Northeast Area Revitalization Plan (China)" in 2003, the "Outline of the Tumen River Area Cooperative Development Program Considering Changchun-Jilin-Tumen as Pilot Zone for Development and Opening (China)" in 2009, and the "Program of Cooperation between the Far Eastern and Eastern Siberian Regions of the Russian Federation and the Northeastern Region of the People's Republic of China (2009-2018)", which was approved by President Putin and President Xi Jinping.

In terms of the starts of the Japan, China and South Korea three countries discussion and dialogue under the framework of "ASEAN+3", it is a major framework of economic cooperation by major economic powers in Asia, and had made the Japan-China-Korea summit and a start of the discussion for Japan-China-Korea FTA realized.

Related with the framework for the regional peace and integration in the Northeast Asia, private initiatives and local government efforts had been piled for broader framework, despite of the lack of collaboration by all six countries for founding the framework. For example, the Northeast Asia Cooperation Dialogue (NEACD, 1993), the association of North East Asia Regional Governments (NEAR, 1993), the Japan-China-South Korea Trilateral Local Government Exchange Conference(1999), and intellectual exchanges such as the Northeast Forum were founded.

In Northeast Asia, there are a full set of industries, including automobile, ship building, raw materials, parts and other machines, and there are affluent agricultural resources in Northeast Area, energy resources, mineral resources and forest resources in Russia Far East. It had been expected that China would provide industrial goods, agricultural products, and labors, that Russia would supply energy resources and mineral resources, that South Korea and Japan would provide capital resources and technology, and that North Korea would serve ports and labors. Therefore, the future of Northeast Asia had been foreseen to be a global industrial area.

2 The Northeast Asia Cooperation in the 2010s

In the 2010s, Northeast Asia has been at a standstill because of a slowdown of the Chinese economy after the 4 trillion *yuan* economic stimulus measures, and a stall of Russia economy through a great depreciation of commodity prices and economic sanctions by the U. S. and other developed countries. (see Figure 2) And economic growth and cooperation have fallen into stagnation because of various structural problems such as high dependency on SOEs in Northeast China and stagnation in exports and domestic demand in South Korea, as well as international political conflicts such as Japan-China national security, Japan-Korea historical disagreement and the power transition in North Korea coming up to the surface.

		2001-2005	2006-2010	2011-2015	2013	2014	2015
China		9.8	11.3	7.8	7.7	7.3	6.9
	Northeast	12.0	14.5	8.8	8.6	6.4	5.3
Japan		1.2	0.4	0.6	1.4	▲0.0	0.6
	Japan Sea	1.1	0.2	0.9	1.7	—	—
South Korea		4.7	4.1	3.0	2.9	3.3	2.6
North Korea		2.5	▲ 0.1	1.1	1.1	1.0	—
Russia		6.1	3.7	1.2	1.3	0.6	▲ 3.7
	Far East	5.3	5.3	1.0	▲0.9	—	—
Mongolia		6.6	6.0	10.3	11.6	7.9	2.3

Note 1: Northeast China: 3 provinces and Inner-Mongolia; Japan Sea coastal area: Hokkaido-Saga Prefecture

Note 2: Japan Sea coastal area 2002-2013FY; North Korea 2001-2014CY; Russia Far East 2001-2013

(Source) IMF, CEIC, ERINA

Figure 2 Real GDP growth in Northeast Asia

When an expectation for economic cooperation swelling in Northeast Asia at the beginning of the 2000s, China and Russia, two major players in the region, had recorded high or double digit growth and Northeast Asia had been expected to become one of the major growth center in the world. However, various structural problems and international political conflicts have become huge obstructs for the rise of Northeast Asia. In 2013, President Xi Jinping proposed the Belt and Road Initiative; in 2015, ASEAN Economic Community (AEC) was started and Trans Pacific Partnership (TPP) has been agreed in principle. These new progresses might have made Northeast Asia become less attractive for business entities. The Northeast Asia's stagnation must be structural.

In November 2015, Japan-China-Korea joint held the sixth summit for the first time in three and half years and released the "Joint Declaration for Peace and Cooperation in Northeast Asia". According to the declaration, the three countries showed various possibilities as follows: i. " Realizing peace and cooperation in Northeast Asia" [the Trilateral Cooperation Secretariat (TCS), the Northeast Asia Peace and Cooperation Initiative (NAPCI), nuclear safety, disaster management]; ii. " Expanding economic and social cooperation for co-prosperity" [the Trilateral Cooperation Vision 2020, the Trilateral Cooperation for Improvement of Supply Chain Connectivity, Trilateral Investment Agreement, creation of a region-wide digital single market, developing innovative technologies for economic growth and strengthening industrial competitiveness, economic policy cooperation through information-sharing and policy coordination, cooperation on improvement of production capacity in the fourth-party-market, cooperation among the small and medium-sized enterprises (SMEs) including the exchange of information and human resources, the Joint Research Collaboration Program (JRCP) and the A3 Foresight Program, the Trilateral ICT Ministers' Meeting, the Joint Statement on Standards Cooperation, the trilateral energy cooperation, the Trilateral Ministerial Conference on Transport and Logistics, the Action Plan of the Tripartite Customs Cooperation, the Second Trilateral Agriculture Ministers' Meeting]; iii. " Promoting Sustainable Development " [environmental protection, the Sound Material Cycle Society/Circular Economy/3R, adoption of agreement and UN provisions on climate change, the Strategic Plan for Biodiversity, the Northwest Pacific Action Plan (NOWPAP) and TEMM, transition to a green economy, cooperation in the area of health, deepen cooperation over the Arctic]; iv. "Enhancing Trust and Understanding Among the Peoples" (youth exchange program, cooperation in the field of education, promoting trilateral exchanges to enhance sports cooperation, cooperation in the content industry, mutual exchanges and cooperation in trilateral cultural and arts education, the Trilateral Art Festival, the Visit East Asia Campaign, cooperation among the local governments, the East Asian Cultural Cities, public diplomacy, cooperation in the field of consular affairs, establishing a trilateral consultation among the police authorities); v. "Contributing to Regional Peace and Prosperity" (maintaining peace and stability on the Korean Peninsula, cooperation in formulating a joint response to cyber activities, terrorism and violent extremism).

The design for the economic cooperation in Northeast Asia has become far behind to advanced actions in AEC by ASEAN or TPP by twelve Asian Pacific countries. Though the current Japan-China-Korea's challenges to catch up and overtake advanced actions outside Northeast Asia is expected to come into effect, it is more difficult to overcome their structural issues and intra-regional diplomatic disputes which the Northeast Asia have been facing with for a long time. In addition, it can be said that Japan-China-Korea hold the major part and role in economy in Northeast Asia; however, the real participants for intra-Northeast Asia cooperation are from Japan Sea coastal area (Japan), Northeast and Inner-Mongolia (China), and South Korea. This regional cooperation occupies only a small part of the intra-center government cooperation or diplomatic relationship. Furthermore, the Chinese economic development has been shifting from coastal area to the central and west area, and the Japanese center of economic gravity has been shifting more and more to intra-Tokyo-Nagoya industrial belt, which suggest that the local interests and ways for the Northeast Asia cooperation do not necessarily coincide with that of national interests and ways. The local Northeast Asia must overcome two subjects: the one is their own economic and political issues; the other one is declining their economic position in the whole Asia and in each country.

3 Current Factors for the Northeast Asia Economic Cooperation

Looking around at each economic cooperation in Northeast Asia, it can be found out that there is a foundation of a framework through dialogues and exchanges and there are five major pillars: i. energy and natural resources

(Siberia); ii. trade and logistics (Japan-China-Korea FTA, China-Korea FTA, nonstop multiple transportation, the Trans-Siberian Railroad, the Great Tumen Initiative, and various economic corridors and economic hubs); iii. agriculture products and foods; iv. transportation for passengers and tourism; v. finance (Northeast Asia Development Bank).

3.1 Agricultural Products and Foods

It can be said that agriculture products and foods and transportation for passengers and tourism have more opportunities and possibilities for the current economic cooperation in Northeast Asia.

In terms of agriculture products and foods, the Northeast Asia countries having a common culture called a rice cultural sphere, can expect to strengthen the base of agricultural trade and regional economy, if the Northeast Asian countries can deeply collaborate with each other. There are two opportunities: the first one is that Northeast China that is affluent with agricultural products and Japan and South Korea that are of a low self-sufficiency rate in agriculture products can make one combination; the second one is that Japan and South Korea who have high quality agriculture products with affluent variations and China whose people's needs for foods is diversifying day by day can make another combination.

In fact, in the Northeast China, it has been getting popular to grow Japonica rice since the 1980s, giant state-owned enterprises have been appearing, and the demand for exporting their products is increasing. In Japan, the Japanese government released "The Vitality Creation Headquarters of Agriculture, Forestry, Fisheries and Regions" in 2013 as a part of Abenomics, which has changed the Japanese agricultural strategies and has set a goal to increase the agricultural exports of Japan from 331.7 billion Japanese yen to 1 trillion yen by 2020. Japan has already decided to abolish 2,135 import taxes of 2,594 ones (82% of all) on agricultural products. These changes in each country show new opportunities for Northeast Asia.

3.2 Transportation for Passengers and Tourism

In terms of transportation for passengers and tourism, Northeast Asia has 340 million people (Japan 130 million, Northeast and Inner-Mongolia China

130 million, South Korea 50 million, North Korea 25 million, Russian Far East 6.5 million, and Mongolia 3 million), which holds a great economic potential. Transportation and tourism among Japan, China and Korea, which was 204.7 million people in 2014, occupied major positions in these countries. This means that the Northeast Asia would also be able to affect this potential for expanding intra-regional personal exchanges.

Agricultural products and foods, and transportation for passengers and tourism have often received obstacles and have not been able to prevent themselves from intra-government disputes, deteriorations of images of and feeling towards other countries. In terms of agricultural products and foods, food safety often raise fear of the Chinese products, and in terms of transportation and tourism, intra-government disputes among Japan, China and South Korea sometimes decline their exchanges. Nevertheless, these sectors are easy to be expected raising leverage effects from grass-roots and private sectors' efforts without huge investments. Small progresses from these sectors might bring bigger progresses of political and economic virtuous circle. The current Chinese boom for Japan tourism is contributing to mutual understanding between Japanese and Chinese. Northeast Asia should strengthen this kind of challenges for strengthening bases for their cooperation.

3.3 High Technology and Innovation

Japan-China-Korea summit in 2015 declared higher level cooperation in high technologies and innovations such as digital, information technology and R&D. In terms of collaborations among Northeast Asia, Japan has been transferring high technology to China and South Korea for a long time through official assistance and foreign direct investment; however, the cooperation in high technology and innovation is changing into mutual cooperation among Japan, China and South Korea due to the improvement of China and South Korea's technology level.

The city of Dalian, succeeding in its development as the outsourcing business center of China, shows one good example and opportunity for Northeast Asia. Japan's off-shore development is getting more dependent on the Chinese outsourcing business (Dalian's revenue of software and information technology service and its export reached 135 billion Chinese *yuan* and 4.3 billion dollar respectively). Besides, Chinese companies are expanding and broadening their eyes and directions for more possibilities.

Digital and information technology are being applied in agriculture from production to supply using cloud services, and in transportation using artificial intelligence (AI). For promoting agricultural products and foods and supporting transportation and tourism, high technology and innovation will be needed more and more in Northeast Asia.

4 Current Factors Delaying the Northeast Asian Economic Cooperation

Energy and natural resources, trade and logistics, and finance which have been expected as great opportunities, and on which the Northeast Asian countries have tried various plans, have been occurring stagnation in the Northeast Asian economic cooperation in the global economic slowdown.

4.1 Energy and Natural Resources

Energy and natural resources development in Northeast Asia, especially in Russian Far East Siberia would be able to contribute to diversify energy resources for Japan, China and South Korea, all of which depend much on Middle East. It is the same situation for Russia to diversify its directions of export. Energy and natural resources development in Northeast Asia must be win-win for all of them, but economic cooperation with Russia is being weakened due to the price plunge of international commodities and the economic sanction for Ukraine issue. In the middle term, it would be unforeseeable for global economy to be more confident as we saw at the beginning of the 2000s, and it would not be expectable for regional political environment to be more peaceful. Therefore, the cooperation for energy and natural resources cannot help expecting positive effects from the non-energy economic cooperation.

China continues concrete energy cooperation with Russia. In 2014, President Putin and President Xi Jinping attended the signing ceremony for 400 billion dollar natural gas supply that would start in 2019. In 2016, the China Development Bank and the Export-Import Bank of China decided to loan 12 billion. China is struggling to reach the balance among the long-term diversification of oil and gas supply, the diplomatic ties with Russia and the economic sanction of the global society.

4.2 Trade and Logistics

In terms of trade and logistics, it must have the greatest synergy effects by nature. It is because, in Northeast Asia, there is a huge industrial assets with a great possibility, there are global scale infrastructures in China (Dalian port, Dalian-Harbin express way) and in South Korea (Inchon port, Pusan port), and there are steady progresses in founding intra-regional agreements, such as founding the Ministerial Conference on Transport and Logistics in 2006, the pilot project about the mutual traffic of the chassis between Japan and South Korea, and the China-South Korea FTA. In fact, through these efforts, Japan and South Korea's FDI to Northeast China, especially Liaoning province, and freight transportation using the Siberia Land Bridge (SLR) had increased in the first decade of the 2000s. However, the freight transportation in Northeast Asia surrounded by Northeast China, Korean Peninsula, the coastal area of Japan Sea and Russian Far East has been in stagnation in recent years.

Two kinds of reasons can be pointed out for the recent stagnation. The first kind of reasons are the present-day factors, which include: i. a delay of economic reform and revitalization in China Northeast where SOEs occupies a major role; ii. a shift of foreign direct investment of Japan and Korea to central and west area of China and Southeast Asia for avoiding operation cost rises; iii. continuing instability in relations between Japan and China, and Japan and South Korea; iv. increasing instability in North Korea; v. continuing uncertainty after Ukraine issues in Russia.

The second kind of reasons are the structural factors, which include: i. more competitive relationships among Japan-China-Korea manufacturing industries, whose complementary relationships have dramatically weaken during these ten years due to China and South Korea's catching up in developing heavy industry that had been led by Japan for a long time (China's decreasing on import materials); ii. difficulties for mega projects, due to low density of population and industrial assets compared with other major areas in

China and Southeast Asia; iii. structural uncertainty of intra-government relationship appeared in these years, which has made development projects difficult to get stable ratings in finance.

4.3 Finance

In terms of finance, there are some ideas for financing vehicles such as Northeast Asia Bank of Cooperation and Development (NEABCD) and Northeast Asia Infrastructure Fund. There are some schemes for development provided by Official Development Aide and Asia Development Bank (ADB). However, Russia and North Korea are facing economic sanctions and Japanese local governments are facing difficulties in raising money for mega projects. These difficulties have become restrictions for financial cooperation in Northeast Asia.

Looking at these difficulties in economic cooperation, it is possible to hold constructive dialogues and to develop attractive plans, but it is unimaginable to find out common values and joint actions with some kinds of official agreements in Northeast Asia. Constructing infrastructures and promoting business and investment in respective country is the realistic way to expand trade and investment in current Northeast Asia, but Dialogues and plans are easy to be stale even if they are constructive and attractive. There are few private investors who will invest projects that have delayed for more than a decade. Therefore, Northeast Asia has to improve respective economic body's motivation by making a model to clarify each economic cooperation's priority, its ripple effect and its order.

5 "Priority × Synergy Effects × Order = AISNEC"

Seeing a direction for the Northeast Asian economic cooperation, a regional institutional integration in Northeast Asia will not be a realistic goal, so far, such as ASEAN or TPP, in the middle term, even if Japan-China-Korea FTA would be agreed. Looking back to the challenge of integration in Northeast Asia, various soft cooperations not depending on institutional measures have been done so far.

But now I propose "A to I Middle and Short Term Strategy for the

Northeast Asia Economic Cooperation" (AISNEC) for the Northeast Asia development. AISNEC is a model for various strategies and projects, all of which have been progressed since the 1990s, to be integrated into one comprehensive framework and nine tactics (from A to I)(see Figure 3).

In terms of "a comprehensive framework", some local governments and universities have founded forums and research institutes, and various ideas and plans have come out from these forums and institutes. However, they have not been effectively carried out to make the "Boarders" (B), which expresses the connectivity, be lower, and to expand the "Commerce and Culture" (C), which express economic and social benefits. Most of the strategies appealed various opportunities and hopes, but they lacked priority and reality. Dramatic changes in international order after the Cold War in the 1990s have become big hopes and engines to advance intra-reginal cooperation in Northeast Asia; however, the explosion of ideas and plans have swelled excess expectation without enough support from finance, and local and central governments' capacity or consensus. Especially for Japan, China and Russia, the Northeast Asia development is not a national economic matter but a local matter carried by each local government. For South Korea and North Korea, it is a national matter. Therefore, with the Northeast Asia's goals being simpler and clearer, a sustainable growth and development in Northeast Asia can be more realistic.

In terms of "From A to I", the "Boarders" (B) and the "Commerce and Culture" (C) should become "major goals" as mentioned above. The "Commercial and culture" can be said to be the most important goal, because it is not necessary for each country to participate in each project. However, it is necessary for each project to be promoted as a part of the strategies for the Northeast Asia development to increase participants. Commercial and Cultural exchanges can give direct benefits and incentives, it is the most natural to be one of major goals. Besides, lowering the "Boarders" (B) is relatively difficult to be a major goal, because it is also a matter of national sovereignty and national security. However, the lower the boarder would be, the better "Governance, trust and peace" and the more effective "Finance", which are major elements of basic capacities, would be. The boarder can be said as a major goal and as a substantial accelerator of the Northeast Asian development. Therefore, setting the commercial and cultural exchanges and the boarder as major goals is fundamentally important to clear strategies or a comprehensive framework, which many forums and research institutes have planned but have scarcely achieved fruits of goals for one quarter of a century. These two major goals make the purposes of basic capacities such as "Governance, trust and peace", "Finance" and "Human development and high technology" be clearer and easier for real participants to understand and to carry out the Northeast Asian development.

As mentioned above, "Human development and high technology" (H), "Finance" (F) and "Governance, trust and peace" (G) consist of "basic capacities". These three elements will need to achieve two major goals and support four major projects as follows. And these three elements are not equal in priority to be built and to be improved. "Human development and high technology" must be the most important element to be built, because progress for human development and high technology will definitely contribute to improving the effectiveness and reliability in economic development with lower financial costs and risks. This will mature an atmosphere and will advance movements for founding special financial vehicles in Northeast Asia. Leveling up more visible economic capabilities and building deeper economic ties among the region is the precious but the only way to achieve mutual understanding and trust, which is really needed for permanent peace in the region. Big projects with big slogans have become "a house built on the sand" so far, so the Northeast Asian countries should promote trade and investment respectively with sharing their strategies, goals and the ways with reality and priority.

The last tactics in AISNEC, "Agriculture" (A), "Infrastructure and Integration" (I), "Energy and Environment" (E) and " Development of the Greater Tumen"(D) consist of major projects which can be expected to lead economic and social development under a comprehensive framework, major goals and basic capacities. Of course, there is a priority among these four major projects; i. Agriculture, ii. Infrastructure and Integration, iii. Energy Environment, iv. Development of the Greater Tumen in order of economic, technological and political costs and difficulties. For example, Northeast China is abundant in agricultural materials, but they don't have enough trust in foreign clients due to troubles happening so often. There are various agricultural cooperation purposing to introduce some kinds of standards and IOT (Internet of Things) technology for improving quality and credibility. Probably this can start from a grass-root level by some farmers, local governments, multi-national retail and whole sale enterprises, and IT companies. Besides, developing Greater Tumen Area in North Korea will be the lowest priority project. This project needs a lower boarder measurements by not only North Korea, China and Russia, but also South Korea and Japan, which would be potential major users of Tumen ports, and this needs large amount of money and peaceful inter-regional atmosphere in Northeast Asia.

Then, we can have various plans and projects to understand for one movement for the development. AISNEC is just one experimental idea for all challenges of all kinds in the last quarter of a century to check out the direction as one and integrate this into one. This is what we need to do today for escaping current stagnation in the Northeast Asian development.

6 For a Sustainable Northeast Asian Economic cooperation

In the last quarter of a century, the GTI, energy developments in Siberia, and Trans-Japan Sea and Trans-Eurasia transportation networks have been set as symbols of the Northeast Asia development. But now we have found out that they are symbols of difficulty of the Northeast Asia development. Academic and diplomatic exchanges among researchers and governments, commercial and cultural exchanges among enterprises and local governments have been improving friendships and ties among grass-roots level. However, those have not improved the atmosphere for founding regional development bank and have not promoted intra-regional governance, mutual trust and peace enough. We have to change the situation where it is easy for us to see difficulties and not to see what we have achieved in the situation where we will be more positive to see good results for the next.

For the changes mentioned above, it must be more effective to increase commercial and cultural exchanges; to promote tourism, international conferences, and electric commerce; to improve the mood to progress lowering boarders; to motivate financial institutions; and to improve intra-regional governance and mutual trust and peace. And it must be smoother to progress GTI, Siberia development after piling more fundamental and basic experiences.

For economic and other cooperation in Northeast Asia, China will continue to play a critical role in the development. The Northeast China shares 40% of Northeast Asia's population now. The GDP of the Northeast China becomes almost the same as that of South Korea and that of prefectures of Japan-Sea area in Japan. In addition, China has close ties with Russia, North Korea, South Korea, Mongolia and Japan respectively by facing its boarder and connecting historic ties. China has its own regional strategies with Russia and North Korea. China has normal diplomatic relations with all Northeast Asian countries. China's economic development and China's soft power for arbitration among the Northeast Asian countries can be said premises for economic cooperation among them. New actions by China should be paid attention to in this area.

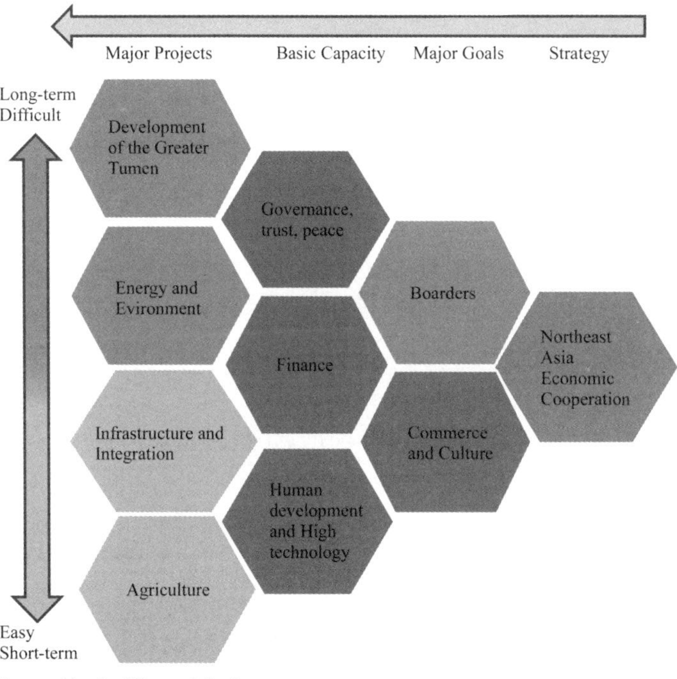

Figure 4 A to I Mid-Short Term Strategy for Northeast Asia Economic Cooperation (AISNEC)

“一带一路”中的项目治理战略问题研究

丁荣贵　王　磊　高少冲　周国华　左　剑*

摘要　项目具有临时性、独特性的特点，与游击战有类似之处，对其战略进行研究似乎没有必要，但“一带一路”中涉及大量的项目，我国众多企业和国家机构以及大量的国家和地区会参与这些项目，其中很多项目与我国长期战略密切相关，众多项目的战术问题集合成战略问题，对“一带一路”中项目治理战略开展研究不仅必要而且紧迫。我国大量海外项目的失败正是由于相关战略研究，尤其是项目治理战略研究的缺失而造成的。项目治理战略研究不能简单建立在面向稳定组织的传统战略研究方法的基础上，而需要借鉴更符合海外项目和“游击战争”特点的战略思想和方法，需要解决项目战略基地建设、项目与宿主单位之间的集权与分权、项目拓展中的包围与反包围等问题。本文对这些战略问题进行探讨并提出相应的策略和建议，为“一带一路”项目拓展和实施中的治理战略问题提供了解决方案。

关键词　一带一路；项目；治理；战略

项目是临时的、独特的，战略是长期的、相对稳定的，所以针对项目开展的战略研究往往被人忽视。当企业面对的市场规模小，不具备同时发动多个项目的条件时，项目仅仅用来满足临时性的需求，此时项目是一次性的，不需要研究其战略问题。但是在“一带一路”市场中，作为项目宿主单位的国家、地区和大型企业集团发起的项目数量多，项目间常常存在各种关联关系，因而需要对多个项目进行统筹规划、整体布局。如何解决多个项目间情报信息的共享、资源

* 丁荣贵，山东大学管理学院教授、博士生导师。王磊，新加坡国立大学研究员。高少冲，山东大学博士研究生、美国佐治亚理工学院访问博士生。周国华，西南交通大学经济管理学院教授、博士生导师。左剑，澳大利亚阿德莱德大学副教授、博士生导师。

和技术的协同、项目拓展的路径和节奏，以及如何发挥项目集聚效应等项目治理战略问题变得愈加重要。本文将分析“一带一路”中项目治理面临的挑战和现有战略研究的不足，在此基础上提出“一带一路”中项目治理战略要解决的关键问题及具体策略。

一、“一带一路”中项目治理面临的挑战

“一带一路”中项目治理面临诸多挑战，对这些挑战的深入分析是探究项目治理战略的基础。“一带一路”涉及国家多，且以迫切需要改善基础设施和完善经济发展体系的发展中国家为主，中国与这些国家的合作涉及政策沟通、设施联通、贸易畅通、资金融通、民心相通等内容①，存在大量的项目机会。仅在2015年上半年，中国与“一带一路”沿线国家的双边贸易总额达4853.7亿美元，共在沿线60多个国家承揽对外承包工程项目1401个，新签合同额375.5亿美元。

在广阔的市场背景下，部分企业本着“博头彩”“抢占先机”的想法，不顾自己是否了解当地政治、经济、文化特点，是否具有完成项目的能力，打着“中国”的旗号试图挤进“一带一路”市场，一窝蜂上，相互之间恶性竞争、低价投标、盲目承揽项目，结果常常无利可图乃至亏损，甚至导致项目被迫中止造成烂尾工程。这种状况的出现不但会使企业陷入困境，更会因一个项目的失败损害中国企业的整体形象。

在“一带一路”中，中国企业开展项目的过程属于“异国远程作战”，项目治理面临资源整合难度高、宿主单位与项目部间的权利配置难度高、竞争对手进行政治和技术包围、企业盲目承揽项目等挑战。对这些挑战认识不清不仅会影响我国企业有效完成项目的能力，更会阻碍“一带一路”国家战略的顺利实施。

（一）项目资源整合难度高

在“一带一路”中开展项目时，中国企业面临项目机会难以提前预知和较大程度上的“无后方作战”问题，这些问题大大增加了项目资源整合的难度。

在全球经济迅速变化和发展的背景下，在文化多样、各国经济水平和政治体制各异的“一带一路”市场中，项目机会的出现受多种因素的影响，难以事先预知。这种情况导致企业无法根据市场的长期需求预先储备战略资源，而是要根据市场独特的临时需求快速高效地调配资源。

对于“一带一路”中的项目，国内宿主单位进行远程资源支持的成本高，难

① 参见国务院：《推动共建丝绸之路经济带和21世纪海上丝绸之路的愿景与行动》，新华网，2015年3月。

以及时、高效、可靠地提供人力、设备、材料等资源，这就要求项目部能够整合当地资源，但不少中国企业缺乏国际项目经验，面临不了解当地政治、经济、文化特点的难题，存在着不能结合当地资源、企业之间各自为战、内部恶性竞争和“流寇式”的项目拓展方式，不仅造成了项目的失败，也给国家形象带来不良影响。

(二)宿主单位与项目部之间权利配置难度高

与企业运营过程不同，项目完成过程不确定性高，需要及时处理临时性突发问题，项目部(项目经理)要具有足够的灵活性以应对项目管理过程中的各种变化。但是项目部权利的灵活性会损害宿主单位在项目治理方面的规范性，“灵活性”与“规范性”间的平衡难度较大。同时，“一带一路”中的项目远在海外，再加上法律法规和文化的不同，宿主单位的监管效果较差。如果中国企业没有根据“一带一路”中的项目特点进行有效的治理机制调整，将难以准确界定宿主单位与海外项目部之间的权力配置关系，容易产生“一抓就死，一放就乱”的指挥缺陷问题。

(三)竞争对手的包围封锁

中国作为正在崛起的大国，必然引起国际上其他国家的戒备，甚至部分国家和企业会通过联盟的形式向中国企业发起针对性的竞争。同时，在“一带一路”中发达国家企业具有技术和标准优势，而当地企业具有本土优势。上述国家和企业通过政治、技术和标准等手段对我国企业进行包围和封锁，力阻我国企业在“一带一路”中进行市场拓展。

在开展海外项目时，我国企业往往采用“单兵作战”的形式，缺乏有效的战略推进路线和策略，缺乏战略资源的储备，与国内企业联合不足而导致企业间的内部竞争，与当地企业缺乏合作而影响了中国企业的属地化和国际化，对其市场竞争力造成了不良影响。同时，中国企业热衷于构建和维护与当地高层的政治关系，而与当地民众、企业、非政府组织沟通不足，导致项目因环保、民生等问题产生风险，同时政局一旦产生变化必将给项目带来更大的风险。

二、“一带一路”中的项目治理战略需要解决的关键问题

战略管理是一个人们长期关注的问题，研究内容涉及愿景制定、使命陈述、内外部环境分析、长期目标建立、战略选择、战略实施和评价、社会责任、全球化

等[①],对企业来讲,研究重点一般为公司层战略、公司治理、知识转移等内容[②]。但面向稳定组织的传统战略研究并不能适应"一带一路"中项目的治理要求,主要表现在以下几个方面:

现有的战略研究关注长期存在的市场整体需求,侧重市场长期需求统计规律的分析[③];而"一带一路"中带来项目机会的市场需求是独特的和临时出现的。现有研究中,战略的实施依赖于已有的竞争性资源,如物质资源、人力资源、组织资源等[④],关注已有资源的价值性、稀缺性、不可完全模仿性和组织性[⑤],要求在实施过程中能够及时获得这些资源;而"一带一路"中的项目处于海外,难以及时获取相关资源,需要临时快速整合资源。现有研究面向稳定的组织结构,关注企业董事会、总经理和高层管理团队对战略管理的影响[⑥],而"一带一路"中的项目治理需要解决项目部与宿主单位之间的权力配置问题。竞争战略和蓝海战略是战略研究的热点,竞争战略强调获取相对于同行的竞争优势[⑦],蓝海战略关注创造新需求和控制成本[⑧],均侧重自我能力的提升,而较少关注企业间的联合和协作[⑨];而我国国家机构和集团企业在"一带一路"中面临竞争对手政治、经济和技术的包围,需要一种"反包围"的合作战略。

可见,现有战略研究不适应"一带一路"中项目治理的特点,难以解决项目

---

① 参见[美]Da vii F R:《战略管理:概念与案例》(第 13 版・全球版),徐飞译,中国人民大学出版社 2012 年版。

② 参见谭力文、丁靖坤:《21 世纪以来战略管理理论的前沿与演进——基于 SMJ(2001~2012)文献的科学计量分析》,《南开管理评论》2014 年第 17 期。

③ 参见 Martens R, Matthyssens P, Vandenbempt K, "Market Strategy Renewal as a Dynamic Incremental Process," *Journal of Business Research*, 2012, 65(6):720-728;厉伟:《企业战略演化内在机制与风险控制研究》,《中国软科学》2010 年第 8 期。

④ Barney J, "Firm Resources and Sustained Competitive Advantage," *Journal of Management*, 1991, 17(1): 99-120.

⑤ Barney J, Wright M, Ketchen D J, "The Resource-based View of the Firm: Ten Years After 1991," *Journal of Management*, 2001, 27(6): 625-641.

⑥ 参见谭力文、丁靖坤:《21 世纪以来战略管理理论的前沿与演进——基于 SMJ(2001~2012)文献的科学计量分析》,《南开管理评论》2014 年第 17 期。Mcdonald M L, Khanna P, Westphal J D, "Getting Them to Think Outside the Circle: Corporate Governance, CEOs' External Advice Networks, and Firm Performance," *Academy of Management Journal*, 2008, 51(3): 453-475.

⑦ 参见[美]波特:《竞争战略》,陈丽芳译,中信出版社 2014 年版。

⑧ 参见许婷、陈礼标、程书萍:《蓝海战略的价值创新内涵及案例分析》,《科学学与科学技术管理》2007 第 7 期。

⑨ 参见陈仕华、姜广省、卢昌崇:《董事联结、目标公司选择与并购绩效——基于并购双方之间信息不对称的研究视角》,《管理世界》2013 年第 12 期;王竞达、瞿卫菁:《创业板公司并购价值评估问题研究——基于我国 2010、2011 年创业板公司并购数据分析》,《会计研究》2012 年第 10 期;顾露露、REED R.:《中国企业海外并购失败了吗?》,《经济研究》2011 年第 7 期。

治理面临的挑战。围绕项目治理战略问题开展的研究需要解决以下三个关键问题：

第一，异国环境下的临时性项目治理问题。中国企业在异国开展项目缺乏及时有效的资源供给，项目的临时性容易导致企业采用“流寇”的方式开展项目，难以在当地形成长久影响、获得持续发展，无法产生项目集聚效应。

第二，项目管理灵活性与宿主单位治理规范性的平衡问题。项目局部效益与企业总体效益存在对立统一的矛盾，项目开展的灵活性、高效率和集团总部管理的规范性、低风险之间的平衡是管控项目的关键问题。同时，企业与行业之间、行业与国家之间也存在着局部效益和整体效益上的矛盾。

第三，竞争者的战略“包围”问题。中国海外项目面临当地及发达国家在政治、地理、技术、宗教文化、标准等方面形成的“包围”，如何促使中国企业间、中国与当地企业间的联合以实施“反包围”，是项目治理战略需要解决的重要问题。

上述三个问题将通过以下战略措施来解决：通过项目战略基地的建立来解决资源的及时供应和项目集聚效应的问题，通过有效的项目治理机制来解决项目部的“灵活性”和宿主项目治理的“规范性”之间的矛盾，通过市场拓展策略来解决中国企业面临的“被包围”的困境。

三、“一带一路”中项目战略基地的建立

项目战略基地的建立有助于解决中国企业异国作战和“流寇”式项目运作方式产生的资源和项目集聚问题，通过形成“堡垒”效应促进其在当地获得持续发展和长久影响。

(一)项目战略基地的作用

项目战略基地，在一定程度上类似于游击战争中的“根据地”，是国家产业管理机构和企业赖以执行战略规划，打造与利益相关方长期、可靠、高效共同发展的战略性项目支撑平台。项目战略基地的项目和相关资源的集聚效可以大幅度降低项目成本和提升竞争力，例如重型机械、建筑材料的运输成本较高，在项目集聚的条件下，可以通过共用运输线降低项目的运输成本。此外，项目战略基地不是单纯的资源供给基地，还兼具项目宣传和信息收集、践行社会责任、维持与当地良好关系、带动当地发展等功能。

(二)项目战略基地的种类

在不同情况下，需要建设不同类型的项目战略基地，需要考虑的因素包括当地的发展潜力及与中国的外交关系、中国企业的进入优势、当地产业聚集度和资源供应条件、当地项目的社会辐射性、面临的竞争环境等。

1. 长久项目战略基地

与中国具有稳定的外交关系，市场发展潜力大，且我国企业和机构具有市场竞争优势的国家和地区，其中项目机会众多且相互关联，可在该区域建立长久的项目战略基地。例如，巴基斯坦与中国建立了全天候战略合作伙伴关系，是“一带一路”中保证项目成功的重要战略堡垒，因此可以在巴基斯坦建立相应的企业战略基地、行业战略基地、国家战略基地。

长久战略基地的发展要注重整合当地资源。中国企业的战略定位要从“走出去”开拓市场转变为建立国际化企业，实现从项目承包商到国际企业经营者的身份转换，加强对全球资源的整合和当地资源的利用，例如当地机构、企业进行资本融合、使用当地的供应商和人力资源。要发挥大国作用，带动当地企业和民主的经济发展。在整合资源的过程中，中国企业要与各利益相关方通过多种关系形成社会网络，并在网络中占据重要地位。还需要尽可能介入项目完成后的运营中去，将项目这样的“游击战”转变为“堡垒战”。

长久战略基地要配套建设医院、学校、图书馆等基础设施，要特别注重未来亲华人才的培养。日美几十年前甚至上百年前就开始通过大规模提供奖学金来培养海外青年人才，这些人才因理解日美文化而成为其重要的战略资源，所以中国也需要加强“一带一路”中当地人才的培养意识，并将其纳入国家战略中。因此，中国可以在当地开办学校，以培养认可中国文化的本地人才为使命，建立“一带一路”中的人才战略基地。同时，通过校企联合设立海外奖学金的方式资助当地青年学生赴华留学，培养优秀人才的同时也提高了企业在当地的社会形象。

2. 临时性项目战略基地

在“一带一路”的某些国家和地区，项目集群随着项目结束而发生转移，中国企业需要随着项目集群的转移建立临时性的项目战略基地。临时性项目战略基地需要为项目提供资源供应、信息情报收集、设备调整和人员休整等支持。具体表现形式多样，例如，季节性物料和重型设备补给站，提供物流运输支持的货运铁路，服务多个项目的混合混凝土搅拌站等。临时性项目战略基地通过多个项目之间的协同降低项目成本，同时多个项目的集中能够形成产业集聚效应，带动当地的经济发展，提高中国企业的社会影响力。

3. 游击区

游击区是指具有一定的市场潜力，但项目机会分散的区域。对于这些地区，需要在当地采取“中小型项目主导、大型项目跟随”的战略，发挥这些项目“宣传队”和“播种机”的作用，逐步提高中国企业在当地的影响力，为今后获得众多集中的项目机会奠定基础。同时，在这些区域内积极开展学术交流活动，组织当地技术及管理人员的培训，有利于提高多方合作的可能性，逐步实现“星星之火，可以燎原”。

除上述三种类型外，“一带一路”沿线部分国家和地区由于战争、内乱、贫穷等因素而导致项目机会较少，当下缺乏合作潜力。此时，中国政府需要保持同此类国家和地区的政治联络，通过援建项目来促进当地的社会经济发展，同时还要保证与当地大学、公共机构、华侨的合作，通过文化和学术交流等多种形式保持国家间的密切联系，为获取未来的项目机会奠定基础。而在发达地区，中方获得项目机会的难度较高，虽然此类区域一时难以介入，但可以通过加强两国高校和科研机构、行业协会的合作来跟踪和学习发达国家先进的技术和管理，提高中国企业的竞争力。

上述“硬性”项目战略基地的长久发展需要“软性”项目战略基地的配合。“软性”项目战略基地将为企业提供“情报”和“智囊”支持，具有强大的信息收集、分析和处理功能以及政策和战略研究、风险预警等功能。通过运用大数据、互联网和物联网等新兴技术为“一带一路”中的项目搭建信息情报支持平台；同时政府部门与国际机构、国内外高校合作成立智库，作为“一带一路”中项目的智力支持平台。信息支持和智力支持能够为企业及时捕捉项目机会、掌握整合项目资源的主动权提供可靠保障。

四、“一带一路”中项目治理机制

“一带一路”中的项目涉及三种项目治理机制，即单个企业集团对项目的治理机制、多个企业集团的联合项目治理机制、国家产业部门对多行业综合项目群的治理机制。

（一）单个企业集团对项目的治理机制

总部从事项目治理活动，项目经理从事项目管理活动。如何对项目经理分配资源以及制定资源使用规则均属于项目治理层面的问题，而如何有效使用资源则属于项目管理的范畴。

“一带一路”中海外项目的特点导致项目“将在外君命有所不受”现象的出现。如何配置权力是单个集团项目治理机制的关键点。企业集团应该既反对绝对的集权，又反对绝对的分权，做到战略的集中指挥和项目的分散管理，达到宿主单位治理规范性与项目管理灵活性的平衡。企业集团需要制定周密的战略计划，保证战略计划的科学性和统一性，以为各个项目提供统一的指挥原则。项目推进战略和路径、项目机会选择、项目前期立项等问题需要集团总部作出决策，而实施过程中的项目管理权要下放，赋予项目经理充分的权力，从而做到“战略统一下的独立自主的游击战争”。同时也要控制权力配置的灵活性，切勿因侧重灵活性而忽略项目计划的作用。华为的做法值得借鉴，其充分权衡集权与放权的程度，做到“让听见炮火的人来指挥”，在企业统一的战略指导下，项目经理具有足够的权利解决项目实施过程中遇到的问题。

由于国有企业具有易指挥性及资源易调配的特点，应最大限度地发挥国有企业的在“一带一路”中的主导作用。赋予项目部财务融资灵活的权限，其中这个权限要预先设定，并且设置相应的审计节点，并在考核评价机制上作出相应调整。此外，集团公司制定对项目的治理机制要充分结合当地土地建设、技术要求、建筑许可、环境保护等实际情况，否则会对项目带来灾难性的后果。例如，2013 年某中国企业签约沙特某项目土建安装工程，而当工期过半时工程进度却不及计划的三分之一，成本支出也已达到预算成本的一半，究其根本原因即企业集团未能充分考虑沙特当地实际情况，影响项目的实施进度和成本控制效果。

（二）多个企业集团间的联合项目治理机制

在“一带一路”中，“单兵作战”的中国企业难以高效地完成项目。因此中国企业间、项目间协同发展是必要的，能否建立完善的企业集团间的联合项目治理机制对于整体战略的成败起到决定性作用。

“一带一路”是一块诱人的蛋糕，各企业集团应通力合作将蛋糕做大，而不应该一窝蜂上，“各自为政”甚至“尔虞我诈”，这样做仅仅是在瓜分有限的蛋糕。不同项目之间、企业之间应该形成关联，企业、大使馆、商业协会、高校等机构也应形成关联，这些关联的形成有助于将蛋糕做大，促进所有利益相关方共同发展。多个企业集团，特别是国有企业之间可共同建立联合治理小组，统一协调联盟中各利益集团的关系，充分发挥企业间的协同效应。

建立项目群物资配合机制。通过物资的统一调度、联合采购等活动，可以提升物资使用效率和降低项目采购成本。还可通过项目间工程机械等大型设备的租赁来提高设备利用效率，降低项目群的整体成本。

建立资金融通机制。面临外国及当地企业集团的金融封锁，中国各企业集团可以通过建立资金融通机制将有限的资金最大限度的流转起来，积极发挥亚洲基础建设投资银行等金融机构的作用，在相关法律框架内尽量提高资金的利用效率。

建立联合信息共享机制。海外市场瞬息万变，情报信息的获取对于企业和项目来说至关重要。因此，项目间应建立联合信息共享机制，利用互联网和物联网等技术对政策、市场、信息等及时收集和共享，使企业和项目具有“千里眼”和“顺风耳”。情报信息的共享非但没有泄露商业机密，反而为各企业带来更多的发展机会。

(三)国家产业部门对多行业综合项目群的治理机制

"一带一路"战略是国家发展战略,我国政府根据"一带一路"沿线国家和地区的具体产业需求以及国内产业实际产能情况进行战略性布局。国家支持对外的基础设施建设,重点产业包括电力电网、油气油田、交通物流等。

国家要组建若干针对"一带一路"战略的平台,例如技术平台、金融平台、管理平台等,为"一带一路"战略和项目的实施提供知识、信息、技术、装备和人才的支持。

参与"一带一路"沿线项目建设的企业大多为国有企业和骨干民企,为保证产业结构布局合理,我国商务部、发改委、外交部等政府经济管理及涉外部门应积极联合,制定国家产业部门对"一带一路"多行业综合项目群的治理机制,全面规划"走出去"的产业布局,发挥产业间的关联效应、规范推进策略和节奏。通过税收政策、行政补贴、财务金融政策、资质认证等手段来调控"走出去"的产业类型和企业数量,从而调整产业战略布局的结构。例如,对于铁路建设而言,可以通过行政手段和税收政策进行铁路投融资、设计、施工、装备运营维护的全产业链的海外布局,保证产业结构布局的合理性。

五、"一带一路"中的市场拓展策略

随着"一带一路"建设进程的加快,部分企业陷入"孤军深入""孤立无援"境地,而造成上述现象的原因是多方面的。对于外部原因,中国作为正在崛起的大国,容易受到来自其他国家针对性的竞争,中国企业往往会深陷发达国家企业形成的政治"包围";此外,发达国家企业在技术手段、行业标准、管理规范、资金融通渠道上具有垄断性优势,中国企业还面临其形成的技术"包围"。对于内部原因,中国企业往往"求胜心切",在当地开展项目的过程中,忽略与当地企业、其他中国企业的互联合作,难以发挥"得道多助"的优势,一味埋头蛮干而"失道寡助"。

(一)中国的"反包围"策略

如何破除在"一带一路"进程中面临的政治和技术上的"包围"是国家和大型企业集团面临的难题。中国古语有云:"以其人之道,还治其人之身。"破除包围的最好办法就是对敌人进行"反包围"。中国企业可以通过政治联合和技术联合来分别破除政治上和技术上的"包围",以逐步形成中国主导的技术标准和管理标准,从而形成长久的竞争优势。

中国难以"单枪匹马"地破除政治"包围",需要联合其他政治关系友好、经济互相依赖的国家来共同突围。具体的联合策略有:充分发挥亚投行、金砖国家发展银行、丝路基金的投融资优势,为"一带一路"中的项目发展提供"源头活水”;中国金融机构的业务重心应由主权担保类项目向项目融资类项目转变,与国际通行的融资模式接轨,并且通过降低融资成本和提高融资过程的便利性来增加中国资金的海外吸引力和辐射度;充分利用中国与部分国家设立的自贸区,将其作为企业的战略物资供给点;发挥东盟、上海经合组织等国际联盟互帮互助的作用,形成国家间重大战略决策的通报机制,为各方提供情报信息,促进协同发展。

在项目拓展过程中,中国国有企业具有资金充足的优势,可以通过国际收购的方式获取相关资质,拓展市场准入领域。另外,中国国有企业具有资源调度便利的优势,可以完成难度高、资金回收期长但对中国“一带一路”战略具有重要意义的项目。同时不同企业的技术特点不尽相同,各企业利用自身技术优势进行联合互补,形成商业联盟;还可通过联合产业链上的多个企业,形成上下游企业间的产业链联盟。通过两类联盟的形成可对欧美企业实施“反包围”,从而破除其技术“包围”。

(二)“反包围”中的项目拓展过程

企业突破“包围”的过程是项目拓展的过程。在拓展过程中,政府有关部门和行业协会要对参与“一带一路”的中国企业进行筛选,相关企业应承揽典型项目并避免激进式的项目开发方式,需要积极制定符合当地情况的技术和管理标准,同时还应该准确把握项目信息发布的时机。此外,中国应该承担大国责任,带动当地社会经济发展。

面对广阔的“一带一路”市场,部分企业盲目开展海外项目,不仅影响本企业的利益,还会严重影响中国企业的海外声誉。在印度尼西亚的电力市场,由于某企业的项目执行情况不能满足合同要求,当地政府和投资方已经开始限制中国企业参与后续项目。针对这种情况,国家、行业协会需要通过资质认证和等级评价对企业进行管理和监督,以保证企业达到“准出”资格。例如,工程企业取得对外承包工程施工和劳务合作许可后,才能开展海外项目。

典型项目是中国企业突破包围的一把“尖刀”。典型项目是对当地政治、经济、文化或民生辐射性较广、能够对当地社会发展起到长期影响作用的项目,例如基础设施项目、能源项目、通信项目等。另外,此类项目往往不是一次性的,它们关联的产业链较长,建成后的运营仍需要大量工作。承揽典型项目,能够满足更多、更关键利益相关方的需求,提高项目拓展的效率和可靠性。

对于具备“一带一路”市场开发能力的企业,在项目拓展过程中要做到稳扎稳打,力戒急躁情绪,把握“推进节奏”。因为企业自身能力有限,当企业同时开展的项目数越多则项目的失败率会越高,项目失败情况增多往往会造成企业更大的社会形象和经济损失。同时海外项目不同于国内项目,企业外线作战,更容易出现资源供给不足的问题，此时需要集中优势资源完成已有项目，避免“广撒网”的现象。

在项目拓展过程中，需要决策者准确把握项目信息公布的时机。项目拓展的关键在于“兵贵神速”，要做到出其不意，提前泄露相关项目信息会增加谈判成本，从而造成项目拓展成本过高，带来无法预估的风险。同时，要与媒体进行协同，过早宣传项目拓展信息而又没有真正开展会导致当地民众的猜疑，造成民众的不信任感，影响企业在当地的社会形象。

在项目拓展过程中，中国企业作为“长征式宣传队”，代表着中国形象，要树立大国意识，充分承担大国责任，保有共同发展的使命感。避免狭隘的民族主义，防止出现大国式的傲慢心态，而需要保持价值供需平等的心态。

六、结束语

本文针对异国环境下的临时性项目治理问题、项目管理灵活性与宿主企业治理规范性的平衡问题、竞争者的战略“包围”问题进行了研究，提出了相应的策略和建议。“一带一路”的战略意图需要通过一个个项目来实现，项目间的关联性、项目与宿主企业的关联性、各企业集团之间的关联性等产生了项目战略布局的必要性，众多项目的战术问题集合成“一带一路”中的项目治理战略问题。这些问题的研究和具体策略的提出有助于中国及企业应对“一带一路”中项目治理面临的挑战，对“一带一路”战略的顺利实施具有重要意义。

“一带一路”建设与东亚经贸合作

孔庆峰*

摘要 “一带一路”是我国提出的连接亚欧、实现区域内互联互通,促进各国经贸可持续发展的伟大战略。本文主要介绍了当今东亚的经贸合作状况,通过分析“一带一路”战略与东亚各国经济贸易的相关性,提出了一种在“一带一路”战略下,东亚经济合作的新模式。通过分析,本文得出以下结论:东亚各国能够以“一带一路”为契机,形成一种“新雁阵”模式,促进产业转型升级;东亚各国应当积极主动地融入“一带一路”的建设之中,实现区域内的可持续发展。

关键词 一带一路;东亚;经贸合作

“一带一路”伟大构想自2013年提出以来,受到了国际社会的广泛关注,先后得到了100多个国家和国际组织的支持与响应。对于东亚地区而言,由于历史及政治原因,尚未形成相关的自由贸易协定,这给东亚地区的经贸合作造成很大的阻碍,“一带一路”倡议的提出,给东亚经贸合作带来了新机遇。相关文献对“一带一路”条件下东亚地区的发展进行了一定的探讨和研究,如朴光姬经研究发现,“一带一路”将基础设施联通作为构建亚洲区域经济增长机制的主导路径,这为以发展中国家为主的地区经济增长提供了理论突破和实践的可能。刘兴华认为,“一带一路”为东亚合作的机制构建创造了契机,它在催生亚投行等国际机构和弥补现有制度安排不足的同时,有助于未来东亚各领域合作机制的培育。吴昊和李征对“一带一路”进程中东北亚的战略地位进行了分析,认为将东北亚地区纳入“一带一路”重点合作区域是必要的,应加快推进中日韩自由贸易协定谈判进程,加快提升和完善大图们倡议区域合作机制,共同参与“一带一路”建设。本文就“一带一路”建设与东亚经贸发展的相关性进行了分析,并

* 孔庆峰,山东大学经济学院教授。

着重分析中、日、韩三国的经贸合作现状，提出了东亚经贸合作的具体可行路径。

一、“一带一路”与东亚经贸发展相关性分析

“一带一路”为东亚国家提供了新的发展思路。20世纪80年代以来，东亚地区经济迅速增长，各国相继崛起，创造了“东亚奇迹”，但自1997年金融危机以来，资本的大量流出使得东亚地区经济明显放缓，东亚各国纷纷渴望寻求一种新的经济增长模式，如今“一带一路”的提出，将中亚、南亚、东南亚、西亚等区域连接起来，建立健全亚洲供应链和价值链，为迟缓不前的东亚经贸提供了有效的解决方案。美国经济学家保罗·克鲁格曼曾指出，“东亚奇迹”的产生主要是凭借劳动和资本等要素投入的非常规急剧增加，而不是由劳动生产率的显著提高带来的。大量的外来资本投入(以美国为主)结合东亚地区的劳动力优势带动了该地区的经济发展，并在日本的带领下形成“雁阵型”经济发展模式，在出口导向发展战略下，东亚各国及地区相继实现了经济腾飞。但在经济迅速发展的过程中，各国的全要素生产率并没有得到相应的提高，技术水平与西方发达国家之间的差距并未缩小，因此当资本迅速撤离时，增长奇迹便不复存在。因此对于东亚各国及地区，当务之急是要提高生产技术水平，避免陷入“低端锁定”状态，而“一带一路”为此提供了契机。

“一带一路”将亚洲内部较为发达的东亚各国与发展程度欠佳的亚洲其他国家联结起来，深化了亚洲各国的合作。在该种合作模式下，东亚各国有助于打破传统的“雁阵模式”，实现产业的转型升级，提高全要素生产率，从而在价值链中实现国际分工地位的进一步攀升。在全球价值链(GVC)分工体系下，由于东亚各国的经济增长主要依靠资本与劳动的投入，技术因素不占主导，在全球价值链中处于中下游的位置，容易陷入“低端锁定”的状态。“一带一路”战略的提出为东亚各国与亚洲其他国家共同形成区域价值链(RVC)提供了可能，东亚各国若能同其他亚洲新兴国家组成区域价值链，将有机会实现产业转型升级，能够从全球价值链中的技术落后方转换为区域价值链中的相对技术先进方，接触甚至控制价值链的中高端环节，通过主导区域价值链，实现东亚地区经济发展向中高端水平迈进的目标，为东亚地区的经济发展提供新的可行方案。

“一带一路”能够推动东亚国家的贸易与投资发展。东亚身为亚洲地区的经济中心，资金较亚洲其他地区而言较为充裕，资本流动性强。而诸如东盟各国及其他“一带一路”沿线国家需要大量的外部资金来支持本国的基础设施建设，这为东亚各国提供了大量的投资机会，并且能够实现双方的互利共赢。在贸易方面，“新亚欧大陆桥”将广阔的亚洲腹地和欧洲连接起来，为东亚地区的

商品提供了庞大的市场，这给东亚地区的贸易带来了新机遇。

二、东亚经贸合作概况及问题

作为东亚地区的核心国家，中国、日本和韩国地理位置毗邻，文化传统相似。以儒家文化为内核的中国传统文化早在秦汉时期就已经传播到了日本和朝鲜半岛，长期的文化交流使得三国的文化有许多相似之处，这为东亚地区的贸易合作打下了坚实的基础。20 世纪 80 年代韩国经济的崛起及近年来“中国式增长奇迹”的产生，也为三国间的经济贸易合作提供了良好的经济基础。虽然由于历史原因，中国与日本和韩国的经贸交流起步较晚，但发展较为迅速，作为东亚地区经济实力最强的三个国家，中、日、韩三国贸易迅速发展的原因主要是由于三国在经济上很强的互补性。

中国、日本和韩国三国在经济上的互补性体现在三国的产业结构、资源禀赋和出口结构方面，这为三国经贸合作提供了必要条件：(1)就三国的产业结构来看，中、日、韩三国目前处于不同的发展阶段，日本经济高度发达，已经步入了后工业化阶段，拥有较为成熟的生产技术与管理经验，在技术和资本密集型产业方面优势明显，信息工程、生物工程和多媒体等高科技产业是其重点发展领域。韩国作为新兴工业化国家，与 20 世纪 80 年代后实现经济的飞速发展，其电子、电器、造船等技术密集型产业比较发达。而中国作为当今市场的新兴经济体，处于正在实现工业化的过程之中，产业结构较日、韩两国而言处于较低层次。但中国基于庞大的人口基数，劳动密集型的制造业比较发达。在国际分工中，日韩处于中上游的位置，而中国则处于相对下游的位置，因此三国在产业结构和技术水平上具有明显的互补性和传递性。(2)就三国的资源禀赋来看，中国的自然资源在三国中相对较为丰富，尤其是中国的农业资源和矿物资源，在三国中处于绝对优势地位。而日本除渔业、森林和水力资源外，其他资源业相对匮乏。韩国与日本类似，同属自然资源比较匮乏的国家，能源和工业原料自给率很低，主要靠进口原料来进行生产。此外，在劳动力方面，日本和韩国人口总量较低，加之 20 世纪 90 年代后两国的“人口老龄化”趋势愈发明显，导致了日、韩两国的劳动力成本较高；而中国“人口红利”效应明显，可以提供价格相对低廉且数量庞大的劳动力资源。因此综合来看，中、日、韩三国无论是从自然资源还是劳动力资源方面都存在加强合作的基础与必要。(3)三国的出口结构存在很强的互补性。具体而言，中国主要从事劳动密集型的加工贸易比重较大，而日韩则主要出口资本密集型及技术密集型产品。此外，随着产品内贸易的迅速发展，中间商品在国际贸易中所占的份额越来越高，相对于在最终消费品出口方面具有竞争优势的中国，日本在中间商品出口领域的竞争力不容小觑。因此中、日、韩三国在出口产品构成方面交叉范围很小，这也是中国、日本和韩国多边贸易迅速发展的一个重要原因。

近些年来，中、日、韩三国的经贸关系一直保持着良好的发展势头，相互之间的贸易和投资规模不断扩大，贸易依存度不断提升。从货物贸易来看，中、日两国的双边贸易发展迅速，经过 20 多年的发展，中日货物贸易总额由 1992 年的 253.61 亿美元上升至 2016 年的 2749.39 亿美元，增长了 10 倍之多，中日双边货物贸易的迅速发展使得中、日两国逐渐成为彼此最重要的贸易伙伴之一。单从进出口来看，中国对日本的货物进出口额增长迅速且增长趋势相似，呈现出一种“波浪式”增长，进口额略微高于出口但差别不大。中、韩两国在 1992 年货物贸易总额仅为 50.28 亿美元，远小于当时的中日货物贸易总额，但其增长率较中日间货物贸易而言较高，至 2015 年，中韩间货物贸易总额高达 2757.92 亿美元，几乎与中日间货物贸易总额平齐。分开来看，与中日货物贸易不同的是，中国对韩国的进口额在两国货物贸易中占较大比重，且与出口额差距较大，这反映出两国的货物贸易的不平衡性。日、韩两国的货物贸易规模虽在 1992 年时超过中日与中韩间货物贸易规模，但发展较为缓慢，至 2016 年，双边贸易总额为 712.55 亿美元。从表 1 中可见，日本对韩国的出口在两国双边贸易中占主要地位。

表 1　　1992～2016 年中日韩货物贸易概况　　单位:亿美元

年份	中日贸易			中韩贸易			日韩贸易		
	总额	出口	进口	总额	出口	进口	总额	出口	进口
1992	253.61	116.79	136.82	50.28	24.05	26.23	293.62	177.93	115.68
1993	390.65	157.77	232.89	82.21	28.60	53.60	307.06	190.67	116.39
1994	479.05	215.79	263.27	117.22	44.02	73.19	378.07	243.18	134.89
1995	574.71	284.67	290.04	169.81	66.88	102.93	485.07	312.26	172.81
1996	600.67	308.86	291.81	199.81	75.00	124.82	452.77	293.28	159.49
1997	608.33	318.39	289.95	240.56	91.27	149.30	406.48	260.65	145.84
1998	579.35	296.60	282.75	212.66	62.51	150.14	274.39	153.63	120.76
1999	661.74	324.11	337.63	250.34	78.08	172.26	389.25	228.91	160.35
2000	831.64	416.54	415.10	345.00	112.92	232.07	511.49	307.00	204.49
2001	877.28	449.41	427.87	358.96	125.19	233.77	424.94	252.97	171.98
2002	1019.00	484.34	534.66	441.03	155.35	285.68	440.55	285.70	154.85

续表

年份	中日贸易			中韩贸易			日韩贸易		
	总额	出口	进口	总额	出口	进口	总额	出口	进口
2003	1335.57	594.09	741.48	632.23	200.95	431.28	527.10	348.06	179.03
2004	1678.36	735.09	943.27	900.46	278.12	622.34	663.04	442.57	220.46
2005	1843.94	839.86	1004.08	1119.28	351.08	768.20	710.45	466.30	244.15
2006	2072.95	916.23	1156.73	1342.46	445.22	897.24	775.98	502.70	273.28
2007	2360.13	1020.62	1339.51	1601.84	564.32	1037.52	816.41	543.33	273.07
2008	2667.32	1161.32	1506.00	1860.70	739.32	1121.38	889.69	594.93	294.76
2009	2288.48	979.11	1309.38	1562.32	536.80	1025.52	692.57	472.73	219.84
2010	2977.80	1210.44	1767.36	2071.06	687.66	1383.39	909.62	623.61	286.01
2011	3428.37	1482.69	1945.68	2456.37	829.20	1627.17	1059.85	661.74	398.11
2012	3294.59	1516.27	1778.32	2564.02	876.74	1687.28	1020.60	615.28	405.32
2013	3123.78	1501.33	1622.46	2742.38	911.65	1830.73	923.36	565.13	358.22
2014	3123.12	1493.91	1629.21	2904.42	1003.33	1901.09	849.06	515.20	333.85
2015	2785.19	1356.16	1429.03	2757.92	1012.86	1745.06	708.26	440.19	268.07
2016	2749.39	1292.68	1456.71	2526.82	937.07	1589.75	712.55	462.35	250.20

数据来源:联合国商品贸易统计数据库。

在投资方面,三国保有较大的投资规模但增长中波动明显。中、日、韩三国间的直接投资在 20 世纪 90 年代中期开始迅速增长,作为三国对外经贸活动的组成部分,占有比较重要的位置。中国对于日、韩两国来言,都是仅次于美国的第二大投资目的国,在日、韩两国对外投资中占比重较大。日本和韩国对中国的直接投资波动较大,在 2004～2005 年达到较高水平(2003 年之前部分数据缺失,未予列出),此后经历了衰退期。其中,日本对中国投资在 2011～2013 年经历了新一轮上升期达到新的历史最高点后又呈现出下降态势,而韩国对中国的直接投资规模则一直没有恢复到下降前的水平。据商务部 2017 年 1～9 月数据,韩国和日本分列对华直接投资来源国家或地区的第四位和第六位。反观中国对日本与韩国的直接投资,虽然中国如今已成长为世界第二大对外投资国(仅次于美国),但中国对日本和韩国的直接投资规模远小于日韩对华的直接投资规模。

表 2　　2004～2015 年中日韩直接投资情况

年份	日本对华直接投资		韩国对华直接投资		中国对日直接投资净额		中国对韩直接投资净额	
	金额（万美元）	年增长率(%)	金额（万美元）	年增长率(%)	金额（万美元）	年增长率(%)	金额（万美元）	年增长率(%)
2004	545157	7.86	624786	39.20	1530	107.60	4023	−73.86
2005	652977	19.78	516834	−17.28	1717	12.22	58882	1363.63
2006	459806	−29.58	389487	−24.64	3949	129.99	2732	−95.36
2007	358922	−21.94	367831	−5.56	3903	−1.16	5667	107.43
2008	365235	1.76	313532	−14.76	5862	50.19	9691	71.01
2009	410497	12.39	270007	−13.88	8410	43.47	26512	173.57
2010	408400	−0.51	269200	−0.30	33799	301.89	−72168	−372.21
2011	632963	54.99	255107	−5.24	14942	−55.79	34172	−147.35
2012	735156	16.15	303800	19.09	21065	40.98	94240	175.78
2013	705817	−3.99	305421	0.53	43405	106.05	26875	−71.48
2014	432530	−38.72	396564	29.84	39445	−9.12	54887	104.23
2015	319496	−26.13	403401	1.72	24042	−39.05	132455	141.32

数据来源：中国统计年鉴(2004 年以前的资料缺失)。

尽管中、日、韩三国经济实力雄厚、贸易合作日益深入，但三国在经济合作过程中也存在许多亟待解决的问题。作为东亚地区的经济引擎，中、日、韩三国贸易规模及投资规模巨大且发展前景良好，但三国之间并没有形成诸如自由贸易协定等促进东亚经济贸易发展的经济合作协定，相对于欧洲、北美等世界其他主要地区，东亚地区的经济一体化合作长期处于相对落后的状态。自 2012 年 11 月 20 启动中、日、韩自贸区谈判以来，历经 5 年时间、12 轮谈判，三国仍未达成一致，作为东亚地区的经济大国，中国、日本、韩国三国之间的经济贸易关系日益密切，但三国间并没有形成与其贸易额相匹配的贸易协定，这无疑会阻碍东亚地区贸易的持续发展，因此在这种情况下，寻找一种新型的合作路径非常迫切。

三、东亚经贸合作的途径

“一带一路”建设为东亚经济发展提供了新路径。“一带一路”东边连接亚太经济圈，西边联结欧洲经济圈，成为贯穿欧亚大陆的重要通道，在“一带一路”沿线各国的合作下，中日韩等国可以寻求一种新的经贸合作模式。具体而言，这种新的经贸合作模式与传统的以日本为首的“雁阵模式”不同，传统的东亚“雁阵模式”是以日本为“雁首”，东亚各国为“雁身”的协同发展模式，而在新模式下，东亚各国（主要是中国、日本、韩国三国）将发挥其在资本、技术上的比较优势，为东南亚、中西亚国家提供大量的基础设施建设基金，以弥补这些国家在资金技术上的短缺。此外，东亚国家也会牢牢把握住这一机遇，顺势实现本国内部的产业优化升级，实现本国产业在国际分工地位中的进一步攀升。具体的合作路径如图1所示，东亚各国为“一带一路”沿线欠发达国家提供资金、生产技术和先进的管理经验，利用沿线国家的自然资源及劳动力资源的比较优势，为欧洲市场提供制造业产品，形成一种以中日韩领头、沿线国家跟进发展的“新雁阵模式”，通过“一带一路”新亚欧大陆桥经济合作走廊的建设，将东亚和欧洲这两大市场联系起来，从而有效降低东亚与欧洲之间的贸易成本，形成跨地区带动的协同发展。因此，日本和韩国通过中国参与“一带一路”建设，不仅可以将国内的低端产业顺势转移至沿线欠发达国家，推动本国产业转型升级，更能搭乘新亚欧大陆桥经济合作走廊的顺风车，进一步深化与欧洲市场的经济贸易合作。

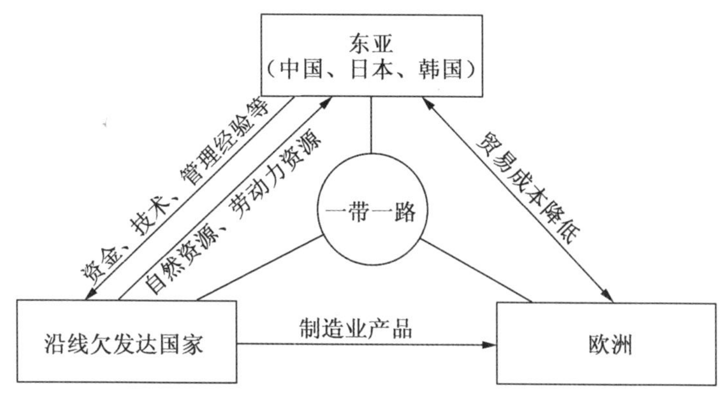

图1 “一带一路”下亚欧合作新模式

“一带一路”建设为东亚同欧洲地区的经济合作提供了便利。东亚地区素来与欧洲经贸活动频繁，尤其是中国与欧洲市场的贸易增长迅速。在2000年，中国同欧盟地区的贸易总额仅为924.42亿美元，经过十几年的发展；至2014年，中国与欧盟贸易总额突破6000亿美元，较2000年增长超过5倍；之后受各种因素影响，增长速度下滑，贸易额缩小，2016年为5500亿美元，仍为欧盟第二大贸易伙伴国。日、韩两国同欧盟的贸易合作从总量上而言较中国规模为小，但总量也超千亿美元，位列欧盟贸易伙伴国中的第七位和第八位，与其有着良好的贸易前景。历来，东亚同欧洲之间的贸易是通过马六甲海峡、孟加拉湾，穿过印度洋，绕过好望角，纵向穿越南大西洋，路经西非海岸，一部分经地中海最终到达欧洲，在中欧"一带一路"合作中，新亚欧大陆桥建设为东西两端的经贸往来提供了极大便利，此外，中国与希腊率先达成了比雷埃夫斯港建设协议，在未来，随着比雷埃夫斯港的改造完成，将会开辟一条东亚与欧洲间贸易的新航线，东亚与欧洲的航线距离将会大大缩短，东亚与欧洲地区的贸易成本也会随之降低，东亚同欧洲国家的经贸合作将会得到进一步发展。因此，中、日、韩三国应当充分把握"一带一路"带来的机遇，利用好"一带一路"基础设施建设带来的贸易红利，进一步加强同欧洲地区的贸易合作。

表3　2000～2015年中日韩与欧盟28国货物贸易情况　单位：亿美元

年份	中国		日本		韩国	
	出口额	进口额	出口额	进口额	出口额	进口额
2000	686.63	237.79	847.26	418.23	247.99	153.93
2001	734.30	274.44	726.56	407.25	208.29	141.76
2002	853.67	331.81	696.98	410.73	232.93	166.88
2003	1205.27	469.58	821.09	464.19	295.65	186.24
2004	1606.80	601.71	931.74	540.17	383.08	223.01
2005	1999.81	642.62	923.50	542.72	429.62	251.33
2006	2459.94	800.63	985.25	562.41	514.42	286.78
2007	3208.93	985.81	1087.57	600.39	571.87	339.30
2008	3648.83	1155.94	1102.17	624.64	580.34	378.06
2009	3000.59	1150.78	814.61	502.29	452.64	301.57
2010	3742.49	1499.69	891.02	581.73	521.87	369.87
2011	4105.71	1897.86	982.27	682.75	505.35	452.35
2012	3753.66	1852.90	833.17	715.13	488.62	485.85
2013	3719.03	1968.28	750.62	716.67	475.93	530.58
2014	4005.08	2174.43	729.52	697.52	514.77	568.02
2015	3889.57	1888.21	664.10	625.79	469.95	529.65

此外，“一带一路”建设还为东亚地区的金融合作提供了新的可能，中日韩还可以通过亚投行参与亚洲的基础设施建设。“一带一路”沿线国家地形较为复杂，多戈壁、沙漠、雪山等，这给商品的贸易流通增加了很多阻碍，而沿线国家多为欠发达国家，经济实力不足，无法为基础设施建设提供充足的资金。亚投行的设立使得东亚国家有机会参与到“一带一路”沿线欠发达国家的基础设施建设之中，为其提供资金或承建基础设施等。2017 年 1～10 月，中国共对“一带一路”沿线相关国家进行了 111.8 亿美元的直接投资，占同期总额的 13%，并在“一带一路”沿线国家新签对外承包工程项目合同 5946 份，合同额为 1020.7 亿美元，占同期对外承包工程新签合同额的 55.4%，同比增长 21%。此外，在“一带一路”沿线欠发达国家基础设施建设中，PPP 模式占主导，PPP 模式为东亚各国的社会资本提供了大量的投资机会，这对于加强东亚地区金融合作而言意义重大。

四、结　语

“一带一路”作为新时代实现区域内互联互通、促进经济可持续发展的伟大构想，对东亚经贸合作而言意义重大。本文通过对“一带一路”下东亚经贸合作的路径进行分析，得到以下结论。

在经济发展方面，东亚各国能够以“一带一路”为契机，充分发挥东亚各国的带头作用，引导沿线国家发展经济，促进产业的转型升级，实现区域内的互惠互利，形成区域内的可持续发展；在贸易与投资方面，东亚各国能够借助亚投行深化各国金融合作，为沿线欠发达国家提供资金支持，以此完善区域内部基础设施建设，为“一带一路”区域内国家的贸易合作提供保障，并且东亚各国能够借此开拓亚欧市场，扩大贸易份额，真正实现区域内的共商、共建、共享。因此，东亚各国应当积极主动地融入“一带一路”的建设之中，深化中、日、韩三国之间的经济贸易合作，加强政治互信与政策沟通，使得东亚地区经贸合作得到更进一步的发展。

参考文献

1. 朴光姬：《“一带一路”与东亚“西扩”——从亚洲区域经济增长机制构建的视角分析》，《当代亚太》2015 年第 6 期。

2. 吴昊、李征：《东北亚地区在“一带一路”战略中的地位——应否从边缘区提升为重点合作区?》，《东北亚论坛》2016 年第 2 期。

3. 吴德烈：《中日韩合作与东亚区域经贸发展》，《亚太安全与海洋研究》2009 年第 6 期。

4. 高程:《对东亚增长模式的回顾与反思——兼论中国在未来东亚经济合作中的契机》,《国际经济评论》2008 年第 4 期。

5. 刘兴华:《"一带一路"与东亚合作》,《天津社会科学》2015 年第 6 期。

6. 安虎森、栾秋琳:《"一带一路"战略下东亚分工新格局的演变及实施方略》,《南京社会科学》2017 年第 2 期。

7. 李向阳:《中日韩自由贸易区面临的挑战》,社会科学文献出版社 2013 年版。

8. 张彬、刘晨阳:《中日韩自由贸易区问题研究》,人民出版社 2013 年版。

中国工业转型升级与中日韩经济合作

吕　政*

中国、日本、韩国三国地缘相近，人口众多，经济结构互补，市场前景广阔。在经济全球化的大背景下，特别是中国的改革开放和经济快速发展，中日韩的经济合作不断扩大和深化。随着生产力的发展、科学技术的进步以及国际政治经济关系的变化，中日韩经济合作也面临一些新的情况和新的问题，需要进行分析和探讨，以促进经济合作的深化。

一、中国工业发展出现的新情况

从2011年实施国民经济与社会发展的第十二个五年规划开始，中国的经济增长趋势、产业结构、市场供求关系和进出口贸易都出现了新的变化。对于这种变化，被概括为中国经济新常态，表明中国经济发展进入一个新的阶段。

1. 中国工业产品产量赶超发达国家的任务基本完成

改革开放以来，工业增加值由1978年的1607亿元增长到2015年的210689.4亿元。按照可比价格计算，增长了40.64倍，平均每年增长9.7%。中国220多种主要工业产品产量超过了美国、德国、日本等工业发达国家，位居世界第一位。在工业产品产量方面实现了从少到多的转变。到第十一个五年计划结束，中国工业产品总量赶超的任务已经基本完成。

表1　2015年中国主要工业产品产量占世界总产量的比重　单位：%

煤炭	45	钢材	53	发电量	22
水泥	60	化肥	35	微波炉	70

* 吕政，经济学博士，研究员，中国社会科学院学部委员；1998～2008年任中国社会科学院工业经济研究所所长，现任中国社会科学院经济学部副主任，中国工业经济学会常务副会长，山东大学特聘一级教授。

续表

汽车	25	铜	24	计算机	68
彩电	50	化纤	42	电冰箱	65
空调	80	玻璃	50	洗衣机	44
手机	70	造船	41	电解铝	65
纱	46	数码相机	65	工程机械	43

资料来源:《中国工业发展报告》,经济管理出版社 2013、2014 年版。

2. 工业产能过剩成为制约工业增长的突出矛盾

1980 年至 1995 年,拉动工业增长的主要动力是满足城乡居民对消费品的需求。到 1995 年我国的日用消费品、纺织服装和耐用消费市场消除了短缺,并开始出现生产相对过剩。

2012 年是我国资源密集型重化工业增长的转折点,由高速增长转向低速增长,由供需两旺转向供大于求,由价格不断上涨转向价格下跌。工业产能过剩已经成为制约中国工业持续增长的突出矛盾。按照国际制造业的通行标准,工业生产能力利用率在 80%~90%为正常。中国工业生产能力平均利用率只有 70%~75%,低于正常水平。到 2012 年,中国的钢铁、电解铝、水泥、焦炭、平板玻璃、汽车、化肥、电石、机械、氯碱、聚氯乙烯乙烯等重化工业生产能力利用率平均在 70%左右,显著低于合理水平。

3. 劳动力成本上升的客观趋势

进入新世纪以来,中国在城镇工业企业就业的职工工资水平不断上升。中国主要依靠劳动力工资成本低的比较优势参与国际分工和国际竞争的格局开始发生变化。

表 2　　城镇工业企业平均名义工资水平变化情况

年　份	2001	2005	2010	2015
年平均工资(元)	10333	16986	33412	55324
以 2001 年为 100	100	169.86	334.12	553.24

资料来源:《中国统计年鉴》,中国统计出版社 2014 年版。

中国劳动力成本上升具有客观必然性。一是随着工业化进程,人均国民收入从 2000 年的 7855 元上升到 2015 年的 49125 元,按可比价格计算增长 3 倍左右。人均国民收入的增长必然带来人均工资收入水平的增长。二是持续 30 多年的计划生育政策,使我国人口总量已进入低增长时期,劳动力供求关系正在发生变化。三是农村政策的调整。2005 年开始免除农业税，增加农民种粮补贴，农村土地流转费用上升，农民在当地非农产业就业机会等多，这些变化，促进农民现金收入的增长；四是社会必要劳动费用上升，即购买家庭必须生活资料的费用支出和用于子女教育费用逐年上升。

4.世界经济复苏乏力，进出口贸易增速下降

2001 年中国加入世界贸易组织后，进出口贸易出现井喷式的高速增长。工业品出口总额从 2000 年的 2237.43 亿美元增长到 2010 年的 14960.69 亿美元，增长了 5.68 倍，年均增长 20.9%。2011 以来，我国货物进出口贸易增速显著下降。

表 3　　2011～2015 进出口增长率

2011 年	2012 年	2013 年	2014 年	2015 年
17%	3.2%	5.7%	2.3%	−7.3%

资料来源：《中国统计年鉴》，中国统计出版社 2014 年版；《国民经济与社会发展统计公报》，2016 年 2 月 27 日《人民日报》。

2008 年国际金融危机后，经济全球化的进程不是加快，而是放慢或进入新的调整阶段。一是发达国家为了应对国内经济危机，提出再工业化战略。国际资本流动放缓甚至回流，国际产业转移放缓，以防止国内产业空心化。二是由于发达国家需求增长回落，国际货物贸易增长速度下降，世界货物贸易从 2001～2007 年的年均增长 14.1%回落到 2008～2011 年的 3.8%。三是国际贸易保护主义抬头。

基于上述原因，中国工业增长从 10%以上的高速增长转换为 7%左右的中速增长具有客观必然性。

二、中国工业转型升级的目标和任务

中国工业发展条件和趋势的变化表明，多年来高能耗、高物耗、低劳动成本、低资源成本、低技术含量的粗放型的增长方式已经难以继续下去了。转变经济发展方式是经济发展条件变化后的必然要求。

1.转变工业发展方式的总体要求

从追求工业的高速增长转向适度的较快增长；从主要依靠高强度的资源消耗转向资源节约利用；从以牺牲环境为代价转向重视经济增长的外部性，努力实现资源节约与环境友好；从依靠低工资水平转向在提高劳动生产率的基础上提高职工工资和社会保障水平；从规模不经济、布局分散转向规模生产；从主要依靠买技术转向依靠自主创新和对引进技术的消化吸收再创新；从在国际分工体系中以低端制造为主转向不断提高技术密集型产业比重；从“大而全”“小而

全"的小生产转向社会化和专业化分工。

2.产业结构调整升级的目标

中国工业调整和产业升级的方向是"高也成,低也就"。一是对传统产业进行技术改造和调整产业组织结构,提高传统产业的生产技术水平,推进传统产业产品的升级换代,提高产品附加值;二是提高高新技术产业替代传统产业的比重,改善我国在国际分工体系中以做低端产品和代工为主的状况。

继续发挥比较优势的可能性我国产业结构调整。中国工业结构调整与日本、韩国等国家的产业升级既有共同点,也有区别。共同点是当生产要素成本上升时,不失时机地推动产业升级,积极发展附加值高技术密集的产业和产品。区别在于中国产业结构调整不会全面放弃劳动密集型产业。因为中国与发达国家之间的产业结构互补性还没有出现根本性的变化。2000 年以来,虽然工业部门就业的职工工资显著上升,2015 年月平均工资为 700 美元,但只相当于发达国家制造业平均工资的 20%,目前在城镇制造业就业的劳动力有 5300 万人,只全社会劳动力的 6%。到 2030 年我国人口顶峰预计达到 14.5 亿,其中劳动年龄人口仍然超过 7 亿。认为中国已进入劳动力短缺的阶段是不符合实际的。与许多发展中国家相比,中国工业的配套体系、产业链的完整性,能源和交通运输等基础设施的条件是工资更低的发展中国家现阶段还难以达到的。

3.努力缩小与工业发达国家之间的技术差距

中国政府发布的《中国制造 2025》发展纲要,提出了到 2025 年迈入世界制造业强国的发展目标,部署了全面推进实施制造业强国战略。制造业强国的含义:一是具有独立完整的现代工业体系;二是主要工业产品生产能力和产量位居世界前列;三是在产业结构方面,技术密集型和高附加值工业占主导地位;四是生产要素利用效率达到国际先进水平;五是在国际分工和商品交换体系中,从主要依靠比较优势转向主要依靠竞争优势;六是具有自主创新能力,核心与关键技术立足于国内并具有自主知识产权;七是有一批进入世界前列的大企业和知名品牌。

如前所述,中国在工业体系、生产能力和产品产量方面,已经是工业大国。现在与发达国家之间的差距,主要表现在技术密集型产业的比重、产业组织合理化、工业劳动生产率,物化劳动消耗、技术创新能力,知名产品品牌的市场影响力等方面。

现阶段制造业升级的首先是推进现有产业的技术和产品的升级,找准与美国、德国、日本等工业先进国家的差距,在钢铁工业、有色金属工业、非金属材料工业、石油化学工业、高性能和智能化机械装备制造业,高速铁路装备制造业、精密仪器制造业、电子通信设备制造业、精细化工制造业、新药研发和生产等高附加值产业领域缩小与发达国家的技术差距。

缩小差距的任务包括横向差距与纵向差距两个方面。所谓横向差距，主要是在国际制造业分工体系中，中国以生产出口劳动密集型产品为主导，进口产品以高附加值的技术密集型产品为主导。例如，中国进口一架波音中型客机需要1.05亿美元。2013年中国出口355亿件服装，出口额1572亿美元，每件服装出口的平均单价为4.43美元。需要出口2370万件服装才能买一架波音737中型客机。生产2370万服装要7900名工人工作1年，同时还需要约3000万米的纺织面料。要改变在国际分工体系中的这种局面，出路有两个：一是纺织服装行业在提高出口产品的品质和培育自主品牌的基础上提高出口单价；二是实现国产民用干线飞机从研发到批量生产的突破，逐步减少民用干线飞机的进口。

制造业纵向差距主要表现在产业链各个环节的分工上，即不同国家或地区之间进行高度的专业化分工。例如，中国是电子工业生产大国，电视机、计算机、手机等产品产量分别占世界总产量的50%、68%和70%。但这些产品所需要的核心元器件，大部分依赖进口。2014年，中国进口的集成电路2856.6亿块，进口额2184亿美元，仅此一种产品的进口额就占进口总额的11.25%。中国将逐步改善电子工业产业链纵向分工体系中以做组装和代工为主导的格局，提高本土企业研发和生产关键元器件的能力和水平，努力降低高附加值电子元器件进口的比重。

4.推进“一带一路”战略，促进装备制造业走出去

中国提出的“一带一路”是一种战略倡导，它将充分尊重合作国家的需求愿望、接受和消化能力，而绝不强加于人。国务院于2015年5月13日出台了《关于推进国际产能和装备制造合作的指导意见》，明确规定了中国装备制造业走出去应当遵循的基本原则。

坚持以企业为主体、市场为导向，按照国际惯例和商业原则开展国际产能和装备制造合作，企业自主决策、自负盈亏、自担风险。政府加强统筹协调，改革管理方式，提高便利化水平，完善支持政策，营造良好环境。

坚持突出重点、有序推进。国际产能和装备制造合作要选择制造能力强、技术水平高、国际竞争优势明显、国际市场有需求的领域为重点，近期以亚洲周边国家和非洲国家为主要方向，根据不同国家和行业的特点，有针对性地采用贸易、承包工程、投资等多种方式有序推进。

坚持注重实效、互利共赢。推动装备、技术、标准和服务“走出去”，践行正确义利观，充分考虑所在国国情和实际需求，注重与当地政府和企业互利合作，创造良好的经济和社会效益，实现互利共赢、共同发展。

坚持积极稳妥、防控风险。在充分掌握和论证相关国家政治、经济和社会

情况基础上,积极谋划、合理布局,有力有序有效地向前推进,防止一哄而起、盲目而上、恶性竞争,切实防控风险,提高国际产能和装备制造合作的效益和水平。

三、对深化中日韩经济合作前景的分析

中国经济步入新常态和工业的转型升级,既为东亚国家和地区经济发展带来新的机遇,也会带来竞争格局的变化。

1. 中国与东亚国家和地区经济合作的总体趋势

第一,中国经济增长速度虽然放缓,但仍将保持6%～7%的中速增长的趋势。预计2016～2020年GDP平均增长6.5%,按照2015年价格计算,到2025年将达到927100亿元人民币,人均GDP约达到10000美元。随着人均国民收入水平的和城镇化水平的提高,居民消费正在成为推动经济增长的主要动力。在居民消费中,进口的消费品和出境旅游不断增长。

第二,在经济总量增长的同时,中国的进出口贸易也将相应增长,即使按年均增长3%的低速增长率计算,2020年中国进出口贸易总额将达到46000亿美元,进口额将超过20000亿美元,从而为东亚国家和地区提供更大的市场空间。

第三,2015年我国服务贸易进出口增长了14.6%,其中进口增长了18.6%,服务贸易逆差1366亿美元。

第四,2015年中国对外直接投资1180亿美元,已接近当年中国吸收外资的总额,中国倡导"一带一路"战略,将会进一步扩大对外投资。

第五,中国制造业升级,在技术密集型的机械、造船、汽车、电子、精细化工等领域将会减少对进口的依赖并增强出口能力,必然出现中日韩经济结构互补与相互竞争并存的局面。

2. 中日经贸关系

中、日两国自1972年邦交正常化以来,双边的进出口贸易快速增长。特别是中国改革开放以来,中日经贸关系不断发展、日益深化。1972年双边贸易额只有10.38亿美元,1981年突破100亿美元,到2011～2015年的"十二五"期间,双边贸易额达16000亿美元,年均3200亿美元,是1981年的32倍。2009年,中国成为日本的第一大贸易伙伴,"十二五"期间,日本对华出口总额达9000亿美元,年均1800亿美元。

中日之间具有紧密的经贸关系,其原因是:第一,中、日两国分别是世界第二和第三大经济体,经济总量大,市场需求规模大;第二,中、日两国经济结构互补性强,各自能够发挥自身的比较优势和竞争优势;第三,中国实行对外开放政策,倡导贸易自由化,不搞贸易保护主义;第四,中、日两国地缘相近,有利于降低贸易成本。

2012 年以来，由于客观环境的变化，中日进出口贸易出现了下降态势。2011～2015 年中日双边贸易情况如表 4。

表 4　　2011～2015 年中日双边贸易情况　　单位：亿元

年　份	对日出口	自日进口	中日贸易额	中国贸易差额
2011	9619	12619	22238	－12763
2012	9576	11231	20807	－3000
2013	9321	10078	19399	－1655
2014	9185	10023	19208	－757
2015	8424	8881	17036	－838

资料来源：《“十二五”期间中对外贸易检测报告》，中国海关出版社 2016 年版。

中日进出口贸易下降的原因是多方面的。首先是由于 2008 年国际金融危机之后，世界经济复苏和增长乏力，发达经济体更为严重，日本国内经济持续不振；其次，2012 年开始，中国经济增长速度放缓，对进口产品需求的增幅下降；第三，由于日本对华的投资转移和回迁，由于日元贬值和中国劳动力成本上升，日本在华以加工贸易为主的日资企业向东南亚国家和印度转移，2014 年日本对华投资同比下降 38.8％，2015 年同比下降了 25％；第四，中国制造业升级和技术进步，在机械、电子等领域的竞争力增强，一部分技术密集型产品的国产化能力增强，减少了对进口的依赖；第五，中日之间的政治摩擦加剧，对双边经贸关系造成负面影响。

中日之间的经贸关系是世界上大国之间重要的经济关系，应当努力避免局部冲突而影响到中日经济合作的大局。两国之间的经济结构互补性并没有出现根本性的变化，日本在技术密集型制造业的竞争优势和中国劳动密集型产业的比较优势都还存在；中国经济的持续发展和城镇化进程加快，使中国的市场需求规模继续扩大；中国制造业的转型升级既增强了制造业的竞争力，也为这一领域的国际合作创造新的机会。中国坚持和平发展的道路，坚持改革开放的方针，在国际经济关系中坚持互惠互利的原则。改善中日之间的政治关系，继续深化经济合作，将造福于两国人民。

3. 中国与韩国经贸关系

中国与韩国具有紧密的经贸关系。中国的改革开放和经济持续高速增长，为韩国制造业的产品出口和对外投资提供了规模巨大的市场。韩国的对华出口和投资也促进了中国的机械、汽车、电子通讯设备、化工、家用电器等行业的发展。中韩双方都从这种合作中获得了实实在在的好处。

1992年中韩建交时,双边贸易额只有50.6亿美元,2014年上升到2904.92亿美元。其中韩国对华出口额从1992年的26.23亿美元上升到2014年的1901.52亿美元,2014年韩国对华贸易顺差达898.12亿美元。2011～2015年,韩国累计对华出口6968.1亿美元,比2006～2010年的五年增长了56.1%。从2002年开始,中国已连续13年成为韩国的第一大出口市场。

2015年,中韩双边进出口贸易出现负增长,进出口总额比上年下降3.9%,其中中国从韩国进口下降了7.1%,韩国对华贸易顺差从2013年的904美元下降的2015年的700亿美元。中韩进出口贸易下降的原因:一是由于韩国国内经济增长乏力,GDP增速从2010年的6.2%回落到2015年2.6%,国内市场需求不足;二是由于中国经济从2012年开始增长速度放缓,国内产能过剩矛盾突出,进口下降;三是韩国在华投资中加工贸易约占50%,在中国劳动力工资成本上升的情况下,韩国一些加工组装型制造业开始转移到东南亚国家。

2015年12月20日中韩自由贸易协定开始生效。在中韩货物进出口贸易中,五年内实现零关税的产品有1679种,10年内实现零关税的有2518个,这种制度性的安排,为中韩经贸合作注入了新的活力,将惠及中、韩两国人民。

中、日、韩三国的工业结构中,日本在高端制造业领域具有较强的竞争力,韩国是以中端制造业为主导。中国制造业的转型升级,将推动制造业对日本、韩国、德国等工业先进国家的赶超。在国际分工体系中,中国不可能长期处于只做劳动密集型产业和技术密集产业链中的低端环节。中国市场既有总量的扩大,也有质的升级。在这种趋势下,更应当从有利于深化经济合作的大局着眼,减少政治摩擦和对抗,为经济发展创造良好的政治环境。在当代国际政治经济关系中,完全做到政治与经济的分离是不现实的,政治关系应当为经济合作开辟道路,而不是背道而驰。

参考文献

1. 国务院:《中国制造2025》,2015年5月19日《人民网》。

2. 张季风:《中日经贸关系70年回顾与思考》,《现代日本经济》2015年第6期。

3. 王洛林、张季风:《日本经济与中日经贸关系研究报告》,社会科学文献出版社2014年版。

4.《中韩自由贸易协定》,2015年6月2日《人民网》。

5. 海关总署综合统计司:《十二五期间中国对外贸易监测报告》,中国海关出版社2016年版。

中国发展新阶段与东亚合作新空间

沈坤荣　金　刚*

摘要　改革开放30多年后，中国经济逐渐开始脱离年均10%左右的高速增长轨道。这不仅是全球经济增长一般性规律的中国式现象，更是中国经济社会内在制度痼疾与创新乏力的外在征兆。尽管面临着一系列的挑战与困难，但是在进一步深化对内改革和对外开放的治理框架下，中国经济将有望迈入一个充满机遇与希望的未来，这一点亦无争议。本文重点从对外开放的视角展开，认为中国需要在构建互利双赢的共识下，实现与世界各国的深度融合。其中，尤其需要通过"一带一路"等对外投资战略拓展与东亚各国合作的新空间，在实现"东亚需要中国，中国促进东亚"的基础上推动以中国为主导的东亚经济体成为全球最大的区域经济联盟。

关键词　中国；新阶段；东亚；新空间

一、引言

囿于国际经济发展环境和国内体制机制因素，传统的增长驱动因素已经难以长期支撑中国的经济发展，中国经济增长亟须寻求新的发展动力，因此，持续性的改革与开放仍是经济治理的主要内容。中国在对内改革中已经推进了理论完善、实践可期的供给侧结构性改革，对外开放中则创新性地提出了"一带一路"的构想，并为构建经济增长新动力提供了有力的制度性保障，所以尽管面临着困难与挑战，中国正迈向一个充满机遇与希望的未来却几乎已是共识。但是关于崛起中的中国将如何拓展与世界尤其是东亚各国的合作新空间，不少国家

* 沈坤荣，南京大学商学院院长、教授，教育部长江学者；金刚，南京大学经济学院博士研究生；本文获国家社科基金重大项目"我国经济增长潜力和动力研究"(14ZDA023)资助。

或地区仍充满疑惑：是复制以美国为首的霸权合作体系还是开创多方共赢与繁荣的合作框架？对这一问题的回答不仅有利于进一步厘清中国深化对外开放的思路，也有助于消除中国在拓展对外合作进程中可能遇到的困难。基于此，本文首先梳理了步入新常态的中国经济发展的趋势和特征，继而阐释了中国通过对外开放实现共同发展的核心理念：在促进自身经济增长的同时，通过正面外溢效应给世界尤其是东亚带来增长机会。

二、中国发展新阶段：对内改革与对外开放

始于1978年的改革开放改变了中国经济社会的治理特征，以经济发展为中心的制度框架激发了长久以来被压制的发展潜能，迅速推动了经济的奇迹般高速增长。但是，在保持年均约10%的增长率20多年以后，中国的高速经济增长趋势正在减弱，从2010年开始，经济增速开始下滑，并且，从2012年开始，年均增长率甚至持续性地低于8%，这是过去20多年间未曾出现过的。进入20世纪90年代以来，中国经济增速出现过两次明显的下滑，背后的原因分别是1998年亚洲金融危机以及2008年全球金融危机。在危机过后，中国经济增速往往又开始恢复上升，但是，始于2010年的经济增速下滑至今却仍未触底反弹，中国经济发展轨迹似乎正在走出遵循了几十年的规律(见图1)。

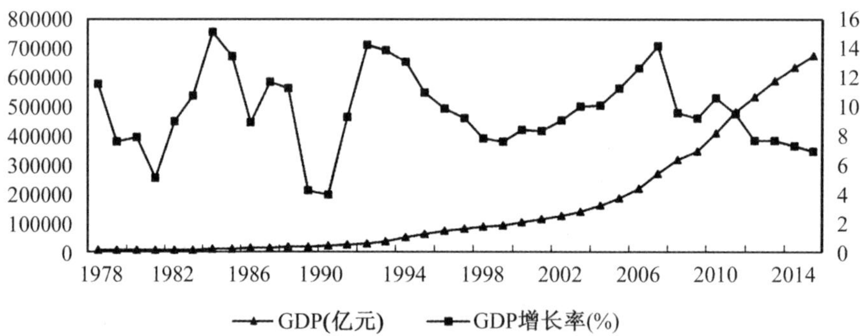

图1 改革开放以来中国GDP水平及其增长率

数据来源：国家统计局网站。

于是，很多人产生了这样的疑惑：中国经济增长将会走向何方？回答这个问题首先需要厘清本轮经济增速下滑背后的根本原因。不少研究围绕周期性下滑还是结构性下滑进行了争辩，但由于持不同观点的学者判断的逻辑起点就存在差异，因此争辩并未得到共识性结论。认为本轮经济减速是周期性减速的研究实际上对中国未来经济增长保持乐观态度，他们认为减速只是暂时的，主要是外部因素而非内部结构问题引发了本轮经济下滑，新加坡、巴西等发达国

家和新兴国家的代表均同样出现了经济下滑，甚至下滑的幅度更大，考虑到当前国家经济之间的紧密联系，就不难理解当前中国经济增速放缓了（林毅夫，2014，2016）。相反地，认为本轮经济减速是结构性减速的研究并未同样乐观地对待中国未来的经济增长，他们认为由于服务业生产率天然地低于制造业，因此随着城市化进程的深入，产业结构服务化不可避免地会降低整体经济的全要素生产率增长，从而带来经济增长的结构性减速（袁富华，2012；李扬和张晓晶，2015）。这不仅在中国存在，在几乎任何一个经历过经济高速增长的国家或地区都存在，最为典型的莫过于东亚经济体中的日本、韩国、新加坡、我国台湾以及香港地区，这些国家或地区在经历了 20～30 年高速经济增长以后无一例外地走向经济减速的终点（韦森，2015）。

实际上，无论是周期性下滑还是结构性下滑的解释，可能都过于积极抑或消极了，也无助于根本性地解决当前经济增速下滑的客观问题。事实上，虽然始于 2010 年的持续性经济下滑某种程度上表现为全球经济增长一般性规律的中国式现象，但是更为深层次的原因应该是经济增长动力机制因素：中国正处于自身转型发展的新阶段，传统的增长动力逐渐丧失，而新的增长动力尚未有效形成。具体而言，传统的增长动力中，出口由于金融危机后全球性经济衰退和主要发达国家制造业回流出现下降态势，消费由于收入分配和社会保障制度缺陷呈现需求不足的特征，投资由于投资主体单一（过于依赖政府投资）和资本边际收益递减的客观规律出现“天花板”效应，与此同时，由于长期以来政府过多地扮演了市场的角色，一系列制度藩篱导致了效率损失，约束了全要素生产率增长对经济增速应有的推动作用（沈坤荣和金刚，2016），从而未能形成真正依赖制度创新和技术创新的经济增长新动力。正是上述多重因素综合叠加导致了当前的经济增速下滑，因此只有重构经济增长的动力机制，以技术创新为驱动，释放新的制度红利，才能够有效应对经济减速风险（沈坤荣和滕永乐，2013）。

尽管面临着前所未有的困难与挑战，但是在进一步深化对内改革和对外开放的治理框架下，中国经济有望迈入一个充满机遇与希望的未来亦无争议。虽然中国经济发展的新阶段以经济增速下滑为主要特征，但并非只有经济下滑。我们要看到，发展模式不可持续、社会矛盾充分凸显、体制问题逐渐显现以及发展红利消失殆尽的背后，孕育出的可能是一个更加遵守市场经济规律、更加注重增长质量效益的新兴经济体。中国经济发展绝不会止步于当前，更绝不会发生历史性的倒退，这不仅仅是因为客观上中国具备支撑经济进一步发展的广阔市场空间，更是因为中国具有巨大的制度性优势，政府实际上从未停止渐进性改革与开放的步伐，以五年规划为载体的改革开放政策长期以来得到很好的延续和执行。

中国经济发展新阶段的对内改革主要是以提升全要素生产率为重点推进的供给侧结构性改革，一方面包括在处理过剩产能、降低企业成本、去除房地产库存以及规避金融风险等存量问题时厘清政府与市场的边界，真正落实党的十八届三中全会关于市场在资源配置中起决定性作用的决策；另一方面包括促进新产业的增量发展。由于改革开放以来对内改革与对外开放一直相辅相成，因此对内开展供给侧结构性改革的同时，亦需要相应地打造崭新的开放格局，根本地改变中国长期以来在世界乃至区域缺乏话语权的局面。关于对内的供给侧结构性改革笔者已撰文重点阐述，详情参见沈坤荣、金刚(2016)，因此下文围绕对外开放展开，重点讨论中国经济发展新阶段进一步深化对外开放程度的现实背景和可能渠道。

三、中国发展与世界融合：机遇与共赢

改革与开放始终伴随着中国经济发展的进程，但是随着中国步入经济发展新阶段，以及主要发达国家普遍受到金融危机影响后采取的制造业回流战略，对于中国而言，无论是主动调整，还是被动适应，对外开放的内涵都需要发生深刻的变化。在改革开放的初期，中国对外开放的政策以吸引外资为主要目的，与东亚“四小龙”等经济体在经济发展初期大多拥有美国援助或者美元贷款不同，中国的地方政府要推进工业化和加快资本积累，需要靠自己解决资金短缺的问题(张军，2014)，这就决定了对外开放最初的主要形式是利用开放促进国内发展。在与世界的初步融合中，中国经济发展的第一桶金得到了解决，除此之外，外商直接投资不仅对本土企业存在技术外溢，还给国内企业提供了学习先进管理经验的机会，通过技术进步和技术效率两个渠道提供了中国经济增长的最初动力。

但是随着中国经济发展进入新阶段，原先吸引对外直接投资的优势日益衰弱甚至不复存在，再加上金融危机以后发达国家和新兴国家的战略变化，中国与世界融合的固有模式就难以为继了。具体而言，从吸引外资的拉力视角来看：第一，由于中国经济发展水平的提升，工资水平也在上升，这就导致早前的劳动力成本优势开始减弱，并且，实行了几十年的计划生育政策使得人口结构开始出现老龄化现象，降低了劳动力供给，进一步削弱了劳动力成本优势。第二，由于实业经济的不振以及房地产行业的繁荣，地方政府倾向于直接卖地给房地产商，逐渐失去通过低地价招商引资的激励。第三，部分研究发现外资流入存在污染避难所效应，随着经济发展水平提高，环境污染带来的福利损失加大，并且长期以来的高污染增长模式也对环境承载力提出更大的挑战，同样使得外资的流入速度趋缓。从流失外资的推力视角来看，一方面，与金融危机前

主要发达国家专业化从事服务业等行业不同的是，后危机时代主要发达国家开始实行再工业化战略，使得制造业回流到母国，另外一方面，新兴国家如越南、马来西亚等国家愈发展现出相比中国更加优越的生产要素优势，吸引了原本可能流向中国的投资，从而对中国吸引投资产生了负面影响。

客观环境的变化要求中国进一步改变固有的对外开放模式，而实际上即使外界环境并未发生变化，积极调整对外开放政策也是步入经济发展新阶段的中国进一步深化改革的题中应有之义。党的十八届五中全会通过的关于“十三五”规划的建议中，强调了开放、发展等五大发展理念，与 1978 年以来的开放明显不同的是，今天的开放，除了继续利用开放促进国内发展以外，更应该是通过开放构建更加有利于中国的国际环境（姚枝仲，2016），形成“中国—世界”融合新格局。正如习近平总书记在党的十八届五中全会第二次全体会议上的讲话中提到的：“现在的问题不是要不要对外开放，而是如何提高对外开放的质量和发展的内外联动性。”中国发展与世界形成的融合新模式应该更加强调中国在全球规则制定和经济治理中的影响力，在扩大对外开放、融入全球经济体系、转换开放合作重点等方面展开更加积极主动的态势（毕吉耀，2016）。为此，中国应该利用各种机会，通过 G20 等全球经济治理组织完善开放制度，事实上，中国政府正是这样做的，中国成为 2016 年 G20 峰会的主席国，并且已经于 2016 年 9 月在浙江杭州成功举办 20 国集团领导人第十一次峰会，在对全球经济治理提供倡议的同时，也深刻影响着中国和世界的互动机制，加深了中国对国际规则和治理体系的影响。如果说 2001 年加入 WTO 是中国在对外开放过程中以适应国际经济规则为目的的里程碑，那么，2016 年成功举办 G20 峰会将是中国从最初的规制适应者到最终成为国际经济规则的决策参与者甚至主导者的分水岭。

需要指出的是，中国旨在加强对国际经济规则的影响并未以“损人利己”式的零和博弈为最终目的，而是在构造更加公平合理的全球治理框架下，给落后国家逃出贫困陷阱和新兴国家避免中等收入陷阱提供难得的机遇，真正意义上改变长期以来国家之间似乎难以逾越的经济鸿沟，并最终帮助实现全球经济体的共赢和繁荣。以 G20 为例，作为当前全球发达国家、新兴市场国家和发展中国家的代表，这些国家或多或少都存在着经济发展的突出问题，尤其是国际金融危机爆发以后，经常项目失衡、政府债务过重、宏观政策失调以及资本无序流动等结构性失衡问题积重难返（见表 1），亟须新思维和新办法加以解决。中国过去几十年不断改革与开放积累下来的经验可以通过影响国际经济规则制定和全球经济治理结构安排等渠道对全球经济体的经济发展产生正面的影响，产生影响的方式除了包括以加强国家互联互通为主的基础设施建设外，更应该着力于促进人民币国际化进程，在此基础上积极加强区域金融合作协调机制以及参与全球金融治理。

表 1　**G20 集团部分宏观指标比较**

国家	经常项目失衡总额（亿美元）		政府债务占 GDP 比重（%）		M_2 占 GDP 的比重（%）		外资净流入（亿美元）	
	2008 年	2013 年	2008 年	2013 年	2008 年	2013 年	2008 年	2013 年
中国	4205	1482	17	20	150	188	1715	2909
阿根廷	68	−121	59	43	21	27	97	89
巴西	−282	−748	64	61	73	84	507	808
印度	−310	−492	74	67	76	77	434	282
印度尼西亚	1	−291	33	22	38	39	93	233
墨西哥	−207	−303	43	43	40	49	288	449
俄罗斯	1039	348	8	10	39	56	748	692
沙特阿拉伯	1323	1354	13	5	48	56	395	89
南非	−164	−212	27	43	81	71	99	82
土耳其	−394	−636	40	37	49	61	199	125
美国	−6908	−3768	76	105	85	88	3327	2872
加拿大	32	−580	71	89	124	—	622	708
澳大利亚	−521	−512	12	27	98	106	452	546
英国	−1011	−1222	52	90	167	149	2535	350
法国	−282	−225	68	94	140	155	680	336
德国	2109	2393	67	78	188	163	309	590
意大利	−680	190	106	133	126	163	−95	195
日本	1421	411	192	243	209	248	246	74
韩国	32	811	30	32	129	134	112	128

注：数据来源于国际货币基金组织、世界银行。

四、中国发展与东亚合作："一带一路"拓展新空间

由于地理位置邻近以及文化背景相似，在中国进一步深化对外开放的进程中，尤其需要发展与东亚各国的深层次合作。[①] 通过构建起以中国为主导的东亚区域经济联盟，可以削弱美国等发达国家对东亚各国经济增长产生的约束效应，突破长期以来东亚各国经济增长的"天花板"。

首先，中国深化与东亚各国的经济合作，符合当前中国的利益。一方面，在美国开始加入 TPP 并逐渐主导亚太贸易规则的情况下，中国正面临着两难的境地：如果不加入 TPP，随着世界第三大经济体日本加入 TPP 谈判，中国在亚洲参与的多个多边贸易机制甚至亚太经合组织（APEC）被架空的可能性大增；但是，由于中国目前在一些开放标准方面与 TPP 仍存在较大差距，如果仓促加入会对中国经济增长产生巨大冲击，以农产品为例，加入 TPP 会使得国外的农产品冲击中国市场，虽然 20 年前中国的玉米和大豆等主要农产品与美国相比具有价格优势，但是现在已经在价格上无法与美国产品进行竞争（徐长文，2011 年）。因此，对于中国而言，当前最为明智的做法是立足东亚地区，通过深化东亚现有的经贸合作机制，积极谋求建立以中国为主导的自由贸易区网络，这不仅符合当前客观现实条件，也是谋求长远发展的必经之路。另一方面，多数东盟国家仍处于工业化初级阶段，中国深化与东亚各国的合作与国内进行的供给侧结构性改革不谋而合，大量过剩的工业产能可以通过产业转移帮助越南、马来西亚等国家快速推进工业化进程的同时，给国内产业升级提供足够的空间。

其次，中国深化与东亚各国的经济合作，也符合东亚各国的客观现实和需求。尽管日本的对外投资曾经催生了一时繁荣无两的亚洲"四小龙"，并且随着亚洲"四小龙"经济的发展，资金进一步流入到中国以及东南亚等国家并促进了这些国家经济的腾飞，但是自 20 世纪 90 年代经济泡沫破灭以后，日本仍未真正走出经济衰落的阴霾，已经很难承担起引领整个东亚地区经济发展的重任。不仅如此，当前日本乃至整个东亚经济的发展背后有着浓厚的美国色彩，对于东亚整体经济的发展亦存在明显的掣肘和潜在的威胁。以日本为例，美国迫使日本签订了有关棉纺品、彩电、轿车和半导体等产品的贸易协议，在日本生产能力上升后限制其对美的出口（朴光姬，2015）。不同于日本，随着中国经济步入发展新阶段，中国目前已经具备潜力和能力引领东亚地区的发展，在产业雁阵模式中充当领头雁的角色，这一方面源于中国广阔的市场空间，深化与东亚经济发展的合作可以使得东亚各国摆脱长久以来过于依赖欧美市场的被动局面，

---

① 我们讨论的东亚是指广义上的东亚地区，大致包括中日韩、中国台港澳地区以及东盟各国。

另一方面则源于中国目前庞大的外汇储备,深化与东亚经济发展的合作可以帮助东亚各国解决投资资金缺乏的困难。

因此,无论是从中国自身经济发展的利益来看,还是从整个东亚经济体的利益来看,中国都应该承担起更为重要的角色。事实上,中国也正在为之努力:2013 年党的十八届三中全会决定"推进丝绸之路经济带、21 世纪海上丝绸之路建设"(即"一带一路"),2014 年中国又发起建立亚洲基础设施投资银行、丝路基金以及"一带一路"的的发展倡议,其中,东亚是"一带一路"倡议涉及的重要区域。与以往区域经济发展合作机制不同的是,"一带一路"倡议通过基础设施建设加强经济合作与发展,无疑是中国在深化与东亚合作进程中的一个贡献(黄益平,2015)。过去东亚经济联系以产业关联为主导,而"一带一路"将基础设施联通作为构建东亚区域经济增长机制的主导路径,不同之处在于:过去的东亚经济增长机制是以产业链垂直分工为纽带的动力体系,东亚地区各国经济增长会不可避免地出现明显的分层,率先发展的国家将在本国日益落后的产业转移到后发国家,虽然促进了后发国家经济的增长,但是也限制了后发国家追赶前沿水平的速度,而通过基础设施建设为纽带构建东亚经济增长新动力,可以给地区内各国实现共同繁荣、平等发展提供宝贵的空间。

中国通过基础设施建设实现与东亚各国的互联互通,有望成功拓展与东亚合作的新空间,背后的逻辑在于:一方面,东亚各国存在着巨大的基础设施建设需求缺口,根据亚洲开发银行估算,2020 年前亚洲国家每年将需要约 8000 亿美元的资金投入,东盟更是长期受到基础设施建设资金不足的影响,中国与东盟展开基础设施建设的合作,将有助于东盟实现经济一体化(Bhattacharyay,2010)。另一方面,改革开放以后中国经济的迅速发展得益于日新月异的基础设施建设,这在与俄罗斯、印度等大国的经济发展比较中体现得更加明显。当前中国是世界上钢铁、水泥和大型工程机械设备等基础设施建设设备的生产大国,尽管以技术引进为主的创新模式并未根本性改变中国的自主创新能力,但是在基础设施建设技术方面,中国已然处于世界领先水平。不仅如此,改革开放后中国长久以来的高投入增长模式也积累了相当丰富的基础设施建设经验,能够应对大规模基础设施建设可能带来的潜在问题和困难。

不仅如此,在基础设施互联互通之外,"一带一路"还包括制度规章、人文交流的联通,正如习近平主席 2014 年 11 月在亚太经合组织(APEC)会议上指出的:我们要建设的互联互通,不仅是修路架桥,不光是平面化和单线条的联通,而应该是基础设施、制度规章、人员交流三位一体,应该是政策沟通、设施联通、贸易畅通、资金融通、民心相通五大领域齐头并进。这是全方位、立体化、网络状的大联通,是生机勃勃、群策群力的开放系统。研究表明,与地理距离相比,反映文化差异、制度差异等方面的基因距离更可能是阻碍前沿地区向落后地区技术扩散的主要因素(Spolaore and Wacziarg,2006),中国通过"一带一路"加深与东亚各国的合作,不仅在物理性互联互通上有所作为,还将通过构建更为广泛的文化共同圈进一步缩小东亚各国的认知差异,加快经济合作的一体化进程。

更为特殊的是,中国提出的"一带一路"倡议并非约束性制度合作框架,而是在充分开放的原则下尊重各国的发展意愿和需求,给予各参与国最大的自主空间,因此与现有的制度性合作框架相比(如 RECP),"一带一路"不仅契合东亚地区各国之间的合作需求,也将给东亚地区带来更为强劲的发展动力,深刻影响东亚地区制度构建和未来发展趋势(刘兴华,2015),从而使得东亚经济体有望在中国的主导下形成超越北美和欧盟的世界最大区域经济集团。

五、总结与启示

改革开放进行 40 年,中国步入以经济增速下降为主要特征的增长速度换挡期、结构调整阵痛期以及前期刺激政策消化期,但是由于中国存在着巨大的制度性优势,仍然可以乐观地预期中国可以通过对内的供给侧结构性改革构建起以全要素生产率为经济长期增长动力的经济发展模式。因此,更加值得关注的是,中国能否在国际形势变化万千的宏观背景下,改变初期简单的利用开放促进发展的模式,而实现中国对全球经济治理体系和国际经济规则影响力的扩大,这不仅是提升对外开放层次的应有之义,也是能否实现经济长期增长的先决条件。

尽管中国深化对外开放符合自身发展的利益,但是与以往美国主导的"损人利己"式的霸权合作体系不同的是,中国进一步深化对外开放同样有利于世界尤其是东亚各国的长期经济增长,由于符合多方利益,可以预期中国深化对外开放的进程同样充满机遇与希望。在构建公平合理的全球经济治理体系的目标下,中国"一带一路"的倡议不仅可以通过具有比较优势的基础设施建设搭建起与东亚各国展开深度合作的桥梁,还可以通过文化交融等深层次的互联互通方式进一步实现东亚经济一体化,推动东亚经济体成功超越北美和欧盟成为世界最大的区域经济联盟,这一点对于中国和整个东亚地区而言都意义非凡。

参考文献

1. 毕吉耀:《新时期扩大对外开放的重点任务》,《国际经济评论》2016 年第 5 期。

2. 黄益平:《中国经济外交新战略下的"一带一路"》,《国际经济评论》2015

年第 2 期。

3. 李扬、张晓晶:《"新常态":经济发展的逻辑与前景》,《经济研究》2015 年第 5 期。

4. 林毅夫:《什么是经济新常态》,《领导文萃》2015 年第 4 期。

5. 林毅夫:《中国经济下滑更多的是外部影响》,《上海国资》2016 年第 4 期。

6. 刘兴华:《"一带一路"与东亚合作》,《天津社会科学》2015 年第 6 期。

7. 朴光姬:《"一带一路"与东亚"西扩"——从亚洲区域经济增长机制构建的视角分析》,《当代亚太》2015 年第 6 期。

8. 沈坤荣、滕永乐:《"结构性"减速下的中国经济增长》,《经济学家》2013 年第 8 期。

9. 沈坤荣、金刚:《以提升全要素生产率为重点推进供给侧结构性改革》,《南京财经大学学报》2016 年第 3 期。

10. 韦森:《从世界历史的大背景看未来中国经济的增长前景》,《经济资料译丛》2015 年第 1 期。

11. 徐长文:《TPP 的发展及中国应对之策》,《国际贸易》2011 年第 3 期。

12. 姚枝仲:《以新的开放理念,打造对外开放新格局》,《国际经济评论》2016 年第 5 期。

13. 袁富华:《长期增长过程的"结构性加速"与"结构性减速":一种解释》,《经济研究》2012 年第 3 期。

14. 张军:《中国经济再廿年》,北京大学出版社 2014 年版。

15. Bhattacharyay B. N., Infrastructure for ASEAN Connectivity and Integration, *ASEAN Economic Bulletin*, 2010, 27(2):200-220.

16. Spolaore E, Wacziarg R, The diffusion of development, *NBER Working Paper*, 2006.

房价上涨、建筑业扩张与我国制造业的用工问题

佟家栋　刘竹青[*]

摘要　基于2004～2013年我国城市面板数据，本文检验了房价上涨对我国制造业-建筑业就业结构的影响及具体特点，试图为我国制造业的用工问题提供新的解释。基本研究表明：房价上涨显著改变了我国制造业-建筑业的就业结构，提高了建筑业的就业吸纳能力，“挤出”了制造业就业，加剧了制造业的用工压力。拓展分析还发现：(1)房价上涨的作用表现出地区和时间差异，格外影响了东部沿海开放城市的制造业-建筑业就业结构，且在2008年经济危机爆发后表现更突出；(2)房价上涨显著改变了微观企业的就业决策，降低了制造业企业但促进了建筑业企业的就业，且表现出异质性，对民营或劳动密集型制造业企业、非国有或房屋和土木工程建筑业企业的就业的作用更明显，并发现建筑业企业就业扩张主要来自于低学历劳动人数的增加。

关键词　房价上涨；建筑业扩张；制造业用工

一、引言

改革开放以来，我国取得了30多年的经济发展奇迹，实现了出口贸易的持续高速增长，成为全球第二大经济体和“世界工厂”。但是，要素资源的稀缺性也日渐突出，开始制约我国经济的持续发展。一是作为一个劳动资源相对丰裕

* 佟家栋，南开大学经济学院国际经济与贸易系；刘竹青(通信作者)，天津师范大学经济学院国际经济与贸易系。本文受国家社科基金重大项目(12&ZD087)和国家自然科学基金(71573141；71103153；71203104)的研究资助，感谢南开大学金融学院余子良博士给予的数据支持和帮助。

的发展中国家,2004 年以来我国制造业的劳工成本不断上升,面临严峻的用工形势。据美国劳动统计局公布,2006～2011 年我国制造业单位小时劳工成本以年均 22.5%的速度上涨,2016 年已接近或超过东欧国家和俄罗斯的平均水平,而同时制造业却屡现“用工难”问题,“抢人”成为广州、深圳等东部沿海城市的制造业企业每年的一项重要工作。二是土地资源对经济发展的约束加剧。2003 年,我国实行住房市场改革和土地供给制度改革以后,商品房的销售价格以年均 10%以上的速度持续上涨(2004～2016 年),成为近年来全球房地产市场的“独特景象”。由此可见,2004 年以来,我国制造业严峻的用工形势和房价的快速上涨持续同存,这是我国经济高速发展的结果,还是它们之间存在不可忽视的相互联系?房价上涨是否会改变我国制造业的用工条件,加剧制造业的用工压力,阻碍制造业传统比较优势的发挥与升级?本文将对这些问题进行深入讨论。

从房价上涨与就业的关系来看,一方面,根据罗伯津斯基定理房价上涨直接提高了密集使用土地或房屋进行生产的行业,即建筑业的利润水平①,推动建筑的规模扩张,他们对劳动力的需求也随之增加;另一方面,房价上涨带来的高利润使建筑业有能力向劳动者支付较高的工资水平,拉大了建筑业与传统行业、特别是制造业之间的工资差距,导致劳动力逐渐向建筑业转移,对制造业就业产生“挤出”效应,加剧了制造业的用工形势,甚至导致劳动力在制造业和建筑业之间的就业出现结构性错配(Sahin et al.,2012;Charles,2013)。也就是说,房价上涨会引起劳动在不同行业之间就业的重新调整,对实体经济增长和制造业就业产生不可忽视的重要影响。因此,本文认为,研究房价上涨对我国制造业与建筑业之间就业结构的影响,从房价上涨的角度分析我国制造业的用工问题,对准确评估房价上涨的经济影响以及全面理解我国制造业的用工问题、比较优势转型及长期发展都有重要的理论意义和现实价值。

在我国特殊的国情下,与其他国家相比,房价上涨对我国制造业就业的影响更加突出。2003 年,我国实行住房市场改革和土地供给制度改革以来,各级地方政府纷纷把干预和操控土地市场和房地产市场作为最常用的一个宏观经济调控工具,严重扭曲性地推动了商品房价格的持续、快速上涨,加速了资本、劳动等要素资源向建筑业的转移,并导致成本推动型的工资上涨,迫使制造业企业不得不提高工资,削弱了我国制造业发展的传统比较优势,出现了制造业

① 实际上,房价上涨不仅会提高建筑业的利润水平,也会提高房地产业等的利润增长,但是,与其他相关行业相比,建筑业是典型的劳动密集型行业,它的扩张对劳动力市场就业结构的影响格外突出,并很可能明显冲击制造业的用工条件,因此本文只将房价上涨后的建筑业扩张纳入研究。

比较优势逐渐衰退或已经丧失的“假象”(范剑勇等,2015)。与单纯的劳动供给不足不同,本文认为房价上涨引致的制造业工资上涨和用工压力并不是比较优势的真正衰退,而只是房地产市场“过热”时产业结构对当地实际比较优势的偏离,这不仅阻碍了各地制造业真实比较优势的充分发挥,还将影响我国制造业的持续发展、转型升级和长期竞争优势的培育。所以,房价上涨与我国制造业用工问题之间的关系亟须研究。

鉴于此,本文立足我国经济发展的基本事实,借鉴 Clarles et al.(2012)利用 2004～2013 年地级市层面数据将实证检验房价上涨对我国制造业-建筑业就业结构的影响及作用机制,试图从房价上涨和建筑业扩张的角度为我国制造业的用工问题提供新的理解和解释。

本文余下部分的安排如下:第二部分是文献评述;第三部分是计量模型构建与指标选择;第四部分是计量检验及结果分析;第五部分是拓展性研究;最后一部分是结论。

二、文献评述

改革开放以来,制造业发展在拉动我国经济增长、解决社会就业等方面都做出了重大贡献(章铮和谭琴,2005;毛日升,2009;唐晓华和李绍东,2010;马弘等,2013),学术界对当前制造业出现的劳工成本上升、“用工难”等问题也进行了大量的理论研究和实证讨论。从研究视角来看,这些现有研究大致有两类。一类从劳动力的绝对供给出、“刘易斯拐点”的角度进行了解释。蔡昉(2008,2010)认为 2005 年以来我国农村剩余劳动力从无限供给变为有限供给,“农民工”的工资不断上涨,城镇外来务工人员小时工资的平均增长速度是本地劳动力的 1.6 倍,我国已经出现“刘易斯拐点”,人口红利枯竭,所以沿海地区才频现“用工难”问题,并且这一问题还将继续加剧,向中西部劳动力输出地蔓延,继续恶化制造业的用工形势(Cai,2008)。但是,学术界对我国农村剩余劳动力的度量争议颇大,采用不同方法估算的农村剩余劳动力的规模相差甚远,从 5000 万(王检贵和王守海,2005;蔡昉,2008)到 2 亿(何如海,2005;马晓河等,2007;糜韩杰,2008;李刚,2012)不等。另一类从制造业的用工需求与劳动力供给之间的结构性匹配角度进行了分析。张车伟(2009)认为即便我国劳动力无限供给的时代已经结束,也尚未出现劳动力短缺,社会仍存在严峻的就业压力:一是存在农村劳动力向城镇转移的就业压力,二是新进入就业市场的大学毕业生面临严峻的就业压力。自 2003 年我国第一批“扩招”的本科生毕业以来,大学毕业生的就业问题愈加严峻,大学生“就业难”成为各界普遍关注的重要社会问题(曾湘泉,2004;周德禄,2012)。这类研究指出,我国劳动市场的供求极不匹配,一方面制造业发展与升级迫切需要的生产性或技术性劳动力短缺,不能被及时满足,另一方面高校毕业生又难以找到合适的工作,结构性失业问题突出,企业的"用工难"与大学生的"就业难"同时存在。但遗憾的是,由于数据资料的限制,此类研究大多只进行了定性分析,结论的准确性有待进一步验证。

显然,以上研究基本只从劳动力的绝对供给、劳动力供给与制造业用工需求之间的匹配等角度解释了我国制造业的用工问题,均忽视了 2004 年以来我国制造业用工压力与房价上涨同时持续存在的基本事实,缺乏从房价上涨的角度对制造业用工问题的探讨。但是,国外学者早已对房价上涨与制造业就业之间的关系进行了大量的理论与实证研究。Sahin et al.(2012)、Furlanetto & Groshenny(2016)考察了美国的房价上涨与失业率之间的关系,发现房价上涨与制造业就业存在明显的负向关系:2000~2007 年房价快速上涨时,美国的制造业就业出现了严重萎缩,20 世纪 80 年代初到 90 年代末美国的制造业就业规模在 20 多年的时间里仅下降了 10 万左右,但在 2000~2007 年房价快速上涨的 8 年间却急剧萎缩了 350 多万;2007 年次贷危机爆发后,随着房价暴跌,建筑业衰退,美国失业率迅速提高,2009 年达到 10%。Clarles et al.(2012,2013)利用美国房地产市场高涨期(2000~2007 年)和衰退期(2007~2011 年)的数据研究了房价上涨对美国制造业就业的定量作用,发现房价上涨显著提高了美国建筑业的就业吸纳能力,导致劳动力就业在制造业与建筑业之间出现结构性错配,平均来看,2000~2007 年美国房价每上涨 1 个单位,制造业就业就下降约 0.9 个单位,且减少的制造业就业恰好被建筑业吸纳("Offsetting")。Clarles et al.(2012)还发现当房地产市场衰退(2007~2011 年)时,美国失业总人口中的 35%直接来自于房地产市场高涨(2000~2007 年)时建筑业扩张"挤出"的制造业就业。因此,本文的理论假说 1 为:

假说 1:房价上涨引致劳动力就业流向建筑业,降低制造业相对建筑业的就业规模,阻碍制造业就业吸纳能力的提升,改变我国劳动力在制造业与建筑业之间的就业结构。

不过,房价上涨对我国制造业就业的影响可能表现出地区差异和时间差异。首先,与其他地区相比,东部沿海开放城市凭借对外开放的绝对优势,最早实现了制造业的快速发展,劳动密集型制造业在全球市场上占据重要地位,吸纳了大量的低技术、低工资的劳动力,包括从不发达地区迁出的"农民工"。同时,东部沿海开放城市的土地资源却更稀缺,房价上涨更快,建筑业扩张迅速,大量低技术劳动力更容易被吸引到建筑业。因此,与其他地区相比,房价上涨可能会格外冲击东部沿海开放城市的制造业就业。其次,2008 年全球经济危机爆发以后,为了拉动经济增长,我国政府推行了"四万亿"等救市计划,推动了房价的加速上涨，可能会加剧这一时期房价上涨对建筑业扩张和制造业就业的影响。因此，本文的理论假说2为：

假说2：房价上涨的影响存在地区差异和时间差异：与其他地区相比，房价上涨可能格外冲击东部沿海开放城市的制造业用工，明显降低该地区制造业相对建筑业的就业规模；2008年经济危机爆发以后，房价上涨对我国制造业-建筑业就业结构的作用更突出。

此外，房价上涨也影响微观企业的用工决策，倾向降低制造业企业的平均就业规模，提高建筑业企业的平均就业规模。并且，这种微观作用可能表现出异质性。由于建筑业是典型的劳动密集型行业，需要大量的低学历、低技术的劳动力，与我国传统劳动密集型制造业的劳动需求存在较大重叠，所以房价上涨更能吸引低学历劳动力流向建筑业，格外冲击劳动力密集型制造业企业的就业规模。与国有企业相比，非国有企业的劳动力流动性更强，房价上涨对非国有制造业企业就业和非国有建筑业企业就业的影响可能相对明显。因此，本文的理论假说3为：

假说3：房价上涨影响微观制造企业和建筑业企业的就业决策，且这种作用还表现出异质性特点，依赖于企业的要素密集度、所有制特点；并且，建筑业企业的就业扩张更容易吸引低学历劳动力。

三、模型构建和数据说明

（一）模型构建

根据前文分析，我们认为房价上涨推动了建筑业的就业扩张，“挤出”制造业就业，改变劳动力在制造业和建筑业之间的就业结构，进而加剧制造业的用工压力。为了检验这一基本预期，本文借鉴 Charles et al.（2012，2013）构建计量模型，将实证检验房价上涨对我国制造业-建筑业就业结构的影响，基准回归采用的方程如下：

$$\ln labor_{it} = \alpha + \beta \times \ln Price_{it} + \gamma X_{it} + \nu_i + \nu_t + \varepsilon_{it} \tag{1}$$

其中，i 和 t 表示城市和年份。ν_i 和 ν_t 表示城市固定效应和年份固定效应。ε_{it} 表示随机扰动项。$\ln labor_{it}$ 表示 i 城市 t 期制造业相对建筑业的就业规模，采用制造业就业人数与建筑业就业人数比值的对数值度量，度量了该地区制造业与建筑业的就业结构。$\ln Price_{it}$ 表示 i 城市 t 期房价水平的对数值，本文采用商品房的平均销售价格度量城市层面的房价水平，后文还选择住宅房屋的平均销售价格进行稳健性检验。本文关注的核心即是 $\ln Price_{it}$ 的估计系数 β：如果控制了其他因素的影响后，β 的估计系数仍显著小于零，表明房价上涨明显增强了我国建筑业的就业吸纳能力，“挤出”了制造业就业，降低了制造业相对建筑业的就业规模，恶化了制造业的用工问题。X_{it} 表示控制变量，涵盖了影响制造业相对就业规模的其他主要因素，包括：(1)城市人口规模(ln*people*)；(2)城市劳动生产率(ln*pro*)；(3)城市固定资产投资(ln*capital*)；(4)城市技术水平(ln*tech*)；(5)城市经济开放程度(*opening*)；(6)城市经济增长(ln*GDP*)；(7)城市产业结构(*structure*)；(8)经济危机(*crisis*)。本文构建了经济危机虚拟变量(*crisis*)，设定 2008 年及其以前年份的 *crisis* 取值 0，2008 年以后年份的 *crisis* 取值为 1，以控制危机爆发后我国制造业自身增长下滑的影响。

(二)数据来源及说明

本文基准检验采用的数据主要是 2004～2013 年我国 286 个地级市层面的面板数据。其中，城市层面的房价水平等数据均来自历年的《中国城市统计年鉴》。本文还考察了房价作用的微观特点，采用的主要是 2008 年我国第二次经济普查的企业数据库。但是，值得注意的是，工业企业中仅规模以上企业提供了完整的财务信息，本文只选取规模以上制造业企业进行研究。建筑业企业根据是否获得资质，区分了资质内建筑业企业和资质外建筑业企业，由于资质外建筑业企业的规模较小、业务范围有限，本文仅把资质内建筑业企业作为研究对象。表 1 汇报了回归基准方程(1)时主要变量的统计信息。

四、计量检验及结果分析

(一)初步回归及结果分析

为了准确识别房价上涨对我国制造业用工问题的影响及作用机制，本文根据方程(1)采用 2004～2013 年城市层面数据检验了房价上涨与我国制造业-建筑业就业结构之间的关系，表 1 汇报了初步回归的结果。

表 1 的结果显示，所有模型中房价指标(ln*Price*)的估计系数取值都为负，且均在 1%的统计水平上显著，说明房价水平与我国制造业-建筑业的就业结构显著负相关，房价上涨会明显降低我国制造业相对建筑业的就业规模和就业吸纳能力，加剧制造业的用工问题，与前文基本预期(假说 1)一致。平均看来，房价水平每上涨 1 个单位，我国制造业相对建筑业的就业约下降 0.27～0.28 个单位。Charles et al.(2012,2013)对美国房价上涨与制造业-建筑业就业结构之间关系的研究也得到类似结论。

表 1　　房价与制造业-建筑业相对就业:基准检验

变量	(1)	(2)	(3)	(4)	(5)	(6)	(7)	(8)
ln*Price*	−0.270***	−0.269***	−0.289***	−0.267***	−0.276***	−0.285***	−0.274***	−0.276***
	(−4.932)	(−4.912)	(−5.240)	(−4.696)	(−4.784)	(−4.903)	(−4.700)	(−4.734)
ln*people*		−0.090	−0.090	−0.087	−0.086	−0.086	−0.079	−0.082
		(−0.657)	(−0.656)	(−0.635)	(−0.626)	(−0.628)	(−0.579)	(−0.599)
ln*pro*			0.382***	0.396***	0.406***	0.414***	0.439***	0.414***
			(2.709)	(2.803)	(2.865)	(2.919)	(3.094)	(2.833)
ln*capital*				0.010*	0.010	0.010*	0.010*	0.010*
				(1.660)	(1.634)	(1.653)	(1.698)	(1.742)
ln*tech*					0.035	0.034	0.046	0.047
					(0.908)	(0.892)	(1.197)	(1.201)
opening						0.025	0.021	0.021
						(1.256)	(1.072)	(1.043)
ln*GDP*							0.102***	0.095***
							(2.930)	(2.651)
structure								−0.049
								(−0.699)
crisis	−0.218***	−0.220***	−0.269***	−0.276***	−0.281***	−0.276***	−0.271***	−0.268***
	(−3.463)	(−3.485)	(−4.112)	(−4.204)	(−4.268)	(−4.191)	(−4.114)	(−4.072)
年份固定效应	是	是	是	是	是	是	是	是
城市固定效应	是	是	是	是	是	是	是	是
常数项	3.462***	4.099***	4.271***	3.975***	3.854***	3.846***	3.388***	3.499***
	(6.808)	(3.741)	(3.899)	(3.583)	(3.450)	(3.444)	(3.010)	(3.078)
观测值	2,307	2,307	2,307	2,307	2,307	2,307	2,307	2,307
R^2	0.755	0.755	0.756	0.756	0.756	0.756	0.757	0.757

注:回归系数下括号内为回归系数的 t 统计值;***、**和*分别为1%、5%和10%的显著性水平。

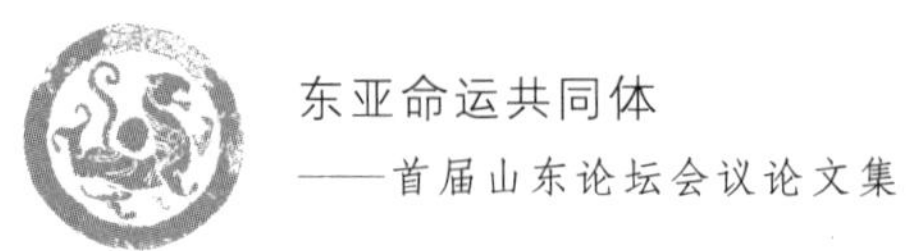

(二)内生性及工具变量回归

值得注意的是,房价指标可能是内生的,我们将采用工具变量法对该问题进行处理,重新检验。基于工具变量的选择标准,借鉴陆铭等(2015),本文认为城市土地供给条件是房价较合适的工具变量,并选择城市人均土地出让面积作为房价的工具变量。两阶段最小二乘法(2SLS)第一阶段的回归方程为:

$$\ln Price_{it}=\alpha+\beta\times square_{it}+\gamma X_{it}+\nu_i+\nu_t+\varepsilon_{it}\,(2)$$

其中,被解释变量 $\ln Price_{it}$ 是城市房价水平,解释变量 $square_{it}$ 是城市人均土地转让面积,其他变量的含义与方程(1)相同。本文根据《中国国土资源年鉴》中"国有建设用地供应情况"项下的"国有建设用地出让面积"得到各城市历年的土地出让面积,并利用土地出让面积与年末平均人口数量的比值构建了城市人均土地转让面积。

表 2 汇报了两阶段最小二乘法第一阶段(即方程(2))的回归结果。所有模型中人均土地转让面积的估计系数均在 1%的统计水平上显著为负,说明人均土地转让面积与房价水平显著负相关,与陈斌开和杨汝岱(2013)、陆铭等(2015)的研究一致。同时,在控制其他因素的影响后,弱工具变量 F 检验的统计量取值均至少大于 15,说明本文选择的工具变量比较合理,不存在弱工具变量问题。

表 2　房价与制造业-建筑业就业结构:工具变量第一阶段回归结果

变量	(1)	(2)	(3)	(4)	(5)	(6)
	商品房价格			住宅房价格		
	全样本	2004～2008	2009～2013	全样本	2004～2008	2009～2013
人均土地出让面积		−0.016***	−0.034***	−0.010***	−0.012***	−0.024***
	(−3.150)	(−4.500)	(−3.580)	(−3.130)	(−3.780)	(−7.010)
控制变量	是	是	是	是	是	是
年份固定效应	是	是	是	是	是	是

续表

变量	(1)	(2)	(3)	(4)	(5)	(6)
	商品房价格			住宅房价格		
	全样本	2004～2008	2009～2013	全样本	2004～2008	2009～2013
城市固定效应	是	是	是	是	是	是
观测值	2307	1125	1182	2137	955	1182
R^2	0.752	0.759	0.796	0.863	0.833	0.906
第一阶段F统计量	22.82	15.69	18.18	50.34	19.16	43.39

注:回归系数下括号内为回归系数的 t 统计值;***、**和*分别为1%、5%和10%的显著性水平。

具体地,在采用两阶段最小二乘法回归时,我们将第一阶段(即方程(2))回归中得到的房价拟合值($\ln \widehat{Price}_{it}$)代替房价($\ln Price_{it}$)对制造业-建筑业的相对就业规模进行估计,第二阶段的估计方程为:

$$\ln labor_{it}=\alpha+\beta\times\ln \widehat{Price}_{it}+\gamma X_{it}+\nu_i+\nu_t+\varepsilon_{it} \quad (3)$$

表3汇报了工具变量回归第二阶段的估计结果。我们发现,所有模型中房价水平($\ln Price$)的估计系数取值均在1%的统计水平上显著为负,但其绝对值都大于OLS的估计结果(表3)。根据工具变量的回归结果,房价水平每上涨1个单位,制造业相对建筑用的就业规模就约下降1.63～2.18个单位,远大于0.30个单位(表1),说明内生性问题的存在严重低估了房价上涨对我国制造业-建筑业相对就业规模的影响强度。因此,为保证研究结论的可靠性,我们在后文的估计中均采用工具变量法。

表 3　房价与制造业-建筑业就业结构:工具变量第二阶段回归结果

变量	(1)	(2)	(3)	(4)	(5)	(6)	(7)	(8)
ln*Price*	−1.639***	−1.636***	−2.168***	−2.047***	−2.124***	−2.138***	−2.151***	−2.182***
	(−2.633)	(−2.612)	(−2.662)	(−2.808)	(−2.792)	(−2.798)	(−2.849)	(−2.846)
ln*people*		0.006	0.041	0.018	0.029	0.026	0.030	0.019
		(0.039)	(0.230)	(0.105)	(0.167)	(0.154)	(0.175)	(0.111)
ln*pro*			1.093***	0.975***	1.047***	1.070***	1.085***	0.988***
			(3.262)	(3.541)	(3.515)	(3.525)	(3.683)	(3.557)
ln*capital*				−0.035*	−0.036*	−0.035*	−0.036*	−0.035*
				(−1.781)	(−1.797)	(−1.778)	(−1.813)	(−1.788)
ln*tech*					0.260**	0.255**	0.261***	0.264***
					(2.502)	(2.492)	(2.665)	(2.665)
opening						0.098**	0.097**	0.096**
						(2.492)	(2.451)	(2.423)
ln*GDP*							0.036	0.008
							(0.708)	(0.140)
structure								−0.202**
								(−1.969)
crisis	−1.023*	−1.020*	−1.307*	−1.160*	−1.126*	−1.129*	−1.144**	−1.169**
	(−1.714)	(−1.781)	(−1.887)	(−1.943)	(−1.914)	(−1.918)	(−1.981)	(−1.993)
年份固定效应	是	是	是	是	是	是	是	是
城市固定效应	是	是	是	是	是	是	是	是
常数项	15.48***	15.41***	19.82***	19.25***	18.35***	18.15***	18.12***	18.74***
	(2.698)	(2.914)	(2.900)	(3.033)	(3.022)	(3.024)	(2.999)	(3.005)
观测值	2,273	2,273	2,273	2,273	2,273	2,273	2,273	2,273
R^2	0.686	0.686	0.700	0.705	0.726	0.737	0.740	0.748

注:回归系数下括号内为回归系数的 t 统计值;***、** 和 * 分别为 1%、5%和 10%的显著性水平。

五、拓展性研究

(一)异质性分析

1. 考虑地区分布的影响及回归结果

20 世纪 90 年代以来,我国不发达地区的剩余劳动力逐渐向发达地区的先进产业部门转移(周勤和吴利华,2008),地区间的房价水平、就业结构等均表现出更多差异。本文把 286 个城市划分为东部地区和中西部地区,分别检验,以考察房价上涨与我国不同地区制造业相对建筑业就业的影响及差异。表 8 汇报了回归结果。

表 4 的结果显示,所有模型中房价(ln*Price*)的估计系数均至少在 5%的统计水平上显著为负,说明东部地区、东部沿海开放城市和中西部地区的房价上涨都明显降低了当地制造业相对建筑业的就业规模,与前文的基本结论一致。东部地区和中西部地区的房价估计系数均在 5%的统计水平上显著,不存在明显差异,但东部沿海开放城市的房价估计系数均在 1%的统计水平上显著,且取值的绝对值明显较大,说明东部沿海地区房价估计系数的统计显著性和经济显著性最强,表明与其他地区相比,东部沿海开放城市的房价上涨对制造业-建筑业相对就业规模的负面作用格外突出,验证了前文的理论预期(假说 2)。

表 4　房价与制造业-建筑业就业结构:考虑地区分布(工具变量)

变量	(1)	(2)	(3)	(4)	(5)	(6)
	东部地区	东部沿海城市	中西部地区	东部地区	东部沿海城市	中西部地区
ln*Price*	−1.625**	−4.314***	−1.431**	−2.043**	−5.513***	−2.136**
	(−2.212)	(−3.280)	(−2.276)	(−2.281)	(−3.323)	(−2.066)
控制变量	否	否	否	是	是	是
年份固定效应	是	是	是	是	是	是
城市固定效应	是	是	是	是	是	是
常数项	是	是	是	是	是	是
观测值	1,107	140	1,166	1,107	140	1,166
R^2	0.687	0.533	0.644	0.754	0.783	0.784

注:回归系数下括号内为回归系数的 t 统计值;***、** 和 * 分别为 1%、5%和 10%的显著性水平。

2. 考虑全球经济危机的影响及回归结果

2008 年全球经济危机爆发后，为了应对低迷的国内外市场环境，我国各级政府对房地产市场进行了一系列的宏观调控，推动了房价的加速上涨。那么，金融危机后房价的这种快速上涨是否影响了房价与我国制造业-建筑业就业结构之间的关系？自经济危机爆发以来，房价的作用是否表现出一些新的特点？为此，本文以 2008 年为界划分了 2004～2008 年和 2009～2013 年两个子样本并分别检验，表 5 汇报了估计结果。

从表 5 看出，所有模型中房价(ln*Price*)的估计系数均至少在 10%的统计水平上显著为负，说明全球经济危机爆发前后，房价的上涨都显著降低了我国制造业相对建筑业的就业规模。控制了其他所有因素的影响后，房价的估计系数在经济危机前(2004～2008 年)的回归中取值为－0.815，在 5%的统计水平上显著，经济危机后(2009～2013 年)取值－1.252，在 1%的统计水平上显著，说明与经济危机爆发前相比，2008 年以后房价的加速上涨对我国制造业-建筑业相对就业规模的负向冲击更严重。

表 5　房价与制造业-建筑业就业结构：考虑时间差异(工具变量)

变量	(1)	(2)	(3)	(4)
	2004～2008	2009～2013	2004～2008	2009～2013
ln*Price*	－1.179***	－1.800***	－0.815**	－1.252***
	(－6.903)	(－3.543)	(－2.460)	(－3.014)
控制变量	否	否	是	是
时间固定效应	是	是	是	是
地区固定效应	是	是	是	是
常数项	是	是	是	是
观测值	1,113	1,160	1,113	1,160
R^2	0.686	0.740	0.794	0.829

注：回归系数下括号内为回归系数的 t 统计值；***、** 和 * 分别为 1%、5%和 10%的显著性水平。

(二)基于微观数据的进一步讨论

以上基准回归和异质性分析的结果均证实了前文的基本预期，但是这些检验均是基于城市数据的中观讨论，房价上涨是否会影响微观市场主体，即制造业企业和建筑业企业的就业决策？本文将利用微观企业数据检验房价上涨对中国制造业企业和建筑业企业就业的影响，并考察具体特点。

由于数据资料的限制，本文只能采用2008年我国第二次经济普查提供的企业资料进行微观检验。具体地，本文这一部分采用的估计方程如下：

$$\ln labor_{ij}=\alpha+\beta\times\ln Price_{ij}+\gamma X_i+\kappa X_j+\nu_i+\varepsilon_{ij} \quad (4)$$

其中，i 和 j 表示地区和企业。ln*labor* 表示地区 i 企业 j 的就业规模，采用企业年末就业人数的对数值度量。$\ln Price_{ij}$ 表示企业 j 所在地区 i 的房价水平。X_i 是城市层面的控制变量，与前文估计方程一致。本文在估计方程中还加入了影响企业就业规模的主要微观变量(X_j)，包括：(1)企业的产出规模(ln*sale*)；(2)企业的加成率(*markup*)；(3)企业的要素条件(ln*kl*)；(4)企业的所有制特点(*private*)，本文构建虚拟变量 *private*，民营企业取值为1，其他企业取值为0。

1.房价对制造业企业就业的影响及特点

(1)房价对制造业企业就业的影响

本文根据方程(4)据检验了房价与我国制造业企业就业规模之间的关系，表6汇报了估计结果。表6的结果显示，所有模型中房价(ln*Price*)的估计系数取值都为负，第(4)列和第(5)列在10%的统计水平上显著，说明控制了其他所有因素的影响后，房价与我国制造业企业的就业规模显著负相关，房价上涨明显降低了我国制造业企业的平均就业规模，不利于制造业企业的规模扩大和持续发展。

表6　房价与制造业企业就业：基准估计(工具变量)

变量	(1)	(2)	(3)	(4)	(5)
ln*Price*	−0.756	−0.787	−0.787	−1.759*	−1.529*
	(−1.440)	(−1.427)	(−1.427)	(−1.791)	(−1.753)
ln*scale*		0.557***	0.557***	0.577***	0.565***
		(64.436)	(64.436)	(70.974)	(69.301)
markup			0.001	0.001	0.001
			(0.117)	(0.057)	(0.156)
ln*kl*				−0.128***	−0.130***
				(−12.770)	(−13.661)
private					−0.263***
					(−10.097)
城市层面控制变量	是	是	是	是	是

续表

变量	(1)	(2)	(3)	(4)	(5)
城市固定效应	是	是	是	是	是
控制变量	是	是	是	是	是
观测值	301,253	301,253	301,253	301,253	301,253
R^2	0.490	0.498	0.498	0.522	0.530

注:回归系数下括号内为回归系数的 t 统计值;***、**和*分别为1%、5%和10%的显著性水平。

(2)区分企业所有制类型及回归结果

本文认为房价上涨对制造业企业就业的影响可能与其所有制特点密切相关。所以,根据企业的注册类型,我们把制造业企业区分为国有企业和非国有企业(包括民营企业和外资企业),分别检验,表7汇报了回归结果。

表7的结果显示,所有模型中房价(ln*Price*)的估计系数取值均至少在10%的统计水平上显著为负,说明房价上涨对我国所有制企业的就业规模都存在显著的负影响。与国有企业和外资企业相比,民营企业房价(ln*Price*)估计系数的统计显著性最大,说明房价上涨对我国民营制造业企业就业的冲击最突出。

表7　房价与制造业企业:区分所有制类型(工具变量)

变量	(1)	(2)	(3)	(4)	(5)	(6)
	国有企业		非国有企业			
			民营企业		外资企业	
ln*Price*	−1.359*	−1.520*	−1.141*	−1.673**	−0.561**	−0.161*
	(−1.699)	(−1.840)	(−2.082)	(−2.282)	(−2.074)	(−1.756)
企业层面控制变量	否	是	否	是	否	是
城市层面控制变量	是	是	是	是	是	是
城市固定效应	是	是	是	是	是	是
常数项	是	是	是	是	是	是
观测值	132,473	132,473	168,780	168,780	64,279	64,279
R^2	0.563	0.595	0.488	0.457	0.665	0.670

注:回归系数下括号内为回归系数的 t 统计值;***、**和*分别为1%、5%和10%的显著性水平。

(3)区分行业要素密集度及回归结果

前文假说3预期,由于建筑业与我国劳动密集型制造业的劳动力需求存在更多的竞争关系,房价上涨可能格外冲击劳动密集型制造业的就业。为了准确检验这一结论,根据企业所在行业的要素密集度特点,本文把制造业企业区分为劳动密集型、资本密集型和技术密集型制造业,并分别检验,表8汇报了回归结果。

从表8看出,只有劳动密集型企业和资本密集型企业的回归中,房价(ln*Price*)的估计系数显著为负,技术密集型企业的房价估计系数取值都为正且第(6)列在10%的统计水平上显著,说明房价上涨只显著降低了我国劳动密集型制造业企业和资本密集型制造业企业的就业规模,并在一定程度上促进了技术密集型制造业企业的就业规模扩大。与前文预期一致,验证了前文的理论假说2。

表8　　房价与制造业企业就业:区分要素密集度(工具变量)

变量	(1)	(2)	(3)	(4)	(5)	(6)
	劳动密集型企业		资本密集型企业		技术密集型企业	
ln*Price*	−0.542***	−0.508***	−0.534***	−0.416**	0.677	0.637*
	(−4.634)	(−4.464)	(−2.948)	(−2.362)	(0.946)	(1.928)
企业层面控制变量	否	是	否	是	否	是
城市层面控制变量	是	是	是	是	是	是
城市固定效应	是	是	是	是	是	是
常数项	是	是	是	是	是	是
观测值	129,209	129,209	100,707	100,707	71,337	71,337
R^2	0.443	0.498	0.532	0.587	0.510	0.567

注:回归系数下括号内为回归系数的t统计值;***、**和*分别为1%、5%和10%的显著性水平。

2.房价对建筑业企业就业的影响及特点

(1)房价对建筑业企业就业的影响

与对制造业企业的分析类似,本文根据方程(4)检验了房价上涨对建筑业企业就业规模的影响,表9汇报了回归结果。从表13的结果看出,所有模型中房价(ln*Price*)估计系数的取值都为正,且至少均在5%的统计水平上显著,说明控制了其他因素的影响后,房价上涨明显提高了我国建筑业企业的就业规模,与表6对制造业企业就业的检验结果几乎完全相反,从微观层面再次验证了前文的基本预期(假说1)。

表9　　房价与建筑业企业就业:基准估计(工具变量)

变量	(1)	(2)	(3)	(4)	(5)
ln*Price*	0.900***	0.426***	0.426***	0.337**	0.337**
	(3.555)	(3.031)	(3.031)	(2.562)	(2.561)
ln*scale*		0.667***	0.667***	0.666***	0.667***
		(376.383)	(376.395)	(401.073)	(401.880)
markup			−0.000*	−0.000**	−0.000**
			(−1.675)	(−1.963)	(−1.975)
ln*kl*				−0.196***	−0.196***
				(−93.596)	(−93.672)
private					0.399***
					(13.769)
城市层面控制变量	是	是	是	是	是
城市固定效应	是	是	是	是	是
常数项	是	是	是	是	是
观测值	63,167	63,167	63,167	63,167	63,167
R^2	0.618	0.628	0.628	0.661	0.662

注:回归系数下括号内为回归系数的 t 统计值;***、**和*分别为1%、5%和10%的显著性水平。

(2)区分企业所有制类型及回归结果

本文认为房价上涨对建筑业就业规模的影响也依赖于企业的所有制特点,所以根据建筑业企业的注册登记类型,本文区分了国有建筑业企业和非国有建筑业企业并分别检验,表10汇报了估计结果。

表10的结果显示，所有模型中房价(ln*Price*)的估计系数均在1%的统计水平上显著为正，与表9的结果一致，说明房价上涨均显著促进了我国国有建筑业企业和非国有建筑业企业的就业规模。与国有建筑业企业相比，房价上涨对非国有企业就业的作用略大。这很容易理解，与国有企业相比，非国有企业对市场环境变化的反应更敏感，招聘、提高工资等决策更灵活，因此房价上涨时非国有建筑业企业更容易及时增加员工数量、扩大就业规模。

表10　　房价与建筑业企业：区分所有制类型(工具变量)

变量	(1)	(2)	(3)	(4)
	国有企业		非国有企业	
ln*Price*	0.781***	0.781***	1.232***	1.237***
	(38.868)	(38.869)	(12.582)	(12.740)
企业层面控制变量	否	是	否	是
城市层面控制变量	是	是	是	是
城市固定效应	是	是	是	是
常数项	是	是	是	是
观测值	31,215	31,215	31,952	31,952
R^2	0.641	0.644	0.555	0.557

注：回归系数下括号内为回归系数的*t*统计值；***、**和*分别为1%、5%和10%的显著性水平。

(3)区分建筑业行业特点及回归结果

房价上涨对建筑业企业就业的影响可能依赖于企业所在行业的具体特点。本文分别检验了房价上涨对房屋和土木工程建筑业企业以及建筑安装装饰业(即包括建筑安装业和建筑装饰业)企业就业的影响，表11汇报估计结果。

从表11看出，房屋和土木工程建筑业企业的房价估计系数均在5%的统计水平上显著为正，而建筑安装装饰业的房价估计系数虽也均为正，但只有控制了其他所有因素的影响后才在10%的统计水平上显著(第(4)列)。由此可见，尽管房价上涨都显著促进了我国房屋和土木工程建筑业企业以及建筑安装装饰业企业的就业规模，但对后者的作用相对较小。

表 11　　房价与制造业企业:区分行业特点(工具变量)

变量	(1)	(2)	(3)	(4)
	房屋和土木工程建筑业		建筑安装装饰业企业	
ln*Price*	0.936**	0.934**	1.148	0.780*
	(1.977)	(1.972)	(1.503)	(1.702)
企业层面控制变量	否	是	否	是
城市层面控制变量	是	是	是	是
城市固定效应	是	是	是	是
常数项	是	是	是	是
观测值	35,057	35,057	24,109	24,109
R^2	0.683	0.685	0.605	0.612

注:回归系数下括号内为回归系数的 t 统计值;***、** 和 * 分别为 1%、5% 和 10% 的显著性水平。

(4)区分建筑业就业的学历特点及回归结果

为了进一步验证房价上涨更容易吸引低素质劳动力流向建筑业,本文将从劳动者学历角度出发,检验房价上涨对建筑业企业不同学历就业的作用。具体地,根据 2008 年经济普查数据中公布的建筑业内部劳动者学历信息,本文把建筑业企业的就业区分为大学以下学历就业(包括初中及以下、高中和大专学历)和大学及以上学历(包括大学和研究生学历)的就业,并分别检验房价上涨与这两类不同学历的就业人数之间的关系,表 12 汇报了估计结果。

表 12 的结果显示,第(1)~(2)列中房价(ln*Price*)估计系数的取值均在 5% 的统计水平上显著为负,第(3)~(4)列中房价(ln*Price*)估计系数的取值均为正但不显著,说明房价上涨只显著增加了建筑业企业低学历、低素质劳动力的就业规模,对高学历、高素质劳动力的就业影响有限,说明建筑业就业扩张更多的来自低技术劳动力的增加,与 Charles 等(2015)的结论相符,验证了前文的理论假说(3)。

表 12　房价与建筑业企业:区分劳动者学历(工具变量)

变量	(1)	(2)	(3)	(4)
	大学以下学历		大学及以上学历	
ln*Price*	0.370**	0.286**	0.164	0.153
	(2.491)	(2.048)	(0.854)	(0.794)
企业层面控制变量	否	是	否	是
城市层面控制变量	是	是	是	是
城市固定效应	是	是	是	是
常数项	是	是	是	是
观测值	62,166	62,166	58,674	58,674
R^2	0.709	0.743	0.349	0.350

注:回归系数下括号内为回归系数的 t 统计值;***、** 和 * 分别为 1%、5%和 10%的显著性水平。

六、结　论

自 2004 年以来,我国经济发展表现出房价上涨与制造业“用工难”问题同时存在的事实特征,国内外学者对这两个问题分别进行了大量的理论研究与实证分析,但均忽视了两者之间可能存在的内在联系。实际上,房价上涨还会导致劳动力在制造业与建筑业之间的就业重新调整,改变制造业-建筑业的就业结构,加剧制造业的用工压力。鉴于此,本文利用 2004～2013 年我国 286 个地级市的数据和 2008 年的经济普查数据,检验了房价上涨与我国制造业-建筑业就业结构之间的关系,首次从房价上涨的角度对我国制造业的用工问题进行了理解和解释,弥补了现有研究的不足,对全面认识我国房价上涨的经济影响、制造业发展及转型升级等问题有重要的理论意义和现实价值。

本文的基本研究发现房价上涨显著改变了我国建筑业-制造业的就业结构,降低了制造业相对建筑业的就业吸纳能力,削弱了制造业在第二产业中的就业吸纳地位,恶化了制造业的用工条件。拓展性研究还表明:(1)这种作用还依赖于地区分布和宏观经济形势,房价上涨格外冲击了东部沿海地区的制造业就业,并且 2008 年全球经济危机后,房价的加速上涨进一步加剧了我国制造业的用工条件;(2)房价上涨还影响微观企业的就业决策,降低制造业企业的就业规模,但扩大建筑业企业就业,还呈现出异质性特点:房价上涨突出影响了非国有制造业企业和非国有建筑业企业、劳动密集型制造业企业和房屋、土木工程建筑业企业的就业规模；与高学历劳动力相比，房价上涨明显增加了建筑业企业中大学及以下学历低素质劳动力的就业人数。此外，本文采用工具变量法处理了房价变量的内生性问题，控制了制造业自身发展及指标选择的影响，基本研究的结论较为稳健、可靠。

本文的研究具有较强的政策意义。首先，根据上文的基本结论不难推测，如果我国的房价持续上涨，建筑业将继续扩张，不仅迫使制造业继续提高劳工成本，还会导致更多的劳动力从制造业流向建筑业，进一步恶化我国制造业的用工问题，加快我国传统制造业发展的劳动力优势、国际竞争力优势的衰退，不利于制造业的持续发展和转型升级。尤其，在全球经济危机爆发近 10 年以后，当前的国际市场环境仍较为低迷、国外市场需求疲软、国际贸易保护主义严重，房价上涨给我国制造业企业带来的工资压力和用工压力无疑使制造业企业的发展和出口贸易“雪上加霜”。其次，让人担忧的还有，如果高速上涨的房价在未来不能持续，增长放缓或大幅下跌，那此前建筑业扩张吸纳的劳动力又将何去何从？失业还是重新回到制造业？前文证明建筑业扩张主要吸纳的是低学历的低技术劳动力，他们从建筑业释放出来后也只能从事低端制造业或低端服务业，这显然不利于我国制造业和服务业的转型升级。因此，本文认为如何处理好房价上涨与经济增长、房价上涨与制造业发展、房价上涨与劳动者技能培训之间的相互关系可能是我国政府亟须认清和解决的重要问题。本文建议政府必须意识到利用调控土地市场或房地产市场刺激经济增长仍需谨慎，重视解决房价上涨为当地产业结构、就业结构、未来可能的失业问题、社会稳定等带来的新问题。同时，政府还需继续关注低学历劳动者的教育、再教育或再培训问题，提高劳动者的基本素质和技术水平，这不仅从根本上有利于实现我国制造业的产业结构转型与升级，还对应对当前或未来的失业问题有重要的现实意义。

参考文献

1. 陈斌开、杨汝岱：《土地供给、住房价格与中国城镇居民储蓄》，《经济研究》2013 年第 1 期。

2. 蔡昉：《劳动力无限供给时代结束》，《金融经济》2008 年第 3 期。

3. 蔡昉：《人口转变、人口红利与刘易斯转折点》，《经济研究》2010 年第 4 期。

4. 范剑勇、莫家伟、张吉鹏：《居住模式与中国城镇化——基于土地供给视角的经验研究》，《中国社会科学》2015 年第 4 期。

5. 陆铭、张航、梁文泉：《偏向中西部的土地供应如何推升了东部的工资》，

《中国社会科学》2015 年第 5 期。

6. 马弘、乔雪、徐嫄:《中国制造业的就业创造与就业消失》,《经济研究》2013 年第 12 期。

7. 毛日昇:《出口、外商直接投资与中国制造业就业》,《经济研究》2009 年第 11 期。

8. 潘文卿:《中国区域经济差异与收敛》,《中国社会科学》2010 年第 1 期。

9. 唐东波:《全球化对中国就业结构的影响》,《世界经济》2011 年第 9 期。

10. 唐东波:《垂直专业化贸易如何影响了中国的就业结构?》,《经济研究》2012 年第 8 期。

11. 唐晓华、李绍东:《中国装备制造业与经济增长实证研究》,《中国工业经济》2010 年第 12 期。

12. 张车伟:《中国 30 年经济增长与就业:构建灵活安全的劳动力市场》,《中国工业经济》2009 年第 1 期。

13. 曾湘泉:《变革中的就业环境与中国大学生就业》,《经济研究》2004 年第 6 期。

14. 周德禄:《技术进步、资本深化、产业升级与大学生就业——2001～2010 年中国省级面板数据分析》,《中国人口科学》2012 年第 2 期

15. 章铮、谭琴:《论劳动密集型制造业的就业效应——兼论"民工荒"》,《中国工业经济》2005 年第 7 期。

16. 周勤、吴利:《产业结构、产业竞争力和区域就业差异》,《世界经济》2008 年第 1 期。

17. Bound J. and Holzer H, "Industrial Shifts, Skills Levels, and the Labor Market for White and Black Males," *Review of Economics & Statistics*, 1993,75(3):387-96.

18. Cai F, "Approaching a Triumphal Span: How Far Is China Towards its Lewisian Turning Point?" *Wider Working Paper*, 2008.

19. Charles, K. K., Hurst E., and Notowidigdo M. J., "Manufacturing Busts, Housing Booms and Declining Employment: A Structural Explanation," *NBER Working Paper*, 2012.

20. Charles, K. K., Hurst E., and Notowidigdo M. J., Manufacturing Decline, Housing Booms, and Non-Employment, *NBER Working Paper*, 2013.

21. Charles, K. K., Hurst E., and Notowidigdo M. J., "Housing Booms and Busts, Labor Market Opportunities, and College Attendance," *NBER*

Working Papers, 2015.

22. Furlanetto F., and Groshenny N., "Mismatch Shocks and Unemployment During the Great Recession," *Journal of Applied Econometrics*, 2016, 31 (7): 1197-1214.

23. Kuznets, S. S, "Modern Economic Growth: Rate, Structure, and Spread," *Economica*, 1966, 37(37).

24. Lewis W. A, "Economic Development with Unlimited Supplies of Labour," *Manchester School*, 1954, 22(2):13-191.

25. Sahin A., Song J., Topa G. and Violante G. L., "Mismatch Unemployment," *American Economic Review*, 104(11): 3529-3564.

东亚的社会变迁与合作

东北亚主要城市人才共同体建设问题研究

杨善民　杨　琦*

摘要　本文从东北亚区域经济一体化发展的内在逻辑出发，通过研究日本（东京）、韩国（首尔）、中国（北京、上海、广东、青岛）等地的人才需求及政策，提出了建设"东北亚主要城市人才共同体"以及建立《中日韩三国高层次人才旅行卡计划》的设想。人才共同体的建立，将在更高水平上实现三国间的研发交流与合作，同时密切民间交往，助推三国友好关系发展，为缔造东北亚经济共同体开局。

关键词　东北亚；中日韩；人才共同体；高层次人才；旅行卡

一、提出建设东北亚人才共同体的背景

东北亚是全球经济中发展最快的区域之一，GDP之和占世界经济总量的1/5。其中，中、日、韩三国GDP之和占全亚洲GDP总量的73%。[①] 随着亚太经合组织的壮大，区域安全机制的完善，以地缘关系为纽带、以中国为最大新兴经济体的泛亚经济圈已建、正建和将建设陆界毗邻或海陆相通的"四大自由贸易区"和"八大经济圈"。[②] 其中，对内包括东北城市群、东北亚经济圈、京三角城市群和环渤海经济圈，对外包括俄罗斯远东、日本、韩国、蒙古、朝鲜等国家（地区）的东北亚区域经济一体化趋势正在加强。

---

* 杨善民，山东大学海洋战略研究中心执行主任，山东大学社会学系副教授；杨琦，山东大学海洋战略研究中心研究人员；另，白旭、王微笑协助翻译了有关日语、韩语资料，特此致谢。

① 李丹琳、朱华成：《东北亚区域经济合作存在的问题及对策》，《科技经济市场》2015年11期。

② 四大自贸区即中国—东盟自由贸易区、中西亚自由贸易区、亚洲太平洋自由贸易区和东北亚自由贸易区。八大经济圈即环渤海经济圈、长三角经济圈、泛珠三角经济圈、环北部湾经济圈、中三角经济圈、中西亚经济圈、大西三角经济圈和东北亚经济圈。

但是，中、日、韩三国之间深入合作以及构建中日韩自贸区目前遇到了夹杂历史问题的严重政治障碍。要继续推动东北亚区域经济一体化，东北亚必须超越因循守旧的冷战世界观，以多元化视角、多极化观念，来思考并塑造东北亚的未来。伦敦中心研究院研究员查尔斯·利德比特在评论英国退欧一事时曾写道："一个市民化的、开放的、国际化的欧洲非常符合欧洲各城市的共同利益。如果城市被地方保守主义和民族主义的势力挟持，欧洲就没有未来。"①

这种提醒同样适用于亚洲特别是东北亚。"从东北亚到东南亚再到南亚的弧线上聚集了40亿人口，因此冲突和矛盾是难以避免的。"②而"外交政策的基本原则必须回归现实主义，而不是臆想的道德主义，这将从长期角度推动全球互联的发展"③。

和平与合作是全球最大的利益，更是东北亚的最大利益。对于东北亚来说，中国未来发展前景与成长潜力仍是全球瞩目的焦点，在中国庞大人口基础的支持下，内需市场比重日益增加，"一带一路"的全球布局、"十三五"规划下的新产业发展以及自由贸易区的推广，都是东北亚未来交流互惠的新方向与新契机。

中、日、韩三国交流过程中会涉及一些政治敏感问题，但是不能因此阻断经贸交流、文化交流。2016年9月5日，国家主席习近平在杭州会见来华出席20国集团领导人峰会的日本首相安倍晋三时指出：中日互为重要近邻，两国关系长期健康稳定发展，符合两国人民利益，也有利于地区和平稳定。在谈到中日合作时，习近平指出：中日双方可以弘扬民间友好传统，推进地方交流。双方应该按照合作共赢的新理念，共同推进区域合作，应对全球性挑战。④

同一天，习近平总书记在杭州会见来华出席20国集团领导人峰会的韩国总统朴槿惠时指出：中、韩两国是近邻，共同利益广泛。实现共同发展、促进地区和平，是双方永恒的利益交集。要努力求同存异，为持续推进双边交流合作创造良好基础和氛围。⑤

---

① [英]查尔斯·利德比特：《伦敦的未来：衰落还是转型?》，英国2016年8月9日《金融时报》，http://www.ftchinese.com/story/001068822? page=4。

② [美]帕拉格·康纳：《超级版图：全球供应链、超级城市与新商业文明的崛起》，中信出版社2016年版，第177页。

③ [美]帕拉格·康纳：《超级版图：全球供应链、超级城市与新商业文明的崛起》，中信出版社2016年版，第164页。

④ 《习近平会见日本首相安倍晋三》，新华网，2016年9月5日，http://news.xinhuanet.com/world/2016-09/05/c_1119515029.htm。

⑤ 《习近平会见韩国总统朴槿惠》，人民网，2016年9月6日，http://politics.people.com.cn/GB/n1/2016/0906/c1024-28693157.html。

中日韩近年经济都面临下行压力。要使东北亚发展再提高一个层次，单靠一个国家的力量将非常困难。移民参与和移民融入对建立稳定、开放、生机勃勃的城市不可或缺，也影响着一个国家社会经济的未来。由于人员自由流动的实现往往比商品、服务和资本等其他经济要素的自由流动困难。因此，尽管签署东北亚的“申根协定”可能还相对遥远，但是，建立“东北亚人才共同体”，从高端人才的自由流动做起，从东北亚有强烈渴求的主要城市做起，还是有极大可行性的。

倘若成功突破这一步，那么，东北亚的人才合作必将跃上一个更高平台，并激发出可以预见的促进东北亚经济发展和科技创新的巨大能量。

二、人才是东北亚国家主要城市的共同渴求

总体而言，东北亚与欧美国家相比，对外国移民不够开放。如果东北亚主要国家不能制定对外国移民更加开放的政策，对国外人才的招募也会受到严重阻碍。“外国移民对输入城市而言，在形成就业压力、公共安全、社会福利、价值观冲突等问题挑战的同时，也带给城市多样性文化中可能蕴含的财富，关键在于输入城市能否对移民采取包容而非排斥型治理。”[①]令人高兴的是，近年来东北亚主要国家及城市都在积极探索，推出了各自更加开放灵活的人才吸纳政策。

（一）日本：东京“战略特区”计划

2013年10月7日，日本首相安倍晋三在印尼参加APEC工商领导人峰会时称，日本将在东京等地设立“国家战略特区”，通过“特区”内优惠的投资政策以及便利的工作环境来吸引外国投资和外国人才。[②] 日本政府将在“国家战略特区”内优先施行新的外国人引进计划，其中包括为在特区内创业的外国人设置新的在留资格，积极引进育儿、看护方面外国人才等措施。创业者可以采用提出事业计划的形式，换取在日本的数年在留资格。为了吸引能提供高附加值服务和具有创新能力的外国人才，日本政府实施了“有关优秀海外高级人才积分制”政策。

东京圈战略特区由东京都全域与神奈川县全域、千叶县千叶市与成田市组成。该特区放眼2020年举办的东京奥运会、残奥会，通过完善全球最便于开展商务的环境，吸引来自全球的资金、人才、企业等，形成全球化商务基地，创新、创造具有国际竞争力的新事业。[③] 其主要政策包括：放松管制，接纳外国籍创业

① ［美］爱德华·格莱泽：《城市的胜利》，刘润泉译，上海社会科学院出版社2012年版，第50页。

② 参见赵松：《安倍晋三在APEC上推销“东京特区”》，中华人民共和国商务部官网，2013年10月7日，http://www.mofcom.gov.cn/article/i/jyjl/j/201310/20131000334416.shtml。

③ 《日本国家战略特区将放开外国人才引进条件》，日本新华侨报网，2014年5月12日，http://www.jnocnews.jp/news/show.aspx? id=73589。

人才促进事业，使外国人在东京创业变得更快捷方便；加快入境审批、精简入管手续；放宽外国企业员工取得在留资格的条件限制；取得“高级专门职业”在留资格即在从事东京都认定的统括事业、研究开发事业等的企业，以及接受东京都支付的据点成立补助金的企业就职的外国人，特别加算分数；为完善在东京都生活的外国人的生活环境，对东京都内新设或增设的应对外国人的医疗机构及国际学校，补助其录用外籍医生及教师所需的部分经费。

（二）韩国：移民也是首尔市民

根据韩国法务部公布数据，截至 2016 年 3 月末，在韩居住的外国人达 194.36万人。人口 5000 万的韩国却即将迎来外国人 200 万时代，这在一定程度上得益于韩国政府对外籍人才的渴求。2014 年初，韩国发表《引进海外优秀人才方案》，为实现政府大力推进的“创造经济”，大力引进具有创意和企业家精神的外籍人才（包括海外同胞），强化各项支援政策，改善发放签证制度，将海外人才规模到 2017 年增加 50%。[①] 韩国吸引优秀人才涉及的领域广，包括科学和人文社科、文艺和体育、经营贸易和尖端技术领域。其中获得过诺贝尔奖、普利策奖、奥运会金牌等世界权威性奖项的人士或世界著名人士可以不考虑硬性的评价标准被直接认定为优秀人才。[②] 优秀人才有资格取得优秀人才特别入籍许可或者双重国籍。放宽技术创业移民限制，符合标准的外国创业人员，将给予永久居留资格。

2012 年，首尔市公布了未来五年（2013～2017 年）人权政策蓝图“人权政策基本计划”，计划内容包括：任何人、任何时间、任何地点都能享受人权；移民也是首尔市民，推进劳动者保护、文化福利、反映移民意见的移民政策；对留学生提供就业支援，特别是为尖端技术领域专业的毕业生准备了金卡制度；为高级科学技术人才准备科学卡制度，帮助留学生就业和获得签证。

三、中国主要城市的外国人管理的开放探索

2016 年 3 月 17 日，国际移民组织与中国与全球化智库联合发布的《世界移民报告 2015：移民和城市——管理人口流动的新合作》指出，中国已成为新的国际移民目的地——从 2000 年到 2013 年间，中国的国际移民总量的增长超过了 50%，北京、上海、香港成为居全世界前 20 位的全球城市。[③]

---

① 《韩国政府拟大力吸引海外人才　将放宽签证发放条件》，中新网，2014 年 1 月 23 日，http://www.chinanews.com/hr/2014/01-23/5772565.shtml。

② 译者注：一般入籍者，需要在韩国持续居住 5 年以上（居住 5 年以上）条件（《国籍法》第 5 条）。

③ 《中国已成为新的国际移民目的地》，新华网，2016 年 3 月 9 日，http://money.163.com/16/0329/10/BJAOSJQM00253B0H.html。

2004 年 8 月 15 日，中国颁布了《外国人在中国永久居留审批管理办法》，标志着中国“绿卡”制度的正式实施。但资料显示，至 2011 年末，中国共计发放 4700 多张“绿卡”，年均发放量仅为 248 张。[①]《中国国际移民报告 2014》披露，2014 年末中国内地海外移民存量已达 934.3 万人，而在中国有合法居留身份的外国人仅为 84.89 万人，移民赤字高达到 849.4 万人。“中国这些年巨大的移民赤字和人员流动壁垒问题，都是移民政策滞后造成的，因为我们的政策，从工作许可、签证，到绿卡，再到国籍，都没有对外开放。”[②]

针对此类问题，中国正在积极调整政策，并相继推出多项支持北京、上海、广东等地的出入境管理新政。2016 年 2 月，中共中央办公厅、中国国务院办公厅印发《关于加强外国人永久居留服务管理的意见》，提出了更为开放灵活的外国人才政策。主要内容有：

推动建立以市场为导向的人才永久居留申请标准。结合社会管理需要，积极发挥市场在外国人才和智力资源配置中的主体作用，挂钩工资、税收和社会信用等市场评价要素，探索计点积分制等评价机制，建立服务国家发展战略、反映市场需求、条件简明量化的人才申请永久居留指标评价体系，为国家需要、市场认可的人才申请永久居留提供便利通道。

完善外国人从工作居留向永久居留的转换机制。根据经济社会发展需要，调整在华工作人员申请永久居留门槛，扩大聘雇单位类型范围，取消职务级别限制，放宽居住时限要求。对在国家重点支持的行业和领域工作的外国人，畅通从工作居留向永久居留的转换机制。放宽外国优秀留学生在华工作限制，为其毕业后在中国境内工作和申请永久居留提供渠道。

（一）北京设立永久居留“直通车”

2016 年 3 月，中国公安部推出了支持北京创新发展的 20 项出入境政策措施，涉及外国人签证、入境出境、停留居留等多个方面，主要包括：为符合认定标准的外籍高层次人才设立申请永久居留“直通车”；在中关村设立外国人永久居留服务窗口，并缩短审批期限；对中关村市场化外籍人才申请永久居留实施积分评估制度；对中关村创业团队外籍成员和企业选聘的外籍技术人才提供办理口岸签证和长期居留许可的便利；对具有博士研究生以上学历或在中关村长期创业的外籍华人提供申请永久居留的便捷通道；允许境外高校外国学生在中关

① 《中国绿卡多难拿？每年只发放 248 张，世界最难申请》，海峡都市报网，2014 年 6 月 2 日，http://www.mnw.cn/news/china/758425.html。

② 王莎：《中国绿卡的欠缺，当务之急是创新》，新财界网，2016 年 1 月 7 日，http://finance.xincaijie.com/cjjd/1261024.html。

村短期实习；允许在京高校外国留学生在中关村进行兼职创业等。其他还有：允许工资收入和纳税达到规定标准的外籍人员申请永久居留；对外籍高层次人才畅通从就业居留向永久居留资格的转换机制；允许外国留学生在我国高等院校毕业后进行创新创业活动；允许外籍和港澳高层次人才聘雇外籍家政服务人员等。①

（二）上海实施更加开放的政策吸引海外人才

2015 年 8 月，上海多部门联合印发了《关于服务具有全球影响力的科技创新中心建设实施更加开放的海外人才引进政策的实施办法（试行）》。据此，长期在沪工作的外籍高层次人才，根据聘用合同有效期限、护照有效期限等将可以优先办理 2～5 年有效期的《外国专家证》，为其居留和出入境提供更大便利。② 此前，2015 年中国公安部推出支持上海科创中心建设的 12 项出入境政策措施也已正式实施，主要包括：以更加开放的姿态、更加市场化的方式，加大上海科创中心对海外高层次人才吸引力度。外籍人员在沪已连续工作满 4 年、每年在中国境内实际居住累计不少于 6 个月，有稳定生活保障和住所，工资性年收入和年缴纳个人所得税达到规定标准，经工作单位推荐，可以申请在华永久居留。对重点领域、行业引进的外籍人才和科技创新团队成员，完善从就业居留向永久居留资格的转换机制并缩短审批时限。支持外国留学生在我国高等院校应届毕业后直接在上海创新创业，吸引在华外籍优秀高校毕业生的智力资源。进一步简化来上海创新创业外国人的入境和居留手续，从境外吸引外国人才资源。扩大长期居留许可签发范围，使在上海工作的外国人享受更为稳定的居留预期。③

（三）广东：高层次人才拿中国“绿卡”更方便

2016 年 8 月 1 日，中国公安部推出的支持广东自贸区建设和创新驱动发展 16 项出入境政策措施正式实施，主要内容有：

高层次人才和投资者中国“绿卡”更方便。把收入、缴税等要素作为人才界定标准，改变了以往在广东工作的外国人申请永久居留对其工作单位、担任职务的种种限制。对外籍高层次人才、行业高级专业外籍人才，不受 60 周岁年龄限制，可以签发有效期 5 年以内的工作类居留许可，工作满 3 年后，经单位推荐

---

① 《公安部推出支持北京创新发展 20 项出入境政策措施》，新华法治，2016 年 1 月 12 日，http://news.xinhuanet.com/legal/2016-01/12/c_128620366.htm。

② 《上海实施更加开放政策吸引海外人才》，新华网，2015 年 8 月 18 日，http://news.xinhuanet.com/fortune/2015-08/18/c_128142077.htm。

③ 李佳敏：《支持上海科创中心建设公安部推出 12 项出入境新政》，东方网，2015 年 6 月 10 日，http://shzw.eastday.com/shzw/G/20150610/u1ai150885.html。

可以申请在华永久居留。外籍高层次人才、行业高级专业外籍人才未持签证来华的，可以向抵达口岸签证机关申请人才签证，入境后可以按规定办理有效期5年以内的工作类居留许可。在广东自贸区实施，外籍华人具有博士研究生以上学历或在广东自贸区企业连续工作满4年、每年在中国境内实际居住累计不少于6个月，可直接申请在华永久居留。

允许留学生来华实习。允许境外高校外国学生受邀到自贸区企业实习(现政策不允许境外高校外国学生来我国实习)，并为其提供签证便利。

管家保姆也可申请居留许可。为外籍和港澳台高层次人才聘雇的外籍家政人员办理相应的停居留证件，填补了以往政策空白。

港澳籍人才可享受户籍居民待遇。2016年6月，广东省政府印发《关于促进中国(广东)自由贸易试验区人才发展的意见》，香港居民北上到广东自贸区工作，在社会保险、医疗和融资方面与当地居民看齐。2016年4月，广州市政府印发《广州市人才绿卡制度的通知》规定，凡符合广州市引进人才需求，每年在广州市创业或工作超过6个月的，非广州市户籍的境内居民，香港特别行政区、澳门特别行政区居民，台湾地区居民以及外国人，持中国护照、拥有国外永久(长期)居留权且国内无户籍的留学人员和其他人员，在广州市有合法住所，并符合一定条件的，可申领人才绿卡。[①]

(四)青岛：完善引智“法则”

2016年4月17日，中外城市人才吸引力三十强国际榜单发布，青岛名列第19名，位居中国内地城市第三名。对外籍人才高度青睐，与青岛完善的引智“法则”关系紧密。《青岛市海外高层次人才工作居住证暂行规定》将原本为1年的外国专家证和居留许可证期限延长到3～5年，外国专家在青工作6个月以上即可办理《海外高层次人才居住证》；为提高取得突出成就的海外高层次人才工作、生活待遇，《青岛市外籍海外高层次人才一次性奖励实施细则》规定，凡在青工作期间获得国家级奖的外籍人才，均可获一次性50万元奖励。

2015年5月，《青岛市海外高层次人才社会保险工作暂行办法》发布，为在青岛工作、创业的海外高层次人才出台了一系列社保新政。养老保险可转移至本市。海外高层次人才及其配偶、子女在本市参加城镇职工基本养老保险的，其之前在国内缴纳的基本养老保险关系可转移接续至本市。海外高层次人才及其配偶参加城镇职工基本养老保险，达到法定退休年龄时，累计缴费年限不足15年的，可缴至满15年后办理退休手续，享受基本养老保险待遇。

---

① 马汉青：《广东出台〈关于促进中国(广东)自由贸易试验区人才发展的意见〉》，网易中心，2016年6月24日，http://news.163.com/16/0624/19/BQBON0MQ00014AEE.html。

2016年7月18日，山东省印发《关于深化人才发展体制机制改革的实施意见》。作为试验区之一，青岛西海岸新区高度重视人才引进，尤其在居留与出入境政策上，支持新区对外籍引进高层次人才及随迁外籍配偶、未满18周岁未婚子女，依授权受理办理《外国人永久居留证》。对未获得《外国人永久居留证》的外籍领军人才及其配偶、未满18周岁子女，需多次临时出入境的，新区依授权可受理办理2～5年有效期的外国人居留许可或多次往返签证。

四、建设东北亚人才共同体的主要思路

对一个国家或一座城市来说，要能够吸引外国人才，关键是要依靠制度和政策的创新激励效果，充分激发人才移民群体所具有的社会创新能力和活力，构筑多元文化的“大熔炉”，促进城市的不断发展。目前中、日、韩三国都有引进人才、促进经济社会发展的强烈需求。画地为牢，终将窒息人才的创造力；开放交流，才能激发更高能量。为此，中、日、韩三国应该参考《申根协定》及APEC商务旅行卡的成功经验，建立《中日韩三国高层次人才旅行卡计划》，促进高层次人才的跨过交流与合作，促进东北亚经济与社会发展。

（一）以《申根协定》及APEC商务旅行卡的成功实践为借鉴

《申根协定》是区域内跨国人口自由流动的成功实践。1985年6月24日，法国、德国、荷兰、比利时和卢森堡5国签订该协定。根据协定，其成员国对短期逗留者颁发统一格式的签证，即申根签证，申请人一旦获得某个国家的签证，便可在签证有效期和停留期内在所有申根成员国内自由旅行。

根据申根协议的规定，持有任何一个申根协议成员国有效居留许可证的旅行者，3个月内无需签证可在申根区域内自由旅行。在申根区域外的旅行者，只要持有某申根国家有效的居留许可证和护照，无需办理签证即可前往该申根国家。超过90天的逗留，申请者应根据有关法律及其逗留目的申请国别签证。

亚太经合组织（APEC）成立后，为加强区域内经济合作，促进商务人员自由流动，菲律宾、韩国、澳大利亚于1996年11月在菲律宾APEC领导人非正式会议上发起APEC商务旅行卡计划（APEC Business Travel Card Scheme，ABTC），倡议加入计划的经济体相互为其商务人员提供多边长期签证和快速通关礼遇（各经济体在其主要边防口岸均设有APEC旅行卡专用通关通道）。1997年，该计划开始实施。2002年中国正式加入旅行卡计划。目前，APEC 21个经济体均已加入该计划，美国和加拿大目前为过渡成员，不接受其他经济体的旅行卡申请，亦不为本经济体公民颁发旅行卡，但为其他经济体持卡人提供签证申请及出入境通关便利。根据规定，持卡人具有以下便利与应尽义务：持卡人凭有效护照和旅行卡在3年内无须办理入境签证，自由往来于被批准入境

的各 APEC 经济体之间从事商务活动;持卡人在各经济体主要出入境口岸享有使用 APEC 商务旅行卡专用通道快速通关的便利。根据有关规定,目前中国公民中有资格申办 APEC 商务旅行卡的是:从事 APEC 事务的政府官员或负责旅行卡业务的政府官员以及在 APEC 组织任职的中国籍官员;中央管理的大型国有企业中的管理人员、主要业务人员和技术人员;地方国有企业人员;民营企业人员;中外合资、外商独资中方人员和台港澳资企业中的中国大陆人员。

《申根协定》及 APEC 商务旅行卡的成功实践表明,当区域经济一体化发展逐渐超越传统的签证和边境检查制度时,外国人员的自由流动即与商品、服务、资本等要素一起对域内金融、投资、商贸等产生直接作用,并成为反映其整体开放度的"晴雨表"。① 与欧盟、北美自贸区等组织相比,东北亚区域经济一体化水平差距较大,外国人员自由往来度明显偏低。国家间碍于复杂、繁琐的签证申请及出入境管埋规定,极大地制约了外国人员自由流动的效率、范围和频率,尤其是外国人管理方面,各国家也存在不同程度的法律法规薄弱、职能划分模糊及有关危机预防、处理机制缺位等问题。

(二)建立《中日韩三国高层次人才旅行卡计划》

在东北亚特别是中、日、韩三国国家既有制度下,探索建立主要城市间人才自由流动机制,扩大城市免签范围和时限,给予外国人才"准市民待遇",缔结人才互认协议,减少办证流程。或者,参照《APEC 商务旅行卡计划》,建立《中日韩三国高层次人才旅行卡计划》。创新管理机制,为中、日、韩三国高层次人才在跨国就业、生活以及出入境等方面提供便利;允许取得各自国家执业资格的专业人士直接到其他国家为其居民提供专业服务,服务范围限定在特别城市区域内;允许中、日、韩三国高校大学生跨国实习、就业、创业等。

中、日、韩三国在人才领域携手展开全方位深度合作,实现三国人才市场的互联互通,既能实现三国人才市场的互补,还可以在更高水平上进行三国间的研发交流与合作,充分开发中国庞大的市场需求,联手开发第三方市场;同时,还将有助于密切民间交往,助推三国友好关系发展,为缔造东北亚经济共同体开局。

---

① 潘国平:《人员的自由往来与亚洲联盟的成立》,华夏经纬网,http://www.huaxia.com/zt/tbgz/08-027/1123930.html。

“无教会主义”在东亚的传播及其跨国交流

陶　冶*

一、引言

文化人类学关于非欧美国家和地区的基督教的研究，从非基督教的他者视角出发，用“现代化・殖民地化・福音化”这样的多重意义概念，将基督教传播过程中主要的社会背景及要素关联性地运用于对其整体的把握，概括了其在这些国家和地区展开过程中呈现的复合性社会文化特点（杉本，2006）。的确，东亚各国的现代化过程虽然经历不同，却在教育和医疗、文化事业、社会救济等现代社会部门的开启和确立方面，都曾受到过基督教在该国或地区传播的很大影响。而且，近代基督教的传播往往与帝国主义的殖民侵略相伴随。但是，东亚主要国家在面对近代帝国主义侵略过程中的遭遇和应对不尽相同，特别是，东亚殖民地化历史过程中不仅有过来自西方帝国主义的侵略，还出现过日本帝国主义侵略东亚邻国的时期，加上各国对基督教的接受也存在不同的方式和不同的阶段，尤其在世界各国交往日益频繁和加深的今天，宗教的传播又显现新的路径和不同的意义。因此，对后殖民主义时代东亚国家基督教展开的理解和把握，需要从其具体的社会脉络中探讨其本土化（本色化）/普遍性的特征。

本文以产生于20世纪初年日本的“无教会主义”基督教①在当时的日帝殖民地朝鲜半岛及中国台湾地区的传播，以及当代日韩“无教会主义”间跨国交流的社会网络为对象，参照当时当地的政治社会状况以及其与展开过程阶段的关联性，辅以相关的个案及个人资料，对其进行整体的描述和考察，进而探讨东亚

* 山东大学哲学与社会发展学院副教授。论文涉及的日本及韩国实地调查，得到山东大学2013人文社科重大项目“东亚的跨国流动”以及2015教学创新综合改革项目资助。

① 日本近代思想家内村鉴三（1861～1930）于20世纪初年创立的排除教会组织、以圣经为中心的本土（色）化基督教。内村以基督教的普世原则批判西方及近代日本的对外侵略，在日本知识阶层中拥有众多追随者（参见 Caldarola，Carlo. 1979，量義治 1989，千葉真 1992）。

的基督教特质及其相关跨国交流的社会文化特征和意义。

二、“无教会主义”在东亚的传播

1.“无教会主义”在韩国的传播①

“无教会主义”在韩国的传播始于1920年代，当时，朝鲜半岛还处于日本殖民统治之下，赴日留学的朝鲜学生金教臣、咸锡宪、宋斗用等在留学期间参加内村鉴三的圣经讲习集会，由此接受了其基督教信仰及其爱国主义思想。归国后，他们6人于1927年创办了《圣经朝鲜》，开始宣传“无教会主义”基督教，这一时期的圣经集会多是家庭集会形式，金教臣主要集中在京仁地区，1931年以后宋斗用转移到首尔近郊集会，京仁和首尔先后成为当时的中心。1942年，因为《圣经朝鲜》148号的开篇《悼蛙》一文涉嫌独立运动被殖民当局停刊，其主笔金教臣及其同事、读者共12人被监禁半狱1年，史称“《圣经朝鲜》事件”。

1945年，第二次世界大战结束，朝鲜半岛从日本殖民统治下获得解放，战前与宋斗用一起跟随冢本虎二学习圣经10年的卢平久归国创刊《圣经研究》并开始传播“无教会主义”。此一时期，从朝鲜半岛北方南下的咸锡宪加入到这一阵营。卢平久可以称为战后尤其是1960年代以后韩国“无教会主义”引领者，至2003年9月去世，出版了《金教臣全集》《圣经研究》(共500期)，而且每年的夏季(8月)和冬季(12月)都要举办韩国“无教会主义”的全国集会。与日本的“无教会主义”一样，这一全国集会的传统一直延续至今，成为韩国“无教会主义”运动最重要的全国性的交流平台。

2.“无教会主义”在中国台湾的传播

与在韩国由留日朝鲜学生回国发起的传播方式不同，因为日本殖民统治的皇民宪制禁止对台湾本地人传播基督教，“无教会主义”在台湾于1945年之前，多只能在相关的日本籍人士和机构从事或医疗或高等教育等活动以外，以隐蔽的集会讲经进行传播。如井上伊之助于1912～1947年在山地原住民当中提供医疗服务、松本巍任台湾大学农学教授期间(1928～1968)附带从事宣教活动。另外还有，留学日本回到故乡的学生中，林添水于1930年左右在台南与王受禄等召集的“无教会主义”集会(应该也是以隐蔽方式进行)，陈茂源任台湾大学教授后于1940年代末在台北郊外北投召集的集会。二战后，“无教会主义”在台湾基本延续了林添水集会和陈茂源集会的人脉发展，并且向台北集中(郭维租，1995)。

“无教会主义”在中国台湾地区的传播呈现出如下的发展特征：一是早期集

① 根据[日]秀村研二:《二十世紀韓国キリスト教の展開》,2002年整理。

会的形成多以日语作为宣教语言。今天80岁以上的信徒在当时日本殖民统治时期接受的是日本语教育，他们当时多是通过日语和日文刊行的宣教材料形成的"无教会主义"信仰；二是与台湾基督教长老会的关系密切，很多参加"无教会主义"集会的人士，同时也是长老教会的会员，而且，日本"无教会主义"人士如高桥三郎等赴台访问时也有出现在长老教会等基督教会演讲。

但是时至近年，台湾地区已无定期的"无教会主义"集会，宣教杂志刊物只有郑廷宪及赖胜烈不定期刊行的2种。在一定意义上，随着老龄化问题的发展，台湾地区"无教会主义"集会的维持已经变得越来越困难(大川四郎，2004)。

三、"无教会主义"在韩国的现状及其跨国交流网络

1."无教会主义"集会的概况及其分布

进入到21世纪以后，韩国的"无教会主义"运动出现了一些转变，如集会的形式、参加者构成特别是年轻一代的集会责任者成长起来，以圣经集会和圣经研究会形式出现的团体在地域分布上也有分散化的倾向。

在以首尔及仁川为主的首都圈地区，有梧柳洞、大方洞、仁川、YMCA、光明里、利川、水原等地，每周的星期日都定期进行小规模的圣经集会。其中，在仁川的圣经读书会，每周三还举办阅读关根正雄日文原著的读书会。另外，在首都圈以外的地方，有大田、大邱、光州、全州、洪城等地，"无教会主义"的圣经集会都延续下来。而且，这些团体定期刊行包括月刊、双月刊、季刊总共有7种相关的圣经讲读杂志。

2. 日韩"无教会主义"间的交流①

"无教会主义"在韩国传播的初期，主要是由朝鲜留日学生中列席内村鉴三圣经集会接受其基督教思想者发起，其核心刊行物《圣经朝鲜》当中，多有对内村鉴三思想的介绍，并且其宣教游历也曾涉及日本本土。相关人员的偶尔往来及相关刊物对朝鲜半岛输出，是这一阶段的主题。

二战结束以后，两国的相关杂志纷纷发表与对方相关的文章。在日本方面，如矢内原的《嘉信》(1945年9月号)中就有其执笔的悼念金教臣的文章。

至1964年日韩恢复邦交前，以政池仁为代表的"谢罪"访韩和宋斗用于次年对日本的回访，使日韩间"无教会主义"交流进入新的阶段。从这一时期开始，韩国"无教会主义"人士参加到日本"无教会主义"全国集会当中进行演讲，而且双方的互访和演讲深入到各自的地方圣经集会活动当中。日本"无教会主

---

① 根据无教会史研究会编著《无教会史》(Ⅱ、Ⅲ、Ⅳ)以及2007年8月19日森山浩二于日本今井馆所作"日韩无教会的交流"演讲中配发的资料总括、修订而成。

义”人士还发起对日本殖民统治时期殖民当局对基督教徒进行残害予以赔偿的募捐活动。1975 年，日本“无教会主义”人士政池仁等与韩国方面“无教会主义”人士卢平久等协作在韩国梧柳洞集会地开设了“梧柳文库”，日方长期在日本募集与“无教会主义”及基督教相关的日文书籍相寄赠，时至今日，这一小型图书馆已经成为日韩之间基督徒和解的象征。

进入 20 世纪以后，针对“梧柳文库”支援会人员老化且后继乏人的状况，1995 年由关根正夫、森山浩二等 5 人发起成立了“日韩青年友之会”，以对韩国社会“谢罪、相互理解、友好人士住家招待、学习对方思想(2006 年增加)”为中心，通过增进韩国人士与日本基督徒的密切接触，促进日本青年加深对韩国社会文化及历史的理解。与此呼应，2006 年，韩国方面以通过“日韩青年友之会”访问过日本的人士为中心，在韩国“无教会主义”社区发起成立了“韩国圣经信友会”，在对日本“无教会主义”人士、特别是青年学生访韩活动给予协助的同时，也组织韩国青年定期访问日本。另外，由东京“无教会”社区中学者等有志人士发起，于 2007 年成立的“历史学习会”，不定期邀请韩国相关人士围绕“无教会”与当时的殖民地等主题，举办演讲和讨论会。

3. 日韩“无教会主义”交流的跨国网络

目前，日本和韩国“无教会主义”社区间的交流往来主要有以下几种途径：

(1)圣经集会·研究会及其刊物的图书交流渠道。日本方面，有以今井馆为代表的专门收集保存“无教会主义”资料图书，并不定期邀请包括韩国“无教会主义”人士在内的学者、教会人士进行专题演讲的机构。同时，圣经集会和各种相关的研究会有不定期邀请韩国学者、“无教会”人士参加活动的传统，以东京地区的“高桥圣经集会”为代表。另外，近年在东京成立的“历史学习会”对韩交流意向明显。在韩国，以“梧柳文库”为代表，以接受日方寄赠相关图书为主，其交流刊物中，时有对“无教会主义”思想的理解，以及对对方国家“无教会主义”代表人士的思想、活动以及重大事件的叙述及评价。

(2)全国集会传统。日本“无教会主义”社区有延续 30 年(至 2016)每年一次在日本各地轮流举办全国集会的传统，从 20 世纪 80 年代中期开始，时有韩国和中国台湾地区的“无教会主义”人士参加并发言演讲。现在，仍然保持每年 200 余名参加者的规模，并发行全国大会报告集。韩国方面，以 1933 年 12 月开办的《圣经朝鲜》讲习会为其前身，从 1953 年 8 月梧柳洞夏季圣经集会开始，每年夏季和冬季二次的圣经集会大会成为韩国“无教会主义”全国性的活动，时至今日，每次大约有 50～60 名左右参加者，因为语言等关系，日本籍“无教会主义”人士只有森山浩二等少数人士有过参加经历。

(3)学校交流系统。日本方面“无教会主义”学校系统主要有“独立学园”

“爱真高校”“爱农学园”三所高中学校以及东京地区的“春风学寮”“登户学寮”两所学生宿舍，其各自虽然持有独自的经营理念和目标，但是都以内村鉴三的“无教会主义”基督教思想作为重要基础和学习内容。韩国洪城郡的“Poolmoo农业高等技术学校”与以上三所日本“无教会主义”及基督教学校结成姊妹学校关系，双方互派短期学习留学生，不定期组织本国学生互访对方国家、参观对方校园。

(4)青年互访协作团体。主要以日本方面的“日韩青年友之会”以及韩国方面的“韩国圣经信友会”为主体，不定期组织各自国家相关团体的青年学生互访对方国家，并动员各自所属的圣经集会的成员接纳住家访问的对方国家的青年学生。

四、韩国“无教会主义”两个案

1. 首尔“大方洞集会”

“大方洞集会”是首尔地区比较有代表性的“无教会主义”基督教集会，成员多为70岁以上退休老人，其中，有国立大学退休教授、公司职员等，经常参加每周礼拜天集会的成员达20余人。除了每周礼拜天的集会，每个月下旬还在一次集会之后举行聚餐活动。每周礼拜天集会的地点，是利用地方政府开设的住民会馆的房间，集会主要通过成员捐献运营。近年来，集会成员积极参与日本“无教会主义”组织的青年学生访韩住家接待。

以下是其主要成员的个例简介：

韩××，男性，40余岁，公司CEO，洪城“poolmoon农业高等技术学校”毕业，曾在日本“基督教独立学园”学习，英语、日语流利，集会负责人，“韩国圣经信友会”干部。为每年夏季日、韩两国青年学生互访的韩方统筹，倡议加大此类互访的密度、加强访问的切实内容。

赵××，男性，70余岁，哲学博士，首尔大学名誉教授，韩国学术院会员，集会礼拜日圣经讲习担当。

秦××，女性，年龄不详，家庭主妇，接纳访韩日本青年学生住家，倡议将“日韩青年友之会”和“韩国圣经信友会”组织的两国青年学生夏季互访交由有过访问对方国家经历的年轻一代操作，以此传承老一辈开创的交流平台；倡议日、韩两国青年学生努力学习英语，克服彼此交流的语言障碍。

崔××(男性)、李××(女性)，老年夫妇，年龄不详，常年参加每周礼拜天的圣经集会，积极接纳访韩日本“无教会主义”组织的青年学生住家。

2. 洪城“poolmoo 农业高等技术学校”

位于忠清南道洪城郡洪东面[1]的“poolmoo 农业高等技术学校”成立于 1958 年，是以两位“无教会主义”人士为中心发起创立的，其中一位是于 1948 年从朝鲜半岛北方越过三八线到达南方的李赞甲，是办学理念及思想的主要提出者；另外一位出身洪东村的朱鋈鲁，是土地提供和具体事务操作者，被韩国“无教会主义”人士誉为“伟大的平民”。

学校以“共生平民”为校训，在“学校、基督教、农村”一体化理念下经营教育和地域发展。自 1975 年日本“爱农高校”校长、“爱农会”会长小谷纯一访韩讲学后，开始有机农业的教育与实践，1979 年得到荷兰 ICCO 支援建立农场和学校本馆大楼。1980 年建立幼儿园，后独立。1983 年开始，学历获韩国政府教育管理部门认可。2001 年开设 2 年制生态农业专科部，运营及设施(体育场等)获得国家补助。

2015 年，在籍初中部学生 86 人，专科部学生 14 人。学生中洪城本地出身者占比 35%，其余来自韩国各地。专科部学生大部为本校毕业生，也有外来学习农业技术计划务农者。

学校生活以“劳动、学习、协作”为中心展开，1977 年成立了食品加工协会、1993 年成立了学校生活合作协会，开设小店销售全麦粉烤面包和本村生产的环保农产品及加工产品。

学校课程中约 30%为农业实践内容。基督教教育采用自愿参与方式，开设有关于基督教及“无教会主义”的读书会。在学校的大讲堂，每天早晚有全体师生参加的例行礼拜；每周日礼拜天有圣经集会，主要参加者为学校教师、附近村民、学生教徒及对“无教会主义”基督教持关心的学生。

学校与日本“独立学园”“爱真高校”“爱农学园”三所“无教会主义”及基督教学校结成姊妹学校关系，双方可互派短期留学学生、不定期组织本国学生互访对方国家、参观对方校园。

以下是几位与学校相关的韩国“无教会主义”人士的简介：

洪××，男性，81 岁，日语纯熟，通中文，1960 年起任教 poolmoo 学校，地方史志学者，东北亚基督教史研究者，曾赴大阪参加“无教会主义”日本全国集会并发表演讲。他主张东亚国家间的相互理解及和平共处，首先应该在基督教宽恕精神下取得和解；对韩国“新村运动”(Saemaeul Undong)持强烈批评立场，主

① 洪洞面(乡)位于忠清南道(省)中西部，面积 38.01 平方公里，人口 4826 人，家户 1586 个，辖 33 个行政里(村)、14 个法定里(村)，共 96 个自然村落，是韩国鸭子种田法发祥地、有机农业特区中心地。有包括“无教会主义”等在内的 8 个基督教会。

张韩国的农村变革应该在基督教思想下，自下而上由农民和地方自主协作。

朴×，男性，60岁，东京大学博士，日语、英语流利，韩国某国立大学教授辞任后就职poolmoo学校，曾赴日本四国地区参加“无教会主义”全国集会并发表演讲。关注韩国农业发展尤其是土地问题，对韩国土地制度及现状尤其是大部分土地掌握在大地主、大企业手中持批评立场，主张韩国农业的可持续发展需要国家从改革土地制度及所有权现状入手。

吴××，男性，57岁，洪东村出身，poolmoo学校毕业，洪东面（乡）文塘里（村）前代表（村长），1990年代初鸭子种田法运用先驱，倡导环保生态农业，2000年作为道知事特别政策助理，参与制定作为行政项目推进的建设以住民为主导的环保农村建设村落100年发展规划。

朱××，男性，37岁，洪东村出身，poolmoo学校毕业，“韩牛有机饲养协会”干部，烤肉店店长，自称洪东面的朱姓家族为中国明朝皇族后裔，明末逃亡朝鲜，村中祠堂藏有族谱并供奉其祖先，每年的农历8月中及正月有家族的祭祀祖先的仪式。

郑××，男性，32岁，非洪东村出身，poolmoo学校毕业，租用村民土地创建“青年协作农场”，现有组员7人，建有8个塑料大棚，采用有机栽培方式种植蔬菜和朝鲜人参。与政府机关合作，将农业劳动作为城市人精神健康康复的手段，接纳相关机构护送的精神病人参与农场劳动。接纳日本、香港基督教团体的参观访问。

五、总结与讨论

1. 韩国“无教会主义”运动及日韩交流展开的阶段性

对于韩国“无教会主义”展开过程的把握，无论是以关键人物或特定重大历史事件为中心，还是以聚焦于其基督教思想在不同时期倾向侧重的差异，或者是侧重于运动内容的显著变化，将其区分为“二战前”（“解放前”）和“二战后”（“解放后”）以及“新世纪相交”这样大致的三个阶段，都是合适的。“二战前”（“解放前”），韩国“无教会主义”运动的关键人物是金教臣及其团体，“二战后”（“解放后”），其关键人物是卢平久及其团体，进入21世纪后，韩国“无教会主义”失去了象征性的关键人物，运动进入以圣经集会和跨国交流组织为中心的阶段，可以说，这一阶段的区分或者说历史转换还在进行当中。这样划分，有益于对韩国“无教会主义”运动发展特性的理解，也在一定程度上呈现了韩国“无教会主义”运动展开过程与朝鲜半岛社会政治历史进程之间的联系。

同样，对于日本与韩国“无教会主义”之间交流展开过程，从其不同时期活动内容重点的角度出发，可以区分为“学习、传播”（1920～1945）、“文书交流”

(1946～1963)、“谋求和解、增进了解”(1964～1994)、“深化全面理解”(1995～)这样四个阶段。这里,第一阶段与第二阶段的区分,与韩国“无教会主义”运动的“二战前”(“解放前”)和“二战后”(“解放后”)分期相吻合,说明韩国“无教会主义”运动及日韩“无教会主义”交流这两个过程的展开,都与日本对朝鲜半岛的殖民统治的废除密切关联。第三阶段以日本“无教会”人士的谢罪访韩开始,谋求和解和增进了解,成为这一时期交流活动的主题。第四阶段以“日韩青年友之会”的设立为起点,承接前一阶段“谢罪”精神的同时,进而提出学习韩国基督教思想的倡议,是两国“无教会主义”走向真正意义上交流。另外,两国“无教会主义”的交流第三阶段与第四阶段的区分,接近韩国“无教会主义”运动第二阶段与第三阶段的分期时间界限,从这里可以窥见,两国“无教会主义”的交流与韩国“无教会主义”运动的发展在受到相同因素作用的同时也受到不同因素影响,同时亦可推论它们本身之间在时间结点前后关系上存在的关联。

2. 韩国“无教会主义”政治趋向及其变迁

与中国的台湾地区不同,韩国“无教会主义”运动并非伴随殖民地化而来的被传教的结果,而是由留日朝鲜学生学习并接受内村鉴三的基督教思想后,回国后开启的。其时间点,也恰恰是在有大量独立教会的基督教徒参与的三一民族独立之后不久。从其早期的标志性刊物名《圣经朝鲜》当中,“圣经”和“朝鲜”平列、中间并无助词“和”,可以窥见其早期领袖们对内村鉴三的关于双“J”(Jesus & Japan)思想继承的端倪,只不过是将内村鉴三的双“J”思想结构中的“日本”替换成“朝鲜”。从这个角度上看,1942 年的“《圣经朝鲜》事件”并非偶然。因此,“无教会主义”虽然是以基督教圣经为中心的意识形态和社会运动,包括“无教会主义”在内的朝鲜半岛“解放前”的基督教,都有着从其“现代化”及“民族主义”源头衍生而来的与“反殖民主义”(韩国为“反日”)(Mullins,Mark,1998)相伴而生的政治指向传统。

但是,二战后在朝鲜半岛,包括“无教会主义”人士在内的很多基督徒脱离北方逃亡南方,在首尔附近建立教会。在南北对抗尤其是 1950 年朝鲜战争之后的军事对峙中,韩国基督教会整体埋没于反对北方政权的意识形态主流,其政治趋向由当初的“反日”(反殖民主义)立场转变为“反北方”(反共),即使是在军事政变政权上台以后,多数的基督教会立场仍然趋向保守。这一时期的韩国“无教会主义”在城乡协调、学校教育、环境及生态保护等社会发展方面作出了可贵探索,并在与日本“无教会主义”交流的过程中为后殖民主义时代民族国家间的和解作出了诸多贡献。但是,在促进实现民族统一等方面,被韩国基督教会史研究学者批评沦为一个“保守教派”,欠缺如上一代金教臣及《圣经朝鲜》团体那样的历史参与精神以及作为预言者的指导力量(徐正敏,2008)。

3. 作为民间文化运动的“无教会主义”跨国交流

再看日韩间“无教会主义”的交流，由最初的单方向学习、传播宗教思想，到就此双向的杂志文书上的呼应，再到以反省战争罪行、促进民族国家间和解为主题互访，在进入新世纪以后，以青年学生深入到对方国家甚至家庭中的互访成为交流的主要内容，另外，加上以反省战争罪行为主题的民间研究会选取社会历史指向的主题邀请相关国家方面的人士演讲讨论，形成多层次的民间交流使“深化全面理解”成为可能。而且，进入到新世纪之后，双方交流依托的组织机构及人员构成上出现了新的变化并有着微妙的区别，韩国方面更加专注于“无教会主义”基督徒的参加者[①]，日本方面的参与者并不限于“无教会主义”人士甚至不限于基督教徒，不仅包括青年学生、学者等知识阶层，也有公司职员等一般民众，与早期的“无教会主义”人员构成结构相比，有向知识阶层以外的草根群体蔓延的倾向。从这样的演变过程可以看出，日韩间“无教会主义”的交流，伴随国家间政治与社会形势的变化，从主题内容到组织机构及参加人员构成等各种要素方面，都在由宗教性的主线向以宗教为背景(依托)的文化性内涵(历史观探讨、异民族理解等)方向强化、溢出。

这样的连接前殖民国家和殖民地国家之间新的双向回路，是基于对对方日常生活经验的理解、通过双向的交流对过去殖民地经验的反省并再建构新的殖民地经验的尝试，为后殖民主义时代克服东亚民族主义狭隘的“亲/反”二元结构提供了一种可能路径。

这样的以历史观探讨旨在实现民族和解目的的异民族理解的交流活动，其文化性内涵指向，与东亚国家中基督教社区流行的“多文化主义”不同，是不排除政治、社会目标的“文化路线”。对于韩国“无教会”社区而言，也许如韩国基督教史学者批评的那样，在一定意义上是对早期韩国“无教会主义”以“反日”(反殖民主义)为主题的传统政治取向的反措定(Antithesis)。但是，正是在这个意义上，再从社会过程脉络的角度对照回顾韩国“无教会主义”传播展开的过程，借用人类学把握非欧美国家和地区基督教传播的复合结构概念，用“现代化・反殖民主义/‘后殖民民族主义’[②]・福音化”这样的概括，能够反映其内在的意识形态结构过程特征和作为社会运动的内容特点。

---

① 韩国方面主要依托的组织为“无教会”的“poolmoo 农业高等专科学校”和“韩日圣经信友会”，从另一方面也反映了韩国“无教会主义”与其他韩国基督教会之间相对疏远的关系。

② 相对于20世纪中期殖民地在民族国家建构过程的反殖民主义意识形态，后殖民主义时期前殖民地国家兴起的包括对前殖民国家的重新认识(新的殖民地经验)、“民主化”等思潮及社会运动。关于后殖民主义时代殖民地经验的人类学把握，春日直樹:『〈遅れ〉の思考ポスト近代を生きる』，東京大学出版会 2007 年版。

在跨国流动加剧的当今时代，东亚地区国家间关系还存在很多不确定因素，日本韩国间"无教会主义"这样的文化性内涵指向的跨国流动，作为其本身发展变化的一个部分对其本身以及地区社会整体走向的影响，目前还难以判断。而且，以宗教为依托的人员及思想往来，因为各个国家的历史及政治状况的特点也并非一定具备普遍的可操作性。即便如此，作为依托本土（本色）化的社会要素展开的民间草根层次的交流，对于东亚国家间如何从文化路线走出东亚殖民主义时代的阴影，能够提供一定意义上的路径启示。

谢　辞

本文涉及的资料收集及在日本和韩国的实地调查，得到日本国际基督教大学的千叶真教授、"日韩青年友之会"代表森山浩二先生的大力帮助，在此深表感谢。在韩国的实地调查中，得到旅韩中国籍朝鲜族同胞金香顺女士在向导、翻译等方面的无私帮助，韩国"无教会"等多方面人士在访谈协助、资料提供等方面更是给予了诸多帮助，在此一并致以感谢，因为论文内容涉及其部分人士的日常职业及政治观点等原因，论文中隐去全名。

参考文献

一、出版物

1. 秀村研二:「二十世紀韓国キリスト教の展開」，杉本良男編『宗教と文明化』，ドメス出版 2002 年版。

2.「国と民族とキリスト教一韓国キリスト教とナショナニズム」，『アジア遊学』，2005 年第 81 期。

3. 千葉真:「内村鑑三—非戦の論理とその特質」，日本政治学会編『年報政治学・政治思想における平和の問題』，岩波書店 1992 年版。

4. 無教会史研究会編著:『無教会史 Ⅰ、Ⅱ、Ⅲ、Ⅳ』，新教出版社 1991～2001 年版。

5. 政池仁:『増補決定版　内村鑑三伝』，教文館 1982 年版。

6. 量義治:『無教会の展開』，東京新地書房 1989 年版。

7. 春日直樹:『〈遅れ〉の思考ポスト近代を生きる』，東京大学出版会 2007 年版。

8. Caldarola, Carlo. Christianity: *The Japanese way*. Leiden: E. J. Brill, 1979.

9. Mullins, Mark. *Christianity Made in Japan*. University of Hawai'i Press, 1998.

二、资料

1. 大川四郎:「台湾の無教会についての報告」,『無教会全国集会 2004・福岡　プログラム』。

2. 無教会キリスト教全国集会事務局 2004 年版。

3. 杉本良男編:『キリスト教と文明化の人類学研究』(国立民族学博物館調査報告六二)。

4. 徐正敏:「韓国キリスト教史における無教会主義」,『韓国キリスト教史における無教会主義』。

5. Chungcheongnam-do, ChungNam Institute(ed.) "East Asia Provincial Government Agriculture," Forum 2015.

论日本祭礼中的东亚文化影响

[日]谷部真吾*

摘要 本文指出,在日本的祭礼中,可以看到来自中国和朝鲜半岛的要素的影响。祭礼是祭祀仪式的一种,基本上是以农作物的丰收和子孙繁荣为目的而向神灵祈祷的宗教性行为。但是,在祭礼当中,也有意识地对给观众所看到的东西添加一些要素,所以也存在观赏的乐趣或展示的乐趣的一面。为了取悦观众,不能让其腻烦,因此,在祭礼的时候,积极地加入一些醒目的东西和新奇的东西。也就是说,所谓祭礼,并非就像在一般的印象当中那样,作为严格地保护古代习俗的"传统活动",而是在本质上是吸收新的要素且不断变化的东西。作为这样的祭礼特征显著表现的事例,本文提示了包括长崎县长崎市、冈山县濑户内市的疫神社秋祭、三重县津市的津祭及三重县铃鹿市的须贺神社春祭等四个祭礼。这些祭礼当中,从一些活动节目和所使用的物品,可以看出与中国或朝鲜半岛的关联之深厚。据说,这样的活动节目和物品,是在江户时代被添加进去的,但是在这里所要指出的是,与不同文化的交流当中,蕴含着使自己的文化更加富有意义的可能性。

关键词 祭礼;舞龙;伞矛;朝鲜通信使;唐人队列;唐人舞蹈

要旨 本稿では、日本の祭礼の中に、中国や朝鮮半島からの影響をうかがわせる要素が見られることを指摘する。祭礼とは祭りの一種であるため、基本的には農作物の豊穣や子孫繁栄を神に祈る宗教的な行為である。しかし、祭礼には、見物人に見せることを意識して付加された要素もあるため、見て楽しむ、あるいは見せて楽しむという側面もある。見物人を楽しませるた

* 日本山口大学人文学部准教授。

めには、彼らを飽きさせてはならない。そのため、祭礼は、ときに目新しいもの・新奇なものを積極的に取り込もうとする。つまり、祭礼とは、一般にイメージされているように、古くからの習わしを粛々と守り伝える「伝統行事」などではなく、本質的には新たな要素を吸収しながら変化していくものなのである。そうした祭礼の特徴を顕著に示す事例として、本稿では長崎県長崎市の長崎くんち、岡山県瀬戸内市牛窓町の疫神社秋祭り、三重県津市の津まつり、同じく三重県鈴鹿市にある須賀神社春祭りの4つを取り上げる。これらの祭礼では、中国もしくは朝鮮半島とのかかわりが深いと思われる行事や出し物を見て取ることができる。そうした行事や出し物は、江戸時代に付加されたといわれているが、ここではその経緯に触れつつ、異文化との交流が自文化をより一層興味深いものにしていく可能性を秘めていることを、示唆したい。

キーワード:祭礼、龍踊、傘鉾、朝鮮通信使、唐人行列、唐子・唐人踊り

1.はじめに

本稿では、日本のいくつかの祭礼の中に、中国や朝鮮半島からの影響をうかがわせる要素が見られることを指摘する。日本には、四季を通じて、さまざまな祭りがある。こうした祭りは、基本的に農作物の豊穣や子孫繁栄を神に祈る、宗教的な行為である。しかし、祭りの意義はそれだけに尽きない。とりわけ人やモノ、さらには金が集まる都市では、祭りを楽しむ、より具体的には見て楽しむ、あるいは見せて楽しむという志向が早い時期から生まれ、祭りが華美になっていった。日本の民俗学を体系化した柳田國男は、このように華やかになった祭りのことを祭礼と呼んだ[柳田 1990:242-243、247]。祭礼とは見物人が存在し、風流のある祭りのことをいう。見物人が存在するということは、彼らと祭礼の担い手との間に、「見る—見せる」という関係が成り立つことを意味する。また、風流とは新しい意匠、すなわちデザインのことであり、祭礼をより華やかにするために付加・改変される要素のことをいう。こうした風流は、見物人に見せるため、もっといえば彼らからの喝采を浴びるために導入されるといわれている。以上の点からすると、祭礼とは本質的に、永久不変の文化現象などではなく、そのときどきに応じて新奇な要素を取り込んでいく、柔軟な構造をもっているといえる。もっとも、このような祭礼も、時間の経過とともに徐々に構成要素が固定化していき、「伝統行事」として認識されるようになることもある。しかし、本稿で取り上げる祭礼の場合、少なくとも江戸時代までは、目新しい要素を摂取することに抵抗がなかったようである。しかも、それらの祭礼に新奇なものとして取り入れ

られた要素には、東アジアとの文化交流を想起させるものも含まれていた①。

2.祭礼に見る東アジアの影響

(1)大陸からの影響

長崎県長崎市で毎年10月に行われる長崎くんちは(図1)、そうした祭礼の1つである。この祭りでは、龍踊と呼ばれる出し物が見られる。現在、龍踊は、籠町、諏訪町、筑後町、五嶋町の4町内から出されているが②(写真1)、もともとは本籠町(籠町の前身)のみが出していた[大田 2013:97]。この龍踊が初めて出された時期は詳らかでないが、1716～1736年(享保年間)ごろとも、1789～1801年(寛政年間)ごろともいわれている③。本籠町は、長崎にいた中国人たちの居住地区であった唐人屋敷に隣接していたこともあり[同]、唐人から龍踊を習い、さらに唐人屋敷を通して中国より楽器や衣装などを取り寄せたという[王維 2000:94]。また、長崎くんちでは、各町内から傘鉾と呼ばれる作り物が出される(写真2)。傘鉾には、「垂れ」もしくは「さがり」という赤い布がつけられ、布には長崎刺繍が施されたものもある。この長崎刺繍は、長崎に居住していた唐人によって17世紀後半ごろに伝えられた刺繍技術が、定着したものであるとされている④。

以上のように、長崎くんちでは、中国からの影響を強く受けた要素が見られるのである。こうした現象は、長崎という場所の歴史と深く関わるものと思われる。なぜならば、江戸時代の日本において、外国もしくは異民族との交流は、中国、オランダ、朝鮮、琉球、アイヌに限られていたが[仲尾 2007:ⅲ-ⅳ]、このうち中国およびオランダとの交流は、長崎のみで行われていたからである⑤。だからこそ、長崎には、上述した唐人屋敷が設けられていたのであり、そこがまた長崎くんちに大陸の文化をもたらす窓口となったわけである。

---

① 本稿は、2016年10月22日に山東大学で行った研究発表をもとにしている。この発表をもとにした論考には、この他に、「風流に見る『異国』」もある[谷部 2017]。あわせて参照されたい。

② この部分は、長崎伝統芸能振興会のwebサイトを参照した。URLは以下の通りである。http://nagasaki-kunchi.com/dashimono/(2017年12月7日閲覧)

③ この部分は、長崎市のwebサイトを参照した。URLは以下の通りである。http://www.city.nagasaki.lg.jp/shimin/190001/192001/p000759.html(2017年12月7日閲覧)ちなみに、山口麻太郎は、龍踊の開始を1716～1736年ごろとしている[山口 1972:191]。

④ この部分は、長崎県のwebサイトを参照した。URLは以下の通りである。http://www.pref.nagasaki.jp/bunkadb/index.php/view/51(2017年12月7日閲覧)

⑤ 余談ではあるが、長崎くんちには、オランダからの影響も見られたようである。大田由紀によると、江戸町は、1846年にオランダ陸軍の格好をして祭りに登場した[大田 2013:97]。このときの衣装は、デルプラットというオランダ人が本国からもってきたミリタリー衣装であったという。

(2)朝鮮半島からの影響

日本の祭礼に見る東アジアからの影響は、中国からのそれに限られるわけでない。1838年に江戸(現在の東京)で刊行された『東都歳事記』には、当時の江戸で行われていた山王祭の様子を描いた挿絵がある[斎藤 1970:110-11]。そこには、朝鮮通信使の格好をし、象の作り物を伴った一団を見て取ることができる。朝鮮通信使とは、1607年から1811年までの間に12回ほど、朝鮮から日本に派遣された使節団のことをいう。一行は、漢陽(現在のソウル)を出発して釜山まで陸路を行き、そこから船に乗り、対馬・壱岐を経て瀬戸内海に入り、いくつかの港に立ち寄りながら大坂へと至る。その後、京都を経由して江戸まで旅をして行った[①][任 204:15]。江戸を代表する祭礼の1つである山王祭に描かれていた朝鮮通信使の一行は、もちろん本物ではない。江戸の庶民が彼らの格好を模倣して、行列を組んで歩いたのである。朝鮮通信使は、当時の庶民にとって注目の的であり、一行が近くを通過するとなると多くの人々が見物に訪れたようである[仲尾 2007:177-178]。その様子について、例えば江戸時代の名古屋地方の武士によって著された日記、『鸚鵡籠中記』には、1711年10月4日の条に、見物人が終日町にあふれていたと記されている[朝日 1995:200-201]。また、1763年に日本にやってきた11回目の通信使についての日本側の記録である『朝鮮来聘　宝暦物語』にも[②]、大坂から川をさかのぼって船で京都へと向かう通信使一行を見物しようと、川岸に集まった人々の数は数千万にもおよび、人が立っていない場所はなかったとある。見物人が数千万もいたという記述は、さすがにおおげさであろうが、いずれにせよ、これらの記録から多くの人々が朝鮮通信使に強い関心を抱いていたことが理解できる。だからこそ、江戸の庶民も祭礼の中で彼らの格好をまねることで、この祭りを見に来た人々の注目を集め、喝采を浴びようとしたのである。このように、祭礼の際に庶民が朝鮮通信使のまねをして練り

---

① なお、1636年、1643年、1655年の通信使は、江戸からさらに北上して、日光まで行っている[任 2004:15-16]。

② 『朝鮮来聘　宝暦物語』の作者は不明である。なお、この文書は、谷川健一(他・編)1981『日本庶民生活史料集成 27　三国交流誌』三一書房 pp. 281-319に収録されている。

歩く行列のことを、日本では一般に唐人行列と呼ぶ①。唐人行列が見られたのは江戸の祭礼だけでなく、現在の愛知県名古屋市で行われていた名古屋東照宮の祭礼や、同じく現在の三重県津市で行われていた津八幡神社の祭礼でも見られたことが、当時の絵図からわかっている［特別展「徳川家康」及び「豊かなる朝鮮王朝の文化」「茶の湯の名品」企画運営委員会 2015］。

さらに、朝鮮通信使との関係が示唆される踊りを、現在でも見ることができる。それらは、岡山県瀬戸内市牛窓町の疫神社の秋祭り、三重県津市の津まつり、同じく三重県鈴鹿市にある須賀神社の春祭りで踊られている（図1）。このうち、岡山県牛窓町は瀬戸内の良港であることから、通信使が日本にやってきた全 12 回のうち、8 回ほど寄港している［任 2004：24］。ここの疫神社で見られる唐子踊りは、少年 2 人によって踊られる（写真 3）。踊りの由来については諸説あるものの、仲尾宏によると、朝鮮通信使としてやってきた小童の舞を取り入れたことはほぼ確かであろうとしている②［仲尾 2007：183］。小童とは、年少の少年たちで構成され、上官の侍従としての役を担うとともに、暇で退屈なときには一行を喜ばせるために余興を行い、主に対舞を踊ったという［任 2004：167-176］。これに対して、唐人踊りが伝承されている三重県津市や同県鈴鹿市は、朝鮮通信使が通過した場所ではない。にもかかわらず、これらの土地で唐人踊りが踊られることについて、両地域とも似たような伝承がある。すなわち、その土地出身の商人が江戸で見た唐人踊りに感銘を受け、郷里に伝えたのだという［任 2004：44、57］。唐人踊りが、どれほど人々を魅了した踊りであるか、この伝承からもうかがい知ることができる（写真 4・5）。

3. まとめにかえて

以上、本稿では、日本の祭礼の中に東アジアからの影響をうかがわせる要素が存在することを、具体的に明らかにしてきた。祭礼は、四季を通じて日本のいたるところで見ることができるため、日本人にとってきわめて身近

① 日本において「唐」という字は、一般に中国を意味する。しかし、唐人行列に関する江戸時代の絵図や、現在も伝承されている唐子踊り・唐人踊り（この踊りについては、本文中で後述する）を見る限り、これらの出し物は朝鮮通信使の影響も受けていたと思われる。ちなみに、任東權は、日本語で「唐」も「韓」も同じく「カラ」と発音することから、2つの文字は混同されやすいと指摘している［任 2004：176-177］。また、このことに関連して、福原敏男によると「唐人」という言葉は、もともと文字通り中国人を指していたが、大航海時代における西洋人との接触を経た直後、この言葉は外国人一般の意味に転化したとしている［福原 2004：110］。要するに、16C 以降、「唐人」という言葉は「外国人」を意味するようになり、そのため、この言葉には南蛮人さえ含まれるようになったというのである。

② 任東權も、似たような指摘をしている［任 2004：31-32］。

な文化現象である。そこに中国や朝鮮半島からの影響を思わせる要素が入り込んでいるのである。このようなことが起こり得た理由として、以下の2点を指摘することができる。第1に、祭りの担い手の側に見物人からの喝采を浴びたいという欲求が存在していたこと、第2に、この欲求を満たすためには、東アジアの文化要素を取り入れることが有効であるという認識を、担い手たちがもっていたことである。繰り返しを恐れずにいえば、東アジアの文化要素は、それほど魅力に満ちていると、当時の人々は考えていたのである。

但し、これらの要素の各祭礼への取り入れられ方については、龍踊や長崎刺繍の場合と、唐人行列や唐子および唐人踊りの場合とでは、少々異なる。前者は、すでに述べたように、長崎に居住する中国人から直接伝えられたという。これに対して後者、とりわけ唐子・唐人踊りの場合は、牛窓町の唐子踊りも含め、朝鮮通信使から直接習ったという記録はもちろん、伝承さえも存在していない。それどころか津市や鈴鹿市の唐人踊りでは、伝承からすると、江戸で実演されていた通信使の踊りをその場で見て覚え、郷里の祭礼の中で再演したとされている。おそらく、このような伝承と密接に関わるのであろうが、両地域の踊りは通信使のいかなる踊りを模倣したものなのか、今となっては判然としない。

この点に関して、特に津市の唐人踊りについて、近年では、本物の通信使を忠実に模倣したものではないのではないかという指摘もなされている。津まつりについては、江戸時代初期から後期にかけて5種類の絵巻が残されているが、それらを見てみると、唐人踊りが現在のように朝鮮通信使を模したような姿になるのは、江戸時代後半のことであり、それ以前は南蛮風の衣装を着けた人々の行列が描かれている①[三重県2012:534-535、まつり・祭・津まつり展実行委員会(編)2004:28-39]。この南蛮風行列を描いた絵巻は、ニューヨーク・パブリックライブラリー所蔵の『勢州一志郡八幡宮祭礼』上・下であり(以下ニューヨーク本と略称する)、その成立は17C後半であるとされている[福原2004:110]。注目すべきことに、福原敏男によると、絵巻に描かれた行列は南蛮人を忠実に模倣したものではなく、中国的な要素や想像上の動物である猩々を思わせる要素が混ざりこんでおり、その意味でニューヨーク本の唐人は「異人としての唐人」として描かれている、換言すれば、人々のもつ異人イメージをもとに描き出された唐人像なのだという②[同:113-

① 日本において「南蛮」とは、主にポルトガルやスペインのことを意味する。

② 福原が用いる「唐人」という言葉の意味については、注8を参照されたい。

114]。しかも、そうした傾向は、唐人行列が朝鮮通信使の仮装をするようになってからも見て取れ、結果的にその行列は南蛮風や中国風が混入した折衷的なものになっていたと彼は指摘している。

こうした指摘を踏まえると、現在の津まつりにおける唐人踊りの原型が判然としない理由も明らかとなってくる。なぜならば、この祭りの担い手たちが模倣したはずの原型など初めから存在しておらず、あの踊りは彼らがもつ唐人に対するイメージ、さらにいえば外国人に対するイメージをもとに創造されたものであったからである。だが、重要なことは、そのようなイメージがどのようにして形成されたのかである。それは、本物の朝鮮通信使が、日本を旅していったことと深く関係していよう。唐人踊りのイメージは、本物の通信使の姿を1つの源泉として形成されたものと思われる。その意味からすると、通信使の果たした役割は、きわめて大きいといってよい。

このように、多少の創造、もっといってしまえば捏造をも含みつつ、日本の祭りは東アジアの要素を取り込むことで、より華やかで楽しみに満ちた祭礼へと変貌を遂げていった。こうしたことが起こりえたのも、江戸時代の庶民が、東アジアの文化に触れる機会に恵まれていたからである。この点を敷衍するならば、本稿の事例は、異文化との交流が自文化をより一層興味深いものに仕立て上げていく可能性を示唆しており、異文化交流の奥深さを再認識させるものであるといえる。

参考文献

1. 朝日重章:『鸚鵡籠中記』(下),岩波書店 1995 年版。

2. 王維:「日本華僑における龍踊の伝承と形態」,『名古屋造形大学名古屋造形芸術短期大学紀要』2000 年第 6 期。

3. 大田由紀:『長崎くんち考』長崎文献社 2013 年版。

4. 斎藤月岑『東都歳時記』2,朝倉晴彦(校注),平凡社東洋文庫 1970 年版。

5. 申維翰『海游録』,姜在彦(訳),平凡社東洋文庫 1974 年版。

6. 特別展「徳川家康」及び「豊かなる朝鮮王朝の文化」,「茶の湯の名品」企画運営委員会『日韓国交正常化 50 周年記念豊かなる朝鮮王朝の文化』2015 年。

7. 仲尾宏『朝鮮通信使』,岩波新書 2007 年版。

8. 任東權『朝鮮通信使と文化伝播』,武田旦(訳),第一書房 2004 年版。

9. 福原敏男:「祭礼の唐人」,まつり・祭・津まつり展実行委員会(編):『まつり・祭・津まつり』2004 年。

10. まつり・祭・津まつり展実行委員会(編):『まつり・祭・津まつり』,2004年。

11. 三重県:『三重県史』別編　「民俗」,2012年。

12. 柳田國男:「日本の祭」,『柳田國男全集』13,ちくま文庫1990年版。

13. 谷部真吾:「風流に見る『異国』」,『やまぐち地域社会研究』,2017年第14期。

14. 山口麻太郎:『日本の民俗　山口』第一法規,1971年。

How Does the Present Shape the Past?

—Ethnographic Reflections on "Heritage" and "Culture"

Michael Herzfeld*

Shandong University has a special place for me since it is my first real point of entry into the vibrant academic life that we find in China today. Even at that early point, questions of heritage were very much part of my teaching and intellectual exchanges in China, and this has continued up to the present moment. In this essay, I want to present a somewhat activist and critical view of the role of heritage. I do not seek to question the sincerity or intellectual commitment of those people who promote a generalized concept of heritage as a national cultural possession, but I want to suggest that there are deeper and ultimately more important questions that the employment of the term "heritage" must raise in a world in which, for better or for worse, intensified inter-cultural contact and the vaguely-defined specter of globalization have been accompanied by an increasingly tone-deaf imposition of top-down, developmentalist cultural models. The places and populations that have suffered this arbitrary treatment could instead vouchsafe to us and to future generations socially useful understandings of their local heritage sites and associated activities-understandings that would also help us to sustain the conceptual wealth that we call cultural diversity. But this is rarely understood in the corridors of power.

---

* Chang Jiang Scholar, Shanghai International Studies University; Ernest E. Monrad Professor of the Social Sciences, Harvard University; Honorary Professor and Honorary Director of the Institute of Anthropology, Shandong University, Jinan; IIAS Visiting Professor of Critical Heritage Studies, Leiden University; and Professorial Fellow, University of Melbourne.

Ever since Joseph Nye (1994) coined the term "soft power", there has been a widespread perception that culture would serve well as the instrument of a discreetly muscular diplomacy. In this vision, "heritage diplomacy" has come to play a central role, notably in Asia (see Harrison, 2015; Winter, 2015). In this address, I want to sound some warnings about the dangers—intellectual, ethical, and even diplomatic—of pursuing such a trajectory. My disciplinary training as a social anthropologist, a scholarly activity that is solidly grounded in empirical fieldwork among those whom for want of a better term I will call "ordinary people", suggests to me that the inflationary claims made for culture and heritage in this highly visible sphere threaten to suppress the already fragile future of vernacular social life, by making it a plaything of *Realpolitik* rather than an arena of healthy contestation and debate.

Although the terms of the Shandong Forum commit me to an analysis that speaks to an Asian focus, as indeed I will do, I also want to draw on my experience of doing field research in Europe. One reason for this tactic is an intention to reverse the usual Western colonial gaze on exotic "others". Another is that anthropology is not only empirical and field-based; it is also, radically and necessarily, a comparative discipline. The second condition flows logically from the first: from the moment at which we commence fieldwork, we are implicitly comparing everything we see with what we already know from our own social and cultural milieu. In this regard, we are not very different from, for an example, a Chinese citizen instructing a foreign visitor in the intricate mysteries of "Chinese culture". Since one effect of this process on the self-aware and reflexive anthropologist is to induce a sense of unease with the usual assumptions we make about "cultures" in different parts of the world, and a desire to look critically at what we mean when we talk about "our" culture, the anthropological experience may have a lot to teach the rest of the world about the conceptual pitfalls of official representations of national, regional, and local culture. I hope this will be a useful and salutary exercise on several fronts: the intellectual, the practical, and the educational.

The discursive process that I am describing here has a general form. It involves the transformation of a complex of social practices into a static cultural model. When people relate to each other at the level of everyday interaction, the identities they claim are relational—that semioticians call "indexical". They are based on mutual knowledge, either hypothetical ("I know what a cousin is, and this person is my cousin even though we have never previously met") or actual ("we've known each other for years"). What defines the connection between them is not so much something shared as something *directed* by one to the other and back. When people dance together, they express that sense of being related to each other rather than something passively shared. They *create* and *renew* or even *reinvent* the relationship as they dance, sing, and eat together. They perform, not on a stage or other framing device, but in an arena where what counts is what people will understand about their shared ancestry or other social connection: they may be members of the same household or clan, and, even when their only common identity is as fellow-villagers, the emphasis falls on an assumption of relatedness.

In the small Bangkok community where I have conducted field research on the effects of historic conservation on social memory and responses to authority. For example, many families have no blood ties or even fictive kinship to unite them. Indeed, this fact fuels the city administration's objections to considering them a true community. In the face of the intransigent officialdom that sought to evict them, however, they insisted—with apparently full awareness that they were speaking in metaphorical terms—that they were "a family". A family—in Thai, a*khrawpkhrua*—consists of people gathering around a hearth and eating their food together. Although that metaphor of commensality implies something shared, the sharing follows, rather than dictates, the relationships that are assumed to subsist between them. When community leaders address their fellow residents collectively, they use the form of address commonly favored by politicians, *phi-nawng*, literally, "older siblings and younger siblings". This telling expression at one and the same time encapsulates the tension between egalitarian and hierarchical relations that is so characteristic of Thai society and reproduces the concept of kin-based relationality. But the community's enemies, mostly municipal officials, sought to decry these attempts by arguing that there were no genuine relationships among the residents—that they were merely squatters, an assortment of people who had come together for common convenience and were now trying to pretend that they were all one.

We will return to this community—Pom Mahakan, a small settlement of about 300 people in the heart of old Bangkok (Krung Rattanakosin)—later in this essay. We will see that the contest I have described here reveals the very core of what happens when social relations are replaced by assumptions of shared culture—when, in semiotic terms, the emphasis shifts from indexicality to iconicity. To put this in Chinese terms: when the *jia* (家) in the sense of "clan" or even "household" becomes the "homeland" of the nation-state (*guojia*, 国家), we have moved from even the fictive possibility of mutual knowledge to the assumption of mutual recognition based on shared culture—to what Anderson (1983) famously described as the "imagined community", in which identity is predicated on a model of face-to-face relations that it no longer requires in reality—all the members of the nation are imagined as conjoined in a similarity that no longer depends on actual contact among them.

Before I discuss the Pom Makahan case in more detail, let me first take the European route I promised at the outset. We can apply the semiotic reading of Anderson's central insight that I have just outlined to the Greek and Italian terminologies for distinguishing between insiders and outsiders. In Greek, the ξένος—in ancient times the bearer of a reciprocal obligation to offer hospitality and succor in times of need—can be someone from the next village (sometimes specified as ξενοχωριανός, "someone from another village"); in that case, there is a real possibility that this person is someone the speaker actually knows. The term may also have connotations of kinship. Thus, in Crete, one of the few parts of Greece to retain a decisively agnatic kinship system, ξένος is not only opposed to δικόςμας, "our insider", in this generic sense, but, with a dialectal shift in the latter term to εδικό'μας, the insider is defined as a clan-mate—a concept that should be instantly comprehensible to a Chinese reader.

By contrast, at the national level aξένος is unambiguously a foreigner, the term often being glossed by the neo-classical learned term αλλοδαπός (alien) for official purposes. The opposition between foreigners and Greeks is thus made superordinate to any local terms. In Italy, where the process of national unification is arguably much less complete, the term *forestiero* (one from outside) can just as easily mean "someone from another community" as foreigner, for which in fact the more usual term is the formal *straniero*. In short, in Italian, given a very different trajectory in the process of national cultural consolidation, in a country where "culture" is reified and enumerated almost to the point of absurdity (Italy has 70% of the world's art treasures), *membership* in the social entity of the nation remains more elusive. Yet it is surely significant that in Greece, a successful illustration of national cultural consolidation, these local ways of differentiating between insiders and outsiders continue to hold great significance, while Italian culture is refracted through a lively kaleidoscope of extremely localized styles, dialects, cuisines, and customs.

In light of these European cases, we would do well to pay close attention to local and national specificities, and to avoid generic terms like "the West" or even "the Chinese". Filtered through these local differences, the politics of collective cultural identity can take on a distinctly local hue-as. For example, Cretan localist objections to the Athens government's decision to send Cretan antiquities on temporary loan to overseas museums (Hamilakis and Yalouri, 1995), demonstrates quite dramatically. In such cases, the practice of cultural self-display is refracted, to use the Evans-Pritchardian metaphor (Evans-Pritchard, 1956), through specific local ideas about identity and kinship, ideas that may conflict with the equally particularistic versions of these things adopted by the official ideology.

"Heritage", predicated as it is on principles of inheritance that are directly linked to descent, is similarly not a term for which we can assume a universal or even a pan-European significance. The terminology of heritage is grounded in culturally and historically specific assumptions about legal inheritance—about the transmission of common goods from parents to children, and this means that it will have resonance that is specific to the kinship and inheritance practices of particular national or ethnic groups. The word "heritage" is etymologically cognate with "inheritance" and "heirs"; it implies the existence of relationships among the co-heirs. The same is true of the French word *patrimoine* (Italian and Spanish *patrimonio*), except that this term has a decidedly patrilineal emphasis-the inheritance one receives, specifically, from a father—that may reflect the agnatic clan basis of many of Europe's aristocracies and gentries during the feudal era.

The assumption of kinship forms by nationalistic ideologies is well documented for many countries. Anthropologists have long noted this connection, and Richard Handler (1985), with particular cogency, has also discussed the ways in which the idea of a family property then gets transformed into a national property called "culture" (or, we might add, "heritage"—perhaps a more revealing term in this context). Because nation-states are both inclusive of, and more powerful than, the kin groups they incorporate and they take their kin-based rhetoric of identity from, it then becomes the local groups that seek, in a dramatic reversal that it has only taken two centuries at most to bring about, to re-appropriate the language and material accoutrements of that fusion for their own purposes—to reconstitute their activities in terms of culture and heritage as the most effective way of pushing back at the state's insistence on defining these things at every level.

The impact of official intervention on the redeployment of cultural practices is by now extremely well-documented. Just to take one example, during the socialist era in Romania the state intervened to re-work an old ritual dance, the *Căluş*, as a public performance, carefully choreographed, deprived of its religious significance, and detached from those aspects of social organization that had sustained it, apparently for centuries (Kligman, 1981: 139-151). It became a piece of "regional" folklore, and, as such, was inserted into the "national" canon, with more or less predictably regimentation of its choreography intended to express the change and remove any trace of local significance. But such changes are not always the result of direct institutional intervention. The reworking of Cretan hunting-bags, given in presentation to the groom's agnates at weddings, as "Greek bags" (with a different form but with designs clearly derived from the hunting-bags), reflects the impact of the tourist industry and the demand for a newly constituted entity that is as "national" today as, for example, "Greek yoghurt" (see Herzfeld, 1992: 99, 107).

Ironically, "heritagization" requires that the items in question be reframed in museum-oriented terms, in the process losing the social embeddedness that gave them meaning, and shifting from indexical significance—as markers of those social relations—to pure iconicity (as "typical" regional or national products) (see Smith, 2006). When this is done deliberately through official intervention, the results can be overwhelmingly regimented. One of the most striking examples of this effect is the famous—or perhaps infamous—OTOP policy first articulated by the first Thaksin government in Thailand and reformulated today under the current regime.

OTOP—an acronym standing for "One *tambon* (district), one product"—began as a production-line means of incentivizing local businesses to invest in the production of traditional crafts for export. Officially designated outlets in the capital, at airports, and other strategic locations served up these products as both regional and national, and that part of the policy has persisted even as the actual direction of the policy has shifted. The policy was so successful as a means of rebranding locally produced items that even officially unrecognized communities have adopted its name and tactics to promote their goods. It is in fact one of the few Thaksin-era policies to have survived, albeit with a brief hiatus and with some modification of its operating principles, into the present period of military-backed government.

It is clear that this policy does enable local communities to enter the national economy with greater efficiency and recognizable impact. In that sense, it has been something of a life-saver for places where an industrial base is lacking and where connections with the tourism industry are tenuous at best. My interest in it here, however, has more to do with the way it enables the reverse effect in terms of social integration: it furthers the detachment of goods from an economy of local exchange (a term that in this context is preferable to the more familiar "gift economy") (see Carrier, 1995; Herrmann, 1997) and their reinsertion into a production-line economy that not only threatens to "deskill" (Blum, 2000; Braverman, 1974) traditional workers but also breaks down the social relations in which their work was embedded. This, I suggest, is part of a process of "spatial cleansing"—the disaggregation of social functions and their geographical redistribution to suit the organizational preferences of those with the wealth to ensure high mobility (see Herzfeld, 2006)—that is occurring in many urban contexts throughout Asia and elsewhere. It is the same process that led Singapore to enclose its hawkers' activities in "food courts" and to close down its street markets as well as many small local communities, rebranding local housing as "vernacular architecture" suitable for tourist and other forms of consumerist use or slating its less salvageable specimens for demolition, and is today producing the same effect in Thailand and also, in somewhat different forms, in China (e. g. , He, 2007; Herzfeld, 2018; Non, 2016). Gentrification of various kinds offers a way out for the more fortunate, but the resulting gated communities do not in fact produce the kind of "eyes on the street" mutuality that had once represented genuinely collective engagement.

It would be very easy at this point to lapse into a litany of nostalgic complaints about the decline of social life in the neoliberal age. Such laments are already widely disseminated [e. g. , Gershon's (2011) trenchant analysis], and they also entail a recognition of the regimentation of "traditional culture" as a substitute for the complex mess we call ordinary social relations (e. g. , on China, see Schein, 1999, 2008; Zhu, 2012). While I am sympathetic to this perspective, and indeed largely share it, my point here is less to lament the passing of an era-social change, as we are told, is inevitable, so we might as well accept it as a general proposition than to note the specific ways in which a combination of heritagization, the "hospitality industry" (a wonderfully oxymoronic phrase that itself nicely illustrates the process I am documenting in this presentation), and the increasing centralization of "cultural management" (another revealing expression) all cramp the space in which real-time social relations can develop but allow for the expansion of images intended to convey uniformity and consensus.

Many of the sites we are accustomed to viewing today as forms of heritage were once sites of conflict. When that happens today, the conflicts engage large religious or national groups rather than small-scale local interests; battles over whether a religious building should be a Hindu temple or a Muslim mosque, for example, or a Christian church or a mosque, represent an effective takeover of local forms of more or less peaceful coexistence by the much larger forces of religion or nationalism (see, variously, Albera and Couroucli, 2012; Hayden, 2002; Ratnagar, 2004). These conflicts are expansions into iconic form of previously quite localized social discord. More often the monuments of the past are presented as evidence of a transcendent national unity. Even battleground sites emerge as evidence of the triumphant unification of the nation-state, as we see in the U. S. A.

Now I am certainly not advocating the use of these sites as a means of re-igniting past wars and hatreds. When a particular group loses out in a conflict, however, and especially when its role is then suppressed in subsequent representations of an emergent "imagined community", deep resentment can be the result. Suppression of a history of contestation, in other words, can be the very source of further unrest. Continuing claims on each other's religious sites by Greece and Turkey, for example, suggests that rebranding a mosque as a music conservatory (as in Rethemnos, Crete) or a museum (as in the case of Aya Sofya in Istanbul) intensifies anxieties about the future fate of the building in question, and can serve as a spark to ignite new factional and religious disputes. Where, on the other hand, past conflict has been acknowledged, the increasingly submerged remnants of the losing side may at least conclude that its dignity has not been compromised. In at least one Italian case, the inclusion in a commemorative exhibit of the brutal dispossession of poorer residents in the course of historic conservation (see Herzfeld, 2013: 59-60) offers a model that, I suggest, might usefully be emulated in Asian countries where the soothing concept of harmony has sometimes been used to brush such brutalities under the carpet.

What I am proposing is certainly not guaranteed to deflect conflict. It is not even always clear that doing so is either morally justifiable or socially useful. Rather, it creates a space in which the costs and benefits of recognizing past injustices can be assessed by all parties.

I do not use the metaphor of space lightly in this context. There is a direct parallel between the open space created for the discussion of past history and the physical space assigned for the public benefit. A recent editorial in the English-language newspaper *Bangkok Post* (Sirinya, 2016) makes this point succinctly with a telling use of some highly relevant examples, including that of Pom Mahakan. Pom Mahakan, in fact, represents a particularly interesting illustration of the ongoing conflict over the status of heritage in Thailand.

A word about "heritage" in the Thai context would be useful here. Marc Askew (1996), in a now-famous article about the transformation of old neighborhoods into heritage sides, hit the nail on the head. What used to be a vibrant social entity called a *yan* and comparable to the Near Easter *mahalle* has given way to the monumentalization of sites as *moradok*, "heritage"—a legal term that in Thailand does not seem to have the affective power of the English word or even of its own cognate in neighboring Laos (see Berliner, 2012). Sirinya's argument points up the misreading of "public" that has been a serious issue for planners in many Asian and other countries. This issue concerns the redirection of community land to the goals of "public benefit", the underlying argument for the exercise of "eminent domain" (the American version of compulsory land acquisition in the name of public benefit; see Dalton, 2006). As the Italian urban scholar Carlo Cellamare (2008) has argued, however, the concept of public benefit (*bene comune*, literally "common good", in Italian) only approaches the ideal it appears to express when it is combined with a genuine commitment to local participation. And we have known for a long time (see Arnstein, 1969) that "participation", another frequent mantra of Asian countries' planning rhetoric, is at best problematic in most cases. Turning Pom Mahakan into a public park, for example, will not benefit the urban poor; it will only benefit those city-dwellers whose wealth means they can load their bicycles onto private cars to bring them to the space for the pursuit of their gymnastic ambitions. And, as Sirinya points out, locking up the space at night suggests an inability to make it useful around the clock, which raises the question of why it should be turned into a park at all.

This sad story of bureaucratic intransigence, which is detailed in my recent ethnography (Herzfeld, 2016), reflects precisely the process of what, following the idiom of deskilling, we might call the "desocializing" of cultural activity-precisely the process that Askew so clearly and presciently deconstructed in his account of the transformation of neighborhoods into heritage sites. To fight back, the community has been forced to adopt the official idiom of reification, trumpeting culture and history as its pre-eminent claim on the nation's interest and gradually allowing a strongly museological flavor to creep into its daily life. Indeed, it is not unreasonable to suspect that its survival thus far owes a great deal to this "strategic essentialism" [a term taken from Spivak (1989)]. While the brave display of community activity includes a considerable body of information about the residents' struggle to survive as a single entity, that information is submerged—or perhaps "enfolded" would be a better word—in the embrace of a nationalistic rhetoric about Thai culture.

In this connection, we should recall that the idea of culture as a bounded entity is rather new. Its origins in popular discourse are embarrassingly anthropological; it seems to have originated with E. B. Tylor's (1871) *Primitive Culture*, though its Thai equivalent (*watthanatham*), like the Chinese *wen hua*, also reproduces Western European notions of "culture" as an elite possession (high culture) and reflects the influence of Italian and other European models of strongly rightist persuasion (see Barmé, 1993). Its elitist implications have had a disastrous impact on attempts to preserve Bangkok's vernacular architecture, of which the older houses of Pom Mahakan are among the few examples still surviving in a community context. It is presumably no coincidence that the community's own museum is housed in a small building that reproduces, in very simplified form, the stereotypical features of a Siamese temple (rather than in one of the older houses, though that had been the original intention until the house in question was dismantled for rebuilding elsewhere by agreement between the owner and the Bangkok authorities); or that the shingle hung in front of the museum describes it as the "Pavilion" (*sala*, significantly a term for a part of a temple complex) of the "local knowledge of the community". This inscription, in elegant formal gold lettering on an auspiciously red background, suggests both accordance with official rhetoric and the discreet possibility of an alternative vision and an alternative kind of knowledge. The community defends its position by insisting on its representativeness in terms of "Thai culture", but it also encloses within itself a vision of something more locally specific, born of particular forms of experience.

Interestingly enough, I cannot recall a single occasion when I heard the term *moradok*, "heritage", in the community. The other terms—history (*prawatthisat*), culture (*watthanatham*), community (*chumchon*)—were all in liberal use at all times and, in addition to their role as banner concepts for the community's struggle against eviction, became everyday conversational expressions among the residents. But I suspect that in a community most of whose members were too poor to think in terms of substantial inheritances, *moradok* would not have had much affective appeal. In neighboring Laos, the cognate terms evidently took on the implications of the French term *patrimoine*, but this reflects the long period of direct colonial rule, a situation that was not reproduced in crypto-colonial Thailand—where, instead, fascist-era distillations of concepts like "culture" suited the segmentary understanding of the polity (*moeang*) that continued, as I have argued in my ethnographic study of Pom Mahakan (Herzfeld, 2016), to subsist despite the Western-style bureaucratic idiom of the encompassing nation-state.

Their appeal to culture and history fits the prevailing nationalist discourse. It does not, however, reassure national and city-level bureaucrats. This is a consequence of the fact that the nationalist discourse overlays an older and structurally very different understanding of what it means to be Thai. In the formal nationalistic discourse of the modern nation-state, it is relatively easy for residents to represent even the most distinctive of local communities as participating in the overall polity, and thus in the encompassing culture. But the resident's understanding is not the same as that of the bureaucrats. The residents represent culture as flexible and variable—characteristics of the segmentary *moeang* (Tambiah, 1977) rather than of the rigidly bureaucratic administration of the state. In these terms, we can read the refusal of the bureaucrats to negotiate with the residents as an expression of fear that. Once they concede even the possibility of real negotiation, the segmentary properties of the older polity will undermine their power by granting equal significance to entities (*moeang*), the national and the local, of very different scale. In that system, their role as representatives of the capital of the largest, national entity would be granted equality with the community leadership; and that, clearly, is unacceptable to them—hence their refusal to negotiate directly, and hence, too, their apparent reneging on existing agreements with the residents to desist from further demolitions until new negotiations have taken place.

We can thus conclude that there are at least two ways in which the Siamese past shapes the Thai present. Questions about the ownership of heritage have become commonplace, though they remain necessary interrogations of those who wield power and influence in the planning of cities: "Whose heritage is it? To whom does it belong?" But today we should also ask supplementary but critical questions: "What does it mean to call it heritage? Whose discourse are we thereby invoking? Above all, what relationship between polity and property is implied by strategic invocations of culture, and why do these so often discount the counterpoised voices of subaltern populations?"

I believe that these questions have many durable implications for countries far beyond the borders of Thailand. China certainly offers illuminating examples for our consideration, as I have already hinted, but we also could and should take the discussion deeply into the European lands that are the sources for the now-globalized concept of heritage. France, Germany, and Italy, to name only three countries, offer rich opportunities for analysis and comparison. Given the parallels between the overseas Chinese shophouse domestic economy so typical of nineteenth-century Southeast Asia and the *casa e bottega* (house and workshop) model of central Italy. For example, we should study the social consequences of the rampant gentrification of both to the exclusion of their original inhabitants (see Herzfeld, 2009; Janssen, 2011).

Such comparative work should transcend such artificial constructs as "Asian cultures" and "the West", which do more to obscure than to advance understanding. The problems that I have adumbrated here are global in their overall implications, even if their local effects are channeled through specific cultural filters and produce different solidarities and fragmentations according to pre-existing local social values. The larger issue, which all these variants share, is the destruction of the *inhabited society* in the name of *imagined culture*. One result is cities that are nearly uninhabitable for all but the very wealthy—those who can pad their cultural fantasies with the creature comforts that only money can buy. If we are to head off the complete destruction of inhabited historic sites in the name of modernist concepts of urban "beautification" or "renewal" and the deep social injustice that often accompanies such transformations, we must listen to local voices and allow their experience-rich perspectives to infuse the academic discourse to which wise officials still look in order to inform their heritage conservation policies.

Failure to do so will instead generate deep social discontent, disconnecting people from the places that have defined so much of their lives, and will lead to the cultural equivalent of the economic precariousness that is already, especially in Europe, turning any concept of social fabric into a bitter irony. It will paper over important cultural differences with an *ersatz* cultural unity—

one might argue that the European Union is already too well-launched on that dangerous path (see Shore, 2000)—and will destroy local resources that could instead, as Pom Mahakan demonstrates, enrich a country's power to influence social policy around the world. Above all, it will create grievous loss in that very area—culture in the broadest, anthropological sense—that, ironically again, it ostensibly seeks to enhance.

There is an alternative, and ordinary people like the residents of Pom Mahakan—and of many such communities around the world—have shown us what it is. We would be wise to pursue it; its loss threatens to become a global catastrophe.

References

Anderson, Benedict, R. O'G. *Imagined Communities: Reflections on the Origin and Spread of Nationalism*. London: Verso, 1991.

Albera, Dionigi & Maria Couroucli. (eds). *Sharing Sacred Spaces in the Mediterranean: Christians, Muslims, and Jews at Shrines and Sanctuaries*. Bloomington: Indiana University Press, 2012.

Arnstein, Sherry R. A Ladder of Citizen Participation. *Journal of the American Institute of Planners*, 1969, 35.

Askew, Marc. The Rise of Moradok and the Decline of the Yarn: Heritage and Cultural Construction in Urban Bangkok. *Sojourn*,1996, 11(2).

Barmé, Scot. *Luang Wichit Wathakan and the Creation of a Thai Identity*. Singapore: Institute of Southeast Asian Studies. 1993.

Berliner,David. Perdre L'esprit du ;ieu. Les politiques de L'UNESCO à Luang Prabang (RDP Lao). *Transmettre, Terrain*, 2010, 55.

Blum, Joseph A. Degradation without Deskilling: Twenty-Five Years in the San Francisco Shipyards. In Michael Burawoy (ed.), *Global Ethnography: Forces, Connections, and Imaginations in a Postmodern World* (pp. 106-136), Berkeley: University of California Press, 2000.

Braverman, Harry. *Labor and Monopoly Capital*. New York: Monthly Review Press, 1974.

Carrier, James G. Maussian Occidentalism: Gift and Commodity Systems. In James Carrier (ed.), *Occidentalism: Images of the West* (pp. 85-

108), Oxford: Clarendon Press, 1995.

Cellamare, Carlo. *Fare Città: Pratiche Urbane e Storie di Luoghi*. Milano: Elèuthera, 2008.

Dalton, Daniel P. A History of Eminent Domain. *Public Corporation Law Quarterly*, 2006, Fall (3).

Evans-Pritchard, E. E. *Nuer Religion*. Oxford: Clarendon, 1956.

Gershon, Ilana. Neoliberal Agency. *Current Anthropology*, 2011, 52.

Hamilakis, Yannis & Eleana Yalouri. Antiquities as Symbolic Capital in Modern Greek Society. *Antiquity*, 1995(70).

Handler, Richard. On Having a Culture: Nationalism and the Preservation of Quebec's Patrimoine. In G. Stocking (ed.), History of Anthropology (vol. 3): Objects and Others (pp. 192-217), Madison: University of Wisconsin Press, 1985.

Harrison, Rodney. Beyond "Natural" and "Cultural" Heritage: Toward an Ontological Politics of Heritage in the Age of Anthropocene. *Heritage & Society*, 2015(8).

Hayden, Robert M. Antagonistic Tolerance : Competitive Sharing of Religious Sitesin South Asia and the Balkans. *Current Anthropology*, 2002 (43).

HeShenjing. State-Sponsored Gentrification under Market Transition: The Case of Shanghai. *Urban Affairs Review*, 2007(43).

Herrmann, Gretchen M. Gift or Commodity: What Changes Hands in the U. S. Garage Sale? *American Ethnologist*, 1997(24).

Herzfeld, Michael. *The Social Production of Indifference: Exploring the Symbolic Roots of Western Bureaucracy*, Oxford: Berg, 1992.

Herzfeld, Michael. Spatial Cleansing: Monumental Vacuity and the Idea of the West. *Journal of Material Culture*, 2006(11).

Herzfeld, Michael. *Evicted from Eternity: The Restructuring of Modern Rome*. Chicago: University of Chicago Press, 2009.

Herzfeld, Michael. Whose Rights to Which Past? Archaeologists, Anthropologists, and the Ethics of Heritage in the Global Hierarchy of Value. In David Shankland (ed.), *Archaeology and Anthropology: Past, Present and Future* (pp. 41-64), London: Bloomsbury, 2013.

Herzfeld, Michael. *Siege of the Spirits: Community and Polity in*

Bangkok. Chicago：University of Chicago Press，2016.

Herzfeld，Michael. The Blight of Beautification：Bangkok and the Pursuit of Class-Based Urban Purity. Journal of Urban Design，2018(22).

Kligman，Gail. *Căluş：Symbolic Transformation in Romanian Ritual*. Chicago：University of Chicago Press，1981.

NonArkaraprasertkul. Gentrification from Within：Urban Social Change as Anthropological Process. *Asian Anthropology*，2016，15.

Nye，Joseph. *Soft Power：The Means to Success in World Politics*. New York：Public Affairs，2004.

Ratnagar，Sheena. Archaeology at the Heart of a Political Confrontation：The Case of Ayodhya. Current Anthropology，2004，45.

Schein，Louisa. Performing Modernity. *Cultural Anthropology*，1999，14.

Schein，Louisa. Neoliberalism and Hmong/Miao Transnational Media Ventures. In Aihwa Ong & Li Zhang（eds.），Privatizing China（pp. 103-119），Ithaca：Cornell University Press，2008.

Shore，Cris. Building Europe：The Cultural Politics of European Integration. London：Routledge，2000.

Smith，Laurajane. Uses of Heritage. London：Routledge，2006.

Spivak，Gayatri. In a Word. Interview with Ellen Rooney. *Differences*，1989，1.

Tambiah，Stanley J. The Galactic Polity：The Structure of Traditional Kingdoms in Southeast Asia. *Annals of the New York Academy of Sciences*，1977，293.

Tylor，Edward Burnett. Primitive Culture（Vol. 1.）New York：J. P. Putnam's Sons，1871.

Winter，Tim. Heritage Diplomacy. International Journal of Heritage Studies，2015，10.

空间正义与邻避冲突的化解

——基于空间生产理论的视角

王佃利　邢玉立*

摘要　邻避问题的价值判断是邻避研究的重要途径，空间生产理论强调空间的社会属性，认为邻避设施建设就是一种具体的空间生产，邻避设施生产中的空间冲突反映了权力控制和城市权利之间的紧张。作为空间价值取向的空间正义，关注空间生产和空间资源配置过程和结果中的正义。我国邻避设施在空间生产认知、决策过程和结果补偿中存在价值偏离，应该在空间正义的原则下重新定义邻避行动以实现城市权利，促进利益相关者有效参与空间生产决策，科学规划凸显空间性的多元补偿方案，以此寻求邻避冲突的化解之道。

关键词　邻避冲突；空间生产；空间正义；城市权利

一、引言

现代社会中空间不再仅是自然地理的表现，更被视为一种与社会结构、经济和政治密切连接的社会产品。城市作为诸多因素组成的特定空间，其发展过程就是城市空间生产过程。在我国快速城市化过程中，城市空间不断地被生产和重构，其实质就是以空间为载体的城市资源和利益再分配的政治过程。在此视角下，邻避冲突(NIMBY)就是一种城市化进程中典型的城市空间问题，它是指由邻避设施选址和设置引发的当地居民的抵抗。② 进入新世纪以来，我国邻避事件的发生日益频繁，成为社会关注和政府治理的热点问题和焦点问题。在学术研究层面，学者从不同视角探究邻避问题产生的根源、寻求化解邻避冲突

---

* 王佃利，山东大学政治学与公共管理学院，教授；邢玉立，山东大学政治学与公共管理学院，硕士研究生。

② 王佃利、徐晴晴：《邻避冲突的属性分析与治理之道》，《中国行政管理》2013年第12期。

之道。综合以往研究可发现，学者在认知邻避冲突时形成两种思考路径：一种认为邻避问题就是城市化过程中的一种客观呈现，对其分析是要客观地反映社会现实、解释社会运行机制，研究者对此应秉持价值中立的态度，研究重点在于“是什么”和“为什么”；另一种则主张在某种价值判断的基础上建构社会现实，其重点在于“应该怎样”和“应怎么办”，对于邻避问题的认知应该首先判断其价值，强调研究的应然性和规范追求。① 就我国邻避问题研究而言，大多数学者是从第一种路径出发，致力于解释邻避冲突的本质及其形成的原因。何艳玲认为邻避设施的属性引发公民的邻避情结，在邻避情结的支配下，邻避设施的兴建往往引发邻避冲突；她分析并解释了我国邻避冲突相较其他国家（地区）的特殊性，提出了“中国式邻避冲突”的概念，旨在还原我国邻避冲突的具体特征。② 张乐、童星从政策制定和邻避设施项目决策的的角度，认为政府的权力过分垄断但技术评估不确定、营运企业在风险—收益上的估算困难和公众对邻避设施风险的误解是造成邻避决策困境的关键原因。③ 胡象明通过多案例比较分析了邻避事件的发生逻辑及其预防原则，认为中国式邻避事件呈现“立项—抗议—停止”三段式演进逻辑，具有合谋式决策、非理性抗议和无赢家结局的特征。④ 以上研究者多在公共管理领域，侧重由邻避问题研究的第一种路径，基于对社会现实的客观分析来解释邻避冲突内在属性和形成原因。

以往学者较少选择邻避问题研究的第二种路径，在形成价值判断的基础上对邻避问题展开分析，而这恰恰对正确解释邻避冲突现象以及解决邻避冲突而言至关重要。新马克思主义关于空间研究的理论成果为城市问题研究带来了新的视角，近年来学者逐渐开始引入空间生产和空间正义理论分析我国城镇化进程中不断涌现的城市问题。张京祥、胡毅基于空间正义思想，研究发现了我国城市更新中存在的诸多不正义现象，并指出社会空间正义应当是我国城市更新和空间生产过程中所遵循的核心价值观。⑤ 曹现强、张福磊认为城市化和城市发展实质上是城市空间生产的过程，我国城市发展中已经出现城市空间正义缺失，空间剥夺就是其中表象之一。⑥

这些研究挖掘空间生产理论为邻避问题研究带来新的切入点，认为邻避问

---

① 魏开、许学强：《城市空间生产批判——新马克思主义空间研究范式评述》，《城市问题》2009 年第 4 期。

② 何艳玲：《“中国式”邻避冲突——基于事件的分析》，《开放时代》2009 年第 12 期。

③ 张乐、童星：《“邻避”冲突管理中的决策困境及其解决思路》，《中国行政管理》2014 年第 4 期。

④ 胡象明、王锋：《中国式邻避事件及其预防原则》，《新视野》2013 年第 5 期。

⑤ 张京祥、胡毅：《基于社会空间正义的转型期中国城市更新批判》，《规划师》2012 年第 12 期。

⑥ 曹现强、张福磊：《我国城市空间正义缺失的逻辑及其矫治》，《城市发展研究》2012 年第 3 期。

题实质上就是一种空间生产问题，邻避设施作为一种具体的空间形态，其生产的背后是社会关系的重塑，更是权利的生产与再分配，因此围绕着邻避设施的选址与建设必然存在着空间生产的正义与不正义。本文依据这种研究路径，引入空间生产理论重新审视邻避冲突现象，尝试对邻避设施的生产中存在的不正义现象进行批判，并为解决邻避冲突提供一种新的思路。

二、理论的“空间转向”与空间生产问题

20 世纪 70 年代以来，法国著名社会学家列斐伏尔(Henri Lefebvre)将空间视为重要的研究视角，不断挖掘空间的社会内涵。列斐伏尔认为，“空间是政治的、意识形态的，它真正是一种充斥各种意识形态的产物”①，在其看来，空间中弥漫着社会关系，社会空间的生产同样也是社会关系的生产与再生产。既然存在一种着一种空间的政治，那么空间的生产不能仅仅考虑其经济的合理性即效率，而必须考虑其伦理的正当性即正义。② 在他的推动下，诸多学者开始将城市问题研究置于空间视角之下，形成了社会科学中的“空间转向”。

(一)空间转向与空间生产理论

空间与时间一样，是把握物质运动和社会发展的重要方式，但人们以往对于空间的重视程度远不及对于时间的重视。20 世纪 70 年代以来在列斐伏尔等人的努力下社会科学发生了重要的“空间转向”，空间的概念被带回了社会科学理论，学者们开始以空间的思维重新审视社会。③ 由于以往对于空间的理解仅仅停留在空间的物质属性，列斐伏尔批评了这种将空间仅仅作为社会关系演变的静止“容器”或“平台”的传统社会政治理论④，他认为传统的空间观只看到了空间的物质属性，而忽略了空间的另一重要属性即社会属性。从社会生产的角度分析，空间本身便具有生产、交换和消费的特点，空间直接性地介入到其生产与自我生产当中，是生产关系和生产力的重要环节。⑤ 空间在现代社会变得越来越重要，以至于列斐伏尔给出了“我们已经由空间中的生产转向本身的生产”这样的论断，也就是说空间不再被理解为生产的众多要素之一而是生产本身，空间的生产同时也是社会关系的生产与再生产。

正是基于以上认识，所谓空间转向就是社会转向，城市空间是社会生产的

---

① [法]列斐伏尔:《空间政治学的反思》，包亚明主编:《现代性与空间的生产》，上海教育出版社 2003 年版。

② 钱振明:《走向空间正义——让城市化的增益惠及所有人》，《江海学刊》2007 年第 2 期。

③ 何雪松:《社会理论的空间转型》，《社会》2006 年第 2 期。

④ 孙江:《“空间生产”——从马克思到当代》，人民出版社 2008 年版，第 107 页。

⑤ 唐旭昌:《大卫·哈维城市空间思想研究》，人民出版社 2012 年版，第 41 页。

结果而不仅仅是自然赋予。虽然自“空间转向”以来众多空间研究者从不同的角度诠释其对空间的理解，但其共同特征就是区分了空间的自然属性和社会属性，并把空间视为是一个包含各种社会关系、社会权力、社会矛盾和冲突的领域。[①] 与空间的多重属性一样，空间生产具有三重属性：自然性、精神性和社会性。[②] 空间首先是物质形式的存在，具有使用价值，其自始至终都无法脱离物质资料的生产而独立存在，因此空间的生产如同机器化生产一样有着自己的组织和逻辑[③]；空间生产的精神性表现在空间不仅有着实际功能，还可以被赋予一种抽象的价值，成为一种象征符号，这也就催生了“空间拜物教”的现象，有些空间象征着财富与高贵而有些空间则象征着贫穷与低贱；空间生产的社会性表现为空间的生产不仅是对空间、社会空间的生产，也是对生产关系的再生产。[④] 城市发展是城市空间生产的结果，发展中形成的问题也应该由社会性行为来加以解决，这也凸显了社会行为本身的价值取向的重要性。

（二）作为空间生产价值取向的空间正义

空间生产不仅是对空间资源的分配和再生产，更是对社会关系的再生产，在这一过程中空间不可分割地与权力和斗争交织在一起，空间生产的价值取向无疑是空间生产理论不可回避的核心问题。法国学者福柯（Michel Foucault）的空间思想讨论了空间与权力的关系，他指出空间到处都弥漫着权力，空间不仅是权力运作所构建的工具也是其运作的必要条件，统治者通过空间的分配以确保纪律在空间中的运行，而被统治者面对无处不在的权力则显得无能为力。[⑤] 为了对抗权力，列斐伏尔在对资本主义城市空间普遍存在的压迫和异化的批判中提出了“城市权利”的思想。“城市权利”就是公民控制空间生产的权利，城市居民有权拒绝国家和资本力量的单方面控制。[⑥] 城市权利的思想得到了哈维的认可和继承，“城市权利是一种按照我们的意愿改变和改造城市的权利”，这种权利的运作是需要依靠集体的力量，“因此城市权利是一种集体的权利，而非个人的权利”[⑦]。城市权利是一种集体的表达而非个人的主张，当城市权利落入了少数政治和经济精英的手中，无疑是对城市人民大众城市权利的剥夺，普通大众只有诉诸集体的力量才能实现其对城市权利的诉求。

---

① 唐旭昌：《大卫·哈维城市空间思想研究》，人民出版社 2012 年版，第 20 页。

② 孙全胜：《城市空间生产：性质、逻辑和意义》，《城市发展研究》2014 年第 5 期。

③ 孙全胜：《城市空间生产：性质、逻辑和意义》，《城市发展研究》2014 年第 5 期。

④ 赵文：《空间的生产》，《国外理论动态》2006 年第 1 期。

⑤ 王丰龙、刘云刚：《空间生产再考：从哈维到福柯》，《地理科学》2013 年第 11 期。

⑥ 曹现强、张福磊：《空间正义：形成、内涵及意义》，《城市发展研究》2011 年第 4 期。

⑦ [美]戴维·哈维：《叛逆的城市——从城市权利到城市革命》，叶齐茂等译，商务印书馆 2014 年版，第 4 页。

为了进一步研究空间生产的价值问题，哈维将“社会正义”引入到空间研究中来，他在布莱迪·戴维斯的“地域正义”概念的基础上，提出了“地域再分配正义”，即社会资源以正义的方式实现公正的地理分配，不仅要关注分配的结果，而且强调公正地理分配的过程[①]哈维的研究不仅考察和批判作为结果的各种形式的空间分配不正义，更为重要的是对“空间”的社会生产过程的不正义进行了揭露和批判。[②] 随后南非地理学家皮里(Gordo H. Pirie)正式提出了“空间正义”的这一术语，其对空间正义的理解更多是指空间资源分配的正义，虽然其对这一概念的界定存在局限性，但他为此后的研究奠定了基础。[③] 空间正义是在“空间转向”中社会正义的空间化，哈维提出了基于过程的空间正义思想，在哈维看来，“空间正义”首先应当是空间生产的正义，即将空间生产的价值评判聚焦在空间的生成过程之中，通过对空间生产过程中的不正义现象进行彻底的批判，继而为纠正这些不正义现象寻找出路。我国学者任平认为，所谓空间正义，就是空间生产和空间资源配置中的社会正义。[④] 空间正义的提出明确了空间生产的基本价值取向，虽然学者对于空间正义具体内涵的界定不尽相同，但归纳而言，空间正义是空间生产的社会正义，它所倡导的是让城市发展的成果惠及各社会阶层和利益主体，它所批判的城市空间生产中的各种剥夺、压迫、区隔等现象，它所关注的是城市弱势群体应得的空间权益并赋予其为应得的空间权益进行抗争的权利，它是结果和过程的有机统一。

(三)邻避设施生产中的空间冲突

空间的生产作为一种政治过程，城市中各利益主体对于空间的争夺引发了各种城市社会运动，当各方利益诉求无法达到有效的折中冲突便在所难免。列斐伏尔用“空间冲突”的概念描述了在空间生产中存在的各种斗争现象。邻避设施的生产是一种具体的空间生产，空间正义是邻避设施生产过程中应当遵循的核心价值取向。当邻避设施生产偏离正义原则，将必然引起邻避设施所在地居民的空间抗争。邻避设施的公共性决定了政府承担着生产邻避设施的职责，由于社会发展规划、土地规划、产业布局等管理体制的约束，我国城市空间资源主要掌握在政府手中，政府主导了城市的空间生产，这种以政府为主导的空间调节模式和治理机制实际上是服从于积累体制转型和经济增长优先的发展战

---

① 曹现强、张福磊：《空间正义：形成、内涵及意义》，《城市发展研究》2011年第4期。

② 张佳：《大卫·哈维的空间正义思想探析》，《北京大学学报》2015年第1期。

③ 王志刚：《空间争议：从宏观结构到日常生活——兼论社会主义空间正义的主体性建构》，《探索》2013年第5期。

④ 任平：《空间正义——当代中国可持续城市化的基本走向》，《城市发展研究》2006年第5期。

略。[①] 而这一发展战略使得我国邻避设施的生产往往无视设施所在地居民的空间诉求,这就不可避免地会引发设施所在地居民谋求空间正义抗争。我国邻避冲突实质上就是邻避设施生产中的空间冲突。

空间生产理论为邻避问题研究提供了新的分析视角,对邻避问题的分析应当架构在空间生产理论之上。新马克思主义空间研究的基本取向不是提供就空间论空间的解释,而是在对空间现实的批判中寻找空间发展的方向[②]。诚如美国城市思想家爱德华·索亚(Edward W. Soja)认为的那样,应当应用批判性空间视角来发现和理解空间正义与不正义。[③] 空间生产理论对于当前研究我国邻避问题最为很好的启示价值,提供了一个基于实践的批判视角。本文正是基于这一视角,对我国邻避设施的生产过程中存在的不正义现象进行批判,从而为解决邻避冲突提供一种新的思路。

三、我国邻避设施空间生产中的价值偏离

邻避设施的生产是一种具体的空间生产,空间正义理当成为邻避设施生产的价值导向,然而在我国邻避设施生产的实践中存在着许多价值偏离的现象。邻避设施生产中价值的偏离侵害着公民的城市权利,发现并批判这些现实中的不正义现象是化解冲突的关键。

(一)邻避行动认知的价值偏离

随着城市化进程的不断加快,对于具有公益性的邻避设施的客观需求不断增加,作为存在客观需要,那么关键的问题就是邻避设施的选址。在选址的争执中,邻避设施的规划往往自为地贴着为"公共利益"服务的标签,而反对邻避设施建设的行为则被打上"反对公共利益"或"自私"的标签。问题的关键在于:作为邻避决策原则的"公共利益"究竟应当由谁来定义?"公共利益"是指对于社会多数人的利益还是所有人的利益?邻避设施所在地居民是否必须牺牲自身利益而维护"公共利益"?公共利益是公共政策制定的核心目标,是一切公共决策的重要依据,对公共利益的界定关系到每一个公民的切身权益。陈庆云认为,"具有社会分享性"是界定公共利益的切入点,这种社会分享性集中体现在平等的分享机会上。[④] 同样道理,公民具有获取公共资源的机会平等,也应当具

① 曹现强、张福磊:《我国城市空间正义缺失的逻辑及其矫治》,《城市发展研究》2012年第3期。

② 魏开、许学强:《城市空间生产批判——新马克思主义空间研究范式评述》,《城市问题》2009年第4期。

③ 李秀玲:《空间正义理论的基础与构建——试析爱德华索亚的空间正义思想》,《马克思主义与现实》2014年第3期。

④ 陈庆云:《公共政策分析》,北京大学出版社2006年版,第255页。

有拒绝政府强制的机会平等。即使公共利益具有分享方式的双重性,即社会分享既有自愿的分享也有强制的分享,但强制的分享应当以依照法律法规和符合法定程序为基本前提。

显而易见的是,我国邻避设施所在地居民缺乏有效的利益表达途径,其利益诉求难很难规范合理的表达,使其不得以转而寻求体制外、非规范的表达途径[①]。政府在垄断话语权条件下定义"公共利益",往往以成本收益最大化作为单一逻辑来服务于城市积累体制和经济增长目标,这样简单地定义"公共利益"显然会对公民城市权利造成侵害。邻避设施的内在属性决定了其显著的消极外部性由设施所在地居民集中承担,居民从邻避设施获得的收益与其负担的成本存在严重的不对称。空间生产是充满政治性和社会性的过程,其结果关系到辐射范围内所有公民的切身利益。既然政府拥有定义"公共利益"的权力并借助"公共利益"的名义强制干预城市空间的生产,其权力理所应当受到公民权利的限制。列斐伏尔提出"城市权利"的理念正是赋予公民按照自己意愿塑造城市的权利,使得居民有权利拒绝政府或资本对空间生产单方面的控制,居民通过集体的力量自我组织起来表达和争取自身的空间诉求正是维护城市权利的必然途径。因此将公民的邻避行动简单地理解为自私的非理性行为作为一种危机事件进行处理,显然存在着对邻避行为认知的价值偏离。

(二)空间生产决策过程中的价值偏离

大卫·哈维揭示出空间正义首先应当是空间生产过程的正义,而空间生产的决策过程是空间生产价值评判关注的焦点。我国的城市规划从立项到执行管理、监督的全过程均由城市规划行政主管部门一手操作[②],邻避设施选址的决策一贯采用"决定—宣布—维护"的模式。这种封闭式的决策模式无视空间生产中应当遵循的正义原则。政府对这种决策模式的辩护通常集中在两点:第一,邻避设施的负外部性特征会引起附近居民的反对,因此采用封闭式决策减少决策阻力和交易成本;第二,普通公民对于具有高技术性、高复杂性特征的邻避设施是"无知的",不能理智地处理复杂的技术问题。[③] 上述两种假设本身就存在问题。

首先,邻避设施的选址决策应当是充满政治性的抉择过程,因为担心公民反对便隐瞒决策信息,剥夺设施所在地居民应有的知情权,这显然是不符合空

---

① 王佃利、王庆歌:《风险社会邻避困境的化解:以共识会议实现公民有效参与》,《理论探讨》2015年第5期。

② 胡云:《论我国城市规划的公众参与》,《城市问题》2005年第4期。

③ 赵小燕:《邻避冲突参与动机及其治理——基于三种人性假设的视角》,《武汉大学学报(哲学社会科学版)》2014年第3期。

间生产中必须遵守的正义原则。人是充满政治性的动物，邻避设施的选址关系到设施所在地居民的切身利益，居民被排斥在邻避设施生产的空间决策之外，必然会被吸引进谋求空间正义的抗争之中。政府对于公民参与邻避设施决策的排斥性越强，公民参与邻避冲突的可能性便会越大。公民所反对的将不仅仅是设施本身，更是反对政府对于其自身合法权利的剥夺。在自媒体时代，每一个公民都是信息的传播源，任何试图隐瞒决策信息的行为都会适得其反，如果担心邻避设施决策会引来公民反对而试图掩盖决策信息，会使得碎片化的信息在公民群体内泛滥，最终使得官方言论丧失应有的权威性，引发公民的风险感知进而导致广泛的负面舆论。

其次，即使公民对邻避设施缺乏相应的专业知识，政府也有义务向公民作出解释。而且公民并非像其想象的那样无知和自私，在许多邻避冲突的案例中公民从理性反对到非理性抗争恰恰是由于政府有意隐瞒决策信息并且以“维护大局”作为借口无视公民正当利益诉求，最终导致公民对政府缺乏信任而变得“任性”。学界已经普遍认为公民参与对于解决邻避冲突具有至关重要的作用，但从总体上看，目前我国城市规划中公众参与还多处于象征性的参与阶段，公众只有参议权而没有决策权，城市规划多是由政府领导拍板决定。[①] 而仅仅就现有的公民参与实践而言，参与公民的主体性存在严重的偏差。邻避设施的生产是对空间资源的配置，在这个资源配置的过程中，邻避设施所涉及的所用居民作为利益相关者无可厚非的应当成为公民参与的主体。空间正义首先是空间生产过程的正义，而封闭式的决策模式将作为直接利益相关者的设施所在地居民排斥在决策过程之外，显然是对其合法权利的剥夺。

(三)空间生产结果补偿中的价值偏离

尽管邻避设施不受欢迎，但这些设施对增进社会公共福利有着不可替代的作用。邻避冲突中的设施所在地公民并非真的排斥邻避设施本身，而是希望这些设施“别在我家后院”。从长远发展的角度而言，许多邻避设施的建设无论早晚终将会被提上议程。除非通过技术革新消除邻避设施的负外部性，否则总会有少数居民需要承担邻避设施带来的负面影响。因此邻避设施空间生产的分配结果很难实现绝对的公平，为了弥补设施所在地居民直接或间接的损失必须实行合理有效的补偿措施。

我国邻避设施的补偿群体存在着明显的不均衡性。在封闭式的决策模式之下，邻避设施往往不会被规划在决策者的居住空间附近，因此就产生了邻避设施选址所涉及的群体与决策群体的分离；邻避设施的补偿方案由空间生产的

---

① 张旺峰:《我国城市规划过程中的公众参与体系构建》,《城市发展研究》2009 年第 4 期。

决策者单方面决定，作为利益相关者的设施所在地居民无法全部参与到补偿方案的决策当中，这样形成补偿方案自然难以让所有居民满意。就具体的补偿形式而言，我国邻避设施的补偿大多遵循传统经济学的补偿理论而过度依赖于直接经济补偿形式。邻避设施的负外部相应对所在地居民造成的直接利益损益需要一定的经济补偿，但是如前文所述空间生产具有精神性，邻避设施所在地一旦被贴上“危险”“低贱”等标签将会对设施所在地居民造成心理上的伤害，这种心理上的恐慌和相对剥夺感是无法用物质补偿的，而邻避设施生产对居民造成的空间权益的损害更是无法单纯用金钱进行衡量。单纯的物质补偿形式不仅会催生邻避冲突中“搭便车”的现象，而且在公共精神盛行的地区金钱补偿更有可能会降低居民对于邻避设施的接受程度。[①] 邻避设施的建设难以避免地会对设施所在地居民造成直接或间接的损害，其损失无法得到有效的补偿显然是违背空间正义原则，必然会引起设施所在地居民的反对。

四、空间正义引领下邻避冲突的化解

空间是人类社会最重要的社会产品，是人赖以生存的最基本的物质资源。每一个公民都有平等地享有空间资源的权利。在邻避设施的生产中应当将空间正义作为根本的价值取向，在空间正义的引领下实现邻避冲突的化解。

（一）在城市权利的视角下重新定义邻避行动

与国外研究不同，我国的邻避冲突研究更多关注于如何提供邻避冲突的解决方案而没有对如何研究邻避行动的正当性赋予应有的重视，但是如何看待邻避行动却对邻避冲突的解决而言至关重要。在政府垄断话语权的背景下，邻避冲突往往被定义为一种集体行动，公民反对邻避设施的行为被认为是一种“非理性”“自私”的行为，因此在许多案例中，邻避冲突初期政府往往采取强硬态度，只有当公民反对的行为不断升级造成较大社会影响之后邻避设施的建设才会被迫停止。但是，公民的邻避行为真的是不正当吗？城市权利思想承认公民反对一切强制性空间生产的正当性，公民只有通过自组织的形式展开集体的抗争才可能维护城市权利。空间正义首先意味着公民能够自由平等地享有一切空间产品，公民有获取空间产品的机会平等，同样也有拒绝空间产品的机会平等。公共利益不能等同于多数人的利益，不能以多数的人利益或是社会整体的利益为借口侵犯少数公民的空间权益。每一个公民都有权利参与到自己居住范围内空间生产决策当中，当居住空间在未经允许的情况下被强制性的再生产，反对空间生产的行为必然会接踵而至。邻避冲突中的公民不仅是反对邻避

---

① 陈宝胜：《邻避冲突治理若干基本问题：多维视阈的解读》，《学海》2015 年第 2 期。

设施本身,更是对其平等权利的申诉。面对邻避冲突,政府需要重新认识设施所在地居民的邻避行为,只有以包容的心态承认居民的合法权益并真诚地与之对话,才能找到解决邻避冲突的真正道路。

(二)引导利益相关者有效地参与空间生产决策

引导利益相关者有效地参与空间生产决策是空间正义的必然要求。在现有的决策模式之下,政府垄断了邻避设施空间生产的决策权。邻避设施的生产是对空间资源的再分配,封闭式的决策使公民居住空间在强制干预下被再生产,这显然会引发居民的空间抗争。公民参与决策是维护空间生产的正义性的必然前提,是解决空间生产中存在的价值偏离现象的必要途径。

公民参与早已不是新鲜话题,真正的关键在于如何实现参与的有效性。只有公民真正有效地参与到空间生产决策当中,才有可能在真正意义上实现空间正义。首先,有效的参与意味着利益相关者是参与主体。邻避设施生产所涉及的所有利益相关者无可厚非的应当成为公民参与的主体,无法涵盖所有利益相关者的"公民参与"会沦为获取政策合法性的工具。其次,为公民提供充分的参与信息是确保公民有效性的必然措施。在自媒体时代任何试图掩盖决策信息的行为只会使得碎片化的信息酝酿成为负面的社会舆论,只有通过公开参与信息,让公民有效地参与邻避设施生产决策,才会尽可能避免冲突的发生。再次,有效的参与要求公民参与到邻避设施空间生产的全过程,包括从确定邻避设施建设需求的确认到邻避设施的选址、建设,再到补偿方案的设计和落实等每个环节。最后,有效的参与意味着公民参与形式的多元化。多元化的参与形式不仅要求针对不同群体设计不同的参与渠道,更要求在邻避设施空间生产的全过程提供多样化的参与方式。

(三)完善凸显空间性的多元补偿方案

有效的补偿方案将在很大程度上减少或避免邻避冲突的形成,补偿方案的有效性集中体现在设施所在地居民对补偿方案的满意度之上。参与式的补偿方案制定是提高居民满意度的有效方式,让利益相关者参与到补偿方案的制定过程当中,使邻避设施的利益相关者能够成为决策与执行过程的"内部人",可以较大程度上实现负外部效应的内部化以降低冲突爆发的可能性。[①]

除了直接的经济补偿之外,在邻避设施的补偿中存在着多样化的补偿形式。许多邻避设施并不会给所在地居民带来直接的经济损失,更多是让居民感受到潜在的风险和情感上的排斥,针对这类设施需要采取心理补偿措施,通过积极的沟通、正面的宣传等途径消解居民的心理上的疑虑与厌烦。

---

① 汤汇浩:《邻避效应:公益性项目的补偿机制与公民参与》,《中国行政管理》2011年第7期。

通过对邻避设施所在空间进行环境改造和生态恢复应当是着力强调的一种补偿形式,这样的方式能够大大提高设施所在地居民对设施的接受程度。在美国康涅狄格水处理设施改造案例中,当地政府采取景观生态化的方式对设施进行了改造,通过培育植被、修复湿地、塑造具有生态功能和美观效果的自然景观和绿色建筑等方式,将功能单一易受排斥的邻避设施改造成为受到附近居民欢迎的安全、生态和富有乐趣的公共空间。[①] 除此之外,存在另外一种空间的补偿形式。在许多邻避冲突的案例中,参与冲突的居民往往会表达出这样的想法:如果邻避设施负面影响不大为什么不建在决策者家门口?为什么不能让决策者搬到邻避设施周围?甚至有些居民表示不要求任何补偿只要决策者搬到邻避设施附近。虽然这些仅仅是邻避冲突中公民的意见表达,甚至其中一定程度上糅杂着非理性的因素,但这恰恰引出补偿中的空间性问题。我国邻避设施生产中的被补偿群体和决策群体呈现明显的分离,邻避设施的负外部性具有极强的空间关联性。所以在空间分配的视角下,邻避设施的生产便存在一种空间的补偿形式,即将设施所在地居民迁移到距离设施较远的空间或将决策群体迁移到邻避设施周围。虽然这种空间的补偿形式存在着可操作性的问题,但却极为恰当的回应了补偿群体不均衡性的问题,也是对公民现实诉求的回答。

五、结　论

在快速的城市化进程中,我国城市空间生产如火如荼,然而在发展的背后却藏着空间价值偏离的隐忧。空间资源具有有限性,空间的生产和分配关系到每一位城市居民的切实利益,这使得空间生产常常成为社会矛盾的焦点。我国的城市空间生产中存在的价值偏离现象,使得社会弱势群体的空间权益受到侵害、排斥和挤压,普通民众的城市权利无法得以实现。邻避冲突便是城市发展和社会转型背景下一种典型的城市空间问题。新马克思主义的空间研究将马克思主义引入空间研究领域,为研究邻避冲突提供了一种新的视角,同时也明确了邻避设施生产中的应当遵循价值准则。空间生产不仅是具体的空间的生产,同时也是社会关系的生产与再生产,正义是空间生产应遵循的首要原则。在我国邻避设施的生产过程中,存在着诸多价值偏离的现象,发现、批判并矫治这些价值偏离的现象是解决邻避冲突的关键。让全体社会成员平等地享有城市发展的成果,是城市化进程中空间生产必然的价值选择。只有在空间正义的引领下,才能真正实现邻避冲突的妥善解决。

---

① 陈可石、董治坚:《邻避设施的生态补偿和改造策略——美国康涅狄格水处理设施的启示》,《生态经济》2014 年第 9 期。

社会稳定风险评估中的公众参与路径及优化

张　乐[*]

摘要　当前的重大决策社会稳定风险评估的路径存在着评估目标设定狭隘、评估参与的知识壁垒和评估形式主义等弊端。有必要借鉴协商民主的理论分析框架为优化稳评的路径提供指导，构建一个理想型的稳评公众参与流程。通过前期准备、预备工作坊、公开讨论、焦点讨论和报告回应等五个环节细化公众参与稳评的方法，运用多次政策辩论与循环的过程，达到意见表述、立场阐明、弥合分歧并最终形成有效共识的评估目标。这一理想模型的实际应用会受到公众能力、民主决策成本、政治文化路径依赖以及民粹主义的强大张力等因素的影响，需要实务部门在实践中不断检验和反馈，才能更为有效地为稳评工作服务。

关键词　重大决策；社会稳定风险评估；公众参与；评估路径

一、引言

很多地方将重大决策社会稳定风险评估（以下简称“稳评”）当作一个流程使用。稳评在技术路径的选择上分为两类，即无公众参与的专业决断的内部评估和公众象征性参与的形式主义评估。这两种路径虽然都重视稳评的程序性，但评估结论未必能起到风险预警和防范的作用。多数情况下，一旦评估结论不利于决策实施，评估报告要么被束之高阁，要么对评估结论做技术性处理，试图避免评而不用的尴尬。凡此种种都让原本应该具有源头风险治理功能的稳评失去了本真。稳评出现的问题归结起来就是某些地方主管机构把稳评的流程

* 张乐，山东大学（威海）法学院副教授、管理学博士，研究方向是社会风险与危机管理。

和步骤简单化了。尽管稳评属于以增进政策接受性为主要目标的公民参与行动①,但是评估什么、谁来评估、如何评估、结论怎么用等环节,与重大决策的酝酿、讨论和出台的过程却又是相辅相成的。与其单纯地把稳评当作民意的收集工具来用,不如在稳评路径上多一些思考和优化,将其做得更扎实,把增加稳评的合法性与提高决策的正确性结合起来,或许可以走出当前稳评所面临的困境。

面对愈演愈烈的邻避冲突危机,有研究者指出,多元协商对于化解邻避风险冲突具有重要价值,有助于破除"精英-专家"的决策垄断地位,克服有限理性缺陷;有助于实现决策过程的开放,提高公众的参与权和知情权;有助于提高决策的合法性,形成各方能够接受的解决方案。② 采取制度化的方式,将公众参与纳入到邻避设施的选址和建设决策过程中,通过建立开放的协商对话机制提高决策质量等建议也成为众多研究者的共识。③ 落实上述建议需要政府进一步转换管理思路,大力培育公民组织,进行公民参与能力建设。④ 在具体方法上,有研究认为建设一个决策舆论支持系统可以拓展公众参与邻避决策的渠道,在风险管控、民意监督和民智集纳方面发挥基础性作用⑤;有研究从知晓、解释、评估、解码、行动几个维度构建了新公民参与的框架⑥;有研究从决策时机前置和确定合适的参与度两方面提出优化决策参与的模式⑦;有研究认为,协商式民意

① 参见[美]约翰·克莱顿·托马斯:《公共决策中的公民参与》,孙柏英等译,中国人民大学出版社2010年版,第74页。

② 参见吴翠丽:《邻避风险的治理困境与协商化解》,《城市问题》2014年第2期;马奔、李珍珍:《后常规科学视野下转基因技术决策与协商式公民参与》,《江海学刊》2015年第2期。

③ 参见何艳玲:《"中国式"邻避冲突:基于事件的分析》,《开放时代》2009年第12期;娄胜华、姜姗姗:《"邻避运动"在澳门的兴起及其治理——以美沙酮服务站选址争议为个案》,《中国行政管理》2012年第4期;王奎明、钟杨:《"中国式"邻避运动核心议题探析——基于民意视角》,《上海交通大学学报(哲学社会科学版)》2014年第1期;刘小魏、姚德超:《新公民参与运动背景下地方政府公共决策的困境与挑战——兼论"邻避"情绪及其治理》,《武汉大学学报(哲学社会科学版)》2014年第2期。

④ 参见汤汇浩:《邻避效应:公益性项目的补偿机制与公民参与》,《中国行政管理》2012年第7期;李敏:《城市化进程中邻避危机的公民参与》,《东南学术》2013年第2期;侯璐璐、刘云刚:《公共设施选址的邻避效应及其公众参与模式研究——以广州市番禺区垃圾焚烧厂选址事件为例》,《城市规划学刊》2014年第5期。

⑤ 参见林志标:《邻避项目决策舆论支持系统建构与优化——基于协商民主的视角》,《中共宁波市委党校学报》2013年第6期。

⑥ 参见魏娜、韩芳:《邻避冲突中的新公民参与:基于框架建构的过程》,《浙江大学学报(人文社会科学版)》2015年第4期。

⑦ 参见王顺、包存宽:《城市邻避设施规划决策的公众参与研究——基于参与兴趣、介入时机和行动尺度的分析》,《城市发展研究》2015年第7期。

调查是邻避设施选址决策中的重要环节①。

按照重大决策科学化、民主化的要求完善稳评机制，将稳评与决策过程紧密结合的关键在于提升公众参与的实效。公众参与可以增强稳评的公正性、提高稳评的科学性，实现稳评的民主化，增强评估的真实性、有效性。② 还有的研究主张责任主体与执行主体分离，建立利益相关者与执行主体的信息互动协调的公民参与长效机制③；或构建了稳评公众参与意愿影响因素的概念模型，验证了行为态度、主观规范、自我效能感、控制力对公众参与意愿的显著影响，为切实改善稳评公众参与路径提供了现实依据④。所有这些研究从理论视角和案例分析层面廓清了公众参与在化解邻避冲突中的重要作用，提出了在邻避设施决策阶段进行公众参与的大体方向和目标。在此基础上，本文重点讨论稳评公众参与的细化路径与方式方法，在协商民主和理性共识理论的指导下建构风险评估论证的理想类型，以期为重大决策的稳评路径优化提供有益的参考。

二、稳评的一般路径与参与困境

目前国内稳评通常采用的路径如图 1 所示。⑤ 该流程大体分为三个阶段：前期准备阶段、中期实施阶段和后期监督阶段。在第一阶段，评估什么、谁来组织、谁来参与是核心问题；在第二阶段，如何实施、如何分析、如何定论是关键环节；在第三阶段，谁来决策、谁来落实、谁来监督则更为重要。稳评流程环环相扣，其中任何一个环节出了问题都会影响到整体的评估质量和评估效益。

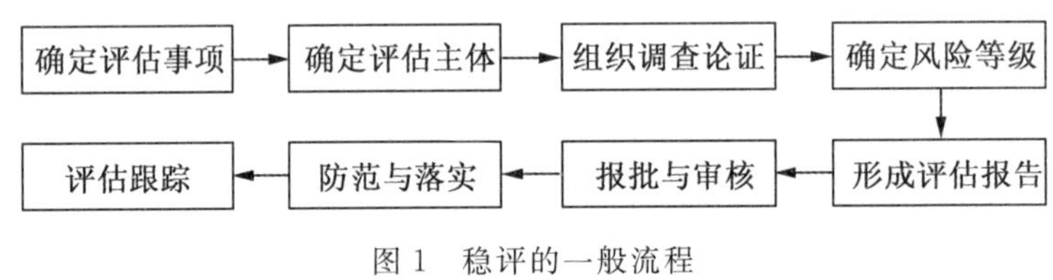

图 1　稳评的一般流程

---

① 参见马奔、李婷：《协商式民意调查：邻避设施选址决策中的公民参与协商方式》，《新视野》2015 年第 4 期。

② 参见张玉磊：《重大事项社会稳定风险评估中的第三方参与：意义、困境与对策》，《内蒙古社会科学》2014 年第 1 期。

③ 参见周林刚、王阳：《公民参与视野下的社会稳定风险评估——以深圳 X 环境园的社会稳定风险评估为例》，《北京工业大学学报（社会科学版）》2013 年第 5 期。

④ 参见朱正威、李文君、赵欣欣：《社会稳定风险评估公众参与意愿影响因素研究》，《西安交通大学学报（社会科学版）》2014 年第 2 期。

⑤ 相关详细的讨论与归纳请参见杨雄：《城市重大事项社会稳定风险评估的制度建构》，《上海城市管理职业技术学院学报》2010 年第 1 期；中共浙江省委政法委员会课题组：《重大事项社会稳定风险评估机制的实践探索与研究》，《公安学刊·浙江公安高等专科学校学报》2010 年第 1 期。

稳评根据评估事项内容的不同分可为固定资产投资类项目评估和重大政策评估。限于篇幅，本文只讨论项目类评估。邻避设施决策属于重大固定资产投资项目，从项目规划到建设直至投产运行全过程都有可能蕴含社会稳定风险，所以各地都极为重视邻避设施的稳评，并在稳评流程“设计”上日趋成熟。但在具体“实施”的路径上尤其是公众参与环节上却还存在以下的漏洞和缺陷。

（一）目标狭隘与公众参与被操纵

许多稳评文件将公众参与的目标表述为“通过评估收集公众的意见，同时积极开展风险教育与沟通工作，提高公众对决策的接受度”。这类目标政治上正确，现实中也确实需要通过评估过程改变公众的认知，提高社会整体对某些邻避设施的接受度。但该目标设定背后隐含着这样一个假设：广大公众不具备邻避议题的相关知识，需要专家教育，公众可以通过参与稳评去学习法定程序，进而提出理性、有深度的建议。然而，这个假定与真实世界相去甚远。居高临下地教育公众似乎只是政府和厂商的一厢情愿。尽管有国家公关为 PX 正名，但各地接连出现的反 PX 抗议事件说明，仅把“驯化公众”作为开展稳评的主要目标并不会出现政府所期待的稳定。既然政府在稳评中设置公众参与环节的动机是驯化公众，让公众认可并接受邻避设施，这就注定了当前的稳评路径不得不遵照政府意愿开展工作，公众参与行动的发动、议题内容的选择、参与者的挑选以及程序规划等关键权力都在政府主办者手中，他们可以策略性地排除或者纳入特定的利益群体。故而，各地稳评中不乏各种徒有虚名、被操纵了的“公众参与”，表面上看取得了民意的支持，实际上却掩盖了公众的不满与合理诉求。

（二）知识壁垒与公众参与受限制

诚然，讨论邻避设施技术问题需要必要的专业素养，而多数公众并不具备。要求公众在参与中扮演专家类智慧型的角色，既不现实也无可能。在实际的稳评公众参与过程中，政府和厂商会举办听证会、说明会，其间也有问答互动环节，但是整体的信息传播是以单向线性为主，科技理性知识占据权威位置，技术官僚会有意识地引导公众把讨论问辩限定在科学理性的框架内，目的无非是增加公众的举证困难，让其知难而退。尽管专家也深知相关科技及其衍生出来的风险问题很多尚没有定论，但在面对公众沟通互动时他们很少言明。结果，公众少有能力挑战专家，更无力质疑科学的前提和预设。当然，这不是说公众完全处于被动的地位，有时知识的鸿沟也表现为本地居民对地方性知识的先天优势，专家由于缺乏、忽略那些田野经验或是对乡土知识的天然的偏见，往往在与公众互动时陷入另一种形式的“知识困乏”僵局。现实情况是，政府以理晓之以大义，要求部分居民顾全大局，自身却不倾听基层诉求，缺乏让居民信服的理由；而公众则存在情绪化的发泄抵制行动，使得临时举办的“恳谈会”讨论失焦，理性对话的渠道被阻断，主动的反思与制度性建设更无从谈起。无效的风险沟通恰恰是因为参与各方的对话没有建立在相关知识的反思性检验的基础上，天然亦或人为的鸿沟和壁垒让理解和沟通困难重重。误解反而增加，公众的反对声音更为高涨，稳评的结论自然不会令人满意。

（三）权力宰制与公众参与走形式

政治权力和行政干预对稳评的影响无处不在，毕竟坚持党委领导和政府主导是中国各项社会主义事业的基本原则，而且稳评本身就充满政治意味。但在实际操作中若一味强调政治意识、政治方法和政治效果，却不一定能解决好复杂的邻避冲突，甚至会适得其反，带来更为严重的不稳定。稳评工作中的权力路径依赖有多种形式，形式主义就是其中一个突出的表现。如有些地方政府的邻避设施开发计划前期全无公众参与，却突然公示决策结果，公众对体制内的决策影响力几乎为零；各地的稳评文件都规定将公众意见纳入评估报告，但却没有规定如何收集有代表性的意见、怎么界定所谓的合理化意见等细节，这为权力的暗箱操作大开方便之门；各地都为一张精致又美观的稳评“流程图”而费尽心思，可惜这些流程因为过分注重“标准化和规范化”而使得操作程序弹性不足、透明化缺失，具体部门在实施的时候都想尽快走完流程，缺少往复和反馈。由于权力的傲慢，政府、厂商关于邻避设施决策的听证会很少考虑参与者的方便性（如，将会议地点设在远离原住民的城区政府办公楼）、信息传递的可及性（公开的信息里充满科学数据和专业术语，超出居民的生活经验和理解程度），散发的宣传单形式简单、内容枯燥、倾向单一（鼓吹邻避设施的好处，对设施风险闭口不谈，不能为居民提供作出理性判断的充足材料）。权力宰制下的评估结果及其使用也带有形式化色彩，一些结果为了迎合政府“快审速建”的要求而人为降低评估风险等级，或者对风险等级高的那些报告书束之高阁、存而不用，没有法律约束力的稳评结论往往起不到风险预警的作用。

三、稳评路径优化的理论基础与理想模型

邻避设施决策稳评的目标在于化解矛盾，解开困扰各方的邻避死结，而实现这个目标，需要在评估路径优化上下功夫。解决上述稳评面临的种种困境不仅需要工作方法上的改进，更应将稳评操作建立在扎实的理论思考基础之上，积极从民主协商、政治赋权、公民参与等多视角汲取灵感，建构一个稳评路径优化的理想模型。

（一）相关的理论基础

1. 民主决策的理论视角

表面上看，以往的很多邻避设施决策都是政府“独断”，更有舆论声称这些

设施依然是某些政府官员“拍脑袋”决定的。事实并非如此，在中国民主政治、依法行政已成为不可阻挡的时代趋势下，关涉国计民生的重大决策大都经过了“充分”的征询意见和“科学”的论证，只不过这些决策程序有其非常明显的范围限定，本质上属于精英民主类型。重大邻避设施是投资巨大的固定资产项目，各地党委政府在作出决定前都会程序性地征询职能部门和相关专家的意见，并在所属“人大或其常委会”会议上进行讨论和表决。通常认为，政治精英和技术精英是“人民的公仆与智囊”，代表着民意，可以更好地了解公众的偏好并集中表达偏好，所以这些民主程序可以保证决策的科学化。但是，不断高涨的邻避冲突证明普通公众对此并不“买账”，决策意见代表性不强、意见征求的深度和广度不够等问题备受公众诟病。这说明，决策仅有科学性并不能确保其符合公众利益，还要发挥民众、特别是利益相关群体参与决策过程的积极性，通过决策民主化实现决策民主性。① 重大决策稳评机制特别规定公众意见征询后若多数群众不满意就“一票否决”，即试图用“多数决定原则”来修复精英民主程序的瑕疵。

让更多的人参与决策并发表意见的方式似乎给稳评的顺利开展带来了希望。孔多塞认为“三个臭皮匠顶个诸葛亮”，他的“参与大数定理”给出了乐观的预期。如果假定专家是在决策时犯错误较少的人，那么只要参与决策的缺乏专业知识的公众的犯错概率低于 0.5，也就是说只要议题被慎重选择和讨论，那么公众参与决策的质量便不会输于专家决策。② 单纯从“排误”的效果看，参与式民主决策具有明显的正功能。但扩大参与人数就能保证作出正确的选择吗？布坎南和图洛克在《同意的计算：立宪民主的逻辑基础》中详细分析了投票最优规则的选择问题，指出扩大公众参与可以降低外部成本③，达成一个没有人被迫接受对自己有害的政策且集体福祉最大化的理想状态。这里隐含着民主治理的“共识统治”的意义，也是公众参与正当性的主要来源。但盲目扩大参与人数也会带来决策成本的升高，参与人越多，其成本就越高，最后导致根本无法达成一致。因此，需要计算出一个外部成本与决策成本都达到最佳的合理参与人数

① 参见童星：《从科层制管理走向网络型治理——社会治理创新的关键路径》，《学术月刊》2015 年第 10 期。

② 参见张楠、陈荣、郭世凯：《投票理论研究现状及其展望》，《计算机科学》2015 年第 5 期。

③ 决策的外部成本是指集体权力在违背个人意愿或者利益的情况下，作出具有强制力的决定。如，一栋居民楼出于某种原因需要加收物业费 1000 元，均摊到每户头上时 100 元。在采用民主的多数决程序下，只要过半数的住户同意，就可以全额收取每户 100 元的新增费用，对于那些反对的少数住户而言，这 100 元就是决策产生的外部成本。当然，如果采取全体一致同意的决策原则，那么只要有一户居民反对，这个增加费用的方案就无法通过，对于每一户居民而言该决策的外部成本是最小化的。

来平衡两个成本。①

20世纪以降，公众日益多元的社会诉求和分享决策权力的实质性参与的呼声越来越高，一种更为有效的协商民主(Deliberative Democracy)②形式逐步为人们所重视。作为通过各个政治力量之间互相协商机制来取得的一种民主模式，它强调社会的多元现实诉求，通过广泛有深度的公民参与，就备受社会关注的政策达成共识。③ 从公共管理的视角看，既然参与人越多其决策成本就越高，管理者要做的工作就是使用各种正式、非正式的制度设计有效降低民主运作的各项成本。由于精英决策多把重点放在程序的规范性上(内部形式上的合法性)，不太在意结果的“正确性”。重大决策的稳评想要克服其他决策形式的弊端，就得在公众参与方式、方法和细节上费心思。稳评结论要达到“正确”，首先要使邻避设施决策能增进人民的福祉，这既包括代表公共利益的邻避设施建成满足全社会的需求，同时也不能不顾少数利益受损且风险增大的居民的诉求，起码这些人因设施决策而减少的福祉能得到合理弥补。其次，稳评中的公众参与要比没有参与或者虚假参与更能够彰显“真实”，展现设施将要带来的风险与收益，呈现政府、厂商和居民多方诉求，显示各方化解矛盾和减小分歧的诚意。

2. 共识达成的理论视角

如何化解矛盾减少分歧最终达成共识早就成为科学和民主决策的核心问题。协商民主理论认为，参与协商恰恰是通过理性论证让政策得以合法化的正确途径，通过知情、理性、对话和妥协，可以提高决策的质量，更能提升公民的知

---

① 参见[美]詹姆斯·M. 布坎南、戈登·图洛克:《同意的计算:立宪民主的逻辑基础》，陈光金译，上海人民出版社2014年版，第202～204页。

② 协商民主还被称为“审议民主”或“话语民主”。政治意义上的协商追溯到古代雅典时期，但协商民主理论作为一种民主理论模式的兴起却是20世纪末的事情。第一次在学术意义上使用协商民主概念的应该是约瑟夫·毕塞特，他在1980年发表的《协商民主:共和政府的多数原则》一文中首次使用“协商民主”一词。罗尔斯和哈贝马斯也都在自己出版的著作中提到协商民主，他们的加入使得协商民主声势大振。其后，大卫·米勒、詹姆斯·塔利、乔治·瓦拉德斯等人的论著让协商民主的研究更加深入，遂成为当代重要的民主理论之一。(参见陈家刚:《协商民主研究在东西方的兴起与发展》，《协商民主与政治发展》，社会科学文献出版社2011年版)

③ 参见[澳大利亚]约翰·S. 德雷泽克:《协商民主及其超越:自由与批判的视角》，丁开杰等译，中央编译出版社2006年版;谈火生:《审议民主》，江苏人民出版社2007年版;[美]阿米·古特曼、丹尼斯·汤普森:《民主与分歧》，杨立峰、葛水林、应奇译，东方出版社2007年版;陈家刚:《协商民主与政治发展》，社会科学文献出版社2011年版;[美]艾丽斯·M. 杨:《包容与民主》，彭斌、刘明译，江苏人民出版社2013年版。

识与能力。[①] 参与协商的过程包含了各项问题分析和解决的活动，诸如社会调查、决策问题确认、备选方案的提出与评估、考虑竞争性计划以及政策补救措施等。[②] 在此基础上，通过参与者的理性互尊的公共对话来超越自我利益，朝向共同利益方向思考，进行自我提升和赋能的自我转型。[③] 公众参与协商，但共识达成不会自动实现，需要一定的先决条件和制度性保障。在民主社会中，公民代表在做决定（投票）前，其各自的法律地位应该是平等的，在宪法的保障下可以自由平等地行使权利。在这个大前提下，共识的达成需要两个必要条件：理性和互惠。

罗尔斯坚称，享有平等地位的公民在针对公共事务进行讨论时，应该遵从理性指导。在面对具有公共属性的议题时，理性的参与者会根据自己的实际情况对政策的顺序进行排列，如此一来社会上就出现了彼此多个合理的学说（观点），形成合理多元主义事实。在民主社会里，政策决定权由公民平等分享，正是由于合理多元主义的存在，很难形成一个单一的整体学说作为制定政策的理性基础。[④] 这就迫切需要有一个机制，保证在公共议题的讨论中，促使人们意识到自己提出的理由不仅自己认为合理，同时预期别人也能认为合理才行。如何判断公开讨论是理性的讨论呢？罗尔斯给出了几条标准：其一，政府、厂商或公民的论述是否以社会中某些共识的价值原则作为基础。其二，各方在为自己的观点辩护时是否向对方提供理由。其三，各方在拥护某个政策理由时是否也考虑到该理由对其他受影响的人或组织来说也是合理的。其四，各方在论辩时是否遵守了没有争议的推断原则和证据法则。[⑤]。

公众参与决策的协商过程中各方提出的理性论断要经得起检验，还得坚持互惠性（reciprocity）。所谓互惠，简单的讲就是参与公共事务决策的各方使用相互体察或同理心的态度进行对话。为达共识而采取的沟通行动需要首先超越自我，共识的达成是在沟通各方相互尊重之下，所认可的、经得起批判的有效

---

① Elster, J. Introduction. In Jon Elster (Ed.), *Deliberative Democracy*. New York: Cambridge University Press, 1998:1-18.［澳大利亚］约翰·S. 德雷泽克：《协商民主及其超越：自由与批判的视角》，丁开杰等译，中央编译出版社2006年版。

② Bessette, J. M. *The Mild Voice of Reason: Deliberative Democracy and American National Government*. Chicago: Chicago University Press, 1994.

③ Warren, M. "Emocratic Theory and Self-Transformation," *American Political Science Review*, 1992, 86(1): 8-23.

④ 参见［美］约翰·罗尔斯：《政治自由主义》（增订版），万俊人译，译林出版社2011年版，第133～138页。

⑤ 参见［美］约翰·罗尔斯：《政治自由主义》（增订版），万俊人译，译林出版社2011年版，第206～208页。

宣称。[①] 参与协商的各方必须跳出狭隘的利益，其所提出的理由才能为他人信服。[②] 彼此证立，产生理解与立场的改变就是互惠。可见，互惠是一种建立在参与者为自身福祉而寻求在社会合作上合理条件的能力。[③] 真正互惠的出现，需要参与各方主动采取开放的态度，变现出应有的诚意和友善才行。为了达成共识，各方在论辩中不断根据对方立场修正自己的理由和依据，最终引起彼此共鸣，彼此认同对方立场，转而提出都能接受的方案来。

(二)公众参与稳评的理想路径

理性协商与互惠沟通的理论在欧美部分国家得以实践，如以丹麦“共识会议”为代表的一批高科技政策论证方法取得了良好的效果。[④]

本文根据邻避设施决策稳评的特征和要求，借鉴国外共识会议的基本流程，进行适当的本土化改造，构建出如下稳评公众参与的优化模型(如图 2 所示)。

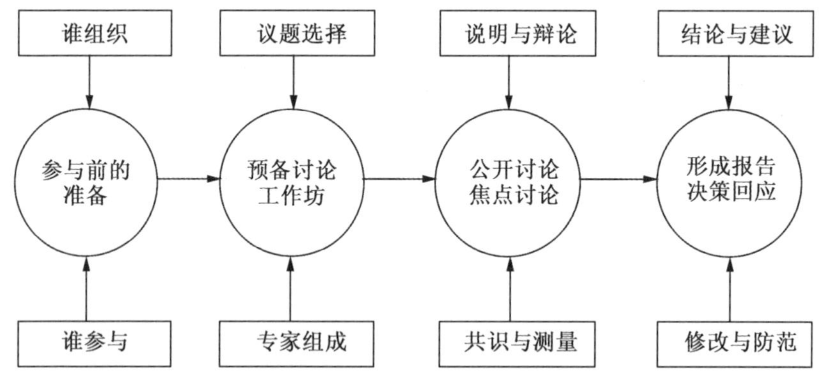

图 2　稳评公众参与路径的示意图

1. 参与前的准备。该阶段要解决谁组织、谁参与的问题。首先是组成执行委员会，人数在 8～10 人，主要由邻避设施建设单位、审批机构、公益环保组织的代表和学者构成。成员遴选的基本标准是对议题持有开放的态度、具有相对

---

① 参见[德]尤尔根·哈贝马斯：《交往行为理论》第 1 卷，曹卫东译，上海人民出版社 2004 年版。

② 参见[美]阿米·古特曼、丹尼斯·汤普森：《民主与分歧》，杨立峰、葛水林、应奇译，东方出版社 2007 年版，第 86～92 页。

③ 参见[美]阿米·古特曼、丹尼斯·汤普森：《民主与分歧》，杨立峰、葛水林、应奇译，东方出版社 2007 年版，第 60 页。

④ 参见刘锦春：《公众理解科学的新模式：欧洲共识会议的起源及研究》，《自然辩证法研究》2007 年第 2 期；王佃利、王庆歌：《风险社会邻避困境的化解：以共识会议实现公民有效参与》，《理论探讨》2015 年第 5 期；马奔、李珍珍：《社会协商中的共同愿景建构——愿景工作坊的内涵、制度及其评价》，《马克思主义与现实》2014 年第 1 期。

独立的身份和对公共事务的奉献精神。典型的威权主义者或极端的环保主义者都不适合成为执委会成员。执委会的主要职责包括界定讨论的范围、决定挑选居民讨论小组的办法、确立讨论所需材料的种类、提出论辩专家组成员的建议名单。其次，挑选参与者组成讨论小组。面向社会发布参与信息，通过公开征集和自愿参与的方式挑选参与者，一般应为非专业领域的普通公民。遴选办法则是在众多报名者中让其依次介绍个人背景、参与动机和原因，执委会认真考量他们的人口学特征，从中甄选出总数为150～200人的居民小组。①

2. 预备讨论工作坊。这个阶段要完成议题选择和专家组成等两项任务。执委会首先围绕邻避设施决策中关键性、争议性以及政府厂商不得不回应的问题初步拟定可能性议题。这些议题的形成建立在执委会对相关政策信息材料的审查基础之上，要尽量保持客观、中立，最大可能地平衡各方利益，同时兼顾议题的技术特性和伦理特性。其次，执委会还要向参与者介绍此次讨论的整体计划、时间安排和操作流程，并将此前拟定的议题介绍给参与者，参与者可以针对这些议题的范围、内容和关键点进行补充。第三，成立专家组。居民讨论小组根据此前执委会提供的建议名单，确定最终参与正式讨论的专家人选。居民讨论小组可以提出需要回避的专家和自己认为更合适的专家备选，但都需要详细介绍专家的背景，包括单位、学科领域、研究专长以及与邻避设施项目的利益牵涉等内容。专家组名单在各居民小组通过后，经由执委会确认公布。

3. 正式的公开讨论。正式的公开讨论时间大约为3～4天，采取公共论坛或圆桌会议的形式，并对大众媒体开放。正式讨论可分为四个阶段：第一阶段主持人介绍讨论背景和运作方式，然后由不同领域的专家对指定议题进行主题报告。比如，说明邻避设施选址的科学性和备选厂址的情况，设施的技术标准和安全防护情况，设施的环境风险和健康风险评价，设施的国民经济效益和对附近居民的经济收益影响等。第二阶段是问答环节。各居民讨论小组成员可以就专家报告中涉及的问题进行提问，尤其是针对邻避设施决策动议的合法性(法律法规依据、相关单位证照合法与有效性)、合理性(邻避设施公共收益普惠性与设施风险危害就近性的矛盾之解决措施)、可行性(选址的最佳性、技术的先进性、风险防范的科学性)等议题进行单独质询，专家在各自范围内进行回答和解释。第三阶段是自由讨论。专家组和居民小组以圆桌会议方式再次阅读审核相关材料，进行互动式讨论，形成本组(本桌)的基本观点或主张，每组选出发言人向全场反馈本桌的讨论结果。第四阶段是归纳。主持人现场收集并公

---

① 参与人数设定参考了国外开展类似讨论组的人数构成，一般分为15～20个小组，每组人数不超过10人。适当人数的控制可以较好地避免社会心理学中的群体从众现象和管理学中的群体意见极化现象。

开展示各组的主张，归纳出参与者观点的相同之处和分歧焦点，由全场参与者确认无误后形成报告材料；并宣布参加后续焦点组讨论的时间、人选遴选方法和本次讨论达成的共识和争议。整个公开讨论会议皆有媒体参与全程报道，接受社会监督，让更多的居民了解议题。

4. 焦点组讨论。与公开讨论类似，焦点组参与者的选择也是基于自愿，具体有两种方法可选：一是从公开讨论参与者中随机抽取，好处是这些人熟悉议题和相关流程，便于组织讨论，但也容易形成思维定势，不利于争议的妥协和聚焦；二是按照空间距离抽样法随机抽取参与者，然后征询被抽者的意愿以决定最后的参与人选，优点是可以尽量避免前一次参与经历的负面影响，缺点是需要一个再次熟悉材料和流程的时间成本。最终由执委会根据实际情况选择抽样方法，组成 8～10 个焦点团体。焦点组讨论一般在正式公开讨论后的第二周举行，主要任务是巩固共识，减少分歧，达成妥协，特别是针对正式讨论中悬而未决的争议性问题展开协商。由于焦点组讨论攻克的是分歧大、争议激烈的议题，像邻避设施选址有没有可能变动（能不能不在我家后院）、设施的风险有多大、多安全才是真安全之类的问题总是议不能决。因此，有必要引入有别于各说各话的讨论新方式，才有可能打破僵局，详细的做法在下文的政策论证模型中会有说明。焦点组讨论还需要论辩各方自行准备论据材料，当强调参与者为论辩而亲身发掘相关信息和整理材料时，参与者的组织能力和分析能力就得到了进一步的培养。这有助于扩大居民的视野，增加本地化知识建构因素对邻避设施知识体系的影响力，也从新的层面减少了原有科技知识材料的误差。这样的互动包含了扩大、补充与重建的过程，成功的关键在于参与各方能否采取互惠性的理性论辩方式就争议焦点产生同理心，以及站在对方的立场上思考问题并提出解决方案。焦点组讨论可分前后两次进行，其间隔通常为两周，每次结束时都进行参与者的主张和态度调查与测量，由执委会根据调查结果判断参与者的态度变化情况，为最终的报告做充分的准备。

5. 形成报告与决策回应。基于公开讨论和焦点组讨论，执委会要对整个讨论过程及其结果进行评估，梳理业已达成的共识（如同意邻避设施选址方案、选址拆迁补偿条款，厂址安全区域扩大与安全防护措施加强等）与尚未完全协商一致的焦点（如本地居民到邻避设施企业工作的岗位设置，为附近居民提供定期健康体检的报销比例和政府、企业的承担比例等），形成条理化的质性分析报告。报告要对参与者态度的改变、决策方案的修改和备选方案的完善给予重点说明。尤其是要注意吸纳本地居民提供的且是科学实验未涉及的证据材料，建议相关环境影响评价机构和安全评价机构再次深入实地进行勘察，进一步完善其环评和安评报告。最后形成的报告要具有相当程度的规范性和制约性，并提

交决策层，作为决策“一票否决制”实施与否的主要依据。此外，报告还明确收集到最有可能诱发社会不稳定的风险点（那些关切公众切身利益又在公开讨论和焦点组讨论中未能完全解决的争议问题），从而为决策层指明了邻避设施开发方案修改完善的方向，以便制定和落实后续的社会稳定风险防范措施。

（三）政策论辩的路径

本文借鉴邓恩的政策论证框架并加以改进①，用以阐述在多方参与邻避设施决策稳评的情况下，各方论辩环节的理想路径。邓恩的政策论证框架较好地体现了决策过程中的逻辑性与连贯性，但他仅从决策机构的立场出发，站在政府（议会）的角度来完备相关政策主张及其依据，期待有决策权威的一方能周全地考虑到某一政策的其他选项，特别是在可替代方案或例外情况下重新考虑政策出台的“周延性”。这种设计虽然美好，但现实操作却困难重重。因为，政府和厂商在邻避设施决策中几乎不考虑（或不愿意考虑）对已有规划方案不利的理由和证据。本文则提出让立场有明显差异的双方一起“绘制”同一个论证路线图。“谁主张谁举证”，让提出异见的居民针对政府、厂商的政策主张给予有理有据的驳斥。在此基础上，各方通过吸纳与再解释的方式完善论证，以期减少分歧，最终达成更多共识的目标。由于加入了论辩循环的内容，使得该模型有别于邓恩的一次性政策论证框架，对较为妥善地化解争议激烈的议题或许有所裨益。

1. 决策相关信息。这是各方对话的基础和起点，包括各种与此次决策相关的需要解决的问题、决策的方向、行动的手段、决策的结果等内容。无论是政府、厂商还是参与对话的公众，在进行自己的论证前，都需要先收集与议题相关的信息，用来作为自己政策主张的基础。鉴于多数情况下公众处于信息占有的不利地位，有必要细化落实政府政务信息公开制度，分享诸如邻避设施建设的初衷、可以解决的公共问题（如污水处理能力扩容）、选址的依据、征地拆迁补偿、环境保护与风险防护以及建成投产后受益人群等信息。与之对应，参与对话的公众也应集中力量搜集本地区原初自然环境状态的证据（如早年的自然风光照片）、自身生活经验与体会（如对风向、水文、土壤直观变化的体验信息）、个人对相关设施运行后的风险感知（如健康体检报告、社区某些特定疾病的发病案例）以及社区的家园情感与乡土文化的形成、传承信息等。上述信息有些需要以科学考察和实验方式获取，有些则是居民切身体会的汇总，所有这些信息都应获得被平等对待的地位，为建设性对话与沟通奠定良好的基调。

---

① ［美］威廉·N. 邓恩：《公共政策分析导论》，谢明等译，中国人民大学出版社2002年版，第75～77页。

2. 政策主张。它是政策论证过程的结论或结果，参与稳评对话的每一方都会言明自己的主张，包括在论辩中所持的态度(赞同、反对或者建议修改)、实施方案(首选和备选方案)等。考虑到公众在方案设计方面的知识与能力缺陷，不一定要求他们提供一个与政府、厂商相匹敌的方案，只就政策改变的大体方向与完善设计的原则提出见解即可。从决策信息到政策主张，其过程需要透过“因此/所以”之类的逻辑用语作为论证媒介。以往，邻避设施决策前听证会或者项目公众意见征集都是直接由信息到主张的简单论证，缺乏严密的逻辑过程，没有充分理由的阐述和严谨证据的呈现，因而无法让参与各方信服；而且大多是政府、厂商在单方面地呈现信息，并不能带来建设性的对话与共识的达成。因此，有必要加入新的论辩要素完善这一过程。

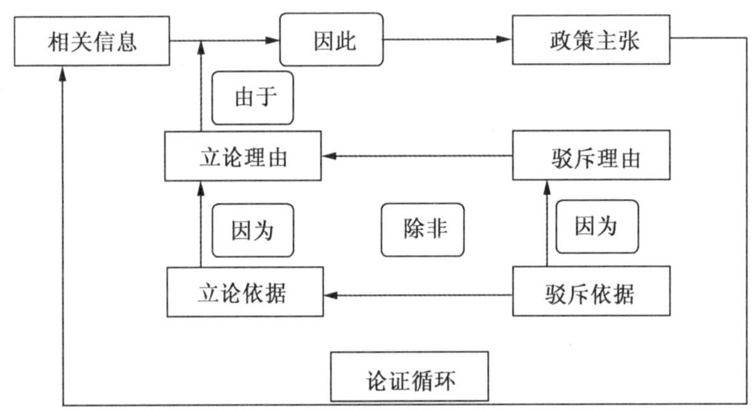

图3　政策论证循环图

资料来源：根据邓恩2002年的论述修订绘制。

3. 立论理由。立论理由是说明政策主张的原因、假定或者是论证其起始的缘由。通过理由的充分阐述，可以最大限度地取得论证的正当性与合理性的证明，从而说服其他决策利益相关者和更广大领域的听众。立论理由把决策相关信息变得系统化、条理化和通俗化，同时也让政策主张得以成立的基础更加明晰。对政府、厂商一方而言，进行邻避设施决策的立论理由需要阐述该设施建设运行的目标(能解决的社会问题是什么)、决策的紧迫性(公众对邻避设施的需求与政府、厂商能供给的产品服务的紧张程度)以及某些需要言明的假定(设施的建设能在多大程度上缓解该社会问题，设施的安全性和风险可控性保证，若设施的建设具有超前性，那么还应阐述这种前瞻性是基于什么科学假定推导出来的)。

4. 立论依据。论辩理由是否充分、能否说服对方并打动听众，关键在于立

论依据的可靠程度。依据是支持理由的深层次基础，它为理由提供一套可靠程度高的说辞、数据、体验等有形的证据支持。立论依据可以是直观的证据，也可以是历史的经验证明，当然也可以是凭借理论上的假设推导出的科学结论，它们具有同等的立论支撑材料的地位。政府、厂商要清楚地知道，自己所谓的科学论据大多数也只是建立在数学模型估算之上的"预测"，某些看似精致的数据还只是实验室里的结论，设施真正运转起来的情况与实验室数据存在很大的误差。了解到这些数据背后的假定和预设之后，或许政府、厂商及其专家评估团队更应该俯下身段、降低姿态地与本地居民做好沟通，减少使用复杂深奥的数学理化公式的次数，更多地运用普通人更好理解和接受的方式叙述自己的立论依据，比如减少术语的使用，增加口语化表达；减少数字模型，增加日常生活图片直观展示；减少实验室色彩，增加居民生活经验共鸣；减少假大空的普惠主义宣传，增加经济实惠的本地利好展示等。[①]

5. 驳斥理由。一个相对完备的政策论证过程不能缺少反证的环节，否则政策论辩就变成单向度的信息发布和说明会了。一般情况下，邻避设施的决策由政府、厂商发起，那么提出反对意见的一方多是附近的居民或者环保组织，他们用以挑战官方、厂商主张的陈述就是驳斥理由，通常表达为官方的主张"在何种情况下不可以被接受"，或者"在何种限制条件下才能被接受，若达不到限定条件则依然不能被接受"。对于公众一方而言，想要"反对"或"修改"原有的政策主张，需要提供更多的站得住脚的理由，如对生计的担忧（邻避设施建设导致原住民的土地、厂房、生产经营活动的消失）、对环境的担忧（项目建设对周边生态环境的改变，土木工程导致的本地地形地貌的改变与水源水质的变化，有形的"三废"排放和无形的电磁辐射对土壤、饮用水和农作物的污染等）、健康忧虑（对易燃易爆类设施的安全生产风险的担心、对化工类设施有毒有害物质影响健康的担心、对电磁电离核辐射损害健康的担心）以及家园情感的理由（乡土情结难以割舍，背井离乡的痛苦，原有社会支持网络的断裂带来的感情心理创伤）。

6. 驳斥依据。居民或环保 NGO 提出的新主张与理由同样需要证据支持，用来说明在特定情景、例外情况下或者限定条件下官方的主张为何不能被接受，通常是以"除非/如果"之类的论述开始发难。公众的驳斥依据更要紧贴自己的驳斥理由，特别是将那些经济风险、环境风险、健康风险的担忧的现实与历史依据表达清晰。居民要充分利用本地化的优势，提供一些具体的事例来证实

① 将复杂深奥的科学原理阐明，并非不能完成的任务。北京卫视有一档医学健康栏目《我是大医生》的做法值得参考。该节目的特色就是：医学与健康结合，权威临床医生讲解，生活实物和医学模型结合，虚拟现实技术重建人体内环境，观众切身体验，医学风险提示与保健建议并举等。

上述担忧并非空穴来风。比如，对于地方区域气象、水文状况，尽管地方政府职能部门掌握科学的数据，但他们有时会刻意回避忽略这些对立论不利的证据，这时就需要本地居民提出诸如风向、降水等具体数字、图片甚至是地方志记载等材料，增加环境风险担忧的现实依据。对于健康风险忧虑，居民则侧重提供自身的主观感受或切身体会。特别是那些针对邻避设施的改扩建项目，附近居民对设施运转后的感受更具发言权和说服力。某些健康风险和疾病是否由设施的存在而直接导致，对此医学界往往也没有定论，附近居民就更应该用心去收集本地在设施运转前后的健康状况变化情况，用特定的案例"提醒"政府和厂商注意健康风险的存在。

7. 论证循环中的共识与争议。很难期待关于邻避设施决策稳评目标能在一次性的政策论证中得以实现。通过论辩各方的政策主张及其理由、依据的阐述，更好地展现其中的逻辑关系——同与异——才是论证的主要目的。有时候论辩各方的政策主张针锋相对，分歧大、争议点多，不易在一次论辩中达成共识，需要多次论证循环，以有效达成共识。简单的"求同存异"只是初步的要求，之后需要论辩各方坚持理性对话，以自身的政策主张为基础，认真考虑对方的主张、理由及依据的合理性，反思己方的论证过程还存在哪些疏漏。在反身性思考的基础上，吸纳对方合理意见，修订完善己方论证，进入下一轮的论辩过程与对方沟通。往复多次的论辩与事后修订，采取"论断—讨论—反思—吸纳—完善"的形式，会使各方在固有的争议议题上分歧越来越少，而共识的增多则是各方"换位思考"与"理性妥协"的结果。

四、余论与反思

理想模型也需要考虑现实的适用性。本文主要论述了通过完善邻避设施决策的稳评路径、优化稳评公众参与环节以实现源头治理风险的目标，但这一目标的完全实现还会受到其他因素的影响与制约。毕竟，从简政放权到公民赋权再到协同治理并非朝夕可得。小到公众自身的能力建设、实现民主决策的成本问题，大到传统的政治文化路径依赖与民粹主义的强大张力，都在很大程度上考验着稳评理想模型的解释力。

(一)政治文化传统的惯性

在一个有着几千年悠久历史的国度，政治权力早已习惯了对各种资源的掌控和分配，普通公众也自觉不自觉地处于被动地位。尽管现代化、全球化极大地促进了中国社会各阶层的民主意识，但强大的文化惯性使得人们在处理像邻避设施决策及其带来的社会矛盾时，往往还是首先使用非参与非协商的方式解决问题。学界不断呼吁政府，在进行重大固定资产投资决策时要提高公众参与

的程度和质量，同时也应该思考地方政府是否心甘情愿放权并真心实意地赋权给公众。稳评的放权与赋权是一体两面，真正实施起来就意味着要把公众参与纳入决策之中，使之具有行政的乃至法律的约束力，这恐怕并非出自权力机关的自觉自愿。另一方面，在科学主义大旗下，技术专家已经在风险评估中树立起了权威和影响力，他们能否放下身段虚心接受来自普通人的地方经验，并以对等的姿态把日常知识作为科学知识的有益补充，也是悬而未决的难题。其实，有关风险争议的化解更有赖于上述两种知识的相互借鉴和融合，而这一切又以技术权威的权力分享为条件。

（二）公众理性与能力的缺陷

公众能否彻底摆脱传统意识的束缚，改变以往面对邻避设施时要么做“沉默的大多数”，要么上街头激烈抗议的极端面貌，积极地投身到民主协商解决邻避冲突的活动中，还取决于他们是否有乐于学习参与协商和讨论的兴趣、能力和自觉。首先需要克服的就是唐斯所说的“理性无知”，即在解决诸如邻避设施决策这类复杂问题时，相当一部分公众没有足够的动力为了得出高品质的政治判断而去积极吸收相关知识。[①] 公众参与决策需要付出成本（时间、精力），特别是想高水准地参与讨论发言，甚至需要重新学习相关知识，而这些知识并不能给付出辛劳的公众带来即刻的额外收益。故而，聪明理性的公众在付出一定程度的努力后就会停止吸收这些知识，对邻避设施议题保持部分的“无知”状态，转而从媒体、互联网上寻找廉价易得的信息来填充知识鸿沟，其中的偏颇和误差也就不言而喻。此外，公众参与能力的欠缺还表现在三个方面：效果评估能力缺乏，决策方案评估能力缺乏，利害关系分析能力缺乏。强迫公众超越自我狭隘的眼界去评估方案的优劣和项目效果的利弊，跳出自我利益的圈子去评估他人乃至社会整体的福祉，都是欲速则不达的事情，现实性有时会蒙蔽公众。

（三）民粹主义的正当性及限度

一旦公众参与的理念成为共识，后续工作中要更加警惕“多数决原则”固有的负面效应。要避免稳评工作从“无参与”的一个极端突然转向无原则的屈服民粹主义压力的另一个极端。尽管扩大公众在稳评中的话语权和决断力可以很好地弥补官僚和专家决策的不足，显著增加决策的正当性与合理性；但考虑到邻避设施技术复杂性和风险叠加性等特征，公众容易产生过度的风险忧虑而情绪激动。在群情激奋的情况下仓促举办稳评意见征求或听证会、讨论组等公共议程，其所产生的“一边倒”的民意或许只是一个“民主空壳”。面对民意压

① ［美］安东尼·唐斯：《民主的经济理论》，姚洋、邢予青、赖平耀译，上海人民出版社2005年版，第234～235页。

力，政府和厂商会策略性地控制议程讨论的形式，打着扩大参与的旗号，邀请一些非直接利害相关又对设施充满“想象的忧虑”的人参与讨论，而使那些真正可能在邻避设施决策中获益的原住民无力言说，失去“讨价还价”的机会。这其实是用一种更大范围的“民意”封堵少数群体的“民意”。前些年厦门、宁波PX事件中，为数众多的市民对选址地少数村民的环保道德指责就是最好的例证。即便是在相对温和的社会舆论氛围中，开展公众参与协商时，政治精英和技术精英也有可能凭借资源和知识的优势，通过操作、游说的方式主导讨论的进程，最终在形式上以“多数决”方式达成共识。可是，当公众发现最后的决策不是自己想要的时候，又会通过街头政治抗争施压，让此前协商民主的正当性荡然无存。

（四）参与成本及可持续的忧虑

富有成效的稳评参与离不开人、财、物的大力支持和持续投入，资金、人员及其配套设施是最现实的影响因素。在实地调研中，笔者从政府机构和居民代表那里听到了类似的担忧。如果按照理想模型筹备公民协商会议，那么费用一定超出一般机构的负担能力；若是政府机构出面协调，则需要相应的财政预算。完整的协商会议需要相当长的时间，准备、酝酿、讨论和提交报告等过程所需的材料和事务极其繁杂，这本身就是对举办者的巨大挑战。政府和厂商常常把稳评看作“一次性”活动，可是当本地居民被动员起来、提高了参与和学习的积极性后，却会期待这一模式能得以维持。举办者和参与者对待稳评参与模式的这一差异，使得与会者担心操办者撤离后，民主协商的精髓能否落地生根。最后，一次成功的公民参与付出的努力在多数情况下鲜为外人所知，所以，要将理想变为现实，需要许多专业支持（如公民分组讨论等环节需要专业媒体全程现场直播），如此一来，是否各地每一次针对重大决策的稳评都能完全复制也就是个“未知数”。这也是为什么2007年厦门PX事件后期的公众参与模式经常被模仿却从未被超越的原因。但是，无论多么艰难，只要秉持重大决策的科学性和民主化要求，稳评参与的所有投入都是值得的，相对于项目下马和规模巨大的群体性事件所造成的损失而言，用制度化的财经政策保证其顺利开展是物有所值的。

东北亚谋求可持续安全的新方向

刘江永*

摘要 2016年以来，东北亚和平与安全方面的挑战增多，新旧矛盾相互交织，彼此影响，值得高度关注。在新形势下，我们要着眼于世界安全潮流与问题的本质，侧重提出符合各国国家安全利益的新思路与新理念，指出东北亚谋求可持续安全的新方向。在传统安全领域长期维护本国与世界的和平；在非传统安全领域长期加强双边及多边国际合作。可持续安全就是要保持和平与安全状态的可持续性。可持续安全谋求通过国际社会的和平合作，争取各国以较低的安全成本保障较高水平的安全状态，维护人类安全。东北亚有关各国要有长远战略目标的沟通与协调，而不能仅仅拘泥于眼前利益与得失来构建健康稳定的双边关系，应大力倡导和推进"和平的多边主义"。尽管东北亚地区的安全局势时常阴云密布，但只要东北亚各国的决策者都能树立可持续安全观，并在相关议题上实现良性互动，就能为东北亚可持续安全开启一扇大门。

关键词 东北亚；可持续安全；中日韩；朝核危机；东北亚安全

一、问题的提出：东北亚安全迫切需要树立可持续安全观

2016年以来，东北亚和平与安全方面的挑战增多，新旧矛盾相互交织，彼此影响，值得高度关注。朝鲜继续进行核试验和导弹试射，美韩联合军不断加强，造成朝鲜半岛局势再度出现"痉挛性紧张"。美国坚持在韩国部署"萨德"导弹系统，导致韩国在中美俄日四大国关系中的回旋余地缩小，内外矛盾同时加剧，增加了新的战略不安。日本自民党在参议院选举中获胜，安倍任内修改日本国

---

* 刘江永，清华大学国际关系研究院教授，博士生导师。

宪法的可能性明显增大，中日围绕钓鱼岛领土主权及东海、南海的矛盾上升。台湾岛内政党轮替，中国海峡两岸关系，以及美国、日本同中国台湾的关系出现不确定因素。在这种背景下，中国的外交与安全政策也受到有关各方的关注。在新形势下，我们要着眼于世界安全潮流与问题的本质，侧重提出符合各国国家安全利益的新思路与新理念，指出东北亚谋求可持续安全的新方向。

2016年4月，中国国家主席习近平提出，要循序渐进，探讨建立符合地区特点的安全架构。亚洲存在多个安全合作机制，在维护地区安全方面都发挥着一定作用。我们要坚持和发扬亚洲国家长期以来形成的相互尊重、协商一致、照顾各方舒适度的亚洲方式，加强地区各项安全机制协调，围绕彼此一致或相近目标逐步开展合作，形成合力，求得实效。在此基础上，可以逐步探讨构建符合亚洲特点的地区安全合作新架构。①

冷战后以来，有关东亚地区安全的各种论坛一直在讨论如何建立地区安全合作机制问题。然而，对照欧洲安全机制建立的经验与教训，可以认为，符合亚洲特点的地区安全合作机制，需要以可持续安全作为顶层战略设计的指导理念。否则，如果没有正确的安全观和对共同安全利益的认知，即便未来在东北亚建立类似欧洲的多边安全机制，也难以确保东北亚安全的可持续性。

这是因为，在东北亚，朝鲜与美国、韩国在政治、军事领域尖锐对立，但对立双方背后的“现实主义”决策思维逻辑则似乎完全相同，即双方决策者都坚信，只有拥有能够毁灭对方的军事力量与手段，才能确保自身的安全。对美朝而言，这种传统军事战略理论与现实主义政治思维，必然导致朝核危机与美韩军演轮番升级。

然而，即便朝鲜拥有可以打击美国本土的核武器，也不可能在摧毁美国之前确保朝鲜不从地球上消失。朝鲜领导人需要的绝不是这样的结局。朝美韩三国决策者特别是军方人士中，或许都有一些“英雄”情结，但如果结局是朝鲜半岛战火重燃，甚至是一场“准核战”带来的核灾难，都将成为朝鲜半岛历史的罪人。

因此，朝核问题要走出“死胡同”，首先需要相关各方摆脱囿于传统军事理论与现实主义政治思维的“死胡同”，共同树立可持续安全观，并在此基础上提出解决问题的新思路、新举措。舍此，朝鲜半岛无核化与东北亚和平稳定，恐怕都将难以实现。那种不惜一战也要优先解决朝核问题的鲁莽想法，既不现实也

① 习近平：《凝聚共识　促进对话共创亚洲和平与繁荣的美好未来——在亚信第五次外长会议开幕式上的讲话》，人民网，2016年4月28日，http://politics.people.com.cn/n1/2016/0428/c1024-28311946.html。

不会得到任何负责任政府的采纳。

当前日本的战略决策者也是从权力政治、海陆对抗等日本式现实主义战略思维角度，制定国家安全战略和对华政策的。在这方面，日本与美国的安全决策思想一脉相承，只不过历史观不同，但并不影响美日加强同盟关系与军事合作。尽管日本一些有识之士并不赞成安倍政治右倾化的政策，但似乎并未提出新的、有足够影响力的战略思维。习惯于依附体制内上层的意向而缺乏创意的倾向，不仅有可能导致日本战略决策失误，而且很难使日本成为具有建设性国际政治影响力的国家。

值得庆幸的是，2014 年 5 月中国国家主席习近平在上海举行的亚信峰会首次提出了“共同、综合、合作、可持续的亚洲安全观”。2015 年 9 月，习近平主席又在联合国大会的重要讲话中指出：“我们要摒弃一切形式的冷战思维，树立共同、综合、合作、可持续安全的新观念……我们要推动经济和社会领域的国际合作齐头并进，统筹应对传统和非传统安全威胁，防战争祸患于未然。”①

这是中国领导人首次在联合国正式提出可持续安全观，从而使这一新的安全理念具有全球意义。中国奉行和平外交政策，提出并带头践行共同、综合、合作、可持续的亚洲安全观，始终是国际和地区安全的维护者、建设者、贡献者。②如何把可持续安全理念运用于缓解和解决东北亚安全的现实问题，值得认真思考和共同探讨。

二、可持续安全的含义、重要性与实现的可能性

（一）可持续安全的基本定义

国家、地区乃至全球以较低成本长期确保和平与安全状态。可持续安全的范畴包括传统安全和非传统安全两大领域、国内和国际两大方面。在传统安全领域长期维护本国与世界的和平；在非传统安全领域长期加强双边及多边国际合作。可持续安全就是要保持和平与安全状态的可持续性。参见图 1。可持续安全谋求通过国际社会的和平合作，争取各国以较低的安全成本保障较高水平的安全状态，维护人类安全。③

---

① 《习近平在第七十届联合国大会一般性辩论时的讲话》，2015 年 9 月 28 日，中国外交部网站，http://www.fmprc.gov.cn/web/ziliao_674904/zyjh_674906/t1301660.shtml。

② 习近平：《凝聚共识促进对话共创亚洲和平与繁荣的美好未来——在亚信第五次外长会议开幕式上的讲话》，2016 年 4 月 28 日，人民网，http://politics.people.com.cn/n1/2016/0428/c1024-28311946.html。

③ 刘江永：《可持续安全论》，清华大学出版社 2016 年版，第 257 页。

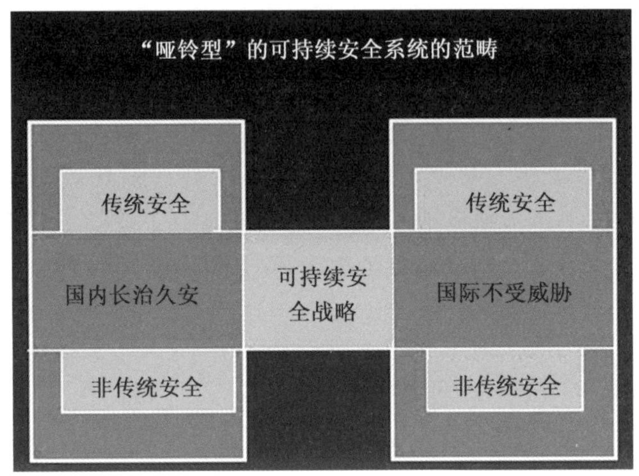

图 1　共同、综合、合作、可持续安全战略框架示意图

可持续安全追求的价值目标是低成本、高安全的可持续性，实现本国安全与国际安全利益平衡的最大化。可持续安全的特点是具有全球视野，既是某个国家的安全战略问题，也是关系到人类前途命运的国际社会共同的安全战略问题。可持续安全战略的原则是：重视综合安全，提倡合作安全，谋求共同安全，争取持久安全。①

可持续安全注重以人为本，强调国家生存的安全环境与生态环境的统一性。它要求不得用战争解决主权国家之间的纠纷，尤其反对使用核武器或其他大规模杀伤性武器，反对核扩散，反对军备竞赛，反对以破坏社会、文化、经济和生态环境为代价换取某一国家或国家集团片面的安全利益。

可持续安全采取的措施应具有预防性、综合性和协作性。当今世界，国家面临的安全威胁日趋多元化。传统安全因素与非传统安全因素相互交织，任何一个国家都难以单独应付上述威胁的挑战，需要各国在社会、文化、宗教、经济、政治等多方面加强合作，综合治理，以利消除安全威胁的根源。②

(二)"和平的多边主义"有利于实现可持续安全

从世界安全形势看，自 20 世纪 90 年代，即冷战后以来，从阿富汗、伊拉克、科索沃、利比亚、叙利亚到乌克兰，南亚、中东、欧洲等地爆发多场较大规模的局部地区战争。在 2008 年美国金融海啸冲击和"颜色革命"的持续影响下，近年

---

① 刘江永：《论可持续安全战略的构建——关于 21 世纪安全战略的哲学思考》，《世界经济与政治》2004 年第 7 期。

② 刘江永：《可持续安全论》，清华大学出版社 2016 年版，第 257 页。

来一些西亚北非国家内部社会、政治、民族、宗教矛盾激化，接连出现动乱与内战。这些暴力冲突与战争不仅造成上百万平民无家可归，沦为难民，而且漂洋过海涌入欧洲，形成二战后欧洲最大的难民潮。

与中东、欧洲局势相比，东亚地区尽管有尖锐的领土争端、历史问题、朝核问题等，但基本上保持了和平局面。

上述现象与21世纪以来世界上出现的两股潮流有关：一是目前在东亚地区占据上风"和平的多边主义"。例如，亚信峰会、东盟地区论坛、朝核问题"六方会谈"、"香山论坛"等多边安全对话机制，主张通过和平方式，对话谈判缓解或解决国际争端。2015年，在美国及其盟国没有针对伊朗展开联合军演的情况下，最终通过谈判达成伊朗核问题协议。如伊朗能获得可持续安全并免受制裁，便可为朝核问题的解决提供一个示范。二是冷战后开始在中东、欧洲蔓延的"暴力的多边主义"，即美国为首的军事集团对主权国家发动的军事打击。"暴力的多边主义"在历史上曾经出现，即帝国主义列强联合起来入侵某一个主权国家或扼杀其政权。近年来，中东战乱、"伊斯兰国(IS)"出现、欧洲难民潮产生的根源，很大程度上是来自所谓"颜色革命"和"暴力的多边主义"的叠加冲击与后遗症。放弃核计划的利比亚2011年爆发内战，最终遭到美国为首的多国联军空中打击。这对朝鲜半岛无核化产生相当消极的影响。

必须指出，近年来东北亚安全也出现了安全成本不断上升而安全程度持续下降的恶性循环，可持续安全面临越来越严峻的挑战。朝鲜半岛"痉挛性紧张"反复出现，与"六方会谈"中断而朝鲜核试验与美韩联合军演轮番上演直接有关，即东北亚"和平的多边主义"受挫而"暴力的多边主义"倾向抬头所致。美日韩军方开始加强合作，日本新安保实施后有可能以所谓行使"集体自卫权"为名，为战后以来首次参与"暴力的多边主义"打开缺口。如果"和平的多边主义"长期被冷落，"暴力的多边主义"乘势而上，最终很可能导致朝鲜半岛一场前所未有的大浩劫！因此，要实现朝鲜半岛无核化与东北亚的可持续安全，必须施行"和平的多边主义"，摒弃和杜绝"暴力的多边主义"。否则，可能世界大乱！

(三)把握机遇，调动东北亚可持续安全的积极因素至关重要

与中东、欧洲地区相比，东北亚安全结构与环境有以下特点：第一，该地区国家没有像以美国为首的北约军事集团，在冷战后多次对外发动局部地区战争或军事介入；第二，除少数宗教极端势力、民族分裂势力和国际恐怖势力以外，该地区广大宗教信众长期和睦相处，没有大规模宗教冲突引发的新仇旧恨；第三，该地区重视经济发展、就业与民生，各国政府有效维持着本国的社会管理与秩序而未失序、失控；第四，尽管该地区的中国海峡两岸、朝鲜半岛均未实现统一，但彼此实际上都认同以和平方式处理各自的统一问题；第五，该地区的安全

与繁荣得益于中国的改革开放与和平发展，与邻为善，以邻为伴。中国经济发展、市场扩大，人民生活水平提高，人民币流量增加，带来的是中国企业与游客大量走出去，直接或间带动了世界各国特别是东北亚的经济。第六，中日韩合作进程有利于本地区及世界的和平与发展。

2016 年 9 月，中国在杭州成功举办第十一次二十国集团领导人会议。这是中国首次举办二十国集团峰会。峰会主题是构建创新、活力、联动、包容的世界经济。中国政府将通过这一“主场外交”，继续扩大国际“朋友圈”、深化与伙伴国的合作，为世界经济注入活力与信心。这些有利于东北亚国家为世界和平与发展做出积极贡献。

2017 年美国新总统执政后如何处理大国关系及朝鲜半岛问题，值得关注。预定举行的 2018 年韩国平昌冬奥会、2020 年日本东京奥运会、2022 年北京—张家口冬奥会的相继举办，也将促进本地区的安全、合作与发展，并为中国“十三五”规划的实现创造新的机遇。与此同时，东北亚各国在维护本国及地区安全合作方面也需要加强合作，减少对抗。2018 年是《中日和平友好条约》缔结 40 周年，也是中国改革开放 40 周年；2022 年是中日邦交正常化 50 周年、中韩建交 30 周年，中、日两国、中、韩两国可以在这些具有重要纪念意义的年份，促进双边关系的改善、发展与提升。

三、共建东北亚可持续安全的战略目标、实现路径与努力方向

(一)战略目标

有关各国要有长远战略目标的沟通与协调，而不能仅仅拘泥于眼前利益与得失。例如，作为未来 20 年东北亚各国共同的战略目标，可以争取在 2040 年之前，在东北亚建成可持续发展的经济命运共同体、可持续安全的和平命运共同体、和谐与友爱的社会文化共同体。参见图 2、图 3。无论最终结果如何，为实现这一目标而共同努力的过程就足以造福于各国人民。为此，从现在起就要提倡和坚持“和平的多边主义”，抵制“暴力的多边主义”，促进共同安全；提倡海洋国家与陆地国家和平合作的“海陆和合论”，抵制各种服务于战争和霸权的传统地缘政治思想。中国作为海陆兼备的大国，提出共建“一带一路”倡议，就是谋求海洋国家与陆地国家、陆地国家之间、海洋国家之间的和平合作。其中自然应包括朝鲜半岛，也欢迎海洋国家美国与日本的参与。

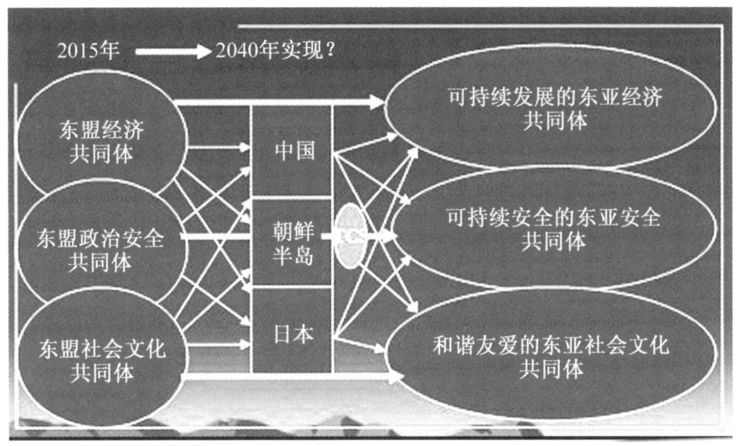

图 2　东盟＋中日韩(10＋3)＝东亚核心共同体

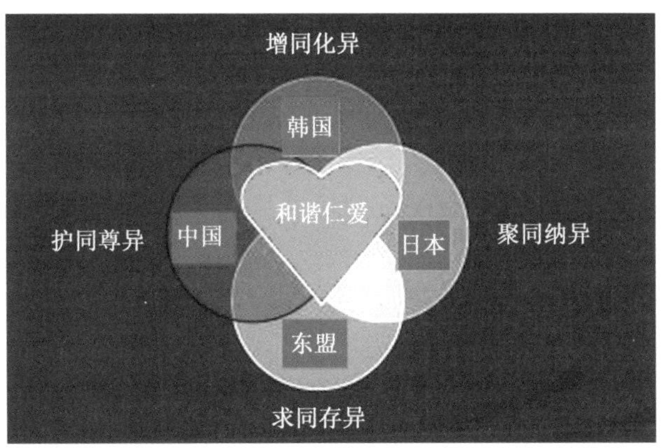

图 3　建立和谐仁爱的东亚社会文化共同体

(二)实现路径

构建健康稳定的双边关系，大力倡导和推进“和平的多边主义”。朝核问题“六方会谈”虽然遇到严重困难，但作为“和平的多边主义”的一种尝试具有积极意义。“六方会谈”是否重启，涉及相关国家内部决策影响力的变化对最高领导人的影响，以及各国之间的彼此互动。有关朝核问题，“六方会谈”期间，有关各方国内决策中外交的影响力上升，而“六方会谈”停摆后，有关各国内部军方的发言权必然上升。而军方对国际事务的思维方式通常是以权力政治为核心的现实主义逻辑。这也是美韩顽固坚持联合军演的原因之一，结果会助长“暴力的多边主义”。面对这种安全环境，朝鲜必定采取针锋相对的强硬政策和做法。2017 年美韩领导人将更迭，如果重开“六方会谈”能使美韩等国内部对朝决策影响力从军方转向外交当局，或许将有利于朝鲜外部安全环境的改善。

中、日、韩经贸合作与自由贸易区的形成有利于双边、三边关系的健康发展，但难以确保不受国际政治和安全因素的冲击。“一带一路”建设与亚投行的运营有利于促进各国合作，但也会遇到来自政治与安全因素的挑战。因此，东北亚和整个亚太地区都需要谋求构建可持续安全的多边安全机制和框架，彻底摆脱传统冷战思维、地缘争夺与权力角逐的束缚，共同倡导、推进、创新“和平的多边主义”。(见图 4)

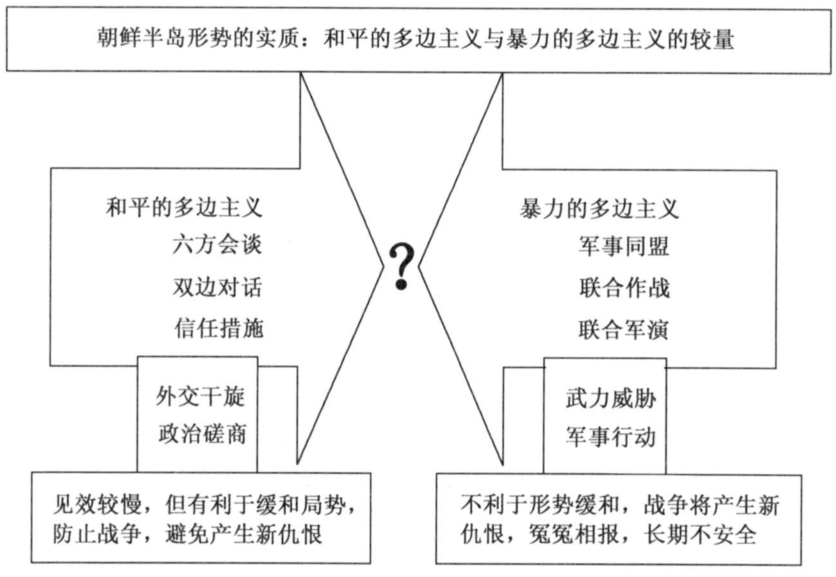

图 4　和平的多边主义与暴力的多边主义的较量

(三)努力方向

1. 朝鲜半岛无核化与和平稳定必须重视共同安全，尊重和保障东北亚每一个国家的安全。2016 年 4 月，中国国家主席习近平指出：今年以来“朝鲜半岛局势持续紧张。中国为管控形势、推动各方对话谈判付出巨大努力。我们坚持朝鲜半岛无核化，坚持维护半岛和平稳定，坚持通过对话协商解决问题。作为联合国安理会常任理事国，中国全面完整执行联合国安理会有关决议。作为半岛近邻，我们决不允许半岛生战生乱，一旦发生这样的情况对谁都没有好处。希望各方保持克制，不要相互刺激和激化矛盾，而是要共同努力，把半岛核问题早

日拉回到对话谈判解决的轨道，推动实现东北亚长治久安。”①

同年5月，习近平主席还提出：“安全应该是普遍的，不能一个国家安全而其他国家不安全，一部分国家安全而另一部分国家不安全，更不能牺牲别国安全谋求自身所谓‘绝对安全’。否则，就会像哈萨克斯坦谚语说的那样，‘吹灭别人的灯，会烧掉自己的胡子’。安全应该是平等的。各国都有平等参与地区安全事务的权利，也都有维护地区安全的责任。任何国家都不应该谋求垄断地区安全事务，侵害其他国家正当权益。安全应该是包容的。应该把亚洲多样性和各国的差异性转化为促进地区安全合作的活力和动力，恪守尊重主权独立、领土完整、互不干涉内政等国际关系基本准则，尊重各国自主选择的社会制度和发展道路，尊重并照顾各国合理安全关切。强化针对第三方的军事同盟，不利于维护地区共同安全。”②

习近平主席的上述讲话代表了中国政府的主张，笔者完全赞同。美朝、朝韩之间要摆脱安全成本上升而安全感下降的趋势，获得各自的可持续安全，就必须使对方具有起码的安全感，而不是相反。

2. 东北亚的可持续安全必须运用综合手段确保传统安全和非传统安全领域安全状态的可持续性。习近平主席指出：“我们应该通盘考虑亚洲安全问题的历史经纬和现实状况，多管齐下、综合施策，协调推进地区安全治理。既要着力解决当前突出的安全问题，又要统筹谋划应对潜在的安全威胁，避免头疼医头、脚疼医脚。”③

东北亚安全问题极为复杂，现实问题与历史问题相互交织，既有热点敏感问题，又有恐怖主义、跨国犯罪、生态安全、网络安全、能源资源安全等诸多挑战。那种仅凭军事优势就可确保安全的思维方式已经落伍。因此，未来的讨论也许不应仅拘泥于讨论朝鲜半岛无核化问题，还可以为东北亚的综合安全发挥积极的建设性作用，努力实现双赢、多赢、共赢，以此为解决问题的“入口”，最终找到实现朝鲜半岛无核化的“出路”。

3. 东北亚的可持续安全必须探索合作安全，而不是靠军事实力和对抗谋求本国的绝对安全。习近平主席指出：“合作，就是要通过对话合作，促进各国和

---

① 习近平：《凝聚共识　促进对话共创亚洲和平与繁荣的美好未来——在亚信第五次外长会议开幕式上的讲话》，人民网，2016年4月28日，http://politics. people. com. cn/n1/2016/0428/c1024-28311946. html。

② 《习近平主席2014年5月21日在上海举行的第四届亚信峰会上所作的主旨发言》，人民网，2014年5月21日，http://world. people. com. cn/n/2014/0521/c1002-25046183. html。

③ 《习近平主席2014年5月21日在上海举行的第四届亚信峰会上所作的主旨发言》，人民网，2014年5月21日，http://world. people. com. cn/n/2014/0521/c1002-25046183. html。

本地区安全。有句谚语说得好,‘力量不在胳膊上,而在团结上’。要通过坦诚深入的对话沟通,增进战略互信、减少相互猜疑,求同化异、和睦相处。要着眼各国共同安全利益,从低敏感领域入手,积极培育合作应对安全挑战的意识,不断扩大合作领域、创新合作方式,以合作谋和平、以合作促安全。要坚持以和平方式解决争端,反对动辄使用武力或以武力相威胁,反对以一己之私挑起事端、激化矛盾,反对以邻为壑、损人利己。”①

在防范恐怖主义、预防传染疾病、打击走私贩毒、防止重大自然灾害、改善生态环境等非传统安全领域,包括朝鲜在内,可以展开有关国家之间的安全合作。2022 年之前,韩国、日本、中国将分别主办世界冬季奥运会、夏季奥运会等重大国际赛事。中日韩都要与有关各国合作确保赛事安全。美朝双方保持克制符合各国共同的安全利益。朝鲜半岛北南双方也可利用国际体育盛世改善彼此的关系。以此为契机,东北亚可持续安全的航船就可驶出危险水域而扬帆远航。

4. 可持续安全有赖于经济的可持续发展、民生的可持续改善,两者相辅相成。习近平主席提出:“可持续,就是要安全和发展并重,以实现持久安全。‘求木之长者,必固其根本;欲流之远者,必浚其源泉’。发展是安全的基础,安全是发展的条件。贫瘠的土地上,长不出和平的大树;连天的烽火中,结不出发展的硕果。对亚洲大多数国家来说,发展就是最大的安全,也是解决地区安全问题的总钥匙。”他主张:“要建造经得起风雨考验的亚洲安全大厦,就应该聚焦发展主题,积极改善民生、缩小贫富差距,不断夯实安全的根基。要推动共同发展和区域一体化进程,努力形成区域经济合作和安全合作良性互动、齐头并进的大好局面,以可持续发展促进可持续安全。”②

作为发展中国家的中国,更需重视这一发展与安全的辩证关系,而不可失去平衡,丢掉根本。中国倡议建设“一带一路”,主要目的就是为利用有关各国的地缘经济互补优势,实现各国经济发展战略接轨,有效改善各国民生,实现可持续发展与可持续安全相辅相成。高速公路、铁路网等基础设施的建设与安全运行,是民生可持续改善的前提条件。

5. 妥善处理领土争议和敏感问题,是确保可持续安全和建立战略互信的关键。国之交,在民心。然而,在有关国家民众并不真正了解领土问题真相的情况下,围绕领土争议很容易产生强烈的民族认同,并产生民族对抗心理,国家关

---

① 《习近平主席 2014 年 5 月 21 日在上海举行的第四届亚信峰会上所作的主旨发言》,人民网,2014 年 5 月 21 日,http://world.people.com.cn/n/2014/0521/c1002-25046183.html。

② 《习近平主席 2014 年 5 月 21 日在上海举行的第四届亚信峰会上所作的主旨发言》,人民网,2014 年 5 月 21 日,http://world.people.com.cn/n/2014/0521/c1002-25046183.html。

系必然受损，甚至可能被极端的政府对外采取军事行动所利用。中日之间的钓鱼岛争议问题就潜在着这种风险。其实，只要了解了事实大多数人是通情达理的，问题就出在政客与官僚自欺欺人上。

例如，根据笔者掌握的确凿证据，钓鱼岛列岛在甲午战争之前无疑属于中国，而非古代琉球国（今日本冲绳县）岛屿。自 1874 年日本首次入侵台湾至 1895 年日本殖民统治台湾的约 20 年间，日本海军省、外务省已认定钓鱼岛列岛是中国台湾东北岛屿，而从未提出所谓"无主地"之说。钓鱼岛领土争议产生于 1895 年日本在甲午战争中的窃占并连同台湾全岛的 50 年殖民统治。这些事实无可置疑，只不过许多人并不了解。

1875 年日本海军省水路寮绘制、外务省确认的《清国沿海诸省图》包括钓鱼岛列岛。

1892 年日本海军省水路部编纂的《支那海水路志》的台湾岛表中包括 Hoa-pin-su（钓鱼岛）、Raleigh rock（赤尾屿）。

二战后至 1972 年，日本政府遵照《波茨坦公告》和《开罗宣言》，把台湾归还中国，但因美军的占领而丧失了对琉球群岛的统治权。1972 年，日本佐藤荣作内阁利用美国归还冲绳之机，通过美国将钓鱼岛擅自划入日本的行政管辖范围，但美国并未认定领土主权属于日本。当时，中方坚持钓鱼岛主权属于中国立场的同时，着眼中日关系大局提出"搁置争议、共同开发"，日方当时并未反对。搁置争议以发展两国关系，实际上已形成中、日两国政府和社会各界的集体共识。

然而，2012 年野田内阁"购岛"以来，这种局面被彻底打破。这种企图以国内非法倒卖的方式恢复日本帝国对台湾附属岛屿殖民统治特权的做法，必然遭到中国海峡两岸的强烈反对。但是，日本官方不愿承认、日本民众也未看到这一问题的实质和要害。近年来，中、日两国民调显示，钓鱼岛问题已经成为影响中日关系改善的最大障碍。危机管控机制的建立是必要的，但那或许只是扬汤止沸的被动应付，而最根本的是要使日本社会各界和民众真正了解钓鱼岛归属问题的真相。这方面，中方还需付出许多努力，有许多事情要做。

综上所述，2015 年 11 月第六次中日韩领导人会议发表的《关于东北亚和平与合作的联合宣言》，以及韩国提出的"东北亚和平与合作构想"，与可持续安全观是一脉相通的。中国有一首歌名叫《阳光总在风雨后》，尽管东北亚地区的安全局势时常阴云密布，但只要东北亚各国的决策者都能树立可持续安全观，并在相关议题上实现良性互动，就能为东北亚可持续安全开启一扇大门。中国将在这一过程中发挥积极的建设性作用。

构建东亚认同:意义、问题与途径

李　文*

摘要　东亚认同的构建对于增进东亚的凝聚力、促进地区合作进程,提高东亚的国际地位具有重要意义。历史上东亚形成的独具特色的文化体系以及近年来东亚区域内经济依赖的日益增强,是东亚认同构建的两大有利条件。20世纪80年代以来,东亚认同逐渐浮出水面,并在多个层面上获得长足进展,但同时也面临着诸多困难与挑战。文化交流合作能够绕开国家之间的政治分歧,在地方政府和民间层面广泛开展;能够有效地推进区域内各种文化相互融合和相互影响,增大地区共同文化和区域意识的内存;能够增进各个民族之间的相互理解,消除心理上的隔膜与敌意;能够唤醒东亚尘封在历史中的集体记忆并培养新的感情,达成新的共识。文化交流合作对东亚认同的构建具有不可替代的作用。

关键词　东亚认同;文化合作;东亚观念;东亚价值

一、东亚认同构建的必要性与可行性

东亚认同是指东亚人由于分享共同的历史传统、习俗规范以及无数的集体记忆,并意识到相互之间存在某些共同利益而形成对作为一个整体的东亚的归属感。较高水准的东亚认同应具备下述特征:其一,它应是一种超越了个人意识、家族意识、民族意识和国家观念的基础上产生的一种群体意识,是一种在东亚特定的地理空间内居住的人群由统计学意义的群体逐渐提高为社会学和心理学群体的结果。其二,应强调自身所在的群体共同拥有某些特征,这些特征构成划分东亚群体和其他群体之间的社会的和心理的边界;应通过自觉地意识

* 李文,中国社会科学院美国研究所副所长,研究员/教授,博士生导师。

到自己是“东亚人”且愈来愈因与“非东亚人”形成的对照而显现。第三，应以传统文化为基础产生具有鲜明地域特色的“东亚观念”或“东亚价值”，个人的行为思想倾向于与东亚群体的规范或期待趋一致。

东亚认同的构建因在一定程度上关系到东亚的前途和命运，对东亚的发展具有非常重要的意义。

首先，作为个体与他人有情感联系的原初形式，东亚认同有利于人们超越民族、国家的界限建立相互信任关系，有时甚至能够将他者的利益定义为自我利益的一部分，从而能够有效降低交易成本，推进区域内经济贸易的深入开展。

其次，有利于东亚区域内国际关系的改善。高度的东亚认同是以区域内各个国家的人们相互之间更熟悉、更了解，拥有更多共同语言、共同理想和价值为基础的。在拥有较高水准的东亚认同的情况下，区域内各个国家的人们往往更多地关注相互间的相互依存和共同利益，不大计较一些小的摩擦并心怀善意，主要通过对话的方式处理矛盾与争端。

再次，对东亚区域合作进程具有推进作用。“认同给东亚各国以集体身份，指引了各国以合作寻求利益的方向。”[①]一般说来，“具有文化亲缘关系的国家在经济上和政治上相互合作”[②]。如果缺乏最低限度的区域认同，不同国家显然难以顺利让渡部分国家主权，而出让部分权利，恰又是成功地开展不同层次合作的必要条件。例如，“欧洲统一是建立在欧洲主义基础上的，欧洲主义设想的建立则基于意识形态上‘我们是欧洲人’这种自主性的共同体”[③]。

最后，提高东亚的国际地位和竞争力。比较成熟的地区认同作为一种在东亚区域内适用的社会规范和价值观念，能够提高地区的凝聚力；能够给予各国以集体身份，在客观上有利于或直接推动东亚各国相互支持、共同发展；能够使东亚作为一个整体呈现在世界舞台，从而提高自身的国际地位。而如缺乏较高水准的区域的认同，东亚就是一个分割的和分裂的地区。在现今地区化或经济集团化潮流中，分裂的东亚在国际竞争中处于一种非常不利的地位。

在构建地区认同的基础或条件方面，东亚逊色于欧洲，却明显好于世界其他地区。

首先，东亚在地理上一边铺展着一望无际的太平洋，另一边耸立着喜马拉雅山和青藏高原。“东亚的自然地势是以青藏高原为中心，向北部、东部与南部展开，形成一个扇形结构，扇面的内环是二级台地地区，中环区是三级台地地

① 俞新天：《东亚认同感的胎动——从文化的视角》，《世界经济与政治》2004年第6期。

② ［美］塞缪尔·亨廷顿：《文明的冲突与世界秩序的重建》，周琪等译，新华出版社2002年版，第7页。

③ 白石隆：《东亚秩序形成的关键是“日本化”还是“中国化”》，《中央公论》2003年1月号。

区，外环区是海岛区。正是作为世界屋脊的青藏高原与其北部中国新疆地区的沙漠带一起，构成早期人类非常难于穿越的地理阻隔，将东亚与亚欧大陆的其他部分分隔开来，形成相对封闭的区域地理环境，这是东亚历史发展具有特殊性的重要原因。"①

其次，历史上与人类其他文明相对隔离以及比较温和的气候和风土，使东亚形成了独具特色的文化体系。"在该地区出现的文字制度，连同其道德观念，政治模式，社会形态，艺术倾向，文字形式及历史记载，这一切使东亚文化形成人类文明的一个特殊而重要的分支。"②历史上东亚文化圈也称"汉字文化圈"或"儒教文化圈"，圈内各国以汉字为通用文字，佛教为固定宗教，儒学为共同政治理念，政治体制上高度中央集权。虽然近代以前，越南以外的东南亚国家并没有融入"儒教文化圈"，但由于地理上和人种上的接近（基本上都属于蒙古人种），在接受印度文化的影响的同时也不同程度上受到了中国文化的影响，这些东南亚国家的思维方式和行为习惯存在诸多与"儒教文化圈"相似或相同的方面。正像罗荣渠教授所指出的那样，包括东南亚在内的东亚已经形成了一个"大文化圈"。"这个大文化圈不论在人种、书面文字系统、家族结构、生产方式、生活方式、政治文化等方面，都有历史形成的共同性与相关性，与西方基督教文化圈或西亚北非伊斯兰文化圈相比具有鲜明的独特性。"③

第三，东亚的区域内有着广泛的经济联系。在传统农业经济时代，东亚大陆与周边的东海与南海海域形成了多边联系的网络。以中国产生和发展的以农耕技术为基础的华夏文明在地区内的传播为主线，这一时期东亚区域内在人口、技术、货物、文化等方面展开了比较频繁的交流，增进了东亚地区的经济联系。鸦片战争后，虽然传统的东亚经济圈逐渐解体，但在 19 世纪中叶伴随着"合作的"(cooperative)帝国主义的出现，在接连发生的贸易浪潮的推动下，对新港口日趋激烈的竞争，奠定了所谓的"条约港口体系"的基础，东亚以中国香港、马尼拉、上海、新加坡等大型港口为媒介，形成了广泛的贸易区域。④ 二战结束后，东亚大多数国家和地区的经济相继进入高速增长。经历了半个多世纪的发展，主要在市场机制的作用下，区域内各个国家和地区之间在经济方面的相

---

① 杨军、张乃和主编：《东亚史》，长春出版社 2006 年版，第 7 页。

② ［美］费正清、赖肖尔、克雷格：《东亚文明：传统与变革》，黎鸣等译，天津人民出版社 1992 年版，绪言第 5 页。

③ 罗荣渠：《现代化新论》，北京大学出版社 1993 年版，第 212 页。

④ P. Petrie, "The East Asian Trading Bloc: An Analytical History," in Frankel, J. and Kahler, M. (eds.), *Regionalism and Rivalry: Japan and the U. S. in Pacific-Asia*, Chicago: Chicago University Press, 1993, p. 116.

互依赖和相互联系日趋增强,现代意义上东亚经济圈开始浮出水面。东亚地区内的经济相互依赖的加深为东亚认同奠定了物质基础。

二、东亚认同的萌生

20 世纪 80 年代以来,面对以美国为首的西方国家从自身利益出发,在世界范围推广、扩张西方发展模式、政治制度、意识形态和价值观念的霸权行径,东亚国家深刻地认识到不能完全围绕美国的指挥棒打转,不能照搬西方的发展模式,而应从自己的历史、文化和现实出发,走东亚特色的发展道路,且伴随经济的持续告诉增长,东亚人的归属感、认同感开始不断增强,这如马哈蒂尔所说,"一种地区意识正在东亚出现,亚洲自豪感在大多数亚洲国家变得越来越强烈"[①]。

随着经济上相互依赖的不断增强,东亚人的自信心也在不断增长。在 2012 年的伦敦奥运会上,东亚国家的体育力量得到了最充分的展示,中国、韩国和日本的金牌总数分列第 2、5、11 位。这一历史性成就突出表明,东亚的成功不仅仅是"经济总量的增长",东亚民族的进取精神也正在让世界刮目相看。[②] 东亚人正日益认识到东亚各国之间存在非常密切的联系。约翰·奈斯比特于 20 世纪 90 年代周游东亚时,深刻感受到了他所接触的政府官员、学者、企业界领袖和新闻记者无不充满了自信。他写到:"今天,一股集体的亚洲意识正在兴起。……亚洲开始掌握自己的命运。……亚洲人已开始重新发现亚洲,开始对亚洲充满信心,并以身为亚洲人为荣。""20 世纪 60 年代"欧洲的青年人都开始称自己为'欧洲人',而不是'英国人''法国人'或'德国人'。当代亚洲的许多青年,也开始称自己是'亚洲人'了。"[③]另两位西方学者则这样评论道:"现在亚洲人的座右铭是:亚洲属于亚洲人。自从殖民主义统治的压迫中解放出来以来(1997 年英国人撤离香港,1999 年澳门人将离开澳门,为这个时代的结束画上了句号),精神上的非殖民化运动也提出了新的要求:亚洲人要自己来解释什么是亚洲人、亚洲人对亚洲的重要性。在欧洲东方主义的位置上,出现了亚洲的亚洲主义。"[④]越南学者也认为,东亚价值应该包括"好学勤劳的生活信条、群体本位

---

① [马]马哈蒂尔:《马来西亚总理马哈蒂尔演讲集》,北京外国语大学中国马来语教学中心编,世界知识出版社 1999 年版,第 142 页。

② 赵立新:《民族主义与东亚的"分裂"》,《东北亚研究论丛》2015 年第 1 期。

③ [美]约翰·奈斯比特:《亚洲大趋势》,林荫庭译,外文出版社、经济日报出版社、上海远东出版社 1996 年版,第 3 页、第 45~46 页。

④ [德]弗劳利安·康马斯、[荷兰]尤迪特·施塔波丝:《新亚洲》,陈宝、周一玲译,中央编译出版社 1998 年版,第 35~36 页。

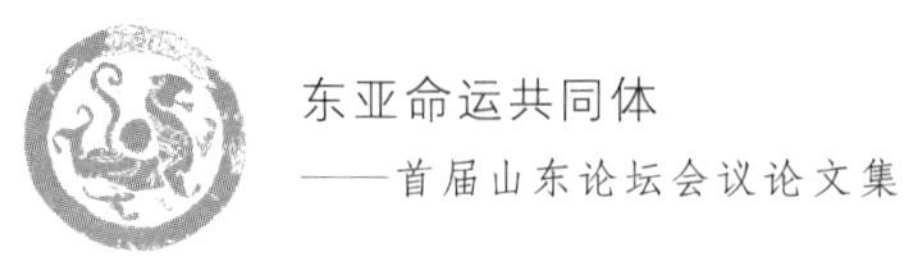

的价值取向、血缘关系的价值认同、自强不息的奋斗精神、和合的多元价值观"①。

东亚人日益认识到他们之间拥有共同的历史传统、习俗规范以及无数的集体记忆。1993 年，由 13 个国家的知名人士组成的"新亚洲委员会"在吉隆坡成立，以坚信"历史又回到了亚洲作为文明的发源地的时期"为前提，这个委员会连续为亚洲的复兴制定了两份宣言。与此同时，东亚地区冠以"东亚"或"亚洲"的国际组织、学术机构、报刊、国际会议和论坛不断增多，则是东亚认同初步形成的另一个显著标志。

进入 21 世纪后，东亚和东亚合作成为越来越多的学者和政府官员共同研究的题目，成为大众媒介关注的话题。从 1995 年 12 月开始，在曼谷出版了一份亚洲人写给亚洲人的并且是英文的报纸：《亚洲时报》，香港出版的《亚洲周刊》发表了题为《亚洲的理想——挑战世界》的文章，不久又刊登了《新亚洲到来》。《远东经济评论》1996 年第一期题为：《亚洲的亚洲化》，泰国《亚洲时报》的创立者桑迪赫解释说："我们需要的是亚洲的民族主义。"《亚洲百年：事实和杜撰》一书 1995 年在日本很快就成为畅销书。

近年来，东亚各国在经济方面的互动与合作最为引人瞩目也最有成效。东亚国际社会经济合作发端于 1997 年亚洲金融危机，区域内各国出于应对金融危机的目的，开启了东亚区域 10＋3 合作机制发展进程。在 1999～2002 年的 10＋3 领导人峰会上，各国共同确认了建设"东亚自由贸易区"和"东亚共同体"的长远目标。2000 年 5 月《清迈倡议》的签订，使得东亚地区在 10＋3 范围内建立了双边货币互换网络，这也是东亚国际社会建构过程中，在经济领域取得的具有里程碑意义的制度化成果。2010 年 1 月 1 日，中国—东盟自贸区启动，自贸区建成后，中国与东盟的贸易额将占世界贸易总额的 13％，成为一个覆盖 11 个国家、19 亿人口、GDP 达到 6 万亿美元的经济体，随后 10＋1 的其他贸易区相继启动。② 2015 年 6 月 1 日，中韩自贸协定正式签署，这也是中国迄今为止对外签署的覆盖议题范围最广、涉及国别贸易额最大的自贸协定。2012 年 11 月东盟与中日韩、印度、澳大利亚和新西兰正式启动区域全面经济伙伴关系(RCEP)谈判，RCEP 是由亚洲国家主动推动的自贸协定，将有助于东亚区域合作和统一市场的形成。尽管各谈判机制相互之间存在竞争性，但关于这些经济合作机制的讨论，无疑有助于促进东亚地区国际社会在经贸领域形成规范性的

---

① [越南]阮氏秋芳：《东亚价值与东亚共同体建立的构想》，《东南亚纵横》2010 年第 2 期。

② 参见马飚：《中国—东盟自贸区正以崭新的姿态走向世界》，新华网，2010 年 1 月 7 日，http://www.gx.xinhuanet.com/newscenter/2010-01/07/content_18710005.htm。

共识与制度。

东亚各国在政治安全领域分享共同利益、开展互动合作的步伐虽然落后于经济方面，但也已取得相当巨大的成就。1992 年 1 月，东盟首脑会议提出"安全合作观"，主张通过多边协商对话，建立非正式的机构和安全对话机制。[①] 1994 年东盟地区论坛(ARF)成立，目前已经举行了 21 届外长会议，成为东亚地区最重要的多边安全对话与合作渠道。同年成立的亚太安全合作理事会(CSCAP)是目前亚太地区最具影响力的第二轨道安全对话与合作机制之一，2013 年中国外交部副部长刘振民在大会上提出了中国的 3C 安全观(Comprehensive、Cooperative and Common Security)，为培育亚洲安全新架构提供了新的理念。[②] "9·11"事件后，亚太地区安全形势和安全进程出现了新的变化，第二轨道外交的新发展和防务外交的兴起和转型，促成了 2002 年香格里拉对话(SLD)的产生，目前 SLD 已经成为除 ARF 和 CSCAP 之外，亚太地区又一重要的多边安全合作对话机制。2005 年 12 月启动的东亚峰会(EAS)在 2011 年 11 月第六次峰会期间通过了关于互惠原则与东盟互联互通的两个宣言，自此 EAS 成为东亚国际社会各国进行政治、安全保障领域又一重要的合作机制。2010 年 10 月 12 日首届东盟国防部长扩大会议(简称"10＋8 防长会"，ADMM)在越南河内开幕，也标志着东亚地区新的安全机制正在形成。

在很长一段时期内，东亚国际社会内部政治、安全领域的多边合作机制主要由东盟引导，2010 年以后中国领导人在地区安全多边合作机制建设方面开始积极提出各种新的理念[③]，如"新安全观""命运共同体""亲、诚、惠、容"周边外交新理念，这一系列倡议都标志着中国开始积极、负责地参与制定东亚地区政治、安全机制。

东亚地区的这一系列交流合作无疑对东亚认同的萌发产生了广泛而深远的影响。20 世纪 90 年代，新加坡总理李光耀和马来西亚总理马哈蒂尔率先提

---

① J. Soediati Djiwondono, "Cooperative Security in the Asia-Pacific Region: An ASEAN Perspective," *The Indonesian Quarterly*, 1994, XXII/ 3, pp. 208-209.

② 《亚太安全合作理事会大会在北京闭幕》，《中国新闻》网，2013 年 12 月 4 日，http://www.chinanews.com/gn/2013/12-04/5581209.shtml。

③ 参见胡令远、王梦雪：《东亚国际社会建构与中国外交战略选择——以英国学派国际社会理论为视角》，《东北亚论坛》2015 年第 4 期。

出了“亚洲价值观”[①]，其主要内容是强调社会整体利益和社会和谐，重视家庭，尊重权威，强调纪律和社会秩序。亚洲价值观是一种主张东亚的命运应该由东亚掌握的一种自主意识，一种将东亚整体作为思考、研究对象，将自身荣辱与东亚整体的兴衰紧密相连的区域意识。亚洲价值观还是一种行为规范和行动指南。1993年在马来西亚成立的新亚洲委员会发表的宣言中宣称：“亚洲具有悠久传统和令亚洲人引以为骄傲的价值观念，对于一个创新的、更好的、具有自我意识的和富裕的亚洲来说，被看作是行动的准则。这个新的亚洲要向世界展示，人们可以在和谐中共同生存。”[②]

上海学者俞新天曾用“胎动”一词形容东亚认同的发展状况。的确，虽然东亚认同已经崭露头角，呈现出诸多令人欣喜的气象，但另一方面，目前的东亚认同尚处在初步形成阶段，程度有限，水平很低，许多构成要素还都拘囿于民族国家的疆域之内，或缺乏与东亚以外的地区想区别的比较鲜明的界限，整合程度较弱。许多东亚人远远没有像欧洲人那样明晰地认同东亚，较为强烈地认为自己是东亚人，“东亚”更多的还是一个地理的和人种的概念。东亚人有关东亚是一个荣辱与共的意识还十分淡漠。许多东亚人并没有感受到他们自己的国家与其他亚洲国家之间存在的共同体关系。[③] 现今的东亚是一个经济发展现状和前景都看好的地区，却在区域合作方面表现逊色，现有文化和思想不能为区域合作提供较为充分的精神动力和智力支持，现有东亚认同不能提供足够的内聚力和凝聚力是一个非常重要的原因。

东亚认同的构建面临诸多困难和挑战。经济发展水平不一、政治制度不同、宗教的多样性等，都构成制约或限制性因素，而东亚部分国家实施的带有偏离东亚的发展战略，东北亚民族主义的复兴和东亚青年一代对西方的向往，则

---

① 1978年，李光耀在新加坡国庆群众大会讲到：“我讲英语可能比讲华语好，这是因为我早年学的是英语。但是，即使千年万代我也绝不会变成英国人，我的内心也没有西方的价值观念体系，有的是东方的价值体系。”这里的“东方的价值体系”可能是“亚洲价值观”的早期版本。参见《李光耀政论选》，现代出版社1996年版，第388～389页。1991年1月4日，新加坡内阁向国会提交了一份关于“共同价值观”的白皮书。“共同价值观一共五条：国家至上，社会为先；家庭为根，社会为本；关怀扶持，同舟共济；求同存异，协商共识；种族和谐，宗教宽容。这是“亚洲价值观”的一个官方版本。马哈蒂尔在他1996年1月发表的著名讲演《走向亚洲复兴》中则更加明确地提出：“亚洲有许多人认为我们的确有自己的价值观和行为方式，因无更好的说法，只能称之为‘亚洲式’。……亚洲人必须证明其价值观、道德准则和文化有自己的长处，并且造福于这个社会。”(参见《马来西亚总理马哈蒂尔演讲集》，世界知识出版社1999年版，第51～52页)

② [德]弗劳利安·康马斯、[荷]尤迪特·施塔波丝：《新亚洲》，陈宝、周一玲译，中央编译出版社1998年版，第46页。

③ 相关资料参见[美]约翰·奈斯比特：《亚洲大趋势》，林荫庭译，外文出版社、经济日报出版社、上海远东出版社1996年版，第49页。

是现今东亚认同构建过程中亟待克服的障碍和急需解决的问题。

东亚一些国家的从所谓的国家利益出发，在国家发展战略上依旧在不同程度上存在偏离东亚、靠拢美国的倾向，而美国在多数情况下扮演的却是分割、分裂东亚的角色。[①] 日本、韩国、菲律宾、泰国等国家的安全主要由美国来提供，导致这些国家难免对东亚有些离心离德。日本在这方面走得最远。目前日本的战略是不惜以牺牲与东亚邻国的关系为代价投靠美国，“在日美同盟的框架下最大限度地寻求和扩张自身的自主权和主动权，通过主动为美国在东亚承担其更多责任途径谋取政治军事上的强大，最终实现在亚太地区与中国对峙和抗衡、建立以美日为主导的地区秩序”[②]。这对东亚认同的构建带来了最为严重的负面影响。

与近年来东南亚区域意识呈现不断上升趋势相反，东北亚主要国家以民族国家意识为核心的民族主义呈现上升趋势。这种民族主义与历史问题、领土问题纠缠在一道，严重地伤害了东北亚的邻国关系，加大了中日韩三个国家之间的不信任和距离感。日本政要歪曲历史，美化侵略战争，甚至声称日本对朝鲜的殖民统治最终只是给那里带来了好处，意图将民族耻辱美化成民族荣誉，激起了中国人民和韩国人民的极大愤慨。2012 年 4 月，东京都知事石原慎太郎在美国华盛顿发表狂言称，要以东京都的名义“购买”钓鱼岛。随后，日本中央政府也宣布要将钓鱼岛“国有化”，东京都政府和中央政府上演了一出“购岛”闹剧，导致海内外中华同胞异口同声地坚决反对和强烈谴责。2016 年 7 月 8 日，韩国和美国不顾国际社会的反对正式宣布部署萨德导弹防御系统，这也可能对东亚安全局势带来深远的负面影响。现今，中日双方在钓鱼岛问题和东海划界问题上依旧存在严重分歧，而日本与韩国的“独岛”（日本称“竹岛”）也是争端不断，导致韩国民族主义的再度高涨。

民族主义“时常伴随着在行动上对其他群体的反感或蔑视”[③]。最近几年，中日民间在不断增长对对方的坏印象和反感。2014 年 9 月，由中国日报社和日本言论 NPO 共同实施的一年一度“中日关系舆论调查”结果在东京发布。调查结果显示：两国公众继续看重中日关系，但对两国关系现状认可度落至近十年最低。调查显示，中国的普通公众对日负面印象比率保持高位，对日本“印象不好”和“印象相对不好”的比率仍然高达 86.8%。对日本“印象很好”和“印象相

① “美国对一个有凝聚力的亚洲贸易集团没有兴趣，分而治之才是真正重要的。”[美]莱斯特·瑟罗：《资本主义的未来》，周晓钟译，中国社会科学出版社 1998 年版，第 121 页。

② 李文：《中国的稳定发展与中日关系》，《当代亚太》2005 年第 7 期。

③ [英]伯林：《反潮流：观念史论文集》，冯克利译，译林出版社 2002 年版，第 403 页。

对较好”的比率仅为11.3%，而日本人的对华印象认为“不好”或“相对不好”的比例更是高达93.0%。2015年，中、日两国民众态度仍然没有发生太大转变，对中国“印象不好”的日本人占88.8%，对日本“印象不好”的中国人占78.3%。①

一些东亚国家在自我定位方面还存在动摇。以日本为例，战后日本确立了以日美同盟为基轴的外交政策，在对外行动上追随美国。然而根据日本于1957年发表的第一次外交蓝皮书所确定的“战后外交三原则”，日本又将自身定位于“亚洲的一员”。② 因此，日本在与东亚区域内国家互动时，首先需要基于日美同盟顾及美国的利益关切，配合美国的亚洲政策，作为其代理人维护美国在东亚的持续影响力。1970年，美国学者奥尔森指出：“日本远在一个世纪之前即跃入西方技术文明的行列。一百多年来，他们的精力几乎完全集中在西方思想和西方事物方面。他们大多数人对亚洲是冷淡的。”③20世纪80年代的一项民意调查结果表明，许多日本人愿意选择瑞士为另一个祖国。到了90年代，日本学者沟口熊三依旧观察到日本并没有真正把自己看作亚洲国家：“日本在考察世界的时候，时而以东方为立足点，时而以西方为立足点，时而又以东西折中的接触点为立足点。”④近年来，日本政府领导人及某些右翼人士不时制造否认或美化侵略的言论，一些政要也以政府官员身份公开参拜靖国神社，安倍内阁希望通过修改日美防卫指针以及日本和平宪法等举措以实现日本国家正常化的举措更是引起了东亚各国的担忧。另一方面，韩国虽然认为自己是东亚国家，但却又时常认为自己在文化上与西方接近或相同。“韩国几乎不再使用汉字，而是普遍使用韩国文字，英语教育越来越得到强化，这些趋势正表明韩国想脱离东亚的传统，编入西欧文化的热切愿望。”⑤

另外，虽然东亚的凝聚力在不断上升，但许多东亚人，尤其是年轻人依旧向往西方的、特别是美国的生活方式。日本学者明石康指出：“越是发达的国家，年轻一代越有超越东亚，亲近西方的倾向。东亚与西方争夺青年一代的斗争，似乎命中注定要处于劣势。年轻人爱听摇滚说乐，爱看好莱坞，爱吃麦当劳，爱

---

① 参见《日媒：中日民众好感度略有改善 正逐渐走出低谷》，《参考消息》，http://www.cankaoxiaoxi.com/china/20151023/974433.shtml，2015年10月23日。

② 参见日本外务省：《昭和32年版我が外交の近況》，日本外务省官方网站，http//www.mofa.go.jp/mofaj/gaiko/bluebook/1957/s32-1-2.htm。

③ [美]劳伦斯·奥尔森：《日本在战后亚洲》，上海人民出版社1974年版，第97页。

④ [日]沟口熊三：《现阶段及21世纪日本的中国研究课题》，载李玉、汤重南主编：《中国与日本》，北京大学出版社1996年版，第314页。

⑤ [韩]李晋吾：《东亚文化的生态关系与合作方案》，载宋成有、汤重南主编：《东亚区域意识与和平发展》，四川大学出版社2001年版，第200页。

穿牛仔裤，在东亚各国和地区几乎都一样。”①韩国学者李晋吾也注意到“由于因特网（电脑，英语）及新自由主义的热风，东方的思维和东亚文化正处于最恶劣的危机之中。东亚缺乏竞争力，所以应该被淘汰，一切都是英语的标准化时代，东亚的价值处于令人失望的逆境之中，这就是现实的严重性。”②

三、文化交流合作与东亚认同的构建

加强区域文化交流合作，是强化区域共同文化心理基础，构建东亚认同的最直接也是最有效的途径。尽管许多经济的和政治的举措都能有效推进东亚认同的发展，但文化交流合作对东亚认同的构建有着不可替代的作用。目前东亚认同的程度差，固然与二战后的一个时期里东亚被分割成两大阵营而在政治上处于冷战状态、在经济上相对隔绝有关，也与这一时期东亚各个国家之间在精神文化方面的交流、沟通和理解过少有关。

目前东亚主要国家之间的政治关系的低迷，凸显了文化交流合作的重要性。文化交流合作固然可以通过中央政府进行，但多数情况下，其主角是地方政府，企业，学校与科研机构，文化、艺术、体育团体和其他非政府组织（NGO）。文化交流与合作虽然受政治影响，但又能在一定程度上绕开政治，规避政治分歧和冲突。在两国政治关系处于良好发展时，文化交流合作可以蓬勃发展；在两国政治关系不好时，文化交流合作可以大力发展。在政治关系失和的情况下全力发展文化关系，不但可以避免两国关系的彻底恶化，可以给两国关系的发展创造回旋余地，更可以以文化交流促进政治关系的改善，最后达到以民促官、以下促上的效果。正如有的学者指出的那样：文化交流与政治经济交往相比，没有强烈的现实功利性，双方易于接受，往往能产生特殊的效果。中日文化交流在两国恢复邦交以前，就起到了为促中日关系正常化铺路开道的先行作用。③

文化交流合作能够有效地增进区域内各种文化相互融合和相互影响，使原来仅仅属于东亚一个国家、一个民族所拥有的精神财富变成越来越多的国家、越来越多的民族、乃至整个东亚地区共同拥有的精神财富，从而增大东亚知识共同体或文化共同体的容量。而较高水准、具有较高凝聚力的东亚认同需要区域内大量存在并增长的共同心理、共同立场、共同语言、共同知识、文化和价值提供支撑。历史上，通过文化交流合作，儒教文化、佛教文化在东亚各国得到广

---

① ［日］明石康：《全球化时代的日中关系》，载林振江、梁云祥主编：《全球化与中国、日本》，新华出版社 2000 年版，第 12 页。

② ［韩］李晋吾：《东亚文化的生态关系与合作方案》，载宋成有、汤重南主编：《东亚区域意识与和平发展》，四川大学出版社 2001 年版，第 200～201 页。

③ 参见王晓秋：《文化交流与中日关系》，载北京大学日本研究中心编：《日本学》第 12 辑。

泛传播。现今,“孔孟之道”已经是东亚儒教文化圈国家人们共同拥有的精神财富。隋唐时期,日本派遣大量留学生到中国学习,通过吸收中国的先进文明,日本社会的发展取得长足进步,也使中日文化结成了亲缘关系。鉴真东渡,则对佛教在日本的发展起到了重要作用。今天的情况同样如此。通过文化交流合作,不同国家的文化能够传布、相互学习和相互借鉴,不仅一国文化可以在另一国扎根,逐渐演变为另一国文化的组成部分,而且区域文化也因此出现融合趋势;不同文化之间的相激相荡,更是新的文化产生的重要机制。

文化交流合作能够使古老的东亚文化圈获得新的生命。文化交流与合作的一个重要功能是共同回忆集体记忆、发现共同利益和现今生活中的共同点。冷战期间,日本和韩国的文化几乎与中国文化相互隔绝。但坚冰打破后,长久尘封在历史中的集体记忆被迅速唤醒。一位日本大学生在听了一位北大教授讲授的有关中日文化关系的课程后,在学习心得中写到:“以前总以为中国是地理上很近,而心灵上很远的国家。听了这些课,才知道,我们日本文化的各种样式,都融汇有中国的文化。当我们再一次陶醉于自己民族文化之中时,我同时感受到了对中国文化的亲切感。”①一位韩国学者访问中国之后感慨道:“在过去的半个世纪中,我们与中国大陆没有什么联系,但建交以后就给人以比欧洲和别的地区更加亲切的感觉。这是因为韩中两国之间具有文化的共同性。”②此外,文化交流与合作更可以增进新的情感,创造新的集体记忆。社会学和心理学的研究表明,人类的记忆并非因为时间近才存在,而是因为它是群体共有的思想。所有的交往,包括体育运动会和青年文化活动,都在建立新的集体记忆,使参与者把自己置于群体的角度,接受它的旨趣,采取它的反思倾向。这将会从根本上培育集体认同。③

文化交流合作不但可以使人们发现地区内各个国家和民族之间存在的精神纽带或联结,还能有助于人们发现区域内各个国家在经济贸易关系方面存在的相互依赖。例如,中国人会发现日本有许多中国产品,日本人也能发现中国有许多日本产品,从而更加深刻地认识到中日之间在经济上已经形成了一种“一损俱损、一荣俱荣”的关系。

文化交流和合作不但能够有效地增进东亚各国人们之间的相互沟通和理解,更能够帮助人们发现对方民族传统和民族性中所具有的优秀品质,发现作

---

① 严绍璗:《中日文化关系的历史与现实》,载《21世纪中日关系展望及亚洲太平洋地区与发展会议论文集》1995年版,第25页。

② 转引自关世杰:《试论21世纪亚洲发展中的文化问题》,《国际政治研究》1996年第2期。

③ 参见[法]莫里斯·哈布瓦赫:《论集体记忆》,毕然、郭金华译,上海人民出版社2002年版,第92、44页。转引自俞新天:《东亚认同感的胎动——从文化的视角》,《世界经济与政治》2004年第6期。

为一个整体的东亚各个国家和民族之间存在的内在联系和未来发展的美好前景，从而增进人们作为亚洲人的自尊、自信和自豪感，加大东亚的吸引力和内聚力。许多韩国和日本游客参观了中国的故宫、颐和园、长城、秦始皇兵马俑后，都对古老而璀璨的中华文明的博大精深感到崇敬，并因此改变了对中国的印象。中国人到了韩国和日本后，也对这两个国家的现代化程度、良好的社会秩序和几近一尘不染的城乡环境感到心悦诚服。近年来，随着中国与东亚邻国文化交流与合作的开展，来中国留学的外国学生开始超过中国到外国的留学人数，其中大部分学生来自东亚国家，就是一个富有说服力的例证。

文化交流能够增进各个民族之间的相互理解，培养互信与友谊，消除隔阂与敌意。在最低限度上，文化交流合作能使当事人相互熟悉，所谓“一回生、两回熟”。据人类学的研究成果，至少对于人类来说，“生的”总意味着“不安全的”“值得怀疑的”甚至是“危险的”，而“熟的”则意味着“安全的”和“可信赖的”和“可靠的”。如果交流与合作能够取得成效、成绩甚至成就，则更能够拉近当事人之间的心理距离。

2015 年 7 月，“和平是福”中日名家绘画展在日本东京宪政纪念馆、明治纪念馆等展出，日本各界政要人士受邀出席，受到了日本社会各界的广泛好评，甚至还有在中国经商的日本人专程赶回东京前来欣赏画作。在欣赏画作的同时，日本各界也表达了对中、日两国和平友好的共同期盼。日本众议院议长大岛理森认为这次画展能够为日本民众带来更多对于和平的祈盼，而来自东京的新志津香女士和朋友专程来到明治纪念馆参观画展，她说：“我很喜欢中国的水墨画，能从画作中感受到文化的魅力和和平的蕴意。”[①]显然，这样的交流对于共创中、日两国发展的美好未来，为亚洲和世界和平作出贡献是大有裨益的。

正如习近平主席在 2015 年 5 月中日友好交流大会上所言：“邻居可以选择，邻国不能选择。‘德不孤，必有邻。’只要中、日两国人民真诚友好、以德为邻，就一定能实现世代友好。”[②]“文化交流，是心灵的交流。”通过文化交流，可以超越语言的障碍，在相关国家人民的心灵上架起友好和相互理解的桥梁。例如，中、日两国的文化交往源远流长。两国在文化上有许多共同点，彼此很容易沟通和理解。例如，昆剧东渡，使日本观众看到这个古老剧种的旺盛生命力。有的日本观众说：“昆剧的音乐非常美，非常吸引人。我感到它与邦乐有相似之

① 《日本各界政要出席中日友好画展　反思历史共祈和平》，今日头条，2015 年 7 月 31 日，http://toutiao.com/i5147314900。

② 《习近平在中日友好交流大会上的讲话（全文）》，“新华网”，2015 年 5 月 23 日，http://news.xinhuanet.com/politics/2015-05/23/c_1115384379.htm。

处,同时它又具有中国自己的特色。虽然剧情简单,但它细腻地刻画了人物的内心世界。"又例如日本的"狂言"剧,尽管台词是日语,但是由于贴近生活,感情相通,中国观众完全能够理解。[①]

文化交流合作可在诸多层面以多种形式获得开展,而下述诸领域的交流合作能够对东亚认同的构建起到更为有效的作用:

第一,学术界的交流与合作。学术研究方面的交流与合作最有发展空间、最富有前景,并能够产生最大影响。东亚知识分子在构建东亚认同方面负有重大历史使命。他们不仅要为"东亚联合"和"东亚合作"提出各种根据、理论、计划和设想,还负有思想文化的提高与创新,从而为东亚合作提供精神上凝聚力、亲和力和向心力的职责。这一切,仅仅依靠学者在各自国家各自为战显然是难以完成的,需要走出国门,在不同国家、不同文化的学者之间通过访问、合作研究、召开国际会议等方式开展广泛交流合作。作为社会精英,学者还有引领知识发展方向、左右舆论和世风的作用。他们的立场和观点,直接影响着东亚各国人们的精神状态。学者还是东亚各个国家文化的承载者和传播者,他们理应通过文化交流合作的途径,将本国、本民族的文化成就在东亚区域内加以传布。总之,东亚认同的最终形成全赖学界的努力,而跨越国界的交流合作则是其中最为重要的环节。

在某一地区内精神文化纽带的形成是历史长期演进的结果,追溯精神文化纽带形成的历史则是后代子孙强化文化认同的一个重要途径。自 1978 年中国大陆启动现代化建设以后,东亚地区各个国家的学者有关儒教文化与东亚现代化关系的讨论日渐深入,并一直持续至今,对东亚认同的发展产生了深刻的影响。

正如陈廷湘所指出的那样:"如果说共同利益是东亚区域意识形成的直接动因,那么这场对东亚各国共有文化精神的讨论则是为之建筑深层心理和情感的基础。"[②]东亚众多学者在规模巨大的"儒学热"的影响下,召开和举办了在各种类型的学术会和纪念会,出版多种文集和刊物,既昭示了东亚人对东亚历史文化的深切关怀之情,也有力地加强了东亚人对东亚文化的认同。通过研究和讨论,东亚学术界基本上认同了"东亚儒家资本主义"及其成就,并提出了东亚共同经济圈建立于共同的文化——儒家文化地基上,儒家道德是东亚人共同的意义之源,儒教是东亚人的心灵归依之所等观点,目前已经成为东亚认同的重要内容。杜维明指出:东亚人把东亚经济的"成功因素"归功于儒家思想,是长

---

① 参见刘德有:《中日友好的源泉——民间交流》,载北京大学日本研究中心编:《日本学》第 12 辑。

② 陈廷湘:《儒学认同与东亚区域意识的强化》,载宋成有、汤重南主编:《东亚区域意识与和平发展》,四川大学出版社 2001 年版,第 189 页。

期感到被西化压制的东亚人的一种强烈的“寻根”意识或“归属感”的表征。①

在追寻东亚世界共同文化渊源,发现东亚各个国家和民族在精神文化方面存在的固有联系方面,还有许多需要东亚各国学者戮力同心才能圆满完成的任务。例如,除了儒教文化外,佛教文化、伊斯兰教文化也都在历史上曾经对东亚许多国家产生过重要影响,通过共同研究和弘扬上述宗教文化传统,明显有助于东亚达成对东亚价值体系的认同乃至心灵上的皈依感,从而使东亚认同成为一种与历史传统展开的、指向一致的、具有文化深层和共同心理素质基础的地域观念。

在过去 20 多年的时间里,中日之间在朱子学研究、阳明学研究、福泽谕吉和鲁迅研究都曾进行过学术交流与对话,沟口雄三、孙歌等人关于“知的共同体”的研究也取得了很好的成果。20 世纪 90 年代以来,中日韩学者共同合作,围绕中日关系、中韩关系、东北亚合作等课题开展了广泛深入的研究,三方对话和交流的共同话题有所增加。中国和东南亚国家就“中国—东盟贸易区”的建设问题也多次开展学术方面的交流。此外,有关“东亚意识”“东亚区域经济合作”“全球化”等题目逐一被纳入东亚学者共同讨论范围。对一些相互之间存在分歧的历史问题开展合作研究,更能达到形成共识的效果。2005 年,中、日、韩三国学者和教师共同编著并在三国同时出版的《东北亚三国的近现代史》,就在许多历史问题上达成共识,产生了很大的社会影响。

第二,文化艺术界的交流与合作。伴随现代化的深入,以影视文化为核心的大众文化日益超越国界,对增进不同国家人们之间的相互了解起到难以估量的作用。在 20 世纪 80 年代的中国,日本影视艺术大受欢迎。近年来,日本电视剧在韩国也取得一定市场,但“韩流”在中、日两国更是滚滚而来,在韩国,“汉风”也日渐强劲。韩剧在中国许多电视台轮番上映,收视率居高不下。《来自星星的你》《太阳的后裔》等热门影视剧使得金秀贤、全智贤、宋仲基、宋慧乔等剧中主演的追星族遍布中、日、韩三国。许多日本女性更因喜欢韩剧而掀起一股学习韩语和韩国文化的热潮。韩剧在日本的成功,在一定程度上对由于历史原因导致的日韩之间的排斥情绪有所化解。日剧和韩剧取得的巨大成就,还表明亚洲人开始崇拜自己的偶像,而不是西方的偶像;亚洲的各种文化开始相互欣赏、相互融合。此外,影视文化的交流与合作还不仅仅限于电影和电视剧的引进与播放。近年来,东亚还出现了跨国家和地区合拍电影、电视剧的情况。如在日本受到欢迎的香港导演王家卫导演的一部作品中,主演正是日本巨星木村拓哉,而来自中国香港和韩国的著名女影星也在片中亮相。更有趣的是,该片

① 参见陈廷湘:《儒学认同与东亚区域意识的强化》,载宋成有、汤重南主编:《东亚区域意识与和平发展》,四川大学出版社 2001 年版,第 193 页。

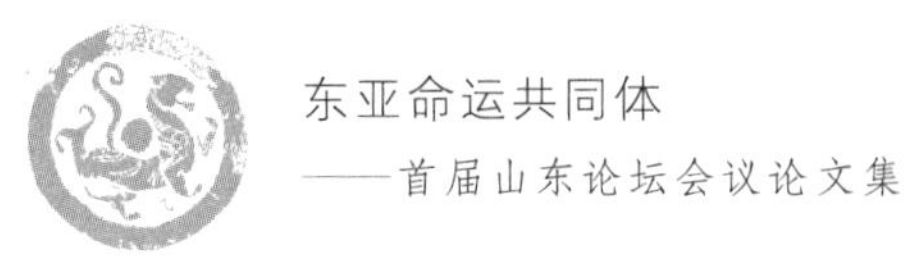

场景选在釜山，而且是剧设时间过去50年之后的釜山。

当然，文化艺术方面的交流与合作的内容远远不止于影视艺术，诗歌、音乐、舞蹈、戏剧、绘画、书法、图书馆、博物馆、文物、考古、新闻、出版、摄影、文学、曲艺、民俗以及教育、体育、卫生、宗教、建筑等都应包括在内。

第三，大众层面的文化交流合作。受多方面因素的影响，迄今东亚各国之间以普通民众为主体的文化交流合作的开展情况仍十分有限。实际上，要将“东亚”由一个地理概念上升到一种具有高度心理认同的文化概念，最终可能需要通过东亚各国之间不断深入开展民间文化交往才能完成。而在这一过程中，地方政府、企业、学校、市民团体或NGO将扮演越来越重要的角色。

旅游是大众层面文化交流的最为重要的方式。旅游的最大特征是参与的广泛性——各行各业男女老幼都能参加——和商业行为和文化行为的有机结合。也因此，旅游在拉近不同国家、不同民族和不同信仰的人们之间的距离，增进相互了解、理解与信任方面，能够收到许多意料之外的效果。中、日、韩三国之间的旅游业的蓬勃发展，并对消除政治关系恶化所产生的不良影响方面起到积极作用。2014年，中国入境游客总人数达12849.83万人，除港澳台外外国人入境人数为2636.08万人。其中，接待韩国游客418.17万人次，占入境外国游客总量的15.86%，排名第一；接待日本游客271.76万人次，占入境外国游客总量的10.31%，排名第二。[①] 2015年，中国出境旅游高达1.2亿人次，韩日游受热捧，去日本买马桶圈和电饭煲甚至成了中国社会热议的话题，首尔和东京在中国境外游热门目的地综合指数排名中高居第二位和第三位。[②] 正如前韩国文化观光部长官金明坤所言，韩、中、日三国虽然在一些敏感问题上存在分歧，但是合作发展旅游产业可以更多地增进理解，化解矛盾。由于三国地理位置邻近，区域内人口总数约16亿，旅游合作的前景广阔。此外，近年来，东北亚国家与东南亚的旅游交流与合作也得到长足发展。其中，尤以中国赴东南亚国家的游客的人数增长的最为显著。未来，东亚国家不仅在扩大旅游交流的方法和途径、开发旅游产品的数量和种类等方面大有作为，更能够在提供入境便利，加强旅游信息交流、旅游教育培训，建立并加强多边和地区合作机制等方面开展交流与合作。

除旅游外，东亚各国的民众还能够在插花、盆栽、园艺、茶道、书法、装潢、广告制作、饮食与料理、服装设计、工业美术与商业美术、建筑等方面开展广泛而深入的交流与合作。

---

① 参见国家旅游局官方网站所公布的数据，http://www.cnta.gov.cn/。

② 《2015年中国旅游统计报告出炉：国内旅游突破40亿人次》，人民网，2016年5月23日，http://hn.people.com.cn/n2/2016/0523/c195194-28381526.html。

集体身份认同与跨国区域社会共同体的建构

——关于东亚社会共同体建设的思考

马风书*

摘要 集体身份是每一个社会成员必然拥有的社会角色，而对某种集体身份的认同或排斥则是选择的结果。在日益多元化的现代社会，集体身份认同的状况直接影响着社会整合和统一的成功与失败。对于区域性国际社会的成员而言，国家认同和区域认同是最重要的集体身份认同。在全球化和国际局势日益复杂多变的形势下，这两种集体身份认同之间存在着复杂微妙的关系，并对地区局势乃至全球国际关系具有极为重大的影响。目前，东亚社会共同体的建设既面临严峻的挑战，也存在重大机遇。只要各方均认清形势，自觉树立集体身份认同，秉持友好合作、互谅互让、互利共赢的理念，灵活采取多轨道、多线路、多层次、多领域、以小促大、以民促官的方式，扎实工作，稳步推进，相信东亚社会共同体终将变成现实。

关键词 集体身份认同；区域命运共同体；东亚社会共同体

自人类社会形成以来，每一个社会成员便被赋予了某种社会身份和角色，发挥着某种社会功能。身份认同是人们依据各种主客观因素，对自身社会身份和角色的认知、情感与期望。对于区域性国际社会的建构而言，政治认同和文化认同是最核心和最关键的认同，而国家认同和地区认同则是最重要的政治和文化认同。对某种身份的认同、不认同甚或抗拒直接影响甚至决定着人们的政治态度、政治立场、组织选择和政治行为。一旦这种态度、立场和行为成为大规模的国际社会政治现象，将会释放出巨大的能量，对地区局势乃至全球国际关系的发展演变产生重大影响。

---

* 马风书，山东大学政治学与公共管理学院教授、俄罗斯与中亚研究中心主任。

一、集体身份认同及其影响因素

认同(identity)概念源自拉丁文 idem 一词,意为同样、相同。包括 S. 弗洛伊德、E. H. 埃里克森、G. H. 米德、N. 富特、G. P. 斯通、E. 涂尔干、M. 韦伯、J. 哈贝马斯等在内的西方学者对这一概念进行了种种定义,但由于他们的学科背景和出发点不同,这些定义存在较大分歧。《现代汉语词典》对认同的解释是:(1)认为跟自己有共同之处而感到亲切;(2)承认、认可。徐贲对认同进行了三种不同的解释:(1)“同一性或等同,即某种具有本质意义的,不断延续或重复的东西”;(2)“确认和归属”;(3)“赞同或同意”。① 根据国内外学者的相关论述,我们可以将认同理解为社会主体对社会客体认可、肯定、赞同甚至欣赏,或认为彼此相同因而感到满意和亲近的心理状态与心理过程。

认同与一定的社会身份相联系便形成了身份认同,它是指社会行为体对特定文化背景下的自我身份和他者身份所体现的社会地位、道德准则、行为规范、权责义务、功能作用等的认可、赞同、敬畏、忠诚和承诺。纳尔森·富特(Nelson Foote)对身份认同的界定是“对某一特定身份或一系列身份的占有和承诺”(appropriation of and commitment to)②。身份认同包含多个层次,从认同的主体性来看包括个体身份认同和集体身份认同两个层面。个体身份认同是指作为社会单元的个人对自我身份和他者(包括个人或群体)身份内涵和特征的认同,其中前者强调的是自我身心体验,以自我为核心,常表现为个性自由或个人主义,后者强调的是他者的经验和知识,更多地体现为集体主义。集体身份认同是指社会群体对自身内在规范和外在地位的认同,以及对多群体联合体的认同并自愿成为该联合体的一员,其中前者是该群体内聚力的基础和决定因素,是群体成员归属感的主要来源,后者则体现了该群体对“非我族类”的包容和融入,是多群体社会实现统一的基本条件。如表 1 所示。

表 1　　身份认同的主体性分类

个体身份认同	集体身份认同
自我身份认同(自我中心、个性自由、个人主义)	自我身份认同(成员归属感、内部凝聚)
他者(个人或集体)身份认同(集体主义)	多群体联合体认同(对他者的包容和融入、社会统一)

---

① 徐贲:《知识分子——我的思想和我们的行为》,华东师范大学出版社 2005 年版,第 192 页。

② 王莹:《身份认同与身份建构研究评析》,《河南师范大学学报(哲学社会科学版)》2008 年第 1 期。

从身份认同的属性来看，它包括本原性身份认同和社会性身份认同两个方面。本原性身份认同属于人的自然身份认同，是天然给定、无法改变的，如一个人的血缘身份、时代身份、性别身份、祖籍身份等。社会性身份认同是社会行为体在彼此互动过程中所建构的认同，是后天选择的结果，在一定的主客观条件下可以改变，如文化身份、宗教身份、政治身份、行业和职业身份、等级身份、共同体身份等。马戎教授认为，“人们对认同的对象在程度上会出现或者强化、或者弱化的现象，或者在两者之间多次反复，甚至对某个族群的认同意识也有可能彻底消失”[①]。如表 2 所示。

表 2　　　　身份认同的属性分类

本原性身份认同	社会性身份认同
自然身份、天然给定、无法改变	建构身份、后天选择、可以改变
血缘身份、时代身份、性别身份、祖籍身份	文化身份、政治身份、职业身份、等级身份

在社会发展的历史进程中，人们的集体身份认同往往受多种因素的综合影响，其变化呈现出不同的形态和演变方向。

第一，个体身份认同是其所属群体集体身份认同最基本的构成要素，也是其发生转变的根本诱因。个体身份认同与集体身份认同不是割裂的，二者既相互矛盾，又相辅相成、相互建构。个体身份认同在达到相当规模和程度后便形成为集体意志，表现为集体身份认同。同样，个体身份认同的变化达到相当规模和程度后，集体身份认同也必然发生相应的转变。就个体而言，其个体身份认同与集体身份认同之间存在一个变量曲线。个体身份认同中的自我意识越强，对集体身份的认同就越弱。如图 1 所示。在个体身份认同对集体身份认同的影响中，起主要作用的是具有巨大影响力和感召力的精英人物的身份认同。

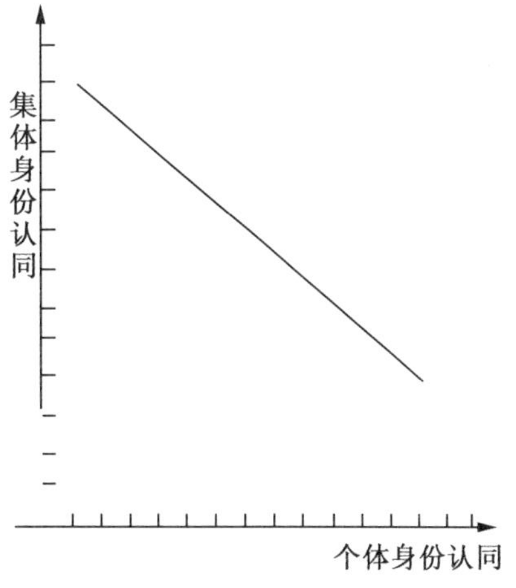

图 1　人的身份认同的两种指向

第二，代际更替在一定条件下会极大地改变个体所属集体的身份认同。代际更替是人类社会发展的自然规律，随着老一代成员退出历史舞台，在新的时

① 马戎:《民族社会学——社会学的族群关系研究》，北京大学出版社 2004 年版，第 70 页。

代背景下，新一代成员的社会环境、受教育水平、知识结构、社会化程度、对历史问题的认识、利益关切、思维方式甚至价值观念都会发生或多或少的变化。这必然会影响到他们集体身份认同的内涵、标准和目标。代际更替的代差越大，集体身份认同的变化就越明显。

第三，在社会统一体中，人们对统一体的集体身份认同与群体数量的多寡以及群体间差异的大小密切相关。一般来讲，群体的数量越多，群体间的差距越大，人们对统一体的集体身份认同也就越弱。如图2和图3所示。

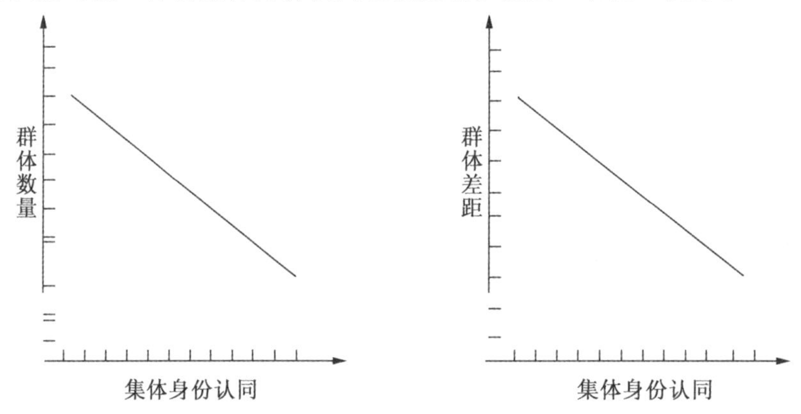

图2　集体身份认同与群体数量的关系　　图3　集体身份认同与群体差距的关系

第四，结构性差异对集体身份认同具有重大影响。受各种历史和现实因素的影响，不同个体和群体之间在受教育程度、基本技能、职业构成、生活状况、社会地位、制度架构、宗教信仰乃至语言等方面往往存在不同程度的差异。这些差异属于结构性差异，短时间内很难消除，由此造成他们在集体身份认同的属类和强弱程度上的种种不同。而随着这些结构性差异的扩大、减弱或消失，其集体身份认同也会发生相应的变化。

第五，群体的属性和特征是集体身份认同的重要影响因素。人类社会中的不同群体依据其所具有的不同属性和特征而相互区别。就其属性而言，社会群体包括血缘群体、种族群体、民族群体、地域群体、社区群体、性别群体、文化群体、政治群体、经济群体、宗教群体、行业群体、职业群体、科研学术群体、兴趣爱好群体等。就其特征而言，有的群体具有严密的组织机构、完整的信仰体系、明确的追求目标、相对封闭的意识观念、对群体交往的排斥等；有的群体则较为松散，甚至没有固定的组织机构，信仰自由，目标多元，有较强的对外交往意识，对其他群体具有开放性和包容性。这些不同属性和特征对于社会成员的集体身份认同、该群体对待其他群体的态度，以及更大范围的集体身份认同会产生非常重要的影响。

第六，集体身份认同在政治化与非政治化之间有众多过渡阶段，除国家之外的非政治集体身份认同更有利于多群体社会的统一和团结。社会学研究表明："处在纯粹的文化群体、纯粹的政治实体这两个极端之间的，是一个'连续统'(continuum)，在这条连续统的两端之间存在着无数个中间的过渡阶段。……随着社会经济的发展、政府政策的引导和外部势力的推动，这些族群会在这个'连续统'上向某个端点移动，它所具有的'政治实体'的性质或者增强或者减弱。"[①]事实表明，除国家之外的群体政治化及其成员集体身份认同的政治化往往会激化社会矛盾，强化社会冲突，甚至导致社会统一体的瓦解，而群体的非政治化及其成员集体身份认同的非政治化则有利于社会统一体的稳定和巩固。

第七，无意识认同是集体身份认同的最佳状态。人们的集体身份认同并非时刻处于活跃状态，只有在与其他群体相遇，并体认到相互间的区别和差异时才会活跃起来。而无意识认同，即对自身的某种集体身份不持怀疑、无需追问，认为是理所当然的认同，对集体的凝聚、团结和发展最为有利。

第八，国家的政策和制度对人们的集体身份认同具有引导性作用。在由众多群体组成的多元化社会中，各群体尤其是族群之间往往在政治、社会、经济等方面存在着程度不同的结构性差异和不平衡，不同国家之间的群体差异和不平衡更为突出，这成为群体矛盾和冲突乃至国家矛盾和冲突的重要诱因。在这里，国家的政策选择发挥着重要的引导性作用。国家在政策上是把社会成员仅仅当作国有公民还是把他们当作国际社会共同体的成员来对待，对这些人集体身份认同的强化或弱化具有重大影响。

第九，政府宣传和社会舆论是集体身份认同的重大导向性因素。对于各国绝大多数民众而言，政府宣传和社会舆论导向往往成为其认同选择的主要参照坐标。根据相关的信息和价值判断，人们对其他国家、国民和地区往往会形成大致相同或相似的认知，从而促进或阻碍其自身集体身份的选择，并通过民意的形式表现出来。随着信息传播技术的快速发展，这种影响的作用越来越大。

第十，域外政治势力的干涉和介入对各国国民的集体身份认同会产生重大影响。随着全球化的加速发展，国际交往的规模空前扩大，交往的频率越来越快，特别是国际互联网的全球普及使各国的信息交流更加便利快捷，域外政治势力的干涉和介入更加容易。而鼓动域内不同国家之间的对抗和冲突，破坏地区一体化努力，一直是个别西方大国公开的政策和行为。这对域内由于诸种原因存在分歧与冲突的国家及其民众必然会产生一定的刺激作用，从而对区域命运共同体的建设形成巨大障碍。

---

① 马戎：《民族社会学——社会学的族群关系研究》，北京大学出版社2004年版，第576页。

二、国家认同与区域社会共同体认同的关系

对于区域性国际社会而言，国家认同和跨国社会共同体认同是最重要的集体身份认同。然而，这两种认同的关系却极为复杂，在不同国家内部也表现得非常不同。一般来讲，二者呈反比关系，国家认同的强化意味着区域跨国社会共同体认同的弱化，区域跨国社会共同体认同的强化则意味着国家认同的弱化，一体化程度的加强则意味着国家地位的下降。欧洲联盟的形成和发展即反映了这种状况。从国家层面看，领土面积广阔、群体规模较大、实力较强、开放程度较高、国民的国际视野宽广、具有较强地区责任感的国家，其对跨国共同体的认同相对较强，反之对国家的认同则相对较强；和域内国家关系密切、合作较多的国家更倾向于建立地区性社会共同体，支持区域一体化进程，反之则更强调本国的利益，反对区域一体化对国家利益的损害。另外，不同国家之间核心利益冲突（如领土争端、政治制度差异、文化冲突）较大的地区，国家认同要大于和强于跨国共同体认同。这一关系受到多种主客观因素的影响，其中地缘政治和地缘文化状况、国家的综合实力、国家的政治制度、国家及其国民的国际视野和开放程度、国家的地区责任和使命感、和地区内外国家的关系、地区外国际势力的影响等最为重要。结合不同因素的影响，从不同角度观察，国家认同与跨国社会共同体认同的关系往往呈现出不同的形态。

第一，地缘政治和地缘文化视角。一般来讲，位于大陆腹地的国家相对封闭，与外界的交往相对较少；海洋国家却比较开放，与外界交往较多；而兼具大陆和海洋特征的国家则往往会经历一个由封闭到开放的转变过程，而且随着现代化建设和融入全球化进程的逐步发展，其开放程度也逐步提高。国家的开放程度及其与外界交往状况直接影响着该国国民的集体身份认同。开放性国家的国民一般具有更为宽广的国际视野，对国际社会有着更为深刻和全面的了解，对国际合作特别是国际社会合作有着更高的期待，也更愿意成为跨国社会共同体的一员，因而具有较强的跨国社会共同体认同。封闭性国家的国民往往对本国之外的世界缺乏全面、客观的了解和认识，较易受本国政府宣传的影响，往往担心其他国家和国际社会损害本国及自身的利益，对跨国社会共同体的态度要谨慎得多。另外，地域相邻的国家及其国民对于本地区的安全、稳定、合作和一体化有着更强烈的关切，对域外国家的关注则要弱得多。地缘文化状况也会强烈影响社会大众的集体身份认同。总体上，拥有相同或相似文化的国家及其国民更容易产生“同属我者”的亲近感，也更愿意在地区和国际事务中站在一起，对于建立由共同文化国家组成的跨国共同体也持有更为赞同的立场，拥有较强的跨国社会共同体认同。相反，在文化差异较大甚至彼此排斥的国家之间

很难建立巩固而持久的互信，也更难形成共同的区域社会共同体认同。

第二，国家综合实力的视角。通常，区域内的大国和强国往往具有较强的主导地区事务与整合地区力量的欲望和责任感，愿意为促进地区一体化和建立地区社会共同体做出较多的贡献。如果某一地区内存在两个或数个实力相当的大国和强国，便有可能出现彼此争夺地区事务主导权的现象，一体化建设也将呈现出较为复杂的局面。而小国和弱国则往往依附于某个大国和强国，并在战略上成为后者争夺主导权的支持者和后备力量。尽管有时小国、弱国也试图通过联合实现独立自强，但真正完全做到这一点实为困难。在域内存在两个或数个大国和强国的情况下，众多中小国家有可能发生分化。在这一过程中，中小国家一般会成为大国争夺和拉拢的对象。据此分析，综合实力较强的地区国家及其国民往往具有更加明显和积极的区域社会共同体认同。

第三，地区外国际势力的影响。到目前为止的国际关系史表明，当一个国家获得世界超强实力之后，其称霸世界的野心也会逐步形成，而对外侵略扩张、建立殖民体系或确立对全球事物的主导权必将成为其国际战略的基本目标，对重要地区事务的介入甚至主导则是这一战略的内在逻辑。因此，对于任何将其排除在外的地区一体化努力，这类超级大国往往竭力加以阻挠和破坏，具体方式包括公开反对、强行介入、拉拢和培植代理国、挑拨和激化域内不同国家的关系、另行组建地区组织与之对抗等。冷战结束以来美国对东亚一体化进程的立场和政策即是这一现象的反映。另外，基于文化特别是宗教的巨大影响力，某些域外国家有可能对域内某一或某些国家强力进行文化输出，促进或阻碍相应国家及其国民对跨文化社会共同体的认同。在这种情况下，国家认同与区域社会共同体认同的关系必然会呈现出复杂多变的特征。

第四，国家政治制度的视角。如同文化一样，一国的政治制度也是影响其对外政策的重要因素。拥有相同政治制度的国家彼此具有高度的认同感，关系相对融洽，合作相对密切，反之则极易产生种种隔阂和矛盾。冷战结束以来，在西方大国竭力向全世界推广其政治制度的背景下，情况更是如此。这在一定程度上必然会影响地区一体化的发展进程和跨国社会共同体的建设。例如，作为经济、政治和文化高度一体化的地区组织，政治制度的民主化历来是欧盟成员国最主要的标准之一。另外，国家的政治民主化程度也会影响到其国民的参政热情及其对国家政策的干预程度。在具有高度民主的国度，民众对国家认同和跨国社会共同体认同的政治取向必然会影响甚至左右政府的相应决策，反之民众则仅仅是政府政策的盲从者。

第五，与地区内外国家关系的视角。国家之间的交往特别是各国民间的交往是不同国家及其民众相互了解、适应、学习和接近的重要途径，也是建立跨国社会共同体唯一有效的渠道。然而,在地区内国家存在诸多矛盾甚至冲突的背景下,个别国家出于私利或争夺地区主导权的考虑,常常借助域外大国的力量对域内某个或某些国家进行压制和制约。因此,与本地区国家疏离而向地区外大国靠拢便成为其对外战略的重要特征。这类国家在政治、军事和外交上也往往受到域外大国某种程度的控制。这必定会影响其对地区一体化的立场和政策。战后以来日本的"脱亚亲美"政策正是如此。当然,这种影响在不同的时代背景下并不完全相同:一般而言,当这一国家在本地区实力超群且具有主导地区事务的强烈欲望时,它往往表现出挣脱域外大国控制而加强与本地区国家关系的倾向,而当域内某国快速崛起,日益接近甚至超越其实力时,它便开始更多地转向地区外部。这必然会影响到地区各国及其国民的国家认同和跨国社会共同体认同。

总之,国家认同和地区跨国社会共同体认同是一对难以避免的矛盾,其基本状况决定着相应国家的内外政策走向。

三、东亚社会共同体建设的身份认同基础及其面临的挑战

从理论上讲,区域社会共同体的形成是该区域各社会单元彼此合作与共同行动的结果,而不同社会单元的合作与共同行动则是以其某种程度和方式的同意(支持、赞同、默认等)和共识为基础的,但要达成这种同意和共识,必须以对合作和共同行动基本要素的某种一致认识为前提,而认识一致性的出现往往要经过行为体的反复互动才成为可能。在这一观念和行为的互动过程中,各社会行为体逐步确立了自身在区域社会环境中的角色和身份,也逐步形成了某种地区性的集体身份认同。建构主义和社会认同理论认为:"合作的实现是建立在观念一致性的基础之上,其中最为重要的是身份的认同(共有知识)对于合作的重要意义",因此"加强利益的一致性认识以及身份的一致性认识"就成为合作的重要条件,它有助于巩固和加强主体间"知觉上、预期上的一致性"。[①] 一般认为,在一体化或地区主义进程中,"共同体"概念与地区集体身份密切相关,集体身份成为界定共同体性质的基本特征之一。亚历山大·温特指出:"集体认同是一体化理论的核心变量,因为没有集体身份,一体化充其量也只能说是形成了暂时的合作行为,而不能说是形成了共同体。"[②]

东亚共同体的构想和建设是伴随着东亚地区主义的发展而出现的。20 世

① 参见尹继武:《共识的国际战略效应:一项理论性探讨》,《国际安全研究》2016 年第 1 期。

② Alexander Wendt, "Collective Identity Formation and the International State," *American Political Science Review*, Vol. 88, No. 2, June 1994, p. 384.

纪 60 年代，受欧洲共同体成功经验的启发，主要出于摆脱美英等国控制、谋求经济独立的考虑，东南亚一些国家开始了地区联合的尝试，并最终于 1967 年建立了“东南亚国家联盟”即东盟。1997 年亚洲金融危机爆发后，东盟与中日韩的“10＋1”和“10＋3”合作进程开始启动并获得迅速发展。与此同时，“10＋3”框架内的中、日、韩三国合作机制逐步形成，成为地区合作的另一个重要路径。进入 21 世纪特别是 2008 年全球金融危机爆发后，东亚地区主义出现了新动向。一方面，中、日、韩三国合作开始超越“10＋3”框架而成为东亚地区合作的另一个独立的主渠道。另一方面，东亚地区主义出现了泛化趋势，2005 年印度、澳大利亚和新西兰加入地区合作进程，出现了“10＋6”模式（东亚峰会），2011 年美国和俄罗斯加入东盟峰会，“10＋6”扩大为“10＋8”。与此同时，在“亚太再平衡战略”的大背景下，美国于 2009 年接管并开始主导另一个非包容性的地区合作机制，即 TPP。另外，东盟建设出现了明显内倾化的趋向，其主要目标转变为在《东盟宪章》基础上构建东盟政治、经济和社会共同体。①

上述进程表明，东亚社会共同体的建设有着广泛而深刻的身份认同基础，但这种认同也面临着巨大的挑战，存在着逐步退化的风险。总体上看，东亚社会共同体建设的集体身份认同基础主要体现在两个方面。

首先，作为东亚合作和共同体建设积极推动者和最初引领者的东盟各国具有强烈的东亚身份认同。东盟有关国家（马来西亚、菲律宾、泰国、印度尼西亚、新加坡）是东亚地区合作和一体化建设的最初发起者和引领者。在提出和推动这一倡议的过程中，有关国家表现出了强烈的地区认同和摆脱域外强权控制的愿望。马来西亚前总理巴达维曾公开声明：“东亚共同体必须由东亚人组成，必须由东亚人来建设。”②东盟秘书长特别助理在《走向东亚共同体：旅程已经开始》一文中也指出：“我们东亚人民正在经历这个广大区域中具有历史意义的发展……最重要的是，我们东亚人民有能力一起努力，为我们所有人创造一个更好的未来，也为我们的子孙创造一个更好的世界。”③1990 年 12 月，时任马来西亚总理马哈蒂尔呼吁由东盟和中、日、韩三国共同组成东亚经济集团（EAEG）。1994、1995 和 1996 年，东盟部长会议邀请中、日、韩三国外长出席非正式午餐会，并于 1996 年启动了东亚 13 国与欧盟的亚欧会议。正是在东盟的努力下，

---

① 参见韩爱勇：《东亚地区主义何以走向衰落?》，《外交评论》2015 年第 5 期。

② “East Asian Community Taking Root,” *The Nikkei Weekly* (*Japan*), July 18, 2006. 转引自季玲：《“东亚共同体”与东亚集体身份兴起的情感动力》，《外交评论》2011 年第 4 期。

③ Termsak Chalermpalanupap, “Towards an East Asia Community: The Journey Has Begun,” ASEAN Secretariat. 转引自季玲：《“东亚共同体”与东亚集体身份兴起的情感动力》，《外交评论》2011 年第 4 期。

形成了明确的“东亚”概念，从而为构建东亚地区认同和“东亚共同体”概念奠定了基础。2001 年，东亚展望小组(East Asia Vision Group)在其研究报告中首次提出了以建立东亚共同体为目标的地区一体化设想，并为该共同体建设描绘了相对清晰的路径，建议适时召开由 13 国平等参与的东亚峰会(East Asia Summit)，以建立东亚共同体建设的制度保障。2002 年，由东盟各国高级官员组成的东亚研究小组(East Asia Study Group)向 13 国领导人会议提出了建设东亚共同体的实施方案，其中包括 26 项具体措施。2003 年 8 月，马哈蒂尔在第一届东亚大会上发表了题为《建设东亚共同体：前方的路》的主旨演讲，提出了东亚“共有、共治、共享”的治理理念和建设东亚共同体的五项原则：互利、互敬、平等、一致、民主。2004 年 12 月，巴达维更进一步提出了建设东亚共同体的明确路线图，包括东亚峰会、东亚一体化宪章、东亚自由贸易区、东亚货币和金融合作条约、东亚友好合作区、东亚交通和通信网络以及有关人权和责任的东亚宣言。2004 年，在“东盟 10+3”会议上东盟正式将东亚共同体确立为东亚合作的远景目标，并提议于次年召开东亚峰会。正是由于东盟各国的积极推动，“东亚共同体”不仅被确定为东亚地区主义的长远目标，而且催生了“东亚人”等诸多集体身份概念，加速了域内各国人民的东亚身份认同。

其次，东亚身份获得了中、日、韩三国的积极认同。作为东亚地区实力最强的大国，中、日、韩三国的态度和立场对于东亚共同体建设的成败至关重要。因此，自提出东亚共同体建设构想伊始，东盟国家领导人就积极呼吁和邀请中、日、韩三国参与共同体的建设，并在加强合作的基础上形成了“东盟 10+X”和东亚峰会机制，而且相继与三国建立了自由贸易区，三国还先后加入了《东南亚友好合作条约》。在此进程中，中、日、韩三国的东亚集体身份认同也不断得到确立和强化。特别是，“亚洲金融危机增强了东南亚与东北亚国家的共同命运感，意识到东亚地区相互依存正在加深”①。亚洲金融危机爆发后，日、韩等国提出了在东亚成立一个筹资 1000 亿美元的“亚洲货币基金”的倡议，2009 年日本又提出以中日韩为核心建立“东亚共同体”的倡议。尽管由于美国的强烈不满和反对这些倡议最终流产，但它表明，对东亚共同命运的某种程度的“共同认同或忠诚”以及随之而来的“亲社会行为”已然出现和不断强化。另据 2006 年日本媒体的报道，日本民众对于上述巴达维总理关于东亚共同体必须由东亚人组成和建设的言论并没有感觉任何不妥。② 为了进一步探讨构建东亚共同体的合

---

① 季玲：《“东亚共同体”与东亚集体身份兴起的情感动力》，《外交评论》2011 年第 4 期。

② “East Asian Community Taking Root,” *The Nikkei Weekly* (*Japan*), July 18, 2006. 转引自季玲：《“东亚共同体”与东亚集体身份兴起的情感动力》，《外交评论》2011 年第 4 期。

作方案，为东亚地区合作进程注入更强大的动力，1999年11月中、日、韩三国还决定在“10＋3”框架内启动中日韩峰会，2008年12月又启动了“10＋3”框架外的三国领导人会晤，“中日韩合作终于在踯躅多年之后获得了实质性的推动”[①]。这表明，中、日、韩三国在东亚身份认同上获得了更多的一致性，特别是日本出现了明显的“再亚洲化”趋向。

然而，自美国开始大力实施“亚太战略再平衡”以来，东亚共同体建设进程遭遇了重大挑战，出现了日益退化和消解的趋势，东亚一体化日益迷失方向，动力严重缺失。造成这种局面的原因主要有如下几点。

第一，东亚不同国家之间政治、文化同质性信度（Homogeneity reliability）的低下弱化了彼此的归属性认同，形成了共同体建设的内在制约。同质性是指组织行为体（主要指国家和国家内的政权类型）在团体身份和类别身份上的相同性或相似性，同质性信度则是这种相同性或相似性的程度，亦称“内部一致性信度”。同质性信度对相关行为体的感情承诺、规范承诺、理想承诺和投入承诺具有至关重要的影响。高同质性信度国家由于拥有较多的共同点，相互间更容易产生积极或友善的态度（“如果他们像我们一样，那么我们就应该像对待自己一样对待他们”），从而减少国家身份中的利己成分，促进彼此利益的趋同而减少和降低冲突的数量和程度，各国也更易于对对方和共同体作出更加可信和更大的感情、规范、理想与投入承诺。[②] 而东亚是一个多元化和多样性特征非常突出的地区，各国在领土面积、人口的规模和职业特征、历史发展进程、经济现代化和市场化水平、政治社会制度、文化习俗和宗教信仰等方面存在明显差异，同质性信度相对较低。这决定了东亚各国缺乏天然的亲和感和认同度，彼此之间容易产生“非我族类”的不信任感和排斥感，很难形成对外部较强的感情承诺、规范承诺、理想承诺和投入承诺。从整体看，东亚地区主义表现出明显的功能性色彩，政治与安全合作明显滞后于经济合作，呈现出鲜明的非同步性，东亚各国的集体认同主要是功能性认同，而归属性认同较弱。不仅官方层面是这样，民间层次亦如此。因此，“东亚地区的一体化进程必然比其他区域更为困难”[③]。

第二，东亚一体化和共同体建设的主要动力源始终是各国政府，而且表现出强烈的功能性特征，致使其陷入严重的悖论之中。如上所述，东亚一体化和共同体建设从最初提出设想到实际推进，始终与有关国家政府特别是政府首脑的积极努力密切相关，实际上成为国家推动的“地区合作工程”。这一模式的优

---

① 魏玲：《东亚地区化：困惑与前景》，《外交评论》2010年第6期。

② 参见袁正清：《国际政治理论的社会学转向：建构主义研究》，上海人民出版社2005年版，第139页。

③ 秦亚青、王燕：《建构共同体的东亚模式》，《国际政治》2005年第3期。

势在于，只要各国政府达成某种共识并表现出足够的政治意志，一体化和共同体建设即可获得快速推进，而且在相关制度建设上取得重大进展。然而，国家中心主义的核心要素始终是国家利益，“国家利益而非地区利益和地区整合成为地区国家选择地区主义的主要考虑”，以各自国家利益的最大化为目标，不同国家对地区一体化和共同体建设的认知并非总是一样，“这就决定了它们对地区主义的发展方向和发展路径存在着不尽一致的偏好”。因此，国家主导的地区整合往往伴随着“竞争性地区主义”，“中国式地区主义”“日本式地区主义”和“东盟式地区主义”正是东亚一体化和共同体建设过程中出现的三种相互竞争的地区主义模式。竞争性地区主义过度强调地区作为工具理性的功能，而忽视了地区本身还是一种社会形态和认知建构，“地区的社会性和行为体的多元性被国家所遮蔽”，而且“国家所秉持的地区合作理念并不全然就是‘地区’的，而成为国家的一个重要外交政策工具”，地区价值虽然被国家认可，但地区合作的国家理念却彼此差异。在地区理念严重背离的背景下，地区合作的发展不仅不能成为地区一体化的黏合剂，“反而加剧了国家间的权力竞争”，从而成为地区一体化和共同体进一步发展的障碍。①

第三，东亚核心国家间争端和对抗的升级严重破坏了彼此的互信，阻碍了地区一体化和共同体建设的发展。如果说国家主导下的竞争性地区主义表现为各国对地区合作主导权的争夺，那么关键国家核心利益争端和对抗的激化则直接对地区合作产生严重的消解和破坏作用。对任何国家来讲，核心利益往往是最难以妥协和退让的，一旦某一利益被确认为核心利益，所有对该利益的“冒犯”都会导致彼此互信的丧失，而互信的丧失必然会演变为相互间日益强烈的对抗性认知和认知预期，争执和冲突便在所难免。由于在历史认识和领土主权归属上中国与日本之间存在严重的分歧和对立，而且对立越来越表面化和激烈化，并成为两国关系中无法绕开的焦点话题，因此中日之间曾有过的互信几乎丧失殆尽，对抗情绪和威胁感不断上升，相互认知和认知预期越来越消极和负面。作为东亚举足轻重的两个大国，中日关系的现状不仅严重影响了两国各领域的合作，也构成了地区一体化和共同体建设的重大障碍，“中国依赖地区实现经济崛起和日本在地区合作进程中寻求国家正常化的努力，都会被彼此视为一种威胁，对方倡导的地区主义路径难以获得认可”②。除此之外，韩国与日本、中国与菲律宾、中国与越南等国的领土领海争端也在一定程度上恶化了东亚一体化和共同体建设的政治氛围。

---

① 参见韩爱勇：《东亚地区主义何以走向衰落？》，《外交评论》2015 年第 5 期。

② 韩爱勇：《东亚地区主义何以走向衰落？》，《外交评论》2015 年第 5 期。

第四，民族主义情绪在各国民众中的普遍高涨严重恶化了东亚社会共同体建设的情感氛围。纠结于以往的历史恩怨和现实国家利益的激烈争夺，东亚各国普遍出现了民族主义高涨的局面，不同国家普通民众之间的相互好感度不断下降，彼此的负面印象持续上升。2005～2016 年进行的有关中日关系的舆论调查显示，2009 年以来两国民众对彼此的好感度持续下滑，近几年虽略有波动，但总体上维持在一个非常低的水平，如图 4 所示。

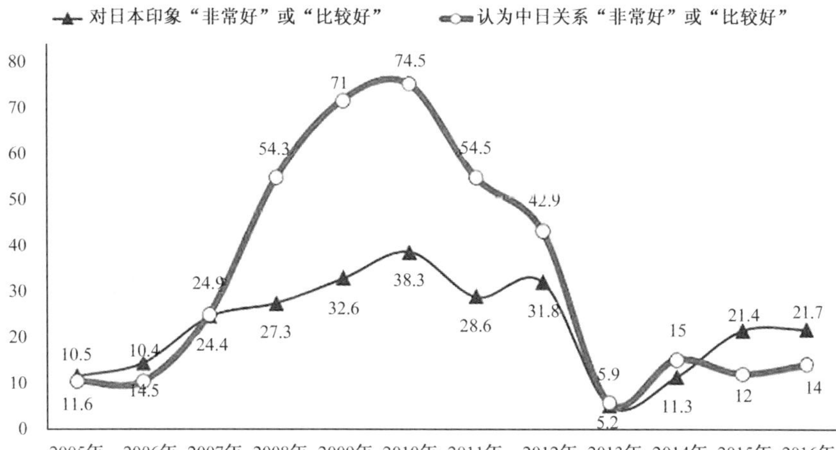

图 4　中国公众受访者对日本好感度及对中日关系现状认知(%)(2005～2016 年)

数据来源：中国外文局：《2016 年中日关系舆论调查中方调查》，2016 年 9 月。[①]

根据日本非营利组织“言论 NPO”2016 年 9 月 23 日公布的最新调查数据，日本民众对中国缺乏好感的比例高达 91.6%，而中国民众对日本缺乏好感的比例为 76.7%。[②] 同样，日、韩两国民众的彼此好感度亦持续下挫，30%多的日本受访者对韩国没有好感，而近 80%的韩国受访者则对日本没有好感。[③] 中国与菲律宾、中国与越南之间也有类似现象。这种状况显然不利于相关国家的民间交流和国家关系的良性发展，更不利于东亚社会共同体的建设。

第五，美国的强力介入和分化干扰极大地影响了东亚一体化和共同体的建设。改革开放以来中国综合实力的快速提升、中国在亚太地区影响力的日益扩

① 参见《第十二次中日关系舆论调查结果出炉，中国民众担忧两国关系恶化》，界面网，2016 年 10 月 10 日，http://www.jiemian.com/article/868753.html。

② 参见《港媒：中国地位发生变化中日未找到合适相处姿态》，大众网，2016 年 10 月 5 日，http://www.dzwww.com/xinwen/guojixinwen/201610/t20161005_14982431.htm。

③ 参见王鹏：《日韩两国纷争不断　民众彼此好感度大幅下降》，《日本新华侨报》网，2013 年 5 月 8 日，http://www.jnocnews.jp/news/show.aspx? id=64513。

大、东亚一体化和共同体建设的顺利推进,使美国切实感到了其丧失亚太地区主导权甚至被挤出东亚地区的“威胁”。为了避免这一局面的出现,必须重新加强对亚太地区的投入,加强对中国的遏制,打压中国在亚太地区快速增长的影响力,同时打乱和阻止将美国排除在外的东亚一体化和共同体建设进程,防止出现东亚版的“欧洲联盟”。为此,2008年奥巴马上台后迅速调整了美国的对外战略,宣布从伊拉克和阿富汗撤军,并开始全方位、大规模地实施所谓的“亚太再平衡战略”。为了有效破坏东亚一体化和共同体建设,加大对“中国威胁论”的鼓噪,利用东亚各国的利益之争并竭力加以激化,逐步打消其日益强化的地区集体身份认同,并在此基础上强力介入东亚事务,推动东亚合作走向更大的地区开放性,便成为美国实施这一战略的重要手段。近年来,中国与日本、菲律宾、越南、韩国、澳大利亚、新加坡等国在某些问题上争端的升级和激化,其背后都有美国的推手。内外因素的影响导致某些国家出现了身份意识脱区域化的趋向,例如日本近年来进一步强化了对美追随战略,难以完全确认其东亚身份。[1] 这也正是东亚共同体建设日益退化和消解的重要外部因素。

在深化问题上,朝韩关系、中日关系、中国崛起、东盟方式和两岸关系等已成为地区国家关注的热点问题,它要求相关行为体更多从地区角度出发,弱化自助逻辑。……构建地区内国家间的积极认知对于推进东亚地区主义非常关键。……区内国家作为地区主义的主要推动力量,相互关系并不稳定,东亚地区主义尚有赖于地区国家持续的积极互动和支持。……民主与市民社会的成长,要求东盟原先以精英为主的地区主义向更为开放、透明的参与型地区主义转变。……地理范围的不确定性反映出东亚与外部世界联系密切。……从紧迫性、长期性和战略性角度看,东亚地区主义面临着中日关系、中国崛起、美国角色和民主化四大问题。……建构基于地区身份的集体认同可以极大地促进东亚地区主义。……就构建东亚集体身份的资源而言,区内日益深化的相互依赖是东亚地区主义的重要支柱。……尽管东亚同质性较低,东亚地区呈现出的共同命运感和文化多样性却构成了东亚地区主义的黏合剂。……集体认同强调地区内国家政治合作集体意志的重要性,同时应该注意避免地区主义成为各国放大的民族主义。……只有放弃单纯的民族主义、发展地区主义才有望摆脱战争的浩劫。[2]

第一,冷战结束以来,世界总体和平的态势没有发生质的改变,从而为各国及其人民之间的交往和跨国社会共同体建设提供了较为良好的安全环境。各

---

① 参见刘兴华:《地区认同与东亚地区主义》,《现代国际关系》2004年第5期。

② 参见刘兴华:《地区认同与东亚地区主义》,《现代国际关系》2004年第5期。

国之间日益密切的交往、合作与社会共同体建设反过来进一步巩固了国际和平。苏联解体和冷战结束驱散了笼罩在世界上空的核大战阴云，国际社会进入了和平与发展的新时代。尽管20多年来发生了许多热战，造成了重大人员伤亡和财产损失，但这些战争都属于有限的地区战争和国际社会对某些国内冲突的介入，大国间并未爆发战争，世界和平的总体态势并未发生根本改变，核大战的毁灭性对未来一段时间的世界和平仍有重要的抑制作用。这为各国的经济社会发展提供了良好的大环境，也有利于不同国家之间在各领域开展广泛的交流与合作。与以往时代不同的是，冷战结束以来的国际交流与合作表现出了更多的非国家特征，实业集团和普通民众之间的交往空前发展和活跃，跨国非政府组织日益巩固和扩大。东亚的总体和平局势在冷战后同样得到了巩固，尽管这一地区的国际争端近年来有所强化，但国际管控同样也在加强，局势并未陷入全面混乱而不可收拾的地步。而且，争端的加强并未阻止各国间经济、文化的交流与合作，地区社会共同体的建设步伐并未停止。

第二，全球化和地区一体化的发展目前呈加速发展之势，以合作谋发展成为世界各国的共同愿望，改革和开放成为各国自觉的战略选择，因而为区域社会共同体的建设提供了强大动力。冷战结束以来，全球化进入了快速发展的时期，各国在经济上越来越紧密地联系在一起，形成了“你中有我，我中有你”的格局。作为全球化的组成部分和重要补充，地区一体化也呈加速发展之势，各大洲相继成立了规模不等、程度不一的一体化机制。欧盟的巨大成功恰恰证明了地区一体化的强大生命力。在这种趋势下，世界各国都在加快国内经济改革的同时，努力实施开放战略，加速与国际市场接轨，以开放、合作为基本内涵的国际化战略越来越成为世界各国的政策选择。这一进程大大促进了各国之间、各个层次日益广泛的交流和合作，尤其是推动了位于同一地区的各国之间的合作。这为区域社会共同体的建设提供了强大动力和良好的氛围，而区域社会共同体的建设则对国家间关系的改善和全方位地区一体化的进步发挥了越来越重要的作用。

第三，交通通信技术的革命性进步、国际贸易的快速增长和人文交流规模的扩大促进了各国人民之间的联络与相互了解，有利于形成国际间相互包容、彼此合作的大环境。伴随着新科技革命时代的到来，大量高精尖科技产品问世并获得广泛应用，一系列曾长期困扰人们的问题得以解决，其中尤以交通和通信技术的进步最为显著。计算机技术的普及、国际互联网的建立和扩大、交通和通信手段的不断更新和快捷化、国际交易方式的革命性改变、跨国旅行的便利和低成本等，使得国际贸易、跨国投资、社会服务和人员交往的规模大大扩大，形成了全球大对流、大整合的局面。这对于各国政府、实业界及人民之间的

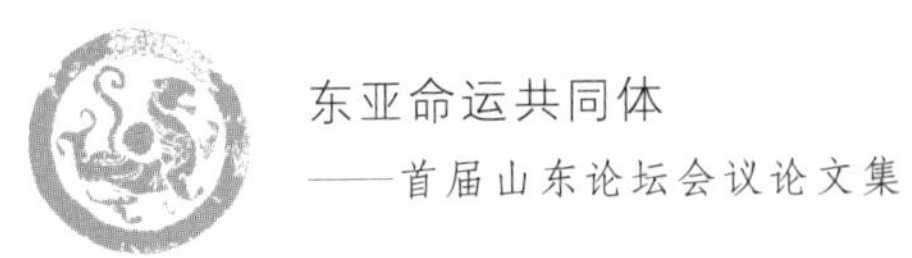

相互了解、沟通、协调和合作，产生了无比巨大的促进作用，大大有利于形成国际间相互包容、彼此合作的大环境。对于地区一体化尤其是区域社会共同体的建设来讲，这一改变无疑是重大的促进因素。事实上，目前国际交流和一体化的规模和程度均达到了历史上的最高水平，而且势头方兴未艾。

第四，以联合国宪章为核心的国际法的完善和普及推动了国家之间的有序竞争，规则意识和制度意识对各国对外政策的影响明显加强，从而推动了地区规则的制定和区域制度的建立。自由主义认为，在无政府状态的国际大环境下，通过建立国际机制、制定彼此遵守的国际规则，是避免人类无休无止的相互残杀、维护国际秩序稳定的有效手段。事实上，二战之后成立的联合国和一系列其他国际组织、国际机制在这方面发挥了重大作用，成效明显。基于以往的经验，冷战结束后，国际机制的建立和国际规则的制定越来越受到各国的重视，规则意识和制度意识对各国对外政策的影响明显加强，以联合国宪章为核心的国际法在新的形势下也得到了越来越广泛的完善和普及。不仅全球性国际关系如此，地区国际关系的稳定和国际合作也需要通过国际规制的建立来实现和强化。冷战结束以来众多新的地区机制的涌现正是各国顺应客观形势需要的体现。东亚地区尽管残存着众多的冷战遗痕，对抗与冲突不断，但这并未影响地区国家加强对话和交流，以及建立某种形式的合作机制的努力，也正是这些努力有效避免了地区冲突的不断升级和失控。有理由相信，机制性合作的趋势在东亚不会倒退和止步不前，国际社会终将会找到适宜的途径和方法推动其进一步发展。

然而，由于各种复杂因素的影响，东亚一体化及其社会共同体的建设也面临着诸多极为严峻的挑战，预示着这一进程将会十分艰难曲折。

第一，东亚地缘政治格局错综复杂，前景不明。地缘政治历来是世界各国分析国际形势和制定对外战略的重要考量，随着冷战的结束和意识形态与社会制度对抗的下降，地缘政治再次站到国际关系的前台。东亚地区地缘政治格局十分错综复杂，既有海洋特征明显的国家日本、韩国、朝鲜和由多个国家组成的东盟，也有兼具海洋和大陆特征的中国、俄罗斯和越南等国，还有蒙古这样纯粹的内陆国家，更有虽非亚洲国家但在东亚拥有众多盟国和军事基地的超级大国美国。这些国家在冷战结束以来的地缘政治博弈中分别处于不同的地位，形成了非常复杂的关系。美国依靠其超强的国家实力，力图将包括东亚在内的世界主要地区的主导权控制在自己手里，以实现其称霸世界的战略目标，为此竭力遏制其想象中的潜在竞争者和挑战者(主要是中国和俄罗斯)；日本欲借美国之力全面恢复所谓“正常国家”的地位，遏制中国的快速崛起，并在实力不断增强的基础上逐步摆脱美国控制，实现其历史梦想；东盟各国希望以联合力量摆脱

受制于人的被动局面，并利用大国矛盾谋求继续主导地区一体化进程；俄罗斯力图依靠加强与中国的战略协作打乱美国在亚太地区和欧亚大陆的战略部署，并通过积极介入亚太事务争取更多的地区话语权和影响力；中国旨在自身实力增强的基础上更加坚定地维护国家主权领土的完整，同时在地区事务和全球事务中发挥负责任大国的作用，努力倡导和建立更加公平、民主与合理的国际新秩序，首先在亚太地区突破美国等国家构筑的包围岛链，引领包括东亚在内的亚太地区一体化进程。其他国家也都确立了相应的地缘政治战略。由上可以看出，某些大国的东亚地缘政治战略存在着重大的结构性矛盾和冲突，从而增加了该地区国际局势未来发展的不确定性，也构成了东亚各国共同集体身份认同的巨大障碍，迟滞了东亚社会共同体建设的步伐。

第二，领土争端和地区主导权之争趋向白热化。历史上，列强的侵略扩张和霸权争夺在东亚地区造成了许多领土争端，其中有些争端一直延续至今。这些历史遗留问题与现实利益争夺相交织，致使东亚成为目前世界上领土争端最为激烈的地区之一。而且，在域外大国的强力介入和搅局下，这些争端不断升温，日益趋向白热化，如若失控很有可能爆发严重的武装冲突甚至战争。这对于东亚各国及其人民培育共同的集体身份认同和构建东亚社会共同体的努力无疑是巨大的破坏。

第三，国家利益之争导致相应国民之间的互信度严重下降。冷战结束以来，在意识形态和社会制度对抗退居次要地位之后，国家利益便成为各国制定对外政策和处理国际关系的核心依据，对历史经历的记忆和对国家利益的高度关注在民众中则引起了强烈的爱国主义情感和行动。对于东亚各国人民而言，爱国主义往往是与特定历史时期内国家之间的冲突和战争，以及现实国家冲突相联系的，也有特指的针对国。各国政府从国家利益出发，往往均鼓励和利用这种民意力量开展外交活动，对所针对的国家施加压力。尽管在经济上加强彼此合作符合各方的利益，但各国政府对重大历史问题的认识和对现实问题的立场往往成为左右民众情绪的重要因素，从而促进或阻碍相关国家利益的接近与契合。近年来中、日两国民众对对方好感度的变动充分证明了这一点。而从冷战后的东亚国际关系来看，基于历史认识和现实争端的考虑，某些重量级国家的利益冲突显然出现了逐步加剧和升温的趋势，相应国家的国民互信度也严重下降。这不仅大大恶化了相互合作的大环境，更影响了彼此民意的导向，刺激了国民之间的反感和仇视，也必然会严重影响区域社会共同体的建设。

第四，社会制度和价值观念的不同影响了各国的互信。世界不同地区一体化的实践表明，社会制度和价值观念相同或相似的国家，彼此更容易就相互合作和利益整合达成一致，而彼此差异较大的国家则较难形成共识。东亚各国在社会制度和价值观念上存在着明显的不同，一些国家实行了西方式的民主制度，遵循西方的价值理念，一些国家坚持富有东方色彩的权威政治制度和集体主义价值观，一些国家遵循的则是社会主义制度和马克思主义价值观念。尽管社会制度对抗随着冷战的结束已不再是各国对外政策的指标性因素，但在社会制度和基本价值观念依然是各国的核心利益而西方大国竭力向全世界推广西方制度的背景下，上述差异必然成为制约国家关系的重大问题。所谓超越社会制度和意识形态的外交关系只能是相对的，而不是绝对的。所不同的只是，这种差别更多地体现在官方层面，对跨国民间交往影响较小。

第五，域外大国的强力介入和搅局严重影响了东亚一体化进程。东亚地区上述紧张局势的加剧无一不与域外大国美国的介入和搅局息息相关。自 2008 年起，由于美国的全球反恐战争遭遇挫败，美军深陷伊拉克和阿富汗乱局，美与巴基斯坦和中亚国家的关系恶化，伊朗核危机愈演愈烈，朝鲜半岛局势持续紧张，亚太地区相关国家间的领土争端不断激化，军备竞赛日益加剧，同时美国经济遭到金融危机的沉重打击，中国等新型工业化国家的经济则持续、快速增长，在亚太地区的影响力迅速上升等，美国的全球战略出现重大调整，以加强亚太地区的实力为特征的“亚太再平衡战略”成为其主要内容。这一战略主要体现在经济、军事、外交和文化四个领域，彼此呼应，相互支持。该战略具有明显的中国指向，其主要目标为：经济上，重返亚太这一目前世界上最具活力、发展势头最盛、对世界经济带动最大的区域，借以恢复自身经济能力；通过一系列制度和规则设计减少中国的竞争优势，平衡中国愈来愈强的影响力；重新占领亚太经济核心舞台，主导其未来发展方向；军事上意在遏止臆想中的中国对外威胁和扩张，强化对中国的围堵和震慑；外交上破坏中国的国际和地区形象，分化和离间中国与其他亚太国家的关系并使其孤立；文化上意图占领价值和道德制高点，掌握亚太文化发展的主导权。①

四、关于东亚社会共同体建设的理性思考

从人类社会的发展进程看，全球化和一体化是大势所趋，不可逆转，只有积极、主动地融入这一进程才能更好地实现国家利益。东亚一体化是一种历史进步，推动这一进程的发展完全符合我国的利益。在目前日趋复杂和严峻的国际局势下，东亚一体化进程可以采取多轨道、多线路、多层次、多领域、以小促大、以民促官的方式逐步推进。在这里，培养东亚各国及其国民的区域集体身份认

---

① 参见马风书：《美国新亚太战略背景下的中国地缘战略选择》，《山东大学学报（哲社版）》2014 年第 6 期。

同和构建东亚社会共同体是十分重要的途径。

第一，东亚各国应明确作为该地区国际社会成员的意识和责任，尽力避免域外势力干扰的影响。位于同一区域的各国在地缘上有着更加密切的关系，地区局势的状况及其变化对域内各国也有着更加直接和更大的影响。因此，这些国家对于维持本地区的和平与稳定，加强彼此间的信任与合作，推动区域一体化，承担着更加重大的责任。东亚各国应充分认识到这一事实，树立起东亚地区集体身份认同，努力培养和平共处、和谐共处、合作共处、互利共处的意识，以友好协商的方式处理彼此分歧，管控彼此争端，为地区一体化营造尽可能有利的环境。在这方面，应对域外势力的介入和搅局保持清醒的认识，避免成为其干涉本地区事务和恶化本地区局势的工具。应充分认识到，借助域外势力谋取地区主导权或控制权的做法注定是不会成功的。

第二，建立东亚各国间不同程度的梯阶式协商和协调机制，以有效管控分歧，避免事态持续恶化。东亚地区不同国家之间的分歧和争端均有着一定的历史渊源，解决难度相对较大，必须经过长期和耐心的协商才有可能达成一致。因此，从维护地区和平稳定的大局出发，本着搁置争议、共同开发、共同受益的原则，针对各种争端中的具体问题，建立不同程度的梯阶式协商和协调机制，有效管控分歧，避免事态持续恶化，是朝着问题最终解决的理性而正确的方法。相关机制的建立和有效运行有助于避免争端各方的战略误判，降低彼此对抗的烈度，为和平解决争端创造良好平和的氛围。

第三，由易到难，在易于达成共识的领域建立和加强合作，争取最大的成果，从而带动其他领域的和解。尽管东亚地区某些国家之间存在重大的利益分歧，但这种分歧并非全方位对抗，在十分广泛的领域彼此拥有非常多的共同利益。因此，应当在不同领域采取不同的方式，首先在易于达成共识的领域尽快建立并逐步加强合作，争取在最短的时间内取得最大的成果，从而为较难领域的磋商营造良好的政治氛围和民意环境。这种多轨道、多线路、以易促难、稳步推进的方式将会产生巨大的利益溢出效应，使得协商、协调和合作成为不可逆转的趋势。

第四，大力推动无争端国家之间的全方位合作，以巨大的合作示范效应影响和推动争端国家的协商进程。除了中日、中菲、中越、日韩等领土争端以及朝鲜半岛核争端外，大多数东亚国家之间并无重大的现实利益纷争，彼此关系相对融洽且对加强国家间及地区合作充满期待和热情。大多数东亚国家对中国亚投行和“一路一带”倡议的积极响应即表明了此种热望。在难以实现东亚国际合作“齐步走”的现实形势下，采取区别对待、分批推进的方式推动相关国家的全方位合作，以此带动整个东亚地区的国际合作，是较为现实和有效的途径。

成功合作的巨大示范效应将有利于促进争端国之间的友好协商和互利合作。

第五，鼓励非官方、各渠道的跨国交流与合作，发挥民间外交的积极作用。相较于官方关系，跨国民间交往往往更加灵活便捷和富有成效，历史上以民促官的外交案例也充分证明了其巨大的影响力。在当前东亚某些大国官方互动存在重大掣肘的情况下，发挥民间力量的能动作用，鼓励非官方的各种渠道的交流与合作就显得尤为重要。比如，创造条件鼓励各国实业界的国际合作，扩大学术界的交流、对话与研究合作，扩大跨国留学和进修的规模，推动各种文化团体、宗教团体、社会团体、体育组织等的交流，大力发展跨国旅游观光业。这对于加强各国人民的相互了解和友谊，形成彼此包容、尊重和相互学习的氛围，改善民众的相互认知，并最终影响国家间关系，具有无可估量的重大作用。

第六，在东亚社会共同体构建的过程中，各国大众媒介应担负起促进共识、弥合分歧的社会职责。在当今信息化时代，大众媒体引导民众情绪甚至影响国家决策的作用日益快速上升，享有“无冕之王”的地位。正因为如此，为了推动东亚各国的和解与合作进程，进而实现东亚地区的一体化，各国媒体业应树立起崇高的责任意识，尽快达成业界共识，通过共同努力创造一个相互理解、包容和接近的舆论氛围。

综上所述，东亚一体化进程和社会共同体的建设并非死路一条，只要各方自觉树立集体身份认同，秉持友好合作、互谅互让、互利共赢的理念，扎实工作，稳步推进，相信这一梦想终将变成现实。

Epistemic Community in East Asia

Yong-Ho Kim

Introduction

For celebrating the launching of the first Shandong Forum, it is necessary to set up the ultimate goal of operating our Forum in the future. In this context, I would like to suggest that one of the major goals of our Forum must be the construction of epistemic communities in a variety of regional issue areas which East Asian countries currently confront. I strongly believe that our efforts to build up transnational epistemic community in East Asia is the first step toward constructing East Asian Community like the EU in the future. For our purpose of developing Shandong Forum into a productive epistemic community in the future, it is quite useful to understand the evolution of NEAT (Network of East Asia Think-Tanks) which is a good example of the newly emerging epistemic community in the economic issue area in this region over the past decade. I hope that we try to develop Shandong Forum as a new epistemic community in encouraging regional cooperation of East Asia in the future.

1 What Is Epistemic Community?

Epistemic community is generally defined as a transnational network of knowledge-based experts who help decision-makers define the problems they face, identify various policy solutions and assess the policy outcomes. One of the basic requirements to define epistemic community is that the community's experts share a set of beliefs, which provide a value-based foundations for their actions. Epistemic community is for the first time conceptualized by Peter M. Haas in the late 1980s in a way to understand the integration process of European Union as well as analyze the decision-making process of the EU and other international organizations particularly in the areas of environment and other scientific problems. He suggested four important elements unique to an epistemic community: (1) a set of shared principal and normative beliefs which provided the basis for the behaviors of its members; (2) a shared belief about causality which provided a basis of interconnectedness between different channels of policy and the expected results; (3) a shared belief about validity which was used as a criterion to measure validity of knowledge which its members were expertise in; and finally (4) a set of policy's common practice related to the expertise and competence of its members to solve problems (Sinaga et. al., 2013: 36-37). Obtaining international environmental protection through epistemic consensus is a good example which Peter M. Haas has made an excellent analysis in his seminal paper regarding the role of epistemic community in coordinating international policy. (Haas, 1989: 347-363) We also finds an example of emerging epistemic community in East Asia, i. e. NEAT (Network of East Asia Think-Tanks) (Sinaga et. al., 2013: 36-44), which I will explain in details later in this paper.

2 Why Do We Need Epistemic Community in East Asia?

2.1 Increasing Globalization and Regionalization

East Asian countries are bound together through overlapping regional and international organizations, and are increasingly interdependent in multifaceted ways. The region is getting smaller and interactions more complex,

We need epistemic community in East Asia, since the policy makers of the East Asian states have been facing many new complicated political, social, economic and daily-life problems which they have very limited capacity to solve in an increasingly globalized and regionalized interdependent world.

Since the nature of new regional problems are basically transnational, one nation-state in East Asia can hardly find any effective solutions to these problems particularly in the areas of economics, finance, environment, digital world, contagious diseases, natural disaster and international terror.

2.2 Uncertainty

Uncertainty is actually a built-in and nearly constant feature of East Asiaregion, as does the international system, whether it is objective or perceived. Most issue areas in East Asia are works-in-progress, whether they involve dealing with nuclear proliferation, transnational pandemics, human trafficking, territorial disputes in the oceans and lands, sharing intelligence on terrorist threats, mitigating climate change, or cyber attacks in the region.

Since uncertainly is a normal state of affairs in East Asia, we need to seek rational and scientific approaches to regional problems, which transnational epistemic communities can contribute to find.

3 NEAT (Network of East Asia Think-Tanks) as a Newly Emerging Epistemic Community

It is well known that East Asia has been relatively far weaker than Europe in enhancing regional cooperations and constructing regional community. East Asian financial crisis in 1997 became a momentum to seriously think about creating a systematic mechanism of regional cooperations in East Asia. Over the past two decades, there have been a slow progress in fostering regional cooperations in a way to construct East Asian community because of many reasons such as the lack of regional identity and many countries' priority to bilateral relationship rather than multilateral arrangements. However, we can find a regional organizations called NEAT (Network of East Asia Think-Tanks) which has been making consistent and productive efforts to encourage regional cooperations ever since its birth in 2003. I strongly believe that NEAT is one of the strong candidates in creating an effective epistemic community particularly in economic and financial sector in East Asia. The following is my summary of Obsatar Sinaga and his colleagues' detailed explanations of NEAT regarding the background of its birth, brief history, mechanism, structure, and performances ever since its birth in 2003.

3.1 NEAT: Brief History, Structure, and Mechanism

3.1.1 A Brief History and Major Goals of NEAT

In accordance with the recommendation of the East Asian Vision Group (EAVG) and the need to deepen the integration of East Asian community, NEAT was launched on September 29, 2003 in Beijing, China.

The idea of NEAT formation was simple and humble, since it intended to share the thoughts among academics and intellectuals in shaping and building East Asian regions. The first goal of NEAT is to become a medium for researchers and academics from East Asian countries to provide encouragement or views for the progress of regional cooperations. NEAT also aims to make policy recommendations to the governments of the member countries on specific issues and examine or evaluate the implementation of such policies.

Before the first NEAT Congress was held in 2003, the East Asian Summit (ASEAN+3) on its eighth meeting in Phnom Penh, November 4-5, 2002, officially recognized and supported the installation of NEAT as a medium for intellectual circles.

Every East Asian county has a representative institution in NEAT: (1) Brunei Darussalam Institute of Policy and Strategic Studies; (2) General Department of ASEAN, Cambodia; (3) Center for East Asian Studies, China; (4) Center for East Asian Cooperation Studies, Indonesia; (5) The Japan Forum on International Relations; (6) Korean Institute of Southeast Asian Studies (KISEAS); (7) Institute of Foreign Affairs, Laos; (8) Institute of Strategic and International Studies (ISIS), Malaysia; (9) Myanmar Institute of Strategic and International Studies (MISIS); (10) Philippines Institute for Development Studies; (11) East Asian Institute, Singapore; (12) Institute of East Asian Studies, Thailand; (13) Institute for International Relations, Vietnam.

3.1.2 Mechanisms and Structure of NEAT

There were three main bodies that play important roles in operating NEAT: Country Coordinating Meetings (CCM), Working Group (WG) and Annual Conference (AC).

Country Coordinating Meetings (CCM) are the highest decision-making mechanism in NEAT. Those who are allowed to present and given voting rights in

CCM are the "ASEAN+3" coordinating countries with a total of 13 people.

The functions of CCM are to set the annual agenda to approve Working Group plans proposed by member countries or a group of member countries, to approve Working Group outcomes and to set out policy recommendations as well as to select the chairman of NEAT for the following year.

A Working Group can be carried out solely by a proposing country or by cooperation of some countries, as was shown by the cooperation between Malaysia and the Philippines concerning Migrant Workers WG, between Indonesia and Thailand concerning NEAT Institutionalization, and between Singapore and Japan concerning Energy and Environmental Security. The funding to cover the cost of the activity for each WG will be provided by the proposing countries. The cost usually include transportation from the country of origins to the WG host country and accommodation during WG for one expert representative of each NEAT country. Representatives sent by each of NEAT members are those who possess reputation, expertise and capacity regarding the topic discussed in a WG. The funding responsibility is different from that of CCM and AC in which all the costs are fully covered by each NEAT member country.

In WGs, the debate is more scientific and practical. It can be said that the debate is more of conceptual and experience-sharing in nature. A WG does not only become a medium to exchange ideas, but also an effort to build network of experts and professionals in certain fields from "ASEAN+3" countries. This is the main benefit that can strengthen the cooperation in East Asia and bridge the differences or even put aside the on-going conflicts. From this networking meeting, other academic activities could be carried out in the form of joint researches, conferences and scientific paper writing.

The third main mechanism of NEAT is the Annual Conference which is held in conjunction with the implementation of the second CCM in the same year. The main AC agenda is to present the outcomes of WG activities in a year by the chairman or coordinators. WG outcomes are expected to improve the relationship of stakeholders in NEAT as well as to provide the views beneficial to the establishment of East Asian cooperation.

On the AC event, NEAT virtually invites all elements of the East Asian society, apart from the NEAT members, namely, government policy makers, academics from outside NEAT network, civil society, businessmen and others. The aim is to disseminate the WG study outcomes as well as to try to capture evolving topics and feedbacks from all elements of the East Asian society.

The fundamental difference between NEAT and other epistemic communities is that NEAT was established as the official mandate from APT (ASEAN plus Three) leaders, which gave NEAT the full mandate and support from the government of NEAT members. Other epistemic communities do not have this special and unique position.

3.2 NEAT's Economic Cooperation Mapping in East Asia

Since 2003, NEAT held CCMs for 25 times and ACs 13 times over the past 13 years. Out of 27 WGs that were organized by NEAT during 2003-2016, there were 15 WGs which focused on economy-related topics. There were other WGs which discussed topics on other issues such as urbanization, education, disaster management, cultural exchange, the future of NEAT, environment, architecture of community building and so on.

CCMs continue to formulate and acknowledge the policy recommendations to the governments of member countries, which are previously discussed in WG meetings and are useful for the development of East Asia region. Over the past 13 years, NEAT has consistently given recommendations in the field of economics.

Regarding the economy-related topics, the discussion of NEAT focused on the strengthening of cooperation through Chiang Mai Initiative (CMI), the expansion of Asian Bond Markets, a study on Asian Currency Unit, and policy harmonization at national and international levels. NEAT also focused on the development of investment in East Asia. In this context, NEAT suggested the need of bigger investment in infrastructure, inclusive growth, farming and energy in order to promote economic development in East Asia.

China and Japan were the two NEAT member countries which were always able to compete in economic cooperation in East Asia. The two countries always tried to become the main movers in East Asian economy by performing initiations systematically. Over the past decade, they became one of the main engines behind the development of NEAT as a potential epistemic community in the economic issue areas of this region.

In the end, NEAT as a newly emerging epistemic community has been playing a series of roles through second-track diplomacy. This was intelligently utilized by China and Japan. The governments of the two countries were fully aware that the epistemic community was very important to support their foreign policies as supplement to their track one diplomacy.

4 Major characteristics of Professionals' Policy Networks in East Asia

It is necessary to understand the current situations of professionals or experts in East Asian countries, which would be the candidates of participants in creating and operating new epistemic communities in their respective field in the future. Here is an excellent observations of Paul Evans who finds four major characteristics of professional policy networks in East Asia. (Evans, 2005: 203-204)

Firstly, professionals in East Asia have limited perspective to create a transnational civil society separate from their governments. They primarily aspire to influence government decision making, usually at national level and occasionally at the regional and global levels.

Secondly, they are close to governments in several ways. Governments often find them, shape the agenda, influence the selection of participants, lend their prestige to the individuals from their countries, and are the principal targets of the policy advice emerging from discussions.

Thirdly, although some of the participants can be considered "experts" on the basis of education and professional standing, especially among the economists who come close to having the theoretical consistency and standards that are the foundations for an epistemic community, most are generalists, some but not all with advanced education in institutions in North America and Europe outside Asia.

Fourthly, the commonalities lie in the ability to operate in English (the working language of East Asian countries) and in knowledge of regional issues as well as the policy context of their domestic settings. Digging deeper, there is usually a common commitment to internationalism, rationalism, and economic liberalism.

5 How Do We Build up Epistemic Community in East Asia?

It is my sincere hope that we need to develop Shandong Forum as a new epistemic community in the future. There are four basic requirements to build up an epistemic community in the specific field: (1) Selection and Training; (2) Quality and Frequency of Meetings; (3) Shared Professional Norms; (4) Common Culture. Here is my summary of Mai'a K. Davis Cross' explanations on the questions of how a profession builds up its epistemic community. (Cross, 2013: 158-160)

5.1 Selection and Training

When members of a profession undergo very competitive selection and promotions, this ensures that those who eventually constitute an epistemic community have a high level of expertise.

Similarly, if these individuals undergo rigorous and extensive training their expertise is not only more likely to be recognized, but they are also more likely to have developed a sense of cohesion.

Training can come in a variety of forms, but when standards are consistent across national boundaries, transnational epistemic communities are more likely to be cohesive.

5.2 Quality and Frequency of Meetings

The more time members of an epistemic community have to come together for face-to-face meetings, the more likely they are to build strong ties, strengthen shared professional norms, and cultivate a common culture.

Informal meetings in similar groups enable a richer environment for socialization of participants and the development of a common culture.

Frequent meetings solidify a body of shared professional norms that concern the protocol, procedure, and standards of consensus-building within an epistemic community.

Even when members of a group disagree about certain substantive issues, their professional norms give them a common basis of understanding that they can count on, and this makes it easier for them to eventually compromise or reach consensus on substance.

5.3 Shared Professional Norms

The professional norms arise early on through training, and evolve as individuals encounter various circumstances.

Even when members of a profession disagree about certain substantive issues, their professional norms give them a common basis of understanding they can count on, and makes it easier for them to eventually compromise or reach consensus on substance.

5.4 Common Culture

Common culture which comprises the sense of purpose, identify symbolism and heritage among professionals in their field, is necessary to build up an epistemic community. It is a sense of identifying with one another.

An epistemic community with a strong common culture is far more likely to remain cohesive regardless of the circumstances they face.

6 How Does Epistemic Community Influence Government's Policy Making?

It is very important to emphasize that the need of building up an epistemic community at the transnational level is to influence the policy making of the governments in order to encourage the regional cooperations in East Asia, to which participants of epistemic community belongs. The influence of epistemic communities on the government's decision-making usually depends upon a variety of factors which can be classified into five categories: (1) scope conditions; (2) political opportunity structure; (3) phase in the policy process; (4) coalition building; (5) policy field coherence. It is useful to summarize the explanations of Mai'a K. Davis Cross regarding the way epistemic communities influence the decision-making process of the governments in their respective issue area. (Cross, 2013: 137-160)

6.1 Scope Conditions

Epistemic communities are more likely to be persuasive when

(1) there is a high level of uncertainty surrounding the issue because it is complex or new;

(2) the issue is surrounded by uncertainty and it is politically salient;

(3) the decision makers they are trying to persuade are unhappy with past policies and present problems.

6.2 Political Opportunity Structure

Epistemic communities are likely to be persuasive when

(1) they have access to all necessary top-decision makers;

(2) they anticipate other actors' preferences and actions despite fluidity in the system.

6.3 Phase in the Policy Process

Epistemic communities are likely to be persuasive when

(1) they seek to influence the terms of the initial debate, instead of the decision itself;

(2) they deal with sub-system, technocratic phase of decision-making, rather than shaping broader political beliefs.

6.4 Coalition Building

Epistemic communities are likely to be persuasive when

(1) they are not competing against each other, since they are cohesive or certain of their aims;

(2) they share a high level of professional norms and status.

6.5 Policy Field Coherence

Epistemic communities are likely to be persuasive when

(1) there is respected quantitative data, instead of very subjective qualitative data;

(2) the issue involves natural systems, instead of social systems;

(3) their norms and policy goals are compatible with existing institutional norms.

Conclusions

It is very timely and significant to install Shandong Forum as a new venue of exchanging ideas and opinions among professionals in East Asia to encourage regional cooperations and seek some solutions to some newly emerging transnational problems in the field of economics, culture and security and so on. In order to make Shandong Forum effective and productive, we need to have a minimum consensus on the ultimate goal of developing our Forum in the future. I strongly believe that it is our mission to develop the Forum into an effective epistemic community in East Asia in the future for encouraging regional cooperations in a variety of issue areas of the region in the regionally interdependent world under the increasing globalization. We have many serious problems in our hands which a country in East Asia alone can not easily solve without regional cooperations. Such problems include economics, finance, trade, contagious disease, refugee, natural disaster, terror, and cyber attacks. Therefore, we must seek rational and scientific approaches to these transnational problems with regional cooperations. I strongly suggest that it is necessary to build up epistemic community for finding effective solutions to such transnational problems through regional cooperations. I hope Shandong Forum would become an effective epistemic community which can play a role in finding some transnational solutions to a variety of regional issues in East Asia in the future.

References

Cross, Mai'a K. Davis. Rethinking Epistemic Communities Twenty Years Later. *Review of International Studies*, 2013, 39(1).

Evans, Paul. Between Regionalism and Regionalization. In T. J. Pempel, (ed.). *Remapping East Asia: The Construction of a Region* (pp. 195-215). Ithaca: Cornell University Press, 2005.

Haas, P. M. *Epistemic Communities, Constructivism, and International Environmental Politics*. New York: Routledge, 2016.

Haas, P. M. Obtaining International Environmental Protection through

Epistemic Consensus. *Millenium Journal of International Studies*, 1989, 19(3).

Sinaga, Obsatar, Tirta N. Mursitama & MaisaYudono. Epistemic Community and the Role of Second Track Diplomacy in East Asia Economic Cooperation. *World Applied Sciences Journal*, 2013, 28(1).

The Development of Regional Cooperation in East Asia: A Development Model Based on China's Modernization

R. Yavchunovskaya

The origin of a new era has coincided with the involvement in the world history of an increasing number of countries that face the task of bringing their socio-economic level in coherence with the world. The creation of large regional centres increases the efficiency of the decision-making process at the global level, because the regional center is making at a global level the solutions of some problems with common developed position in the region. The fewer participants in the decision-making at the negotiations, the easier it is to achieve a compromise.

The rise of Asia can be considered as the most important phenomenon in the modern world. The prospect that the 21st century will be the Asian—after the 20th American century and the 19th European century—becomes real. Today, East Asia has significant geopolitical resources. East Asia is becoming strategic "locomotive" of the global economy. This region has a modern economic power, the foundation of which was laid in the 1950s to 1960s, when post-war restoration of Japan by means of the American money and technologies began.

East Asia has taken a development way of integration processes much later other regions of the world (apart from ASEAN, which was created in the second half of the 60th years). This process has intensified since the turn of the 21th century. According to the Asian Development Bank, the number of integration associations has increased from 3 in 2000 to 54 in 2007, of which 40 associations really function, and 78 agreements are under negotiation process. If you count the number of integration associations in the calculation of the one state, the density of integration associations is 3.4 in Asia and, for comparison, 2.2 in America. Most active state in the creation of regional integration associations in the region are Singapore (18 agreements), Japan (11) and China (10).

Without a doubt, the leader of progress in the 21st century is China with its planned economy. In the last decade, the nature of social development of China is increasingly described ideologically neutral concept of "modernization", which is usually associated with the development of the Western world.

Thus, modernization is not just change from one state to another, not only by the characteristics of transforming the social, economic and political space, but also a process of constant change, which is considered as one of the major lines and values of modern society. The states wishing to participate in new association have to prove reality and usefulness of the future contribution to the solution of political, economic, military and territorial problems of the region.

By the beginning of the 21st century, the contours of a new model designed to overcome the conflict between the government and modern culture, tradition and technical progress has appeared in China[①].

The essence of the modern "China model" is quite simple. It is inculcation of elements of market economy in conditions of constant socialist political system. The country intends first to emerge from the economic crisis, and, according to analysts, this goal is already becomes a reality. Though China's GDP has decreased slightly compared to 2014, however, it testifies to the effectiveness of public programs. The gradual weakening of state monopolies, market pricing, establishment of free economic zones were held in the light of international experience and local experiments. The specificity of the Chinese "rationality", in our view, is that progress is based on existing institutions, which are improved by the use of indirect instruments in the management of

---

① А. В. Виноградов, Китайская Модель Модернизации: Диалектика Революционного Развития И Стабильности, http://www.intelros.ru/pdf/ps/02/11.pdf.

the decision-making process.

At the forefront of the future development of China is the question of social reform. It is the basis for future economic growth. Previous 30 years of economic growth was based on the results of economic reforms and innovation. The launch of social reforms and the creation of social institutions becomes a necessary tool for transforming China into a consumer society, which will become a new source of long-term growth.

The modern Chinese model of development is characterized primarily by the following criteria: high growth; "crisisolutionism" of the country; the unique political and social system. It attracts the attention of the world community and analysts, who are seeking to understand what lessons can be learned from the Chinese experience.

The decisive issue is in what direction is Asia? To estimate it, is necessary to consider first the world economic and political development. As for the economy, the arguments of the majority of people are the same: it is necessary to ensure the well-being. Only on the question of how to achieve social wealth and how to distribute it, opinions differ. Many will probably agree that the two essential evaluation criteria of the political system are respect for human dignity and economic development.

Market mechanisms stimulated integration trends in East Asia based on the formation of regional industrial chain of countries, using their competitive advantages and strengthening of mutual economic cooperation. Unlike the practice in Europe and North America, where integration processes were started with trade liberalization in East Asia, the starting point was the financial cooperation under the Chiang Mai Initiative. Network of swap agreements to confront financial crises, whose volume was initially $ 70 billion and then has increased twice, was signed.

The issue of the formation of "yen" of a unit with the introduction of the single currency is repeatedly raised in the region, and a model was developed of the Asian currency unit—ACU (Asian currency unit, in analogy with the European ECU used in the European monetary system). By 2025 the Asian region will have accounted for 55-56% of global gross domestic product, while Western countries only 20%-30%. East Asian countries have tremendous foreign exchange reserves.

For the last four decades, East Asia is characterized by a dynamic growth of trade and intra-regional level, and on extra-regional level, including EU, NAFTA and MERCOSUR, the trade between East Asia and the European Union increased to 8% of East Asian GDP, trade and NAFTA VA up to 9% and trade with other Asian countries 11%, respectively. With regard to the investment of interdependence, it is at a high level and is 64%, and slightly behind the indicator of the European Union (75%), but it grows rapidly. In general, the growth of the regional interdependence in East Asia occurs simultaneously with the deepening integration of the region into the global economy.

It is significant that the cities of the region—Tokyo, Singapore, Hong Kong, Shanghai, etc.—continue to win positions in such recognized financial and economic centres like London, New York, Paris.

The concept of creating a "Pacific Economic and Cultural Home" has developed.

Discussed grandiose projects of economic integration in the Asia-Pacific Region (APR), which is regarded as a challenge to the European Union and the North American Free Trade Area. The countries of the region that are components of East Asian "concert of powers" seek to take an active part in shaping the new world order and to occupy a worthy place in it.

In General, the revival of Asian identity is largely stimulated by the challenges from Europe and the United States. The steps of the EU and the USA on the formation of a North American zone of co-prosperity, of course, give rise to the leaders of Asian countries for the sake of consolidation.

Therefore, the foreign policy concept of the countries of the region aimed at the implementation of the strategy of economic and political development as a sovereign independent states, their inclusion in international, regional and subregional structure of the economic, financial and military-political cooperation.

The main foreign policy guidelines are: the independent continuation of the course, the crossing of the transition from a unilateral orientation in economic, political and military spheres to expand cooperation with Western countries; the development of comprehensive regional cooperation; formation of the national security system built on a balanced presence of Russian,

Western and regional influences, creating an effective system of collective security in the geopolitical environment and active participation in international efforts to organize global world order. The reality is that East Asia has become (or at least becomes) equal to the West bearing structure of the world community, and this role along with the development of the region will steadily increase.

In the political consciousness of the leaders of most Asian countries is the prevailing belief that European experience does not match to the characteristics and realities of contemporary international relations in Asia. Therefore, there are no sign of the formation of the security system as OSCE. An important obstacle to regional integration is the high dynamics of the processes and events of ethno-national, confessional and other differences, the combination of several types of cultures, socio-political systems, etc.

However, there is no common cultural, ideological and historical experience characteristic of the Western European Union or the West in General. This is a task of enormous scale that will test the true nature of Asian leaders.

More importantly, there is nothing similar to all members of the threat. The achievements of ASEAN—relative peace, stability and security—still can not form the basis of broader military cooperation. Rather, they allow each state to go its own way.

Asia shows us many examples of successful economic development. In the "Asian model", the state enters into an Alliance with local business interests, which helps him to accumulate capital. The strategy of "Asian model" requires government leadership in industrial planning, a higher degree of financial dependence and some degree of protection of the domestic economy. Most Asian countries need to undertake a comprehensive renewal of society, to provide a reliable basis to remain competitive. Adequate economic infrastructure need to be supported by reasonable political apparatus.

Sometimes it seems that the Congress would like to make China the enemy, but it is possible to find the "successor" to the former enemy of the Soviet Union. In addition, this relationship is complicated by a shift in priorities in American foreign policy—a retreat from real politics and the virtual drift toward human rights and democracy. Ironically, this happens just at a time when China is making the biggest strides in its history.

This trend coincides with Russia's desire to play a more significant role in regional cooperation and integration processes.

Sino-Russian strategic partnership is a "core" of Russia's policy in East Asia, but one-sided dependence on China promotes the inclusion of Russia in the region. This is dependent on the positions and encourages the diversification of relations with the countries of the region. The interests of Russia in East Asia corresponds to the multi-vector policy aimed at developing equal relations not only with China but also with Japan, South Korea, ASEAN countries (especially Vietnam) and India, and participation of Russia in resolving the situation on the Korean Peninsula. The change in the balance of power in East Asia, caused by the rise of China and US policy on a "pivot to Asia", has necessitated the participation of Russia as a "balancer" or "honest player".

Russia's active participation in the political, economic and energy cooperation with the countries of East Asia, as well as in strengthening security in the region can make a significant contribution to the design of stable polycentric order in East Asia and the development of regions of Siberia and the Far East.

It is enough to consider the situation in Russia and China: the development of democracy in Russia, when the country was not prepared, plunged it into total chaos—political, economic and social. In contrast, China quietly and consistently creates the necessary institutions. Overly fast forward carries the risk of social unrest, which may put an end to twenty years of progressive development.

Joint efforts are necessary to discussions on politics and security issues.

It is possible to claim that the region is not yet available, because at least the contour of the collective mechanisms of a joint crisis prevention and response, is not fulfilled. States in East Asia are almost not ready for joint responses to possible unpredictable complications of the military-political situation for some reasons. In this respect, the development of military-strategic situation in the region in many respects is distinctly different from the situation in the Euro-Atlantic direction.

Actions that are carried out in parallel, for example, the Council of the

Asia-Pacific cooperation in the field of security (SADB), could be a harbinger of the official breakthrough. The dialogue between ASEAN and its North Asian neighbors is a step in the right direction, to create pavestone Asian community. The ASEAN regional forum is a platform for dialogue on security issues, including countries of the region.

In the future the creation of regional institutions must be nominated in first place on the agenda of Asian leaders. The aim is to create a peaceful community of Nations, such as the European Union. At the heart of their efforts lies a common desire for economic development and common security. However, the challenge for Asia is more difficult.

Strengthening the role of East Asia in world politics and economy determines the strategic importance of East Asia for Russia. A new role of China and its place in world politics and the global economy necessitated the restructuring of Russia-China relations, aimed at forming mutually beneficial pragmatic strategic partnership. The success in the East Asian foreign policy on the direction and effectiveness of the development of Siberia and the Far East largely depends on the modernization policy of Russia. The real geopolitical situation in the region, demonstrates the determination and commitment of the countries in the West to a hard and uncompromising struggle for access to natural resources of the region and the mastery of an important geopolitical bridgehead to exert pressure on Russia, deprivation of its historical zone of influence for the future.

A country whose economy is evolving in one way or another will find its way to social diversity and, ultimately, to democracy. It is typical for the economy of all the five Asian "tigers". Considering these circumstances, Asian leaders must proportion the pace of democratization and create necessary political infrastructure.

Along with integration processes in East Asia, the problems and contradictions that destabilize or can destabilize regional and global geopolitical space. On the political scene are more serious challenges.

However, this does not mean that the region is doomed to replay the tragic European experience of self-destruction. Maybe Asia will avoid repeating the mistakes of Europe.

The tremendous economic success of some countries in the region has political risks. As you know, there always were and will be the problems, contradictions, conflicts. But the presence of the above-mentioned regional issues and conflicts is dangerous, primarily because in East Asia, unlike Europe, no comprehensive regional security system created by the joint efforts of all countries in the region, like the OSCE, would predict, prevent, resolve disputes and conflicts.

Regional integration provides economic and political modernization of backward countries in the region, resulting in the reduction of conflicts in the region. Creating major regional centres increases the efficiency of the decision-making process at the global level, because the regional center is making at a global level the solution of a particular problem with its total development, and fewer participants in the decision-making make it easier to reach a compromise.

The regional integration process allows not only the leading countries of the world, but all the rest, medium and small, to feel actually full-rights actors of modern geopolitics. Regional integration is the best guarantee of a safe world, because conflicts and wars begin and end locally, but not globally. Thus, discarding possible thoughts about any Asian danger for the West, we seriously have to realize that the individualistic paradigm, if it not fully exhausted its creative potential, then, in any case, has lost its absolute advantage over organic paradigm.

Obviously, the 21st century will be the century of the peoples and cultures that will be able to achieve optimal synthesis of individualistic and organic West and East origin.

东亚命运共同体建设是中国新型大国观的体现

杨鲁慧*

摘要 中国作为正在崛起的新兴大国，已经为世界瞩目。"一带一路"倡议与构建东亚命运共同体是在国与国之间，建立更为广泛的合作共赢新型伙伴关系，与传统大国崛起盛行推崇的丛林法则形成鲜明对比。而东亚地缘政治现实是，尚未建立和形成与之相适应的共同价值观和政治中心的制度规范，并热衷于建立对峙基础上的同盟政治和同盟秩序。中国特色的大国观体现为共生秩序之道，政治合作之道，安全共享之道，以合作共赢的东亚命运共同体化解中国周边安全困境。中国意愿与国际社会期待的双重因素叠加，为全球命运共同体和参与全球治理带来新的战略关切和新的战略考量，成为中国通过"一带一路"为全球提供更多公共产品的理性选择，也是中国构建人类命运共同体的必由之路。

关键词 东亚命运共同体；同盟政治；互利共赢；公共产品；新型大国外交

近年来，中国周边安全与稳定面临前所未有的新压力和新挑战以及一系列新问题，在全面深入探讨东亚安全秩序演变态势基础上，科学准确把握事态发展全局及趋向，以制定相应的战略对策就成为中国对外政策的必然选择。习近平主席在继承优秀传统基础上进一步拓展中国外交，提出了一系列重要的新理念和新思维。特别是在多次国际会议上提出：我们要树立人类命运共同体意识，建立新型国际关系。当下全球化把人类社会和各个国家捆绑为风雨同舟、荣辱与共的利益共同体，共同利益远远大于彼此的冲突分歧。2017 年 1 月，习

---

* 杨鲁慧，山东大学亚太研究所所长，山东大学政治学与公共管理学院教授、博士生导师。

近平在世界经济论坛年会开幕式上立时代之潮头、发思想之先声，再次强调："只要我们牢固树立人类命运共同体意识，携手努力、共同担当，同舟共济、共渡难关，就一定能够让世界更美好、让人民更幸福。"①进一步阐述了人类命运共同体理念，向世界传递对于人类文明走向的中国判断。然而目前东亚地缘政治现实是，尚未建立和形成与之相适应的共同价值观和政治中心的制度规范。尤其是在域外大国的操纵下许多国家仍然被"弱肉强食的绝对安全"和"假想敌臆想"的冷战思维所束缚，热衷于建立对抗对峙基础上的同盟政治和同盟秩序，并不断推进东亚多边军事同盟一体化，给原本就已经紧张的东亚局势增添了新的复杂变量，造成了东亚地区动荡和不稳定局势。构建东亚命运共同体，是在国与国之间建立更为广泛的合作共赢新型伙伴关系，与传统国际关系盛行推崇的丛林法则形成鲜明对比。因此，中国为了与周边国家共生、共建、共享，提出"一带一路"等一系列建设性的多边合作倡议，并且提供更多的国际公共产品。这些新议题、新思维和具体行动方案，有助于我们从国家战略的宏观层次，审视把握命运共同体在当代国际关系中的深刻蕴涵，并提供一种超越传统大国崛起的新战略模式，探索践行一条和平崛起与互利共赢的新道路。

一、同盟政治是冷战后美国构建东亚秩序的基石

考察近代以来东亚地区发展进程就可发现这样一个历史演变脉络，20 世纪五六十年代，美国曾试图在亚洲建立一个由华盛顿主导，以遏制包围中国为目标的军事同盟体系，结果是无果而终。20 世纪 70 年代，苏联曾提议建立一个由其主导的亚洲集体安全体系，来束缚和制约中国在地区安全事务中的作用，最终也是无功而返。冷战后东南亚国家联盟建立的东盟地区组织，竭力谋求在亚洲特别是在东亚国际事务中发挥更大作用。但是在东亚的发达国家日本，中等新兴工业化强国的韩国和正在崛起的中国影响下，东盟作为中小国家组成的次区域组织，其在地区合作中的政治领导力和政策执行力都存在着一定局限性，导致组织机构的彼此竞争和机制呈现重叠化的态势，无法适应新的安全格局，难以有效管控与化解地区的各类安全风险，造成亚太地区的安全困境。在中国周边国家一系列悬而未决的领土和领海争端，导致了国家与国家之间甚至是大国之间的矛盾摩擦不断升级，国家主权的分歧冲突致使东亚地区的安全稳定和政治秩序面临重大的压力与挑战。因此，"构建合作共赢为核心的新型国际关系，是国际秩序建设的重要内容。但是在现实中，对抗性军事联盟、势力范围、

① 习近平：《共担时代责任，共促全球发展——在世界经济论坛 2017 年年会开幕式上的主旨演讲》，2017 年 1 月 18 日《人民日报》。

代理人、保护国等旧国际政治模式仍然拥有一定市场”①。战后至今东亚地区始终没有形成一个或几个国家为主体的强有力政治力量中心，以引导正确的地区合作发展和履行区域繁荣稳定的使命。

从地区政治秩序的格局看，冷战期间世界被划分为东西方两大阵营，美苏争霸构成了世界的基本政治秩序格局。冷战结束以来，“东亚区域安全完成了两个标志性的变革过程：一是从冷战时代全面过渡到后冷战时代；二是从后冷战时代走向冷战后25年地区性因素发生重大变化而必然产生的新时代。中国的周边安全已经成为东亚地区秩序演变与调整最敏感的温度计”②。冷战结束后，东亚地区一直持续处于没有大战，但局部冲突不断的“脆弱和平”状态之中。2010年奥巴马政府实施的“亚太再平衡”是东亚安全政治格局的转折点，至此，美国在中国的周边东北亚和东南亚频繁密集地举行联合军演。2016年美国前国防部长在“香格里拉”国际对话会上，就以“美式逻辑”主张在亚太地区建立基于“规则的安全体系”。2016年7月，美国前副总统拜登访问澳大利亚公开表示，美澳应加强军事合作，建立“太平洋统一战线”，其最终目的是继续维护美国在亚太地区的安全秩序。特朗普执政以来，美国国防部长与国务卿访问东北亚国家，积极承诺和打造美日同盟与美韩同盟的紧密型关系，使朝鲜半岛乃至东北亚一直持续处于“战争边缘”和“剑拔弩张”的不稳定状态中。美国特朗普新政府与奥巴马政府相比，可能不再继续推行所谓“亚太再平衡”战略，但是美国在东亚有它的利益，既有它的地缘政治利益，又有它的经济利益和盟友伙伴利益。基于美国在东亚地区的双边同盟基础，维护美国在亚太地区的领导权，并且利用中国周边的海洋主权争端问题制造安全议题，有助于美国加强在这一区域的军事部署，这是符合美国的战略利益和战略需求的。无论奥巴马政府还是特朗普新政府在这一问题上是不会改变其性质的，美国的对外战略在东亚地区集中体现为同盟战略。由此可见，美国的“再平衡”战略重中之重集中体现在同盟战略上：保持在东亚的前沿军事存在；军事同盟合作关系；盟国和安全伙伴及友邦国家为核心的地区多边主义。这三个层面构筑了美国的东亚安全秩序三大支柱，并导致东亚地缘政治结构的新特征新趋向，使东亚同盟政治和同盟秩序进入新的战略活跃期。美国为推行亚太“再平衡”战略，重点从以下三个层面不断固化同盟政治和扩大同盟战略。

第一，强化同盟政治的合作基础，扩大双边防务合作。“再平衡”战略标志着美国谋求对中国的战略牵制和战略制衡的目的，并且利用中国与部分周边国

① 苏长和：《充分认识当今世界格局新变化》，2017年1月3日《人民日报》。

② 朱锋：《中国周边安全局势：我们正在面临什么样的变化》，《当代世界》2016年第4期。

家存在的海上领土争端问题，扩大美国在海岛和海礁主权争议的战略干预和主导力量，借机增强其在中国周边海上的话语权和军事存在。为此，通过进一步扩大美国履行对盟友的责任和义务，提高对盟友的承诺范围和力度，支持和纵容美国的盟友和安全伙伴不断制造中国崛起的周边安全困境。其一，随着中日钓鱼岛争端的对抗升级，日本谋求实质性地增强日美同盟，并以此推动其与美国在东亚的军事部署和战略合作，提升日本在东亚区域的大国角色和政治影响力。密切美日同盟军事合作关系，支持并放纵日本政府不断突破《和平宪法》对日本武力军事的束缚及限制，就成为奥巴马政府制衡中国崛起以挑战美国权力的基本逻辑。2013 年 11 月中国在东海上空划设防空识别区，美国积极与日本配合承诺履行同盟义务。2017 年美国特朗普新政府也再次重申《美日安保条约》适用于钓鱼岛，美国新任国防部长詹姆斯·马蒂斯 2 月访问日本之际再次确认有关防御承诺。其二，在韩国面临朝鲜核威胁的情况下，美国多次明确要履行同盟责任保护韩国义务。2013 年发生“天安舰事件”后，美国在中国反对抵制条件下，最终还是把核动力航空母舰驶入邻近中国的黄海与韩国携手进行联合军演。2013 年 2 月朝鲜再次进行核试验后，美国更加明确地表示将为韩国提供核保护，并与 2016 年 7 月美国与韩国达成协议在韩国部署“萨德”反导系统，进一步宣示美国对东北亚地区的盟国防卫承诺不会动摇，并将继续采取必要措施防卫盟国。其三，美国进一步摆出捍卫南海“航行自由权”的战略姿态。为对中国形成战略威慑和凸显强硬不妥协立场，美菲同盟在中国南海海域频繁举行军事演习与联合巡航，造成南海地区的局势紧张升级。

第二，美国不断扩大联盟防区和持久性的联盟体系，巩固其在亚太同盟中的主导地位。美国主要是通过适度放任或人为挑唆地区紧张局势，以增强盟友对美国的安全依赖度。依附与配合美国在亚太地区的整体战略部署，加强盟国与美国的军事合作，承诺盟友在亚太地区扮演安全角色，以实现与美国携手并进共同牵制中国崛起之目的。这就构成了美国政府推行东亚战略的基本要素，并为特朗普政府的东北亚战略重点的深化竭力打造战略抓手。2015 年以来，朝鲜半岛紧张对抗乃至敌对情绪发酵蔓延，把半岛局势推向恶性循环境地，朝核和萨德部署加速了半岛的裂变，导致了美韩双方宣布无限期推迟美军向韩国移交战时作战指挥权。在钓鱼岛问题上美国纵容日本坚持强硬政策，放任中日关系紧张恶化并急转直下，以提升日本对美日同盟的安全依赖程度，确保美国在美日同盟中领导地位的强化和巩固。在南海问题上利用海上争端由国际海洋法庭强制仲裁案，试图把中菲关系引向对立对抗对峙局面。推波助澜南海争端紧张升级有助于美国可进一步主导和强化同盟关系。

第三，以美国为主导的东亚同盟体系不断呈现由双边走向多边的“阵营化”

趋向。随着朝核与萨德部署以及钓鱼岛和南海问题的事态升级恶化，美国的盟国也进一步深化与美国的安全盟友关系，借助美国的军事实力和全球领导力实现本国的战略利益目标。东亚地缘政治格局正逐步向“议题导向”为主题的同盟关系转换，由此带来的直接后果就是东亚地区安全议题开始走向新的“阵营化”趋向，成为地区安全的黑洞和国际政治大国博弈的前沿。2015年底，日本、韩国政府开始启动两国民族的政治和解议题，首先就慰安妇问题达成不可逆的解决方案，在民众未取得和解的基础上两国政府率先实现了政治和解。政府间民族和解的突破为后来的日韩深化军事合作埋下伏笔和奠定基础。在美国强力助推下，2016年11月日韩签署的《军事情报保护协定》就是一个有力的佐证，并在政局陷入混乱之际加快进程绕过民意，一个月内迅速走完相关程序。这就标志着美日同盟和美韩同盟的双边同盟，愈来愈绑定为整体走向紧密型的多边联盟的阵营化，由此遮蔽了双边同盟原有的灵活性和弹性空间。美日韩三国的联合军事合作，也促使日韩在历史问题和外交关系上的恩怨纠葛所产生的回旋余地逐渐消失。中韩关系的紧张，造成韩国摒弃了历届政府秉持的“大国平衡者”角色，卷入亚太大国战略博弈关系中。提出这一观点的依据是，美韩联盟与美日同盟的假想敌目标指向是不同的，美韩联盟的关系中从韩国角度说其战略防御主要是应对来自朝鲜的军事进攻和核威慑；而美日联盟的性质则是守成大国与新兴大国权利转移与利益博弈的前沿阵地，集中体现了“联手制华”防范中国崛起的战略意图。韩国绑定在这样一个美日韩同盟的战车上，自然也就身不由己地被裹挟其中了。为此，冷战后东北亚的战略平衡格局均被打破，地区政治力量对比和配置发生了根本性的变化，地区秩序格局面临着重新调整和力量组合。同时，美国为东亚盟国提供必要的军事技术合作等支持援助，一方面使盟国的军备武力建设升级换代，另一方面提高了同盟国的军事作战能力和进攻防御能力。向盟友扩大军事武器的销售成为美国进一步巩固同盟关系和推动军事合作的战略手段。一方面不仅符合美国对同盟深化安全防务的要求，而且有利于推动美、日、韩、澳、印的“海洋民主国家的联盟”。走出这一步具有实质性的战略意义，其意味着亚太同盟体系由战后的双边联盟走向了多边联盟，是亚洲版的“小北约”雏形，也是亚太地区新一轮“联美防中”安全与战略调整重组的产物，以试图挤压中国在东亚地区安全与外交的战略发展空间。

综上所述，随着美国亚太“再平衡”战略推进，东亚地区以美国为主导的军事联盟体系不断被强化巩固，同盟国利用美国所谓制衡中国的实力和能力及意志力，使东亚地区地缘政治结构正逐步呈现以“盟友导向型”的错综复杂关系，从而不再是简单化“国家导向型”的行为体关系。特朗普执政以来继续奉行奥巴马政府的亚太“再平衡”政治遗产，进一步强化东亚的同盟政治体系，形成以美国的盟国和安全伙伴为主体的“联盟阵营化”态势，其意味着近年来东亚“同盟政治”的发展进入新阶段，并达到冷战结束以来历史演变的新高度。

二、以合作共赢的东亚命运共同体化解周边安全困境

当今国际局势乱象丛生、复杂多变，当代中国不仅须在世界形势乱局中继续维护国家的安全利益与核心利益，并且还要在国际体系变革中有力提升我国的地位影响力和全球话语权及制度性权利。今天的中国正处于国际政治经济格局具有转折意义的历史时期。奥巴马政府在执政末年继续强化“亚太再平衡”战略，为美国在亚太地区持续扮演领导角色留下一笔“外交政治遗产”，新当选总统特朗普以强硬霸权姿态保持美国在这一地区拥有的绝对优势和战略利益。中美大国关系的紧张造成地区安全困境越发凸显或不确定，美国及盟友在中国周边制造麻烦不断，中国的东海与台海及南海面临着此起彼伏的紧张安全局势。为此中美关系受到相互信任的困扰，大国之间的战略互疑与对抗因素剧增，其互动应对主要聚焦于东海和南海海洋权益争端的安全困境中。东亚地区的“安全困境”主要源自中美关系的结构性矛盾。从学理的维度看，中国崛起的不可逆性和美国坚守大国的遏制心态，并非必然带来大国间零和博弈和军事冲突以及走向战争灾难，它们之间没有必然的内在逻辑关系。大国关系可以通过新理念新思路缓解结构性矛盾，解决零和博弈，管控分歧冲突，化解安全困境。

中国作为经济崛起的大国，如何在国际政治舞台上阐述自己的外交政策新理念和新思路，怎样突破他国政治集团的“他者是敌手”冷战思维束缚，逐步改善化解国际关系和构建地区安全秩序，这就为中国周边外交的思考和研究提出新领域和新命题。崛起的中国面临着地缘政治现实的挑战，在遏制与互信之间，在冲突与化解之间，在零和与共赢之间，中国的对外战略究竟是什么样的选择，已成为当今世人所关注的焦点问题。“一个大国的外交理论一般是在与外部世界打交道的经验积累中形成的，它体现的是这个国家对自身以及自身与世界的关系的理解程度和深度。大国的外交理论毫无疑问首先反映了按照自己的立场、价值对外部世界的理解，这种理解进一步在其与外部世界的经验中不断调整，并上升为原则来指导其与外部世界的关系。”①中国需要依据国家实力和政治智慧及成功经验，制定东亚地区安全秩序，向周边国家传递和睦、合作、和谐的信息与声音，命运共同体意识是中国政府多次倡导主张的新思维和新愿景。习近平主席在多次国际场合提出树立人类命运共同体理念，建立合作共赢

① 苏长和：《从关系到共生——中国大国外交理论的文化和制度阐释》，《世界经济与政治》2016年第1期。

的新型国际关系。2015 年 3 月，将博鳌亚洲论坛的主题定为“亚洲新未来：迈向命运共同体”[①]；2015 年 9 月，在纪念中国人民抗日战争胜利 70 周年时提出了“为了和平，我们要牢固树立人类命运共同体意识”[②]；2015 年 9 月 28 日，习近平在第 70 届联合国大会发表讲话，倡导“构建以合作共赢为核心的新型国际关系，同心打造人类命运共同体”[③]。2017 年 1 月，习近平在日内瓦发表《共同构建人类命运共同体》主旨演讲中提出：“让和平的薪火代代相传，让发展的动力源源不断，让文明的光芒熠熠生辉，中国的方案是：构建人类命运共同体，实现共赢共享。”[④]由此可见，习近平主席在国内外系列峰会上系统阐述了命运共同体的主张，形成了打造人类命运共同体“五位一体”的总路径和总布局：“倡导建立平等相待、互商互谅的伙伴关系；营造公道正义、共建共享的安全格局；谋求开放创新、包容互惠的发展前景；促进和而不同、兼容并蓄的文明交流；构筑尊崇自然、绿色发展的生态体系。”[⑤]“从性质上说，命运共同体意味着构成这一群体的成员之间不是你死我活、彼此消长的对抗的关系，而是一种我中有你、你中有我、你发展我受益、我发展你受益的共生共赢共发展的关系，是一种‘合则两美，离则两伤’的关系。”[⑥]命运共同体关系到地区安全秩序和国家安全战略趋向，构建人类命运共同体展现了中国的大国外交宏大志向和使命责任。

东亚命运共同体建设与地区秩序紧密相关，一个和平和睦和谐的东亚安全秩序观是东亚命运共同体建设的必然逻辑和秩序基础。每一个时期的国际秩序和地区秩序都集中体现为，那个特定历史年代由最有实力和影响力的大国在对世界格局作出基本判断基础上，依据政治力量的对比和配置对国际秩序进行重新整合的方式方法和手段能力。大国的实力和能力决定着地区和国家之间的秩序平衡，它是各种力量与实力板块之间较量平衡的必然产物。世界是由各个区域秩序的不同结构模式组合而成的，东亚地区是世界大国的聚集地带，全球大国与地区大国、域内大国与域外大国、新兴大国与坚守大国矛盾冲突深刻，历史问题与现实分歧并存，利益交织与合作方式复杂多变，在东亚这样一个矛盾复杂多样化的政治生态环境中，构建地区安全秩序是个漫长的历史进程，任

---

① 习近平：《迈向命运共同体，开创亚洲新未来》，2015 年 3 月 29 日《人民日报》。

② 习近平：《在纪念中国人民抗日战争暨反法西斯战争胜利 70 周年大会上的讲话》，2015 年 9 月 4 日《人民日报》。

③ 习近平：《携手共建合作共赢新伙伴，同心打造人类命运共同体》，2015 年 9 月 29 日《人民日报》。

④ 习近平：《共同构建人类命运共同体——在联合国日内瓦总部的演讲》，2017 年 1 月 20 日《人民日报》。

⑤ 王毅：《2015，中国外交的全面推进之年》，2015 年 12 月 14 日《环球时报》。

⑥ 王泽应：《命运共同体的伦理精义和价值特质论》，《北京大学学报》2016 年第 5 期。

重而道远。

无论是美国的东亚同盟政治，还是中国的东亚共同体建设，作为两个思维方式和核心理念完全不同的地区秩序体系，从政治秩序观的性质看，它们不是模式与制度的之争，也不是大国权力转移下的霸权之争，争议的分歧焦点就在于哪一个区域秩序格局更具有多元包容性，更能适应地区新的要素结构变革，并且能与时俱进地确立新思维和新的领导方式。中国提出的人类命运共同体汇聚了新态势与新变革中的新理念、新要素、新特征，推动了国际秩序体系对不合理不公正的变革。“以‘全球治理’为核心目标的世界秩序与中国提倡的‘人类命运共同体’的核心理念高度契合。它既符合中国和平融入国际秩序的基本需求，又需要中国为人类提供必要的公共产品。”①共同体建设是一个共生、共融、共赢的命运与利益及责任集于一体的体系或秩序，这就把东亚国家间关系通过一系列基本规则、行为准则和制度规范整合连接为一体，使东亚地区走向和谐共赢的共同体建设。崛起后中国坚持的大国外交基本原则是，合作共赢为核心的新型国际关系，这是中国在国际关系领域的思想创新，并奠定中国特色大国外交的战略基石。20 世纪 50 年代，中国提出了“和平共处”五项原则；改革开放的中国履行坚持走“和平发展”的道路，21 世纪崛起的中国与世界各国再走出一条“合作共赢”的新路。中国传统“和合意识”的政治文化，为当代大国外交思维的东亚和谐共生观与命运共同体提供了历史底蕴与政治智慧。合作共赢的大国外交之道主要体现为：共生秩序之道，政治合作之道，安全共享之道。以合作共赢的东亚命运共同体化解中国周边安全困境。

第一，树立“和合意识”为聚焦的共生秩序观新思路，建设和谐、和睦、合作的东亚命运共同体。打造人类命运共同体不是思想上的奇思妙想，而有着中华文明的深厚滋养基础，有着中国外交和平发展的坚实基础支撑。中华民族共同体意识纽带深厚，血脉深远。中国五千年文明历史绵延博深，统一与和谐、和睦与秩序是社会发展演变的基本格局。“传统东亚秩序是一个共生体系或秩序，地区内各国无论大小、强弱，均能在这一体系中找到自己的适当位置，相互之间形成了处理彼此关系的一系列原则、规范、行为准则等。”②当代中国的外交理念和价值体系，也是由“和合文化”为底蕴生成、以“和”与“共”词语为内核不断拓展延伸的新思维和新思路。如“和平共处”“和衷共济”“和谐共生”“共建”“共商”“共享”“合作共赢”“命运共同体”“利益共同体”“责任共同体”等等。由此可

---

① 黄仁伟、傅勇：《从西方秩序到人类命运共同体》，2016 年 1 月 22 日《文汇报》。

② 任晓：《论东亚“共生体系”原理——对外关系思想和制度研究之一》，《世界经济与政治》2013 年第 7 期。

见，以“和”为根基的“共同意识”作为一条主线和核心命题贯穿于中国外交政策和对外关系之中，并且与中国特色的大国外交以及中国传统政治文化异曲同工、相辅契合。“共生是当代国际关系的一种存在形式，他有别于‘有你无我，有我无你’的对抗式、零和冷战思维，也不同于赢者通吃、互害的实践模式。共生是中国大国外交理论的底色。”[①]这也是国际社会和国家之间寻求建立合作伙伴关系，探索国家与国家间利益最大公约数的基本准则。和谐共生的命运共同体是时代赋予国家的核心主题，需要更多的国家汇聚共同的国家意志和合作意识，在不断推动矛盾冲突的化解和领土争端的解决过程中，逐步延伸共生秩序的蕴涵和范畴。共生和谐与共生秩序并非是一种理想主义的情怀，而是当代大国对外关系中的现实选择，是赋予中国特色的大国外交在国际秩序构建上获取更多的理论资源。历史上每个时期的国际秩序格局，一般都集中体现和反映世界主要大国集团，对国际政治和国际关系的领导驾驭能力与平衡智慧。中华民族的传统政治文化凝聚着两千年来独特的思维方法，其独特性表现为“大同”理想，仁者爱人，众缘和合，以和为贵，和而不同，协和万邦，共生共荣。在当今崛起的中国秉承中华和睦相处、和平发展、合作共赢的新型国际关系。中国的传统文化从历史到现实，其核心始终把握围绕着一个“和”字绵延流长，这种推陈出新的“和合文化”构成了“东亚命运共同体”的深厚文化底蕴。以理性与智慧取代冷战思维的丛林法则，以文明协调方式和开放包容心态化解争端、携手合作。把天下观与整体观、理性治理与协调智慧结合一体，才能实质性推动中国所倡导的东亚命运共同体、利益共同体和责任共同体的进程。因此，今天的中国与东亚地区的关系是：命运与共，利益与共，责任与共。

第二，建设伙伴关系的政治合作观新思路，承担大国责任维护地区政治安全秩序的公正合理，使东亚国家在共同体建设中享有更多的发展繁荣和安全尊严。伙伴关系首先是建立在信任与认同基础上的关系，主张利益和价值的互补性。纵观历史，战略互信历来是大国关系的稀缺资源，信任的缺失也是国家之间进行合作的主要障碍。由于权力政治依然是当今国际关系的本质，近年来中国经济崛起的力度和西方国家经济实力的日趋衰退，导致国际力量的对比与国际权力结构发生了根本性转变，带来守成大国与新兴大国的结构性矛盾。从奥巴马政府宣称“美国继续领导百年的世界秩序”，到美国新总统特朗普竞选中把美国未来的目标定位为“让美国再次伟大”，美国的国家战略目标对中国究竟意味着什么？这与中国的“实现中华民族复兴”和“中国梦”是什么关系？是取代

① 苏长和：《从关系到共生——中国大国外交理论的文化和制度阐释》，《世界经济与政治》2016年第1期。

零和关系还是互利双赢战略？这不能不是我们面临的严峻且重大的现实问题。美国在政治上秉持美国的价值体系和价值理念；在安全架构上维护美国的军事同盟体系。美国著名学者米尔斯·海默认为，在中国崛起的国际背景下，"中国不可避免地要谋求取代美国领导地位，美国必须应对"[①]。但是，今天的世界格局早已经摆脱了大国集团政治的漩涡，世界的主题向和平、发展、合作转型。为适应时代发展变化，初级版的全球化需要转换升级，现代版的国际秩序需要变革完善。中国政府在多种场合郑重提出建立"合作共赢的新型国际关系"，构建"人类命运共同体"，建设"新型伙伴关系"，就是为了着眼于培育新的增长点和发展战略支点，积蓄活力与激发潜能，用发展助推繁荣与合作及安全。从某种意义上来说，这是一个全球治理需要制定规则行为和共同秩序的过程，以更加包容与开放的秩序理念和基础框架，最大限度的容纳和融合我们这个时代所需要的多元文化理念，以及不同的价值观念和意识形态。遵循国与国之间志同道合是伙伴，求同存异也是伙伴的基本原则。最重要的就是需要建立国家彼此之间的战略互信关系，并且逐步培育信任和共识的基础。中国秉承更富包容性和建设性的伙伴关系，其超越了传统国际关系中要么选择军事同盟，要么选择对立对抗的二元关系，是"对话不对抗，结伴不结盟"的新道路。随着国际影响力的扩大提高，中国已从国际体系边缘化角色走向深入参与国际体系阶段，并逐渐演进到塑造国际体系的新阶段，中国与国际体系互动生成新规范的空间不断拓展。中国参与国际体系进程是以伙伴关系的身份和行为来塑造影响国际秩序的变革历程。

第三，营造亚洲各国的共同安全、综合安全、合作安全、可持续安全的新型安全观，构建东亚地区安全格局与战略合作新架构，走出一条共建、共享、共赢的亚洲安全之路。"安全共享观"内涵丰富且蕴意深刻，谋求崛起大国外交的中国特色之道。维护和平发展与安全稳定的国际环境，是中国特色大国外交的核心价值观和遵循的基本原则，也是中国特色大国外交的理论之源和践履之本。其主张以协商对话和沟通协调的和平方式，处理和解决国家之间的领土主权与海洋权益争端，以沟通化分歧、以对话增信任、以协商求共识、以安全促发展。在东亚地缘政治现实中存在两种安全思路：一是与大国联盟寻求安全保障，你的绝对不安全才是我的绝对安全，这一思路的后果带来恶性循环，彼此存有戒心和防备。二是中国倡导的新安全观思路，即"安全共享"谋求的是共同安全、合作安全、综合安全与可持续安全。其超越了传统的对抗性、军事性以谋求绝

① 傅莹：《维护国际秩序大国间应培育信任增加包容》，人民网，2016 年 10 月 26 日，http://world.people.com.cn/n1/2016/1026/c1002-28809396.html。

对安全的同盟理念。这就意味着一个国家的安全不能造成其他国家的不安全和不稳定;一部分国家的安全不能带来另一部分国家的不安全和不稳定;更不能以损害乃至牺牲他国的安全利益为代价,以谋求自身和联盟体系的绝对安全。[①] 当下国际政治安全格局动荡多变、意外逆转、乱象纷呈。地缘政治博弈多线推进,热点问题交替升温,恐怖势力扩散蔓延,世界仍然笼罩在安全困境之中。“战略不安全感已经成为一种极为严峻的生活现实,其严峻程度是如今愈发脆弱的人类从未经历过的。”[②]世界和平与地区安全面临着稳定与动荡、合作与冲突、变革与保守的抉择。面对这样复杂多变的国际局势,中国在亚洲究竟如何发挥崛起大国的引领作用是世人更加关注的焦点问题。中国作为世界第二大经济体不仅要为亚洲的经济增长繁荣提供引擎动力,而且有为亚洲的和平稳定提供地区安全公共产品的意愿和能力。以合作共赢突破亚洲地区的安全困境,通过建立亚洲命运共同体彰显中国对亚洲国家的担当和责任意识。2016年中国外交攻克难点,筑牢支点,打造亮点,应对热点,维护了整体稳定合作的中国周边地区环境。中菲关系的全面改善是搁置争议、共同开发与合作共赢的典型案例。由于菲律宾前政府对华关系采取对立对抗政策,使中菲关系不断恶化乃至跌入低谷。菲律宾现任总统杜特尔特选择了对华友好姿态,中国政府也积极向菲律宾伸出援助之臂与合作之手,就全面改善和发展中菲关系双方达成重要共识,推动南海问题重新回到协商对话外交手段解决的轨道,为中国与周边国家缓和紧张关系及深化合作共赢扫除了障碍。

三、“一带一路”是构建合作共赢发展之盟的战略选择

在国际体系经历深刻转型和重大变革的当今时代,“一带一路”倡议唤醒了古老丝绸之路的生机活力,凝聚着平等互利国际合作模式的标志性价值理念。其以中华文明的“和合”文化精髓为精神依托,以中国崛起和国内治理的成功经验为借鉴基础,彰显了中国在全球治理中的新型驱动力和大国特殊责任意识。“一带一路”倡议意味着中国外交视野更为开阔,外交手段更为丰富,对外交资源利用的宽度、广度和深度都有了更大的拓展,拥有更为丰富的战略组合。[③] 若以传统视角观之,二战以来,美国以雄厚的军事实力与同盟体系维系着世界安全稳定,并视为国际公共产品最大的供应者。那么“一带一路”的基础设施建设,就成为中国向国际社会提供跨区域、跨领域、跨价值观这一重要的全球公共

---

① 参见杨鲁慧:《中国崛起的特色大国外交》,《理论探讨》2016 年第 4 期。

② [美]兹比格涅夫·布热津斯基:《动荡时代的战略不安全感》,2017 年 1 月 3 日《环球时报》。

③ 参见胡宗山、鲍林娟:《“一带一路”倡议与中国外交新动向》,《青海社会科学》2016 年第 4 期。

产品。基础设施建设改变地缘政治现实，如同每个国家需求安全稳定环境一样不可或缺，是构建东亚命运共同体的纽带和桥梁，是人类社会历发展的必然产物。因此，我们有必要对“一带一路”其厚重的历史背景，及东亚命运共同体建设的深远意义进行全新的战略解读和战略考量。

第一，“一带一路”是中国正在崛起进程中围绕如何跨越“中等收入陷阱”进入世界高收入国家行列，是在中国与世界关系发生了历史性变革的背景下提出的。共建“丝绸之路经济带”和“21 世纪海上丝绸之路”的“一带一路”倡议，得到国际社会的高度关注。我国已同 40 个国家和国际组织签署共建“一带一路”合作协议，中国发起成立的亚投行已有 57 个国家参与并且开业运营，取得了良好的开端和发展趋势，丝路基金首批投资项目顺利启动。这些开放的并凝聚合作共赢的国际金融新机构，增强了“一带一路”倡议的含金量和政治影响力。2016 年第 71 届联合国大会通过决议，欢迎“一带一路”等经济合作倡议，并得到 193 个会员国一致赞成。“一带一路”沿线包括 65 个国家，总人口 45 亿，占全球人口的 63%，并拥有 22 万亿美元的经济总量。大部分国家经济发展水平较低，有着很大的经济繁荣的提升空间。通过“一带一路”沿线国家的基础设施建设、经贸合作，国际产能合作、国家工业化道路，推动沿线国家经济的繁荣发展，并将持续给中国与相关国家的全方位合作带来历史性机遇。“一带一路”以亚欧非国家为重点，实现地缘经济的互联互通，开放型共建共享地缘经济网络，本质上是一种新型的发展合作共赢关系，是建立各个国家共同协商、共同建设、共享成果、平等参与的新型合作关系。“一带一路”以政策沟通、设施联通、贸易畅通、资金融通、民心相通为核心内涵，不仅致力于全方位推进经贸务实合作，还积极构建人类命运共同体和利益共同体以及责任共同体。中国积极履行全球性大国的使命和责任，维护现有国际格局和全球治理体系，在联合国和金砖国家机制以及二十国集团等国际机制和国际组织中发挥核心主体作用。“所有这些均与国际规则或机制密切相关，都涉及全球治理的不同维度。”[①]这一切无疑将带动国际政治和经济格局发生深刻和巨大的变化，为建设国际政治经济新秩序增添了正能量，体现了崛起中国对国际政治经济合作与全球治理模式创新的责任担当。

第二，“一带一路”倡议是中国参与全球治理的重要组成部分，它是在经济全球化进入负面因素积聚、反全球化思潮和全球治理领域出现思想混乱的背景下提出的。当今世界，全球性问题错综复杂且不确定因素层出不穷，全球治理面临的压力和挑战日趋加大。特别是 2008 年金融危机以来，“逆全球化”力量

① 张宇燕:《全球治理的中国视角》,《世界经济与政治》2016 年第 9 期。

甚嚣尘上，贸易保护主义抬头，西方推崇的“经济新自由主义”经济治理模式和信誉荡然无存。其原因主要是：一方面，它不能解决由于全球化不断深入，使得全球产业链和价值链条发生变化带来的矛盾和问题；另一方面，资本技术收益和劳动力收入形成的“剪刀差”，导致国家内部和国家间的贫富差距年复一年扩大，造成发达国家的民粹主义思潮泛滥，并且在选举政治中扮演主流角色。其结果不仅改变了国家的政治生态和社会架构，而且这些国家的政治环境又将决定和影响全球化的未来走向。英国公投脱欧，美国特朗普神奇胜出，法国、西班牙等国右翼政党和激进势力乘势而起，并且走向政坛选举，宣示纲领主张，扩大政治影响力，为未来国际政治格局增添了复杂性和新的变量。“随着世界多极化、经济全球化的深入发展，全球治理问题成为又一个重要国际话题。在这种局面下，世界期待中国有所作为。”[①]在这样的国际大背景下，中国积极承担全球大国的责任，共建“一带一路”提供更多的国际公共产品。其目标定位不仅为中国谋求国家地缘经济利益和地缘政治利益，更重要的是塑造负责任大国形象和勇于大国担当，以平等协商、互利共赢理念积推进全球治理变革，促进国家利益和地区利益及全球利益共同协调发展的大战略。在对“一带一路”做出更为深刻的战略考量、更符合时代发展趋势的战略思考基础上，积极推动和引领全球治理体系变革。共建“一带一路”是中国参与全球治理的顶层设计，“共商共建共享”准则不仅是“一带一路”倡议的根本宗旨，也是中国特色的全球治理基本理念。其倡导开放性和包容性，协商共识、各尽所能、利益互补、成果共享。其根本目标“不仅是激活本国的经济，而且要与国际社会一起改变全球经济发展不景气的现状，创造全球经济可持续发展的新环境、新机遇”[②]。充分体现了不同类型国家参与全球化的政治诉求和利益关切，以推动全球治理体制更加公正与合理，不断发展完善中国特色的全球治理观。

第三，“一带一路”倡议是中国以发展中大国的双重角色身份承担国际责任，向世界各国提供的国际公共产品，是中国负责任大国形象的具体展示，也是积极推动全球治理变革的理性选择。解读和考量“一带一路”需要从全球公共产品的视角来把握认知其深刻内涵。自 20 世纪 60 年代以来，学术界的专家学者开始对政府职能、公共政策和公共财政等新命题深入研究，公共产品概念逐步被世人所关注和重视，并逐步演化发展成为现代公共政策的核心范畴。“公共产品主要是为基本满足公共需求，依托公共权力和通过共识与非对称性合作实现再生产的公共利益性物品。主要缘于公共物品与公共需求和公共利益之

① 苏长和：《充分认识当今世界格局新变化》，2017 年 1 月 3 日《人民日报》。

② 蔡拓：《中国参与全球治理的新问题与新关切》，《学术界》2016 年第 9 期。

间的本质联系，旨在从主观性与客观性，经济性与政治性、社会性以及供给与需求相互联系统一的视角揭示公共物品的根本性质。”①全球公共产品涵盖社会领域的各个层面，既有物质层面的财富与资金，又包括制度设计和制度建设方面的组织机构与机制，还涵盖新型发展理念和引领社会发展前沿的价值观念。只有不断推出这些更多更有效率的国际公共产品，人类社会生存与发展诸多问题才能得到有效的改善和解决。大国塑造与公共产品的国际责任观，从根本确立了大国的特殊贡献论，而不是传统思维的大国权力博弈论。中国双重基本身份的定位，要求把推动本国经济发展繁荣与带动广大发展中国家经济增长结合起来。中国作为被世人瞩目的崛起新兴大国，“一带一路”倡议的准确定位应当具有更多的公共性。既要考虑本国自身发展对世界经济增长的拉动，也要战略考量国际社会和发展中国家对中国更多的期待。从“一带一路”的本质规定性上看，它不是一般意义上的对外开放战略，而是摆脱了国家中心主义的束缚，担负着提供国际公共产品的特殊属性。目前全球治理面临着严峻挑战及困境，特别是日趋蔓延的全球性问题造成人类社会的不可持续性，究其根源是由于全球公共产品供给的严重短缺所导致，更多的国家是抱有“搭便车”心态。因此，崛起的中国，具有大国意识和大国情怀及大国责任的强烈意愿，也期望在国际政治舞台上提升话语权和制度性权力；国际社会也期待中国积极参与国际事务和全球治理，并且能提供更多的国际公共产品。国家意志与国际社会要求期待的双重因素叠加，就成为中国通过“一带一路”为全球提供更多的公共产品的理性选择，提供更多国际公共产品也是中国积极推进全球治理变革的必由之路。

① 张晋武、齐守印：《公共物品概念定义的缺陷及其重新建构》，《财政研究》2016年第8期。

促进东亚海洋秩序的互信与合作

刘复国*

摘要　近年间，东亚沿海的国家依据联合国海洋法公约规范，逐渐重视主张海洋权益，扩张海域权益的合法性主张，海洋相关事务的利益争夺更趋激烈。整体的东亚海洋秩序也因为海域领土争端而陷入混乱，充分反映区域内国家在国家利益的驱使下，对历史与法理依据主张相持不下，彼此间欠缺互信，造成无法就争端进行讨论，更无法共同妥善利用海洋的便利和资源。在未来的工作中，透过化解区域内国家彼此的对立、可促进互信的建立，并增进彼此间在建立海洋秩序的共同认知与合作，以降低区域紧张情势，在主权争端难以立即解决的现状下，仍能导向区域和平的路途。

关键词　东亚海洋秩序；互信与合作；国际法；地区合作；主权争端

第二次世界大战结束之后，以波茨坦宣言和开罗宣言为基础的旧金山和平条约和中日和平条约架构起东亚战后的新秩序。东南亚国家纷纷进入争取脱离殖民母国的独立战争过程，而建立了新兴国家的主体。战后国际上最主要的工作便是如何规范日本在战争中非法掠夺自其他国家领土归还的安排，而规范国际新秩序，主要系由战后五强（美、英、法、苏、中）协调确定。国际新秩序甫成，东亚便被逐步卷入了冷战的大背景。中苏两国坚决否定由西方世界所主导建构的东亚新秩序，不承认旧金山和约以及中日合约的效力，也因此使得规范日本战后归还领土的安排出现模糊性，而大陆和台湾的分治局面不仅弱化了个别主张战后接收日本领土主权权利的立场，也同时让美国和日本利用中国内战的混乱局面，以权宜措施进行安排，而留下今日钓鱼岛等区域主权争端的复杂

* 刘复国，台湾政治大学国际关系研究中心研究员。

性以及往后南海领土主权争端的伏笔。

近年来南海与东海的紧张情势升高，都是因为区域领土主权争端。固然东海和南海争端问题有不同的政治、经济、外交等复杂原因，但整体而言，这些争端实源自于由美国一手主导安排的战后东亚国际体系之重大瑕疵所致，抑或是美国东亚政策的失衡结果。东亚相关国家彼此间存在有领土主权的争端持续几十年下来，彼此间难以进行合作，甚至敌对的意识影响到彼此间的互信，无法落实推进规范海洋秩序的国际约定。各相关国家任何片面的政策主张，就会演变成彼此间的摩擦与矛盾，主要就是区域内国家彼此间欠缺互信。

东亚海域领土争端经过争端当事国多年来的争夺与对立，东海和南海早已成为区域安全中冲突可能的引爆点。近年来，随着外在形势的变化，日本政府于2012年9月收购钓鱼岛列岛的三个岛，将之国有化，冲击中国大陆政策底线，北京立即采取强烈的相应措施给予回应。2013年11月，中国大陆宣布划设东海防空识别区，立即引发美日的强烈反应，区域安全局势一度陷入紧张。而在南海，随着菲律宾提出国际仲裁案挑战中国在南海主张与执法的合法性，整体情势演变成中美之间的战略对峙。

近年间，东亚沿海的国家依据联合国海洋法公约规范，逐渐重视主张海洋权益，扩张海域权益的合法性主张，海洋相关事务的利益争夺更趋激烈。整体的东亚海洋秩序也因为海域领土争端而陷入混乱，充分反映区域内国家和地区各自依据自我的利益、历史与法理依据主张相持不下，彼此间欠缺互信，造成无法就争端进行讨论，更无法共同妥善利用海洋的便利和资源。本文主要目的在于探讨当前建立东亚海洋秩序的问题与挑战，源自于战后东亚国际秩序未臻完善，导致相关国家和地区争夺领土主权引发争端。本文期望化解区域内国家和地区彼此的对立，促进互信的建立，并增进彼此间在建立海洋秩序的共同认知与合作，以降低区域紧张情势，在主权争端难以立即解决的现状下，仍能导向区域和平的路途。

一、东亚国际秩序的再检视

近年间，由于区域海域争端局势愈演愈烈，第二次世界大战之后所建立起的东亚国际秩序，已然面临严重考验。所有区域内海域争端均与日本战后领土重新划分与归属不清楚有相当关联性，东海领土主权争端一直都是中日之间长期未决的争议，所延伸出来的是东海海域的海洋权益归属和探勘与开采能源的权利争议。包括对于钓鱼岛主权的争议，更是战后美国托管琉球群岛之后，未经与中国协商就轻率地直接由美日协商将行政管辖权交给日本，但美国明确表示不涉及主权立场。虽然中国大陆和台湾地区先后均与日本签署了和约(1952

年台湾地区与日本国间签署和平条约、1978年《中日和平友好条约》签署），试图规范战后日本对华的权益；但因两岸均未参与稍早的旧金山和约，也使在争取对日本战后权利划分上失去一些着力点。实际上，对于处分日本放弃的领土，各国达成共识都采旧金山和约规定第二条日本宣示放弃领土规范，且未明言归还给何国之体例，授权各个国家与日本另订条约，寻求领土问题之解决。

由于中国在二战后即全面爆发内战，国际上凡商定战后秩序的规划，都将中国部分列入暂拟的状态中，彼时台湾当局虽然仍维持着在联合国安理会席位，却面临难以全面代表中国之窘境。当时美国等盟国曾经鼓吹台湾地区法律地位未定论，以作为对抗大陆的国际法理论的依据。这种台湾地区法律地位未定论说法持续至今日仍为日本和台湾地区内部主张台独人士等沿用，也导致对东海的疆域以及钓鱼岛领土主权产生争端，助长了后来两岸与日本间对东海的海域主权争端问题。尽管台湾地区与大陆依据历史证据和战后的法律文件之论述，主张钓鱼岛列岛应该归属中国所有，但毕竟在美国东亚战略利益的主导下，日本成为其维护战略利益的首要伙伴，美国制定了完全符合其国家利益的秩序格局，牺牲了其他国家利益，却未兼顾东亚国家和地区的实际情况。

而在南海的争端背景中，也是源自日本战败后经由国际条约的规范将南海诸岛礁交还中国，由中国接收管理。其后，由于中国陷入内战，海峡两岸双方均无暇深入经营南海诸岛礁，且战后当时的权宜规范也过于模糊与草率。日本所放弃对西沙群岛和南沙群岛主权，由于并未明定归属于何国，嗣后，因为中国发生内战，只在台湾当局对日的“中日和约”第二条中提及日本放弃“对于台湾地区及澎湖群岛以及南沙群岛及西沙群岛之一切权利、权利名义与要求”。在法理上，日本已于1951年旧金山和约签署时放弃了相关领土主权的一切权利，应该并无再行使主张的权利；且是在该和约之后与相关国家协商订定相关领土主权权利，当时台澎以及南沙和西沙均已在战后由台湾当局接收并实质掌控。

然而，中国与邻近国家的海域疆界并未明确划分，虽然当时考虑预留未来邻国独立确定后与之谈判的空间，却成为菲律宾、越南、马来西亚稍后据为己有的借口。更近的时空背景是2009年联合国外大陆架界限委员会要求沿岸各国提交大陆架界线的科研报告，以作为向外延伸至350海里的依据，南海相关声索国依据各自的地理环境以及海洋法公约规范的海洋范围，主张延伸为其大陆架海域，这与中国U型线范围重叠。

最重要的是，建构战后东亚新秩序以及个别国家的重新建置，台湾地区与韩国、日本、菲律宾一样，都是美国用以维系其与中国大陆间亚太均势的缓冲地带。所以，许多当时的安排与秩序的建构，都是基于美国战略利益的考虑而成。美国当然也在不同年代中，依据其国家利益以及冷战和后冷战的国际情势，作出政策的变化。基本上,整个区域形势变迁都受到美国战略布局变化的影响。

战后的国际秩序对当前南海与东海争端主要的问题何在?为何当前东海和南海主权争端都慢慢浮现为对于东亚战后秩序的挑战?这在很大程度上涉及美国主导日本战后领土分配的偏颇,并且,之后更随着东亚国际形势变化而变更当年对中国的承诺,而赋予日本新的权益。1971 年美日间签署的《冲绳返还协议》,实际上美国是将钓鱼岛主权、日美纺织品密约和冲绳问题全部都纠结在一起考虑,为达到美国内政的需要,便运用钓鱼岛主权的归属作为与日本外交折冲的筹码。根据美国政府的文献指出,美国国务院当时希望在美日签约前,日方应与台湾当局协商钓鱼岛主权问题,美国历来在主权争端上持中立立场,主张日本拥有行政管辖权。① 东海钓鱼岛列岛是战后所遗留下来未决的事,成为几方主权争端的焦点。

从历史回顾中可以看到,区域各国家和地区均注意到美国当年主要是以美国国家利益为主要思考而作出东亚国际秩序的安排。时至今日,钓鱼岛主权问题成为领土主权争端,溯其根源,实是战后美国的东亚秩序安排未尽全功,留下了许多争议性安排。尤其是,随着近年来中国的和平崛起,开始认真检视战后遗留的疆域问题,对于日本在钓鱼岛争端上的立场与作为难以接受,中日双方在该领土问题上的认知差异导致了 2012 年中日的直接对立。显然,这中间存在许多相互对立的国家利益矛盾,日本希望在战后的复兴中能够保有其领土不受盟国的瓜分与占领,美国则是希望透过运用其权力持续拥有独霸的地位,中国大陆方面意图恢复战后原先该拥有的权利,并希望明确接收日本战后应该放弃的领土,包括台湾、澎湖,以及南沙群岛和西沙群岛。

也因为中日以及台湾地区在领土主权的争端持续是区域安全中主要的挑战,传统上东亚国家彼此间并不存在区域合作的视野与实际经验,同时彼此间缺乏足够的互信,因此,对于共同海洋资源与交通便利的运用完全付之阙如。虽然自 2002 年以来,在区域间始终有搁置主权争议、走向共同开发的呼吁,试图降低区域紧张情势,以免紧张升高导致冲突爆发,但长年来相关国家间内部政治的运作多从自我的国家利益观着眼领土主权争端,导致合作形势不容乐观。中日之间、台湾地区和日本之间或是韩日(独岛/竹岛)以及俄日(北方四岛)之间都存在领土主权争端问题,而且还各自坚持自有的争端立场难以解决,甚至常常针锋相对。这些都使得东亚区域领土争端所衍生的问题更加尖锐与复杂,短期间内似乎仍难以有转圜之势。

---

① 参见《美国当年为何在钓鱼岛问题上向日本妥协》,日本《世界》月刊 2013 年 8 月号,http://www.ctdf.org.tw/print_preview.php?event_no=1206&event_category=times。

二、当前东亚海洋秩序的特性与挑战

第二次世界大战后，东亚秩序重置，对于日本战前所“窃占”和“强占”的领土，当时因受限于个别国家内部政治情势以及区域形势变化而采取了权宜的安排措施，也留下许多因应未来的拟订想法。基本上，整体格局逐渐在朝鲜战争和越南战争中重新部署，并在区域国家的独立战争中确定下来。具体而言，东亚区域秩序的安排迄今仍未完全依照当年的外交协商实践，并在稍后国际政治的运作中不断改变，区域秩序发展的动力受到美国战略利益的主导而变化。美国加强与日本的同盟关系，在战略需求下，重新赋予日本更重要的角色，其发展趋势也正符合日本复兴、追求独立自主的“完全国家”角色。尤其在东亚海域主权争端当中，尽管美国不断重申对于区域主权争端持中立立场，但在政策上已经实际明显倾向日本及其区域盟国。

东亚的海洋秩序长期以来受到美日和中国战略上对峙的影响，同时也因为中国内战所延伸出的政治问题，而使得中国(含台湾地区)从东海到南海的海洋疆界均未与邻国协商明定，各方均坚持各自立场无法协商，更使海域争端难解。在军事上，美日与中国彼此相互竞争，战略上均为彼此假想敌。尤其近年来中国积极发展海洋战略，更激起美日的防范，加强军事部署以抗衡之。中国也增强执法力量的提升与在争议区的实际力量部署，区域相关国家在彼此欠缺互信情况下，则运用海上执法力量展现坚持与维护主权权利的决心。在领土主权争端上，战后秩序所遗留未决的难题，更成为今日美日与中国海洋战略竞争的根本因素。

美国奥巴马总统任内积极推动“亚太再平衡战略”，主要目的很明显就是在抑制中国大陆向外拓展的趋势，同时借着抑制中国大陆的力量，联结担心中国扩张的邻国，以巩固其在亚太的绝对影响力。而东亚海域主权争端正好就是美国运用介入的最重要主题，美国介入南海争端，积极离间中国与东盟国家的关系，造成区域内相关国家在南海争端议题上对中国的立场和行动产生极大质疑。最重要的是美国援引海洋航行自由原则，挑战中国在南海的维权作为及其相关主权主张，使介入南海的政策立场获得国际外交上的道德制高点，也让美国的盟国似乎感受到其维护区域稳定承诺的决心。美国的大动作挑动东亚海洋秩序相关国家间的对立情节，却也同时冲击东亚海洋持平的海洋秩序发展，让区域紧张情势陡然升温，形成大国对峙挑战稳定海洋秩序的态势。2013 年学者所作出的东亚情势分析均认为区域紧张情势降温，将进入缓和期趋势。[①] 但南海局势却在2013年初美国协助菲律宾提交南海国际仲裁案后转趋紧绷，美日高调的军事与外交行动，使得区域内处处见到中美外交角力的痕迹。同时，在东海钓鱼岛争端中，日本政府于2012年9月推进钓鱼岛群岛国有化，使中日关系陷入空前紧张阶段。随着区域紧张情势大幅升高，冲突爆发的可能性也增高，作为大国竞逐外交运作的结果，区域内许多国家也都被迫面临必须要在中美之间选边站的窘境。[②]

整体而言，东亚海洋秩序呈现出几项重要特性：第一，海洋秩序仍旧持续反映出区域内冷战对峙的基本格局，美国联结日本与区域盟国，积极挑战中国大陆在东亚海域问题上的政策主张与作为；第二，海洋秩序的发展仍旧围绕在国家主权争端的界在线，争端难以解决，海洋秩序也难以在互信互助的基础上建立良性的机制，以至于许多海洋相关问题区域内国家都难以相互协商，也留下战后秩序迄今许多海洋疆界未定的问题，更使争端各方彼此关系难以长期顺利发展；第三，大国介入区域领土争端甚深，整体海洋秩序的发展明显受到大国战略竞争影响，海洋秩序的稳定性不由区域内国家所决定，而是由相关利益大国共同定大局。第四，在短期间东亚国家和地区仍难就海洋事务、海洋能源开发利用开展彼此间的合作，海洋秩序将在海域主权争端为主的前提下持续发展。

当前东亚区域海域安全威胁有三类：国家与国家间的领土争端、恐怖主义和极端团体以及跨国海事犯罪。[③] 这些安全威胁都对海洋秩序产生不同程度的挑战，也是存在变动海洋秩序的重要因素。

（一）有关国与国之间的领土争端

在东亚区域中，海洋领土争端几乎控制着海洋秩序的发展。虽然东盟国家目前在区域经济整合进程当中，区域各国无不加速彼此间的相互合作，东盟已经逐渐形成单一的区域机制。不过，经济合作的动力掩盖住彼此之间的分歧与坚持，是因为区域政治运作的结果，各国只是暂时搁置争议，并非问题已经不存在。实际上，彼此间的领土主权争端难以真正解决，只有仰赖国际机构的裁决。例如：自2008年7月泰国与柬埔寨两国边界地区的柏威夏寺庙（Preah Vihear

① Steve Chan, Enduring Rivalries in the Asia-Pacific, Cambridge: University Printing House, 2013, pp. 182-184.

② Hu Bo, "Beijing Defending Global Maritime Order," China Daily, July 4, 2016. http://www.chinadaily.com.cn/opinion/2016-07/04/content_25951351.htm.

③ John F. Bradford, "Southeast Asian Maritime Security in the Age of Terror: Threats, Opportunity, and Charting the Course Forward," Singapore: *Institute of Defence and Strategic Studies*, Nanyang Technological University, 2005, p. 10.

Temple)被列入联合国世界遗产之后,双方对于寺庙附近主权所属问题引爆新一波的紧张情势,2009 年 4 月初泰国与柬埔寨两国军队更在邻近边界地区多次发生武装冲突。或许这正是东盟内部合作表象之下存在的一个老问题。2011 年 4 月两国又爆发边界的开火事件,当年 12 月双方经过谈判达成停火协议,并将该领土争端送交国际法院审理。2013 年 11 月,国际法院判决该寺庙属于柬埔寨所有。①

东亚区域中的领土争端大多数与海洋相关,而存在的海洋争端仍未有解决的迹象,所牵涉的最常见情形是相关国家重叠主张岛屿或海域的所有权,而引发国家与国家间的紧张关系。从领土争端的性质来看,国与国之间迄今仍无法完全在区域内排除爆发传统性安全(军事)冲突的可能性;而争端所涉及的一些岛礁和海域所有权,又与邻近的重要海运交通线或是能源蕴藏丰富的海域交叠。尤其是对区域安全而言,一些岛礁与海域的争执所引发的军事冲突均可能对区域的海运交通线带来极大的冲击。从国际外交的角度观察,尽管区域内的领土争端或许并未立即引发军事冲突或彼此间政治对立,但在实际上,这些争端所产生的效应是进一步弱化区域整体安全形势,降低彼此间的互信、削弱经济发展的空间,降低共同合作运用海洋资源的可能性。同时,也使得相关国家必须抽调其他安全资源来因应紧张对立,而减少使用有限的资源在其他安全事务上。

在东亚区域的海洋安全威胁中,主要仍以传统安全中的领土争端为首要。其中,最显著的莫过于 6 个南海周边国家坚持主张拥有全部或部分南海岛礁与海域的争端以及相互重叠的经济海域,菲律宾声称对于马来西亚所有的沙巴具有所有权,马来西亚和印度尼西亚对于西帕丹(Sipadan)和利塔冈(Litagan),新加坡与马来西亚间对于位于新加坡海峡内的小岛佩德拉布朗卡(Pedra Blanca/Pulau Batu Puteh)之争议也是悬而未决。还有东海钓鱼岛主权争端、日本与韩国的独岛/竹岛的主权争端。这些未决的实例充分反映出要真正做到让相关当事国都满意的情况并不容易,因为实际上各国的利益显然与区域利益并不相同。以新加坡和马来西亚的领土争端为例,虽然国际法庭已经正式判决佩德拉布朗卡属于新加坡所有②,但是新加坡仍然以审慎态度部署相当军力确保主权所属,国家安全防范的意识相当程度地反映出彼此政治互信的不足。

① "Preah Vihear Temple: Disputed Land Cambodian, Court Rules," BBC News, November 11, 2013, http://www.bbc.com/news/world-asia-24897805.

② Sue Clark, "World Court: Singapore Gets Lighthouse," Lighthouse News, 23 May 2008, http://lighthouse-news.com/2008/05/23/world-court-singapore-gets-lighthouse.

领土争端所牵涉的区域海洋安全问题，就是目前东盟整体的严重挑战，也已成为挑战东盟团结的冲击力。南海问题在历经 20 世纪 80 年代和 90 年代声索国之间以军事途径作为扩张占有的方式后，东南亚区域间各国便开始进行预防性外交的各种做法，试图透过非正式的对话机制，促进声索国彼此间能够进行对话，缓和紧张情势。也因为各国对南海及其岛礁的拥有态度相当坚持，并认为军事途径是有效的方式，使得区域海事安全充满不确定感。尽管自 2002 年 11 月中国与东盟签署《南海各方行为宣言》之后南海情势暂时趋向稳定，情势似乎是一片大好，不过，在“搁置争议、共同开发”原则之下，各国仍然在过去十数年中暗自扩张占有，并没有依据该宣言规范推进共同开发的有效案例，更使相关国家认定该宣言是只有规范却完全未能落实。自 2008 年以来，受到世界能源短缺影响，目前周边各国均积极寻求探勘南海的天然能源，并提升军力部署，更进一步强化实质占领的优势。过去数年间，越南与中国在西沙群岛海域发生多起越界纠纷，越南渔船不断越界，甚至与中国军队发生冲突；2014 年的西沙群岛中建岛外部署“海洋石油 981”所引起的中越外交与海上冲突事件，也进一步冲击了南海海洋秩序。

近年间，南海外围各国争夺南海资源与扩张优势的情势不断，意味着南海势将再度成为区域安全的焦点，而且也仍然是牵动着东南亚区域海事安全的关键点。这不仅将影响东南亚区域安全，同时也将对整个西太平洋海运交通线产生潜在的冲击。2013 年菲律宾对中国提出南海国际仲裁案，在整个过程中，美国运用外交力量操作仲裁案的进行，同时也透过在南海周边部署军舰与军机加强对中国的军事压力，都引起区域的紧张情势。南海仲裁案仲裁庭于 2016 年 7 月 12 日公布最后裁决，虽然美国与菲律宾赢得仲裁案的胜果，却对于东亚海洋秩序产生极为重大的冲击：第一，原先仅存在南海声索国间的领土主权争端，却在仲裁案过程中转变成域外大国参与的复杂局面。第二，仲裁案本身已经将联合国海洋法公约的适用性置入南海的主权争端当中，其中，对于公约规范历史性权利、岛礁认定等等适用性，已经产生更大的法理争议。第三，仲裁案进行期间中美的外交运作也对区域内国家产生一定程度的外交压力，使彼此间的薄弱互信更受到冲击。第四，仲裁案激化了相关声索国在南海的实际政策作为，中国积极推动在南沙七个礁盘进行岛屿开发与建设，菲、越、马等声索国也加紧进行填礁造陆，改变南海的实际状况。

(二)恐怖主义和极端团体

长期以来，由于东南亚区域安全威胁主要系来自区域内本身，其中又以非国家行为者所扮演的重要角色，东南亚区域已经有若干个恐怖组织和极端团体具有海事行动能力，据传，区域中已经列名的恐怖组织曾一度密谋执行海事攻击，意图瘫痪区域的海运交通。此外，其他的团体也积极运用外围海洋交通便利性，进行贩运武器、毒品、组织成员并募集资金。由此可见，东南亚的海事安全威胁确实是区域中非传统安全的重点。

而恐怖组织运用海事的途径进行恐怖攻击，形成所谓的“海事恐怖主义”，将是东南亚区域安全的梦魇，即恐怖组织自身或与当地的海盗组织挂钩，将恐怖攻击行动投射于海事相关途径。东南亚区域中恐怖组织运用海洋途径进行攻击最显著的是阿布萨耶夫。1995 年，阿布萨耶夫以两栖快艇方式，武力攻击菲律宾南部的城市伊皮（Ipil），在该次行动中，恐怖组织一共抢劫 7 家银行，杀死超过 50 人。该组织在全盛时期经常利用菲律宾南部与印度尼西亚接壤的苏禄海和西里伯斯海（Celebes Sea）广大海域以及菲南近海山区，神出鬼没地攻击城市。该组织更在 2004 年 2 月间在马尼拉附近炸沉一艘渡轮“超级渡轮 14 号”（Superferry 14），导致船上 116 人丧生。虽然经过美菲军队联合清剿而一度消失，但近两年来似乎该组织又重新活跃起来。

极端组织虽然对运用海事途径攻击美国军舰，从而重挫世界贸易的进行展现出极大的兴趣，但是在东南亚区域似乎较未形成气候。对于海事恐怖主义可能对东南亚安全所造成的伤害，区域安全专家模拟的恐怖攻击对整个区域最具有冲击力的包括：恐怖分子运用货柜轮装载核武器或其他类型的大规模毁灭性武器进行攻击，或是恐怖分子要挟油轮或天然气轮。不论是何种形式的海事恐怖主义，一旦发生攻击均将对区域产生严重后果。由于恐怖主义的威胁是不分国度的，所有区域内国家都难以单独应付恐怖威胁，所以这种非传统安全威胁对跨国合作提出了客观的要求，较能够推动区域内国家进行海洋安全的合作。必须展开安全层面的合作，为国家与地区间便较容易逐渐培养起互信。

（三）跨国海事犯罪

东南亚海域跨国海事犯罪以具有经济动机的为主，例如海盗、走私等等。跨国性海事犯罪助长非国家行为者的政治暴力要求，透过海洋交通提供游击队和恐怖组织所需要的武器、人员、资金等要素。过去印度尼西亚亚齐省欲寻求独立而与政府军对抗时，自由亚齐组织（Gerakan Aceh Merdeka）就曾大规模贩运人口、武器和许多违禁品穿越马六甲海峡。

而海盗和武装劫掠对于区域海事安全具有直接的威胁性，东南亚海事安全季报显示，2008 年东南亚区域所发生海盗案例有明显减少现象，主要系因东南亚临近马六甲海峡国家（新加坡、印度尼西亚、马来西亚、泰国）均积极参与安全巡逻所致。[①] 此外，目前区域内相互合作、对抗海盗并保护海事安全，已经逐渐成为发展的安全合作趋势。

三、东亚海洋安全威胁的根源

东亚区域海洋面积广袤，海洋安全威胁因素甚多，尤其是东南亚海域地理上安全脆弱的根源主要为：普遍的区域贫穷，区域各国政府治理的贫乏，长远的海岸线加上微弱的港口安全，相对弱势的海事执法力量，欠缺区域海事合作机制。当然，在东南亚区域中，海洋安全威胁的最根本因素还是源自区域普遍贫穷和社会正义的不公。贫穷普遍散落在东南亚区域中，许多人因为贫穷而铤而走险，也正因为贫穷，所以极端团体和恐怖组织容易招募到新成员。每当区域经济情势逆转时，大量失业的人口很快便会被特定组织招募。第二个重要原因是东南亚社会地方上欠缺良好的治理，尤其是海洋治理与管理上的严重不足，加上区域内国家的海洋管理执法基本条件不够，在印度尼西亚和菲律宾频繁发生海盗、非法捕鱼、非法走私等案例。总体而言，这些都可以归因于国家政治的不稳定、相邻国家的欠缺合作、机构性的治理不足。

因为各国在地方上治理的不彰，国家公权力机构便无法保障与监控广大的领有海域，跨国性犯罪组织进出海域如入无人之境。新加坡尽管治理较佳，但由于其邻国在治理上均较不足，难以严格控制其境内的许多犯罪团体与个人，也使新加坡面对其邻国的海域充满着安全的威胁，因此新加坡便需针对其邻国的边境加强防备，并透过区域性合作组织提升落实政策的层次。

东南亚区域绵延的海岸线和各国港口安全防范的不足也是导致跨国犯罪猖獗的原因。绵延的海岸线提供海盗等跨国性犯罪团体绝佳的藏匿处所，也是许多国家海事安全上最显脆弱的部分。而东南亚各国负责海事执法的机构一般行动能力均显严重不足，因为执法机构能力不足，各国政府也难以靠单一国家力量进行监控、缉捕、预防与防阻海盗，因此，海盗和其他跨国性犯罪团体便较肆无忌惮。

四、展望：东亚海洋秩序建立的基础

当前东亚海洋情势相当复杂，主要是受到战后东亚秩序安排疆界时规范不明确以及相关国家海域主权的争端影响，彼此无法正常透过相互协商稳定海洋秩序。相反，东北亚区域和东南亚区域都存在国家彼此互不信任情况，相互间

---

① "Southeast Asia Maritime Security Review," 3rd Quarter. http://www.rsis.edu.sg/research/PDF/Southeast_Asia_Maritime_Security_Review-3rdQtr08.pdf.

都有领土争端，战略上相互对峙对抗，互信严重欠缺，更没有足够的合作经验。针对海洋秩序，除了非传统安全的威胁因素之外，几乎难以就其他区域安全挑战形成可行的多边合作机制。近年来，受到美国亚太再平衡战略的推动影响，形成中美战略竞争或是博弈赛局，彼此竞争的结果分化了整个区域国家，导致区域国家被迫必须要在政策上选边站的窘境。东盟在面对南海议题时，内部 10 国多以各自的国家利益以及与中国的关系考量，难以形成一致性的立场，目前来看还难以形成可行的合作模式。

由于美国深深介入东亚海域争端，运用联盟策略与中国对立，导致区域海域争端各国形成壁垒对峙情形。当前似乎只有面对非传统安全威胁，区域国家才会跨过政策藩篱，相互合作，以寻求共同解决海洋问题之道。此外，在海域争端可能产生的冲突风险中，相关国家都对现存海域主权争端不易轻易解决给予充分理解，为降低冲突风险，各方都认为必须要在危机管控上共同努力，以免爆发冲突，并就迫切的议题思考合作的可能性。因此，当前中美正进行多层次的危机管控机制合作，至少在海洋秩序难以稳定发展的情况下，能够协助相关国家相互合作，尽量回避可能发生的冲突。

图书在版编目(CIP)数据

东亚命运共同体:首届山东论坛会议论文集/陈尚胜,杨鲁慧,余东华主编.—济南:山东大学出版社,2019.1
ISBN 978-7-5607-6297-5

Ⅰ.①东… Ⅱ.①陈… ②杨… ③余… Ⅲ.①东亚—文集 Ⅳ.①D731-53

中国版本图书馆 CIP 数据核字(2019)第 018963 号

责任策划 姜 明
责任编辑 秦大忠 张申华
封面设计 张 荔

出版发行:山东大学出版社
社 址 山东省济南市山大南路 20 号
邮 编 250100
电 话 市场部(0531)88363008
经 销:新华书店
印 刷:济南新科印务有限公司
规 格:720 毫米×1000 毫米 1/16
22.75 印张 406 千字
版 次:2019 年 1 月第 1 版
印 次:2019 年 1 月第 1 次印刷
定 价:48.00 元
